段渝　著

南方丝绸之路卷

文明的史迹：先秦、巴蜀及南丝路历史研究

西南交通大学出版社
·成都·

图书在版编目（ＣＩＰ）数据

文明的史迹：先秦、巴蜀及南丝路历史研究.3，南
方丝绸之路卷 / 段渝著. 一成都：西南交通大学出版
社，2023.7

ISBN 978-7-5643-9384-7

Ⅰ．①文… Ⅱ．①段… Ⅲ.①丝绸之路 – 文化史 – 研
究 Ⅳ．①K203

中国国家版本馆 CIP 数据核字（2023）第 130774 号

当前中国文明研究正值热潮，尤其是中国文明起源与形成的研究引起学术界的广泛关注，处于焦点和前沿。从历史的视角而言，中国文明起源形成和发展的时期是先秦时期。在这个波澜壮阔的大变动时期，中国各史前文化逐步从简单社会走向复杂社会，从酋邦走向国家，从分散走向整合，从多元走向一体，最终形成多元一体的古代文明发展格局。

历史文献对中国新石器时代晚期文化的多元并存局面有着清楚的记载，与考古资料所揭示的史前文化面貌基本一致。但多元并存的局面也并非一成不变，而是经历了一个地域性的一体化，即地域内的族群和文化的一体化发展，或者说是地域性的多元一体，直到地域之间联系的加强，交流互鉴的日益深入广泛，地域间的一体化发展趋势逐步形成。由于中原地区的各种优势，使得中原地区日益成为地域之间交流互鉴以至融合发展的主体，逐步成长为文明初现的核心地区，夏王朝的建立则标志着中国文明的形成。对此，历史文献其实也有着较为清楚明确的记载，近来学术界的研究也能够说明这一点。

本书题名《文明的史迹：先秦、巴蜀及南丝路历史研究》，是因为作者的研究方向主要集中在中国古代文明的这几个方面，本书即分为先秦史、巴蜀文化和南方丝绸之路等三个部分。其中，关于先秦史方面的论文，涉及文明起源、长江流域文明、文献研究以及文化交流等内容；关于巴蜀文化方面的文章，多属先秦时期巴蜀的历史和文化研究，亦有少量关于汉晋时期巴蜀文化的论述；关于南方丝绸之路的研究论文，大致上集中在先秦两汉时期，侧重于中外文化交流和互鉴等方面。

需要指出的是，由于本书所收论文的写作和发表年代早晚不一，所以先后写作发表的文章在所引资料和论据等方面会有所出入，敬请读者明察。

目录

丝路探源

| 01 |

浅谈南方丝绸之路

　　至迟从公元前二千年代中叶开始，在从近东、中亚、南亚到中国西南四川盆地之间广阔的空间内，存在着相同或相似文化因素集结的连续分布现象。这个广阔的连续空间，就是古代亚洲最大、最长的文化交流纽带。这条纽带的南段和南段转折向东伸入四川盆地，以及由四川盆地出云南至东南亚的一段远距离国际文化交流线路，便是"南方丝绸之路"。

　　南方丝绸之路，在中国古籍里称为"蜀身毒（印度）道"，又称为"滇缅道"。最近几十年来，中外不少学者对这条国际交通古道进行过大量探索，包括文化交流、交通开辟、民族迁徙等诸方面内容，其成果及进展情况日益为中外学者所注目。

　　关于南方丝绸之路的概念，是近些年来才正式提出来的。这里所说的"丝绸"主要是一种文化的代称。因为古代中国文化曾以无比精美的丝绸引起西方世界的轰动和神往，所以"丝绸之路"便成为古代中西文化交流通道的代称。

　　丝绸之路，原指以西汉京师长安为起点，西行出西域，经中亚、西亚，直抵西方地中海东岸安都奥克（Antioch），全长达 7 000 公里以上的中西交通线路。近些年来，由于考古学的发展、研究的深入和认识的深化，学术界大大扩展了丝绸之路的内涵，草原丝绸之路、海上丝绸之路均已获得中外学者的肯定。而中国西南尤其是四川广汉近年来的若干重大考古发现（如象牙、环纹货贝、金杖、青铜雕像等）以及云南出土的大量来自印度洋北部地区的海贝等物质文化因素的集结，更将中西文化交流史和中西交通史上推到公元前 14—15 世纪。运用国内国际对中西交通称谓的惯例，学术界称中国西南这条远出东南亚、南亚，进而抵至西亚和地中海的国际交通线为"南方丝绸之路"，也有学者称之为"西南丝绸之路"。

　　对于中国西南这条国际交通线，是否应冠之以"丝绸"二字，有人有不同意见。其实，古蜀国的丝绸，自古誉为"奇锦"，品种既繁，产量亦丰，早已驰名中外。不仅在战国时代湖南长沙、湖北江陵楚墓中发现了大量织造精美、花纹绮丽的蜀锦，而且汉魏隋唐时期由长安经西域西行的北方丝绸之路上，大宗贸易的丝绸织锦，也是蜀锦，这在考古学上已得到证实。在西方文献里，公元前4世纪脱烈美的《地志》中，记有一产丝之国，名为"赛力斯"（Seres），其南有北印度和Sinae。据考证，Seres即是古蜀国，Sinae即是古滇国。既然古蜀织锦起源很早，生产兴盛，并且早于西域和南海中西交通的开辟，那么，由蜀南行，经云南出缅、印，进而经中亚、西亚抵达地中海沿岸的这条国际交通线，自然能够当之无愧地称为"南方丝绸之路"。

这条国际线路究竟称为"南方丝绸之路"，还是称为"西南丝绸之路"更准确，笔者以为称"南方丝绸之路"更好。所谓"南方"，不应仅仅理解为"中国南方"，而应从国际文化交流这个更加广阔的视野出发去认识。所谓"南方"，是指从中国西南出发，经缅甸、印度、巴基斯坦至中亚、西亚，进而抵至地中海的这条古代亚洲文化纽带的南段，即是相对于整个丝绸之路而言的南方。在概念上，它又可以同北方丝绸之路联系在一起，从而共同形成古代中西交通和中西文化交流线路总体系。因此，这个名称更能准确地表达这条国际交通线的完整内涵。

支那名称起源之再研究

——论支那名称本源于蜀之成都

Cina，中译支那、脂那或至那，这个名称最初见于梵文，其出现年代最迟在公元前 4 世纪或者更早，是古代印度地区对中国的称呼。而求之声类，古代西方世界对中国名称的认识，也多由此演化而来；希伯来文 Sinim，希腊文 Sinae，Seres，以及英文 China，均由 Cina 一词节节转译。近代日本亦称中国为支那。因此，支那名称的起源问题自然便在中西交通史（The History of Sino—Foreign Relations）上占有异乎寻常的重要地位。其意义不仅仅在于这个称谓的名实问题，更重要的在于，它所包含并能揭示的一系列问题多与早期中西交通史上许多至今仍远未解决的问题直接相关，并且其中的有些问题由于新材料的发现、研究视野的扩展以及南、北丝绸之路研究的持续深入开展而显得矛盾重重、破绽累累。这样，就使支那名称之起源这个过去未曾圆满解决的问题，再度显现出重新研究的必要。笔者希望通过对此问题的再研究，深化和扩展对于中西交通史尤其是早期中外经济文化交流史上一些关系的认识，本文之作，目的即在于此。

一、 支那名称起源研究的回顾

关于支那名称源于梵语，学术界对此多无异议。中国唐代僧人道世所撰《法苑珠林》卷一一三《翻译部》的记载代表了对此问题的一般看法。其文云："梵称此方，或曰脂那，或曰震旦，或曰真丹。"西方汉学家中偶有持异议者，如 B. 劳费尔（B. Laufer）认为，支那一词大概为马来语的古称。[①]但是其说没有任何有力的证据给以支持，所以无人响应附和。

支那名称所指，迄今学术界绝大多数公认是指古代中国。西方汉学家中也偶有持不同见解者，如李希霍芬（Von Richthofen）认为，支那应指日南。[②]但

---

① B. Laufer 文见《通报》（Toung Pao）1912 年，pp.719-726.
② Von Richthoen 文，参考伯希和《交广印度两道考》，冯承钧译，北京：中华书局，1955 年。

从汉武帝元鼎六年（前111年）置日南郡（辖境约为当今越南中部）来看，当时的日南仍在中国的范围之内。所以此说对于支那的国别研究来说，并无多少实际意义。而且，从航海史的角度看，假如说在公元前 4 世纪或更早的年代里将支那名称从越南半岛循海路传播至孟加拉湾以北的印度半岛，也是不可能的。

就支那为中国古称而言，尽管学者们看法大体一致，但是对于支那之名究竟是根源于古代中国的王朝名称、王国名称还是地区名称，究竟来源于古代中国的哪个地区，却并非不存在分歧，长期讼而不平。百余年来的学术史表明，在这个问题上已形成了不同的流派，比较有影响的主要有"支那为滇说""支那为广东沿海说""支那为秦说"和"支那为荆说"等。

"支那为滇说"由西方汉学家拉可皮尔利（Lacouperie）[1]所提出，其主要理由是认为 cina 乃是滇的对音，而滇古读为真那。此说由于立论的基点仅建立在对音基础上，缺乏史料凭据，因而受到其西方汉学同行的批驳，难显于世。

"支那为广东沿海说"出于美国著名的东方学家 B. 劳费尔（B.Laufer）。他在《支那名称考》中指出，支那当是公元前四世纪时马来群岛航海家所指示的广东沿海之称。[2]但是，没有什么有力的证据能够表明，当时的广东沿海能够经由海路与印度相互联系。而且，所谓"印度俗呼广府为支那"，其年代迟至宋代，最早亦不能上溯至唐以上，所以 B. 劳费尔的看法，在当时就遭到法国汉学家伯希和的激烈反对，终难成其论。

"支那为秦说"是支那名称起源诸说中影响最大最深广的一派，据说佛典后汉录《报恩经》即译支那为秦。[3]王先谦《汉书补注·李广利传》按曰："西人称禹域为支那、脂那、震旦，皆秦音之转。"薛福成《出使日记》亦云："欧洲各国，一其称中国之名，英曰采依纳，法曰细纳，意曰期纳，德曰依纳，拉丁之名则曰西奈。问其何义，则皆秦字之音译……揆诸由来，当由始皇逼逐匈奴，威震殊谷，匈奴之流徙极远者，往往至今欧洲北土……彼等称中国为秦，欧洲诸国亦相沿之而不改也。"薛氏此说颇具代表性，且与欧洲一些人士的看法相符合。但此说却遭到德国的印度学学者雅各比的反对。雅各比（H.

① Lacouperie 之说，参考饶宗颐《蜀布与 cinapatta》一文注释第 27，《历史语言研究所集刊》45 本 4 分，1974 年。
② B. Laufer 文见《通报》（Toung Pao）1912 年，pp.719-726.
③ 赞宁：《宋高僧传》，广州制止寺极量传自注。

Jacobi）在《懦�厘耶书中有关文化史语言史文学史的资料》中考证，支那一词之在印度出现，已见于侨�厘耶（Kautilya，或译考底里亚）所著《政事论》（Arthasastra），而侨archphr厘耶是公元前 320 年至前 315 年间即位的孔雀王朝月护大王（Candragupta）的大臣，"如此看来，名中国曰支那，在纪元前三百年时已见著录，由是中国名称由秦朝（前 247 年）名称蜕化之说，可以绝对屏除"。①此处的前 247 年，据《史记·秦本纪》，是指秦庄襄王卒，秦始皇即位之年。由于秦始皇即位之年晚于《政事论》有关支那记载的年代，所以雅各比断然否定支那名称源自秦始皇，这在年代和逻辑上均有一定道理。

但是，享有盛誉的法国汉学家伯希和（P.Pelliot）却极力坚持支那源于秦始皇说。他在《支那名称之起源》中重申，尽管还没有找到足以促使东亚的中、印两大文化彼此知闻的证据，但是"若说这种最初交通是秦始皇统一中国的影响，倒还近于事实。所以我仍旧以为印度所识中国之名，就是这个本国人所痛恨，而足使其种族同国名之声威远达西北同南方的秦始皇朝代之名"。②并认为，"支那是印度人称中国人的唯一的名称，而亦为中国人始终自认者，而且就历史年代音声等方面说，皆足证明支那与秦比对的旧说为是"。虽然伯希和振振有词，从各方面反对雅各比之说，但是他不仅无法对支那与秦从语音上提供转生语的任何解释，而且所列汉武帝时大宛城中的"秦人"等有关证据，也无法解决支那名称出现的年代与秦始皇即位年代完全不相符合的矛盾。当 20 世纪 60 年代印度学者 Manomohan Ghosh 发表《支那名称稽古》，考证梵文 Cina 一字的出现不会迟过公元前 625 年后，这种矛盾就更加难以克服。

遗憾的是，在这个事实面前，一些学者不是积极寻求新的思路和解决办法，却仍在老路上徘徊，仅对旧说进行证据显然不足的修正和弥补。张星烺在《中西交通史料汇编》中将秦始皇时期推前到春秋时代，他说："秦之建国，始于周平王时代，在耶稣降生前七百余年。至秦穆公时，秦已强大……西方诸国，记载支那之名，以印度懦archphr厘耶书为最早，然已后于秦穆公约三百五十年矣。"并认为："秦在西北，与诸戎既有言语之便利，而复加以累朝之武功勋烈，其名之得播至西方，不亦宜乎。"③其说除年代上有所修正外，思路

---

① H. Jacobi 文见 1911 年《普鲁士科学研究会议录》pp.954-973，参考伯希和《支那名称之起源》，北京：商务印书馆，1962 年。
② 伯希和：《支那名称之起源》，《西域南海史地考证译丛》一编，冯承钧译，北京：商务印书馆，1962 年。
③ 张星烺：《中西交通史料汇编》，北京：中华书局，1979 年。

与伯希和完全一致，方法上也全属推测，并无可靠证据，仅建立在支那与秦对音的基础上。

70 年代，香港学者饶宗颐在《蜀布与 Cinapatta——论早期中、印、缅之交通》一文中再次研究了这个问题，认为公元前 316 年秦灭蜀，故蜀布"自可目为秦布，故得以 Cinapatta 称之"。[①]文中应有之义是，支那指秦，但既非秦代，亦非故秦地，而是秦统一中国建立秦王朝以前的故蜀地。但是饶先生又说："《国事论》撰成于公元前四世纪，是时周室已东迁，秦襄公尽取周岐之地，至秦穆公称霸西戎，在西北边裔民族的心目中只有秦，故以秦为中国代称。以此推知中印之交往，早在《国事论》成书之前。"此论不但与前说相矛盾，而且以秦霸西戎引起秦名播于印度的说法，也缺乏足够的史实依据。究其实质，仍是受支那为秦对音说束缚的缘故。

若干年来，不少学者在几乎没有认真思考支那为秦说的立论基础是否可靠，是否有坚实的史实依据的前提下，信手采用这种成说，因而致使一再出现争论，就是极为自然的了。

"支那为荆说"也是一种颇具影响的观点。此说形成较早，苏仲湘《论"支那"一词的起源与荆的历史和文化》一文集中表述了此派的多种论点。[②]苏先生在对东周秦国是否具有能使它盖过其他各邦声望进行质疑的基础上论述道："在先秦的很长时期内，秦国整个看来，不妨说是一个普通的中上国家，除了后来的百年内外，它并没有显著的文治武功，不具备十分突出的国力和地位，从而也没有能够对它的四邻发挥强大的长久的影响，受到广泛强烈的注意。我们没有多么有力的理由可以认为，处于中国境外的地方，当时却能和秦国有多么密切的联系，从而激起它们的留心注视和强烈印象，以至把秦看作是中国大陆的突出代表。"进而论述说，由于荆地广势强，震烁中国，经济昌盛，文赋纷华，声势远炽，历久不衰；由于楚威王遣庄蹻王滇，"变服从其俗以长之"[③]，使中华民族大家庭从东南到西南密切地联系在一起。又由于荆人鳖灵助蜀建立制度，兴修水利，使巴蜀"实已成为荆的外府"，"在巴蜀长期立国期间，东起荆地，西达天竺，中以巴蜀为枢纽，当已形成一条漫长的贸易交通线"，向外进行经济文化交流；其中就"包括荆的名号和消息"。

---

① 饶宗颐：《蜀布与 cinapatta——论早期中、印、缅交通》，《历史语言研究所集刊》45 本 4 分，1974 年。

② 苏仲湘：《论"支那"一词的起源与荆的历史和文化》，《历史研究》1979 年第 4 期。

③ 司马迁：《史记·西南夷列传》，北京：中华书局，1959 年。

而支那一词，起源于从荆国传至蜀国的音乐"荆"这一名称。

尽管苏文以很大篇幅论证了荆楚灿烂的历史和文化，但对于问题的实质其实却并未提出强有力且使人信服的证据。所以汶江《"支那"一词起源质疑》几乎对其所举的主要论据予以反驳①，绝不是没有道理的。

除上述诸说外，印度古籍还有多处提到所谓"外支那"，大乘佛典如《方广大庄严经》《普曜经》还提到"脂那国书"。多数人认为，所谓外支那，是指居于喜马拉雅山藏缅印之间的民族，而且正如所谓"脂那国书"一样，年代均相当晚出，与支那名称的起源没有直接关系。因此，本文暂置不论。

本文认为，在认真梳理"支那为秦说"和"支那为荆说"的各种矛盾和问题后再来研究这个主题，有充分的证据可以表明，支那名称的出现，与中国西南先秦时代的泱泱大国蜀国有关，支那名称起源于蜀，既非秦，亦非荆。

二、支那非秦说

"支那为秦说"有三个代表性的支派，对其立论依据进行分析，便可考见其说是否能够成立。

（一）伯希和"秦代说"辨误

伯希和之所以重申"支那为秦代说"，主要依据有二：其一为憍胝厘耶《政事论》的年代问题，其二为《史记》《汉书》有关西域"秦人"问题。仔细分析，这两个依据其实是不成问题的问题。

关于《政事论》的年代，从其作者 Kautilya（亦名 Visnuqupta 及 Canakya）为孔雀王朝月护王（Candragupta，前 320—前 315 年在位）大臣的年代可知，是公元前四世纪。印度古籍《毗湿奴往世书》中提到憍胝厘耶推翻难陀王朝而使月护王登位，《十公子传》则提到毗湿奴笈多为孔雀王朝君主而将《政事论》删节为六千颂。因此，不少学者如印人萨马夏斯特里、英人史密斯、德人雅各比等，均主张此书成书于公元前 4 世纪。虽然学术界亦有人认为此书或成书于公元初甚至公元 3 世纪，但持此见解者绝非多数。史密斯早就指出："《政事论》是孔雀王朝真正的古代作品，大概是憍胝厘耶所著。当然这个意见并不排斥现在此书中包括有后代小添改的可能性，但此书的大部分肯定是

---

① 汶江：《"支那"一词起源质疑》，《中国史研究》1980 年第 4 期。

摩利耶王朝所写。"①济次（A. B. Keith）认为："《政事论》完全可能是古老作品，可以断定它是公元前 1 世纪的作品，而它的内容主旨很可能比公元前第1世纪还要古老得多。"②印度尼赫鲁大学印度古代史教授 R. 塔帕尔（Romila Thapar）博士专攻阿育王和孔雀王朝的历史，若干年来成就斐然，其论断被认为富于权威性。她指出："《政事论》写成于孔雀王朝月护王的大臣憍胝厘耶，成书于公元前 4 世纪末。"并在《印度历史》第一卷中再度指出，《政事论》是"旃陀罗笈多的首席顾问憍胝厘耶所著"③。中国著名的印度南亚学家季羡林教授也赞同公元前 4 世纪之说。④由此可见，《政事论》成书于公元前 4 世纪之说是不成问题的，在对其成书年代的讨论中出现的一些纷争和异说，理由并不充分，不足为据。所以，B. 劳费尔在《中国伊朗编——中国对古代伊朗文明史的贡献》中指出："伯希和对梵语作品的日期闹得天翻地覆，实在是多余。"⑤可谓一矢破的。

既然我们可以肯定《政事论》成书于公元前 4 世纪，而伯希和对于此书年代的怀疑并无充分依据，那么把公元前 221 年建立的秦王朝当作公元前 4 世纪已见于印度的支那一词的本源，这种说法显然是不能成立的。

其实伯希和自己对于此点也是没有多大把握的，所以他考证支那名称为"本于秦朝而适用于中国人的称呼"时又说："无论 Kautilya 的撰年是否在纪元前三百年，我们仍旧用别的方法，维持支那比对秦国一说。"⑥这个"别的方法"，就是他据以立论的第二组证据。

第二组证据有两条材料，均引自《汉书》，谈论的是关于西域的"秦人"问题。第一条材料出自《汉书》卷九十四上《匈奴传》，记载秦亡后 120 多年（前 83 年或前 82 年），汉兵击匈奴，"于是卫律为单于谋，穿井筑城，治楼以藏谷，与秦人守之"。伯希和认为这里所记"秦人"，并非颜师古注中所说"秦时有人亡于匈奴者，今其子孙尚号秦人"，据清人徐松《汉书·西域传补注》卷下所说"以汉降匈奴者谓之秦人"，表明汉时匈奴仍称中国人曰秦人，故汉朝降匈奴的卫律称中国人曰秦人。第二条材料出自《汉书》卷九十六《西域

① Early History of India, 1914, p.153, 此据 B Laufer，上引书。
② A. B Keith: Journal Roy. As. soc, 1916, p.137, 此据 B Laufer，上引书。
③ F. Thapar: A History of India, Vol. 1, p.77, 1966.中译本《印度古代文献》，p. 71 原注。
④ 季羡林：《中国蚕丝输入印度问题的初步研究》，《中印文化关系史论文集》，北京：生活·读书·新知三联书店，1982 年。
⑤ B. Laufer 上引书，第 404 页，原注 2。
⑥ 伯希和：《支那名称之起源》，北京：商务印书馆，1962 年。

传》，记载汉武帝《轮台诏》，说用兵匈奴之失败，中有"匈奴缚马前后足置城下，驰言秦人，我丐若马"。认为此处的"秦人"，显然不是亡入匈奴的秦人子孙，而是汉朝的汉人。颜师古注说道："谓中国人为秦人，习故言也。"胡三省《通鉴注》亦言："据汉时匈奴谓中国人为秦人，至唐及国朝则谓中国为汉，如汉人、汉儿之类，皆习故言也。"伯希和反驳道："可是，秦人、汉人两称，有一个根本不同之点。中国人自称，则曰汉人，至其所传匈奴之语，则曰秦人。"又说："汉时中国人听见匈奴所称之名，尚与秦言之音相近，当然我们作这种还原。由是我们可以想见这两个见于《汉书》而由匈奴所称的秦人，还原的方法不错，则一百二十五年前声威及于西北游牧部落同西南蛮夷的秦始皇之朝名，留传于后之说，似乎可以主张。"于是得出结论："由此看来，在匈奴同在印度最初所见的中国名称，皆出于秦。"

伯希和关于"秦人"的考证阐释，完全不能使人信服。因为中国史籍自古有"习故而言"的传统，如某国或某地为别国吞并，仍称其国或其地以故名，称其人为故国或故地之人。此类例子斑斑可见，史不绝书。比如《尚书》诸篇，就记载殷人称故夏代为"有夏"，而周人称殷之遗民为"殷民"。又如三家分晋后，时人和后人均犹言三晋。再如秦灭巴蜀后，仍称其地为巴蜀，称其人为巴人、蜀人。这些无一不是"习故而言"之例。至若从中夏之地亡入外域，中外之人"习故而言"的例子也并不鲜见，若殷周之际亡入东北的夫余，即是殷代山东半岛的薄姑（亦作蒲姑）之后，夫余就是薄姑的对音或异译①，所以《后汉书·夫余传》说："国之耆老，自说古之亡人，……而夫余王其中，自谓亡人，抑有以也。"诸如此类的例子在史籍中比比可见，兹不具引。这说明，伯希和所运用的材料，非但丝毫不能驳倒颜师古和胡三省对"秦人"一词的注释解说，相反只能说明伯希和本人并不十分了解中国文化传统与历史。

再看伯希和所举两例，其结论均大有可商讨之处。第一例，并非如伯希和所说："汉朝降匈奴的卫律，称中国人曰秦人。""秦人"为"秦时有人亡于匈奴者"的后代子孙，颜师古注中已明确指出。伯氏以为不可能秦亡后120多年，匈奴仍称秦亡人之后为秦人，这种看法显然是不了解中国文化传统的缘故。秦灭楚后，至楚汉之争时，世人仍称"楚虽三户，亡秦必楚"，对前代遗民以前代名称称之。并且，《汉书》卷九十四上《匈奴传》

① 徐中舒：《先秦史论稿》，成都：巴蜀书社，1992年，第87、88页。

记载匈奴称汉朝之名有二，一曰"汉"，一曰"中国"，绝不称秦。即使是汉人降匈奴者，如宦者燕人中行说，对单于亦言"汉""汉物""汉食物""汉絮缯""汉俗"等，或言"中国"。再查《汉书》卷九十四上《匈奴传》，原文是："单于年少初立……常恐汉兵袭之。于是卫律为单于谋：'穿井筑城，治楼以藏谷，与秦人守之。汉兵至，无奈我何。'"很明显，这里并不是伯氏所谓"汉时匈奴仍称中国人曰秦人"，此处的"秦人"，与"汉兵"对举，显为秦之亡人后代子孙，绝不是指汉朝的中国人。伯氏断章取义，不提"汉兵至"一句，其用意无非是把史料裁剪成适合于他所谓"汉时匈奴仍称中国人曰秦人"论点的需要罢了。

证之以《史记》，更可见伯氏之谬。《史记·大宛列传》记载："贰师与赵始成、李哆等计，闻宛城中新得秦人，知穿井，而其内食尚多。"此处的"秦人"，乃是汉将李广利等人所称，应是指秦之亡人后代子孙入居宛城者，而不是称汉朝人为秦人。由此亦可知道，颜师古对《汉书·匈奴传》中"秦人"的解说是正确的。

至于第二例，《汉书》卷九十六下《西域传》中所记"秦人"，则如颜师古和胡三省所言，是"习故言也"，与伯氏所谓因秦朝的声威才将秦名播于西北并传诸后世，从而作为中国的代称之说丝毫也不相关。关于此点，上文已经论及，不再赘述。

说到秦在西南民族中的影响，虽然，"秦时常頞略通五尺道，诸此国颇置吏焉"，但是"十余岁，秦灭。及汉兴，皆弃此国而（开）关蜀故徼"①。秦在西南夷的作为，仅是"略通五尺道"和"颇置吏"而已，不仅没有留下多么深刻的影响，而且这种本来就不大的影响很快就随着秦王朝的土崩瓦解而灰飞烟灭，远不及汉武帝开西南夷和诸葛亮征南中对当地所带来的社会文化变迁那么强烈、巨大、久远和深刻。很明显，如果说在西南夷地区曾经存在一个由于其声威所加从而流传于后世的朝名，那么也只能是汉，即汉武帝之朝名和诸葛亮蜀汉之朝名，而绝不是"秦始皇帝之朝名"。况且，不论何种资料，都绝无西南夷称汉朝为秦之例。

我们用不着征引更多的材料，仅此即可看出，伯希和关于《政事论》成书年代的争辩和"秦人"问题的考证，是建立在沙滩之上的，经不起历史风浪的冲击和检验。既然如此，那么支那名称为"本于秦朝而适用于中国人的

---

① 司马迁：《史记·西南夷列传》，北京：中华书局，1959 年。

称呼"这种论点，自然也就不能成立。

（二）张星烺"秦国说"考辨

"支那为秦国说"的基点，是春秋战国时代秦国的累朝赫赫武功及其对西北民族所产生的巨大影响，使秦之国名远播于西方，所以西北民族以至印度和其他中亚地区民族便以秦国之名作为中国的代称。此论在逻辑上似乎顺理成章，然而却是以推测方法演绎出来的，并无史实依据。对此，我们做一番检查验证工作，自然便会明了。

自两周之际秦襄公始，秦国一直充任着西北方面抗衡西戎的主要力量。《史记·秦本纪》记载，秦襄公以兵护送周平王东迁，平王赐之岐以西之地，并言："戎无道，侵夺我岐丰之地，秦能攻逐戎，即有其地。"在"尊王攘夷"的大旗下，秦奋起神威，力战西戎，屡获殊功。襄公"备其兵甲，以讨西戎"[①]，"西戎方强，而征战不休"[②]，秦襄公以降，秦文公伐戎，地至岐，将岐以东献于周王室，秦武公伐邽、冀之戎而县之。至秦穆公时，用由余之谋，"伐戎王，益国十二，开地千里，遂霸西戎"[③]。秦在西北的赫赫武功，诸史并载其详，乃是不争的事实。

但是秦所辟有的西戎之地，并非从此为秦所有。《汉书》卷五十二《韩安国传》记载大行王恢说："昔秦缪（同穆—引者注）公都雍，地方三百里，知时宜之变，攻取西戎，辟地千里，并国十四，陇西、北地是也。"然而陇西、北地之西戎地，穆公以后又屡复失于西戎。史称是时秦之北有"西戎八国"。《史记·商君列传》记载："五羖大夫相秦六七年，发教封内而巴人致贡，施德诸侯而八戎来服。"《史记·匈奴列传》记载："秦穆公得由余，西戎八国服于秦，故自陇以西有绵诸、绲戎、翟、豲之戎、岐梁山泾漆之北有义渠、大荔、乌氏、朐衍之戎。"绵诸在今天水，豲在今陇西，翟在豲以西，义渠在庆阳、宁县之间，大荔今县，乌氏在平凉，朐衍在今盐池、定边之间，从西、北、东三面形成对秦的重重包围，阻隔着秦的西进北上之道。秦与西戎之间的攻伐征战屡见于史册，正是对穆公以后秦不能保持其对西戎的霸权这个事实的绝好证明。秦势既不能越西戎一步，则其声威亦不能越西北而远播域外，这同样是不争的事实。

文明的史迹：先秦、巴蜀及南丝路历史研究（南方丝绸之路卷）

---

① 《诗经·小戎》。
② 《毛诗正义》卷三、六。
③ 司马迁：《史记·秦本纪》，北京：中华书局，1959年。

据史载，直到战国初，秦厉共公时，十六年（前461年）"以兵二万伐大荔，取其王城"①，二十年（前457年）"公将师与緜诸战"②，三十三年（前444年）"伐义渠，虏其王"③，方对西戎取得优势，但仍有反复，未能逐戎而据其地。《史记·秦本纪》载，躁公十三年（前430年）"义渠来伐，至渭南"，便是一例。《六国年表》秦惠公五年（前395年）"伐陈，诸"亦见西戎势强，与秦反复攻伐之事实。所以秦孝公痛心疾首地说："会往者厉、躁、简公、出子之不宁，国家内忧，未遑外事，三晋攻夺我先君河西地，诸侯卑秦，丑莫大焉。"④秦孝公元年（前361年）"西斩戎之獂王"⑤。秦惠文王七年（前331年）"义渠内乱，庶长操将兵定之"⑥，十一年（前327年）"义渠君为臣"⑦，"县义渠咽，惠文王更元十年（前315年），伐取义渠二十五城"⑧。直到秦昭王时（前306年—前251年在位）才最后灭义渠，复其北土西封，置陇西、北地郡，完成其先公先王数百年来未竟的宏图大业。

由此可见，秦在西北地区获取最终胜利是在公元前3世纪初。自此之后，西戎也才远居秦陇之西。而秦穆公固然武功勋烈，独霸西戎，却并未有其土地。《汉书·韩安国传》所以说"秦穆公都雍，地方三百里"，其原因正在于此。诚如蒙文通先生所说："秦陇西之得而复失屡也，则穆公都雍地方三百里，疆土之蹙，事可互证。非秦之支柱其间，是诸戎者胥相率而东也。"⑨当是之时，西戎东进南下之势极其猛烈，汹涌如潮，虽秦之强，却不能始终据有陇西、北地之间。秦师兵临渭首，挥戈北地，已实非易事，而西戎之西迁，亦仅退徙氐羌之地，被统称为氐羌⑩，何谈逐戎于河套之西、之北，更何谈将秦之声威西播于中亚、南亚？

至于说《左传》襄公十四年范宣子说："姜戎氏，秦人追逐乃祖吾离于瓜州。"《左传》昭公九年詹桓伯说："故允姓之奸，居于瓜州。"杜预注说"瓜州，今敦煌"，似乎姜戎氏之祖早在春秋年间已被秦国西逐敦煌，还于中亚。

① 司马迁：《史记·秦本纪》，北京：中华书局，1959年。
② 司马迁：《史记·六国年表》，北京：中华书局，1959年。
③ 司马迁：《史记·秦本纪》，北京：中华书局，1959年。
④ 司马迁：《史记·秦本纪》，北京：中华书局，1959年。
⑤ 司马迁：《史记·秦本纪》，又见《匈奴列传》，北京：中华书局，1959年。
⑥ 司马迁：《史记·六国年表》，北京：中华书局，1959年。
⑦ 司马迁：《史记·秦本纪》，北京：中华书局，1959年。
⑧ 司马迁：《史记·六国年表》，北京：中华书局，1959年。
⑨ 蒙文通：《周秦少数民族研究》，《古族甄微》，成都：巴蜀书社，1993年。
⑩ 田继周：《先秦民族史》，成都：四川民族出版社，1988年，第410页。

但是，历代注家均以杜预之说为非。古瓜州，据《左传》《尚书》，在古三危之地。三危，据诸史家所考，地与岷山相近，"西南当岷山"①。蒙文通先生考证三危当陇西沙州，瓜州在今青海之河南。②顾颉刚先生考证瓜州在今秦岭高峰之南北两坡③，谭其骧先生主编的《中国历史地图集》第一册④、杨伯峻先生《春秋左传注·襄公十四年》⑤均从其说。阚骃《十三州志》说道："瓜州之戎为月氏所逐，秦并六国，筑长城，西不过临洮，则秦未有此地。"⑥极是。由此可知，秦国亦不可能通过姜戎氏为传播媒体，将其声威播染于敦煌、祁连之西，更谈不上越此而远达中亚和西方。

  战国末秦汉之前，中国西北民族的迁徙移动，主要方向是由西向东，由北向南，东进南下的势头十分强劲，规模巨大，历时长久，如海潮般一浪推一浪，一批一批推进。在此期间，并无大规模的反向迁徙潮流载入史册。由西北民族的迁徙所带动的一些民族群团大批西迁的情况，发生于战国末秦汉之际，并且多与匈奴的勃兴有关。揆诸史乘，比如月氏（禺知、禺氏），战国时地在雁门西北，黄河之东。⑦汉初匈奴冒顿单于兴起后，月氏、大夏继续向西迁徙。《史记·大宛列传》："始月氏居敦煌、祁连间，及为匈奴所败，乃远去，过宛，西击大夏而臣之，遂都妫水北，为王庭，其余小众不能去者，保南山羌，号小月氏。"月氏为冒顿单于所败，当汉文帝四年（前175年），而其西居大夏，则在武帝之初。⑧《管子·小匡》记载齐桓公时大夏在太行，《吕氏春秋·古乐》记载秦疆"北过大夏"，表明战国大夏已迁到河套一带⑨，汉初才又继续向西迁徙。又如乌孙，初在敦煌、祁连间，汉文帝时始西迁于伊犁河和伊塞克湖一带。⑩张骞出西域，"所至者大宛、大月氏、大夏、康居，而传闻其旁大国五六"⑪，其中大夏、大月氏、乌孙等乃从敦煌、祁连间西迁而去，年代为汉初。从张骞"具为天子言之"的内容看，中亚诸国对于已经覆灭的秦王朝以及先秦时代的秦国并无印象，无一谈及。不难知道，从西北

①《尚书·禹贡》疏引郑玄转引《地记书》，《汉书·司马相如传》师古注引辑。
② 蒙文通：《周秦少数民族研究》，上引书，第171页。
③ 顾颉刚：《史林杂识·瓜州》，北京：中华书局，1962年。
④ 谭其骧：《中国历史地图集》第1册，北京：地图出版社，1982年，图22-23。
⑤ 杨伯峻：《春秋左传注》，北京：中华书局，1981年，第1005页。
⑥《太平御览》"瓜州"条引。
⑦ 王国维：《月氏未西迁大夏时故地考》，《观堂别集》卷一，北京：中华书局，1959年。
⑧ 王国维：《月氏未西迁大夏时故地考》，上引书。
⑨ 徐中舒：《先秦史论稿》，成都：巴蜀书社，1992年，第46页。
⑩ 班固：《汉书·张骞传》《乌孙传》，北京：中华书局，1962年。
⑪ 司马迁：《史记·大宛列传》，北京：中华书局，1959年。

敦煌、祁连间西迁中亚的民族，自不会将秦国之名播至中亚和西方。何况其时已是汉初，自与支那名称的出现无关。

既然如此，那么，"秦在西北，与诸戎既有言语之便利，而复加以累朝之武功勋烈，其名之得播至西方，不亦宜乎"之论，又从何说起呢？我们以上对史实的复核验证表明，"支那为秦国说"其实同"支那为秦代说"一样，均出于一种逻辑演绎，而绝不是历史事实，因而同样不足置信。

考古学上，在北亚南部阿尔泰山北麓戈尔诺阿尔泰山乌拉干区乌拉干河畔的巴泽雷克（Pazyryk）古墓群内（约前 500 年—100 年）[1]，出土不少西伯利亚斯基泰文化的织物和中国的丝织品，其中"有用大量的捻股细线织成的普通平纹织物，这类织物，有小块的，也有整幅的（铺盖在皮衣服的上面）"。出土的丝织品无论数量还是品种均较丰富。3 号墓出土有以红绿两种纬线斜纹显花的织锦，5 号墓出土的一块丝绸刺绣着凤凰连蜷的图案，与长沙楚墓所出刺绣图案极为相似。从斯基泰文化通过匈奴与中国北方文化相互交流的历史看，巴泽雷克墓群中出土的中国丝织品极有可能是经由赵国传播去的，这从斯基泰文化的动物纹样艺术如服饰上的动物带钩南下传播的史迹中可以得到证明。其传播途径显然与秦无甚关系。所以近于中亚的阿尔泰山北麓的古代民族，即使较早知道中国之名，也不会是秦，而是三晋。何况至今没有证据能够表明支那一词当时已经传至斯基泰文化区。可见，即令我们把眼光延伸扩展到匈奴以北地区，也发现不了将秦国之名播于西方的任何蛛丝马迹。事实又一次证明，"支那为秦国说"其实仅仅是一种逻辑演绎而已，不能成立。

（三）饶宗颐"秦之蜀地说"商榷

"支那为秦之蜀地说"较之前面两种看法有所变化，即将着眼点分出一支，移向西南的"蜀身毒道"，而不再专注于西北的"西域道"。但是此说既提出"秦之蜀地说"，却同时依旧认为"西北民族心中只有秦，故以秦为中国代称"，自相矛盾，莫衷一是，即令其"秦之蜀地说"，也存在不能克服和无法解决的若干矛盾与问题，有待于用事实去重新核查，进一步检验。关于"以秦为中国代称"，上文已给予了分析考辨，不再赘述，这里仅对"秦之蜀地说"进行分析。

---

[1] 鲁金科：《论中国与阿尔泰部落的古代关系》，《考古学报》1957 年第 2 期。

依照此说，秦灭蜀在公元前 316 年[①]，而印度初见支那名称为成书于公元前 320—前 315 年间的《政事论》（或译《国事论》《利论》），两者年代似乎吻合，所以经由蜀身毒道播至印度的 Cina 一词当为秦的音译，是指秦之蜀地。

让我们先看《政事论》关于支那的记载：

Kauseyam cinapattasca cinabhumijah（侨奢耶和产生在脂那的成捆的丝）[②]（Chapter XI，81）据季羡林先生《中国蚕丝输入印度问题的初步研究》，"cinapatta"这个字是两个字组成的："一个是 cina，就是'脂那''支那'；另一个是 patta，意思是'带''条'，两个字合起来意思就是'支那'（季文原作中国，为便于分析，此处还原为支那——引者）的成捆的丝。"

又，《政事论》同章 79 又言及 cinasi 的 skin（织皮），色为红黑或黑而带白。另据方国瑜《中国西南历史地理考释》上册[③]，侨胝厘耶书中还说到"支那（cina）产丝与纽带，贾人常贩至印度"。可见，支那在印度的心目中，是蚕丝、丝织品和织皮的产地，这几种物品早在公元前四世纪已经输入印度。

我们知道，秦国素来不是蚕丝的原产地，虽然秦国可以从其他地方输入丝织品，但绝非其原产。史称秦国一直觊觎蜀国丝织物。《华阳国志·蜀志》说，司马错力主秦惠文王伐蜀而与张仪争辩，其重要理由之一，即是"蜀……其国富饶，得其布帛金银，足给军用"，帛即丝织品。秦惠文王果然从司马错之议，发兵灭蜀。秦灭蜀后，即在成都城南置锦官。[④]据《华阳国志·蜀志》，张仪与张若筑成都城，"营广府舍，置盐、铁、市官并长丞，修整里阓，市张列肆，与咸阳同制"，是在秦惠文王二十七年（前 311 年）。依此，秦因"蜀时故锦官"以置秦之锦官，不能早过公元前 311 年。假如以为秦灭蜀后，拥有蜀之丝织业，因而蜀丝得以称为秦丝，并以秦丝名义西传印度，从而被印度称为"支那丝"（cinapatta），那么与《政事论》的年代并不相符。可见，cinapatta 中的 cina，不能释为秦之蜀地。

根据各种载籍，蜀亡于秦以后，虽土地人民属于秦有，但其地并不称秦地，其人并不称秦人，而是一仍其旧，称蜀和蜀人。不论《史记》中的有关篇章、《汉书》中有关篇章还是其他诸书，均如此。说明当时中原列国确实是

---

① 司马迁：《史记·秦本纪》，北京：中华书局，1959 年；常璩著，刘琳校注：《华阳国志校注·蜀志》，成都：巴蜀书社，1984 年。
② 季羡林：《中国蚕丝输入印度问题的初步研究》，上引书，第 76 页。
③ 方国瑜：《中国西南历史地理考释》上册，北京：中华书局，1987 年，第 6 页。
④《华阳国志·蜀志》，又见杨守敬《水经注疏》卷三十三引李膺《益州记》。

"习故言之"。据史载，蜀亡后，秦曾三封蜀公子为"蜀侯"①，"贬蜀王更号为侯"②。直到秦昭王二十二年（前285年），"疑蜀侯绾反，王复诛之，但置蜀守"③，蜀才最终被秦罢国置郡④。再从秦在蜀既置相，又置"蜀国守"，并封"蜀侯"来看⑤，在公元前285年以前，秦在蜀实行的是分封制，而不是郡县制。因此，在此年以前，蜀地理所当然地称蜀，其人亦称蜀人，这是不言而喻的。同样，当时蜀国所产的丝，也只能称为蜀丝，而不会称为秦丝，这也是极其明显，理所当然的。可见，认为公元前316年蜀归秦，"故蜀产之布，自可被目为秦布，故得以 cinapatta 称之"，此说完全缺乏根据，不能成立。而所谓"复存至张骞使西域时，秦王朝已为汉所代替，故秦布一名，不在"之说，同样没有任何根据，不足凭信。与此相同，有学者所主张的"秦国名称通过蜀人传播至印度，故印度称秦为支那"，也并非事实。

从交通上看，秦与印度并不近邻，秦灭蜀后，如要出蜀以至印度，南中是必经之地。而秦对于南中，染指并不很深，其政令和经济均未达到深入南中的程度，不具备从南中输出物品的条件。

古代南中包括今云南、四川的宜宾和凉山，以及贵州的一部分，从蜀至南中，主要有两条线路，一为从成都经四川雅安、凉山至云南大姚、大理；一为从成都经乐山、犍为、宜宾至云南昭通、曲靖、大理，前者为古代牦牛道，后者为古代五尺道。两路在大理会合后，再经保山，出腾冲，抵缅、印。综合《史记》《汉书》和《华阳国志》《后汉书》等史册来看，秦对古蜀国南部能够控临的有：

（1）五尺道。"秦时常頞略通五尺道，诸此国颇置吏焉。"⑥《括地志》说："五尺道在郎州。"⑦郎州，今云南曲靖。五尺道从四川宜宾，经高县、筠连至云南昭通、曲靖，先秦时主要分布着僰人、濮夷。

（2）牦牛道。《史记·司马相如列传》载："邛、筰、冉駹看近蜀，道亦易通，秦时尝通为郡县，至汉兴而罢。"邛在四川凉山州西昌市，筰在四川雅安地区汉源县。《华阳国志·蜀志》载：周郝王三十年（前285年），"张若因

---

① 见《史记·秦本纪》《史记·六国年表》。关于秦所封为蜀公子，见蒙文通《巴蜀古史论述》，四川人民出版社，1981年，第56-61页。
② 司马迁：《史记·张仪列传》，北京：中华书局，1959年。
③ 常璩著，刘琳校注：《华阳国志校注·蜀志》，成都：巴蜀书社，1984年。
④ 徐中舒：《论巴蜀文化》，成都：四川人民出版社，1981年，第28页。
⑤ 常璩著，刘琳校注：《华阳国志校注·蜀志》，成都：巴蜀书社，1984年。
⑥ 司马迁：《史记·西南夷列传》，北京：中华书局，1959年。
⑦ 司马迁：《史记·西南夷列传》正义引，北京：中华书局，1959年。

取筰及其江南地”，江南是指宜宾以上的岷江之南。即今汉源地。

五尺道、牦牛道以南的南中广大之地，秦未得通，牂柯郡、益州郡、宋提郡、永昌郡等云南贵州地区，均为汉代所开置，秦人未得染指。所以，《史记·西南夷列传》所说“诸此国颇置吏焉”，是指秦五尺道上下地区，不能延伸到滇、昆明等地，更不用说“域外荒域，山川阻深，生民以来，未尝通中国”[1]的永昌地区。

秦对古南中的控临既然如此有限，则经济上的影响也必然微乎其微。云南自古以海贝为货币，“云南用𧈢钱，𧈢不用即古之贝也”[2]。万历《云南通志》卷一“全省风俗”载：“交易用贝……秦灭六国……秦虽使常頞于滇中略通五尺道，然未尝属秦，故货贝之在南中独不变者，岂秦法未尝入滇耶？于此亦可以考世矣。”极是。明以来，云南各地出土不少古钱币，均无秦钱，大部分为汉钱[3]，而先秦贝币在考古中却大量发现，正是对“秦法未尝入滇”的极好证明，同时也证明了秦没有通过西南夷道将其物品输出至缅、印这个事实。在“秦法未尝入滇”，政令不达、贸易不通、文化不染的情况下，何谈经由南中之地将秦国声名远扬于印度？又遑论公元前 4 世纪印度所见之 cinapatta 为“秦布”，从而遽将 cina 释为秦国之称？

与此相关的一个问题是所谓“秦布”问题。《史记·西南夷列传》和《大宛列传》一致记载张骞在大夏所见为“蜀布”，而大夏之有蜀布，来自身毒，“得蜀贾人市”。说明蜀布和 cinapatta 均在印度行销。但是 cinapatta 是丝织品，不是布匹，因此与蜀布具有质地上的区别，不能等同。而 cinapatta 这个概念，更不能用“秦布”予以代换，此点十分重要。同样，蜀布这个概念，也不能用秦布予以代换。且不论先秦秦汉时期绝无“秦布”这样一个专有名称，我们只看丝、布之间具有清楚的分野便会一目了然。比如蜀锦与蜀布明显是两类纺织品：司马错伐蜀，欲“得其布帛金银”，布指蜀布，帛指蜀锦、蜀绣之类丝织品。成都城南有“锦官”，专门生产织锦，而蜀布之名则往往见于文献和考古材料，如《居延汉简》有简文称：“广汉八稷布十九匹八寸大半寸，直四千三百二十。”另有简文载：“九稷布三匹，价三百。”[4]陈直先生认为：“此蜀布及布价之可考者。”[5]蜀布中的精品称为“黄润细布”，扬雄《蜀都赋》叹

文明的史迹：先秦、巴蜀及南丝路历史研究（南方丝绸之路卷）

---

① 常璩著，刘琳校注：《华阳国志校注·南中志》，成都：巴蜀书社，1984 年。
②《南园漫录》卷三“贝源”条。
③ 王大道：《云南出土货币概述》，《四川文物》1988 年第 5 期。
④《居延汉简》卷一第 38 页，卷三第 2 页。
⑤ 陈直：《史记新证》，天津：天津人民出版社，1979 年，第 178、179 页。

为"筒中黄润,一端数金",汉代及以前又称之为"蜀细布",《说文》谓之"繂",总之均不与蜀锦相关。《盐铁论·本议篇》说"非独齐陶之缣,蜀汉之布",一方面说明蜀布海内驰名,另一方面则显见布帛之别,不能混为一谈。很清楚,不论 cinapatta 还是蜀布,均与所谓秦布丝毫也不相关。可见,把蜀布变为所谓秦布,又把秦布与 cinapatta 相等同,从而论证 cina 为秦之蜀地,在概念上极为混淆,完全不能成立。

三、支那非荆说

关于"支那为荆说"之失误,汶江先生曾经辨析甚详,唯其中仍有几个问题还存在进一步商讨的必要。

(一)关于支那名称内涵的问题

这是一个既与"支那为荆说"有关又与"支那为秦说"有关的问题。众所周知,当人们最初对支那名称的起源进行研究时,就几乎众口一词,将其作为中国的代称。这种看法貌似有理,其实并不正确,关键之点在于未能从其内涵与时代的变化方面进行考虑,即没有将支那名称的起源同中国古代史上地域的扩展和政治的演变联系起来。

"中国"这个名称,至少在古代史上还不是包括各民族在内并且拥有辽阔疆域和统一政权的领土国家的概念。《诗经·大雅·民劳》"惠此中国,以绥四方",《毛传》云:"中国,京师也。"《史记·五帝本纪》:"夫而后之中国,践天子位。"《集解》引刘熙曰:"帝王所都为中,故曰中国。"这些都是将"中国"理解为京师。先秦史上"中国"又是一个与夷狄相对的概念,特指文化较发达的诸侯。《左传》庄公三十一年:"凡诸侯有四夷之功,则献于王,王以警于夷,中国则否。"《诗经·小雅·六月序》:"《小雅》尽废,则四夷交侵,中国微矣。"《礼记·中庸》:"是以声名洋溢乎中国,施及蛮貊。"在民族地域上,"中国"又是一个初指华夏族及黄河中下游地区的概念,还可以用来指称更广泛的地域。《晋书·宣帝纪》:"孟达于是连吴固蜀,潜图中国(此处指魏国)。"《史记·天官书》:"其后秦遂以兵灭六国,并中国。"经专家考定,19世纪中叶以来,"中国"始专指我国家全部领土,不作他用。[①]

在支那名称起源的时代(约公元前 4 世纪),中国尚未统一,"中国"一

---

① 复旦大学历史地理研究所:《辞海·历史地理》,上海:上海辞书出版社,1982 年,第 38 页。

词还不具备近世完整的领土国家这样一个内涵，不论秦还是楚，都不能代表中国，而且先秦史上秦、楚两国均从不被视为"中国"。虽然从广泛的意义上释支那为中国并无不可，但是一旦当我们将其与对支那名称起源地的探讨相联系时，就容易产生一系列极易引人混淆和误解的矛盾，比如将其他地区的文化放进支那本源地文化一类问题，从而妨碍了对本源地的研究。

事实上，支那一词最初仅仅是指中国的某一地区，或某一诸侯国。在秦始皇统一以前，印度对支那的理解必然只能如此。只是到中古时，佛经译人才将"中国"作为完整的领土国家概念，将其与支那等同。即令如此，支那仍可指中国的某一地区。

基于这些理由，我们认为在研究支那名称的起源时，最好将这个名称还原为其本源地的名称，或秦、或荆、或蜀，以避免引起不必要的混乱。

（二）关于楚、蜀关系的问题

指认支那为荆，必须解决荆与印度在地域上并不毗邻这样一个问题。为此，苏仲湘先生提出"巴蜀是荆的外府"这样一个观点，以此论证楚地已越过巴蜀，从而避免地域方面陷入困境。

这个论点的错误是显而易见的。不论《水经注·江水》所引来敏《本蜀论》，或是旧题扬雄《蜀王本纪》还是其他诸书，虽共同指出春秋中至战国晚期蜀国王族出自"荆人"鳖灵，但所谓"荆"仅指其来源地，并不包含任何政治军事色彩。也就是说历史上并不存在由楚国夺取蜀国王政，从而使蜀沦为楚国"外府"这回事。四川新都大墓尽管有某些楚文化因素，但本身绝非楚文化，从主要或大部分上说完全是蜀文化特色。[1]况且史载公元前 377 年"蜀伐楚，取兹方，于是楚为扞关以拒之"[2]，如此强大的西南泱泱大国，怎么会是楚之"外府"？再说，假如果真有楚贵族夺取蜀国王政这一重大事件，诸史乘上不可能不留下明确记载，可是事情完全相反。又，按照楚国传统的地名随人迁徙之习，"名从主人"，假如楚贵族夺取了蜀国王政，蜀国就不会再成其为蜀，而应称为楚，或者荆，可是历史上并没有诸如此类的任何记载。至于蜀王开明九世"以乐曰荆"[3]，此"荆"也并不是指楚国的音乐，而是开

① 段渝：《论新都蜀墓及所出"昭之𬻑鼎"》，《考古与文物》1991 年第 3 期。
② 司马迁：《史记·楚世家》《六国年表》，北京：中华书局，1959 年。
③ 常璩著，刘琳校注：《华阳国志校注·蜀志》，成都：巴蜀书社，1984 年。

明氏庙堂祭祀之乐的名称①，将其与楚国音乐西传巴蜀并经巴蜀再西传印度，从而作为支那名称的本源相联系，显然不正确。可见，将巴蜀作为楚国"外府"以证明楚地西延接近印度，此论并无事实根据。

（三）关于"庄蹻王滇"的问题

庄蹻王滇"变服从其俗以长之"②，是"支那为荆说"的理由之一。但是庄蹻王滇本身是一个历史疑案，古今均有不少史家对此提出质疑并加以订正，难以作为"支那为荆说"的立论依据。荀悦《汉纪》首先将《史记·西南夷列传》庄蹻王滇的年代从楚威王订正为"楚庄王"（此楚庄王，徐中舒和唐嘉弘先生认为即楚顷襄王，庄、顷一声之转③，又改王滇为王靡莫）。常璩《华阳国志·南中志》亦改楚威王为楚顷襄王，又改"循江上略巴蜀黔中以西"为"溯沅水出且兰以伐夜郎"，再改庄蹻王滇为王夜郎。而范晔《后汉书·西南夷传》抄自《华阳国志》，却又把庄蹻改为庄豪。《水经注》对于滇池的记载采自《史记》，但完全不提"王滇"一事。如此等等，不一而足，总之"王滇"之说在方方面面都受到了历代史家的怀疑。蒙文通先生认为，王滇的庄王（庄豪）是古牂柯国的开国君长，并非楚国的庄蹻，后者为楚之大盗，本无入滇之事，与庄豪原不相干。④从滇文化的考古发掘看，滇文化是一支极富地方特色且传统悠久的文化，完全反映不出楚将庄蹻留王滇池的遗迹，可以证实庄蹻王滇仅是《史记》的误笔而已，不是史实。因此，从这里显然也找寻不到"支那为荆说"的任何依据。

（四）关于楚、印文化交流的问题

楚、印文化的交流问题，过去早有学者论及，丁山先生和日本藤田丰八分别对此做过不少探讨。丁山《吴回考》引证楚文化所受印度影响，认为楚、印文化交流至迟当在公元前 6 世纪以前。藤田丰八《中国南海古代交通丛考》引《庄子》《楚辞》《诗经》所载的若干名词及楚国文化的若干问题，推论楚、印交通不仅在春秋战国，或始于宗周初叶（公元前 11 世纪）。⑤方国瑜先生认

① 段渝：《蜀醴享祀》，《三星堆文化》，成都：四川人民出版社，1993 年。
② 司马迁：《史记·西南夷列传》，北京：中华书局，1959 年。
③ 徐中舒、唐嘉弘：《夜郎史迹初探》，《论巴蜀文化》，成都：四川人民出版社，1982 年。
④ 蒙文通：《庄蹻王滇辨》，《巴蜀古史论述》，成都：四川人民出版社，1981 年。
⑤ 藤田丰八：《中国南海古代交通丛考》，北京：商务印书馆，1936 年。

为，诸家所引证的资料未必尽确，且有任意比附之嫌。[①]对此问题还可根据大量考古新发现做进一步探究。

楚地虽"方五千里"，但其西境的极限最多达到四川东部巴地的枳，此即《战国策·秦策》所说"楚得枳而国亡"，时当楚襄王时。所谓"楚得枳""楚襄王灭巴子"[②]，均指楚占有巴王子所据守的枳地（今重庆涪陵），而不是江州（今重庆）的巴王都[③]，而巴国灭于公元前316年秦国之师灭蜀后的继续东进，诸史均有确载。楚国未尝据有蜀地，上文已经提到，王滇的庄王，也与楚国无关。楚、印之间存在一个蜀国和南中诸族，因而两者绝不可能越国进行任何交流，这是极其明显的。

曾有不少人认为楚国对巴蜀影响极深，然而考古新发现证实，事情正好相反，商周时代是蜀文化较多地影响了楚文化，战国时代蜀文化则接受楚文化影响较多。[④]从文明时代之初，古蜀文化就顺江东下，在巫峡以东长江干流两岸留下大量文化遗迹，并扩张至"荆蛮""楚蛮"所在的江汉平原西边。在鄂西的考古发掘中发现了标志蜀王神权统治的鸟头勺柄，表明是古蜀国镇抚其东界的官员驻节之地。殷商时代并无楚文化，楚国在商代尚未存世[⑤]，长江三峡除分布有三星堆古蜀文化和二里头夏文化外，余皆尚未进入文明时代的新石器文化，不能阻挡蜀文化东进的势头。[⑥]西周时代楚国有蜀文化因素，如周宣王时的"楚公豪戈"便是蜀国东传至楚的。而西周时代楚国"甚微"，不仅不可能向蜀文化扩张，而且也不可能越过蜀地直接同印度进行远距离文化交流。

长江三峡曾是蜀文化的分布区。从历史上看，巴国从汉水上游南移长江以前，夔、巫之西并为蜀境。从文化上看，三峡曾是古蜀文化区的东缘，蜀人通过这个方向吸收商文化因素和长江流域其他文化因素。由于蜀对其东境的统治主要不表现为暴力，而着重突出宗教神权统治，所以长江三峡古文化在历史上弥漫着浓厚的神秘气息，以致成为长江上中游之交具有鲜明色彩的"巫文化"分布区，这同浸透了神秘王国气氛的三星堆古蜀文明的神权东传，

---

① 方国瑜：《中国西南历史地理考释》上册，北京：中华书局，1987年，第7页。
② 陈寿：《益部耆旧传》。
③ 段渝：《论巴楚联盟及其相关问题》，《楚学论丛》第1辑，《江汉论坛》1990年增刊。
④ 李学勤：《"帝系"传说与蜀文化》，《四川文物》1992年《三星堆遗址研究专辑》。
⑤ 段渝：《楚为殷代男服说》，《江汉论坛》1982年第9期；《荆楚国名问题》，《江汉论坛》1984年第8期。
⑥ 段渝：《三星堆文明的空间分布》，《三星堆文化》，成都：四川人民出版社，1993年。

有着不可分割的关系。①《楚辞》中的若干篇章取材于此，使其放射出奇光异彩，千古流芳，不能不说是巴蜀文化较深影响了楚文化的缘故。楚国考古发现中的若干艺术形式，如楚帛画中十二种动物轮廓图中倒置的眼睛和隆起的眼球的组合，楚墓出土木俑常见的呈方形的下颌，以及楚漆器图案常见的神话母题等，都可在三星堆古蜀文化中探其渊源，都与蜀文化的东传并在楚地留有深刻而久远的影响有关。关于此点，正与 N. 巴纳（N. Barnard）所提出的传播方向相反。②如果说宗周初叶以及《楚辞》时代楚地确有不少与印度有关的文化因素，那么也只能说是伴随着蜀文化的东传从蜀吸收而去的。因为蜀文化早在商代即与印度开展了早期的文化交流③，所吸收的印度文化因素极易顺江东下再播于楚地。于此可见，楚文化与印度文化之间的交流与传播，不仅远远晚于蜀文化，而且其交流传播方式也是间接而不是直接的。当然这段历史也就不可能为"支那为荆说"提供任何依据，它所揭示的只能是此说的否证。

四、支那为蜀之成都说

上面的论述已经证明，支那名称的本源与秦、荆无关。纵观历史，支那名称的本源地应当在蜀，支那一词应是"成（都）"的对音。

（一）蜀身毒道贸易与支那名称本源

从成都经云南至缅印的蜀身毒道，是史籍所载最早的中西交流线路。成都所产的蜀布、丝绸及邛竹杖等"蜀物"，经由这条线路西输印度，播至中亚，因而使成（都）之名（即支那）得以在印度产生并广为流传。

蜀地商贾从事长途贸易直至印度的情况，文献记载颇多。《史记》中的《西南夷列传》和《大宛列传》详载张骞的西行报告，明言张骞"居大夏时见蜀布、邛竹杖，使问所从来，曰：'从东南身毒国，可数千里，得蜀贾人市。'"。大夏商人所得蜀布、邛竹杖，即是在身毒"得蜀贾人市"，"往市之身毒"，就说明蜀身毒道贸易是直接的远程贸易，而不是所谓间接传播。

《史记·大宛列传》载："然闻其西（指昆明族之西——引者）可千余里有

① 段渝：《三星堆文明的延伸分级》，《三星堆文化》，成都：四川人民出版社，1993 年。
② 巴纳：《对广汉埋藏坑青铜器及其他器物之意义的初步认识》，《南方民族考古》第 5 辑，成都：四川科学技术出版社，1993 年。
③ 段渝：《古代巴蜀与南亚和近东的经济文化交流》，《社会科学研究》1993 年第 3 期，又见《三星堆文化》，成都：四川人民出版社，1993 年。

乘象国，名曰滇越，而蜀贾奸出物者或至焉。"《三国志》卷三十裴注引鱼豢《魏略·西戎传》亦载："盘越国，一名汉越王，在天竺东南数千里，与益部近，其大小与中国人等，蜀人贾似至焉。"滇越（即盘越）的所在，张星烺以为是孟加拉；向达以为是剽越，即《广志》所谓骠越，地在今缅甸；法国学者沙畹（E.Chavannes）①、饶宗颐等以为应在阿萨姆与缅甸之间；汶江《滇越考》则认为在今东印度阿萨姆，为迦摩缕波②。今案汶江说甚是。可见，蜀贾人是通过东印度陆路通道进入印度地区的，这也是蜀、印之间进行直接贸易的重要证据。

《史记·货殖列传》载："巴蜀亦沃野，地饶卮、姜、丹砂、石、铜、铁、竹、木之器，南御滇僰、僰僮，西近邛笮、笮马、旄牛。"《汉书·地理志下》载："巴、蜀、广汉本南夷，秦并以为郡，土地肥美，有江水沃野，山林竹木疏食果实之饶，南贾滇、僰僮，西近邛、笮马牦牛。"滇是蜀出南中西贾印度的必经之地，位于云南中部。僰即汉之僰道，在川南宜宾与滇东北昭通之间，此为秦时五尺道的所在。邛在今四川凉山，笮在四川雅安、汉源等地，为古时牦牛道（或称灵关道）的所在。五尺道和牦牛道是从成都南行入南中的两条重要通道。《史记·司马相如列传》载："邛、笮、冉、駹者近蜀，道亦易通。"其间早有交通存在。这些史籍不仅说明了蜀人在南中进行商业活动的史迹，而且还清楚地记载了蜀人南中的路线，即通过牦牛道（西路）和五尺道（东路）分别南下至滇，殊途而同归。

上述诸证结合起来，清楚地反映了蜀人经南中入缅印进行远程贸易的斑斑史迹。从蜀人南贾滇僰（即《华阳国志·南中志》所说"滇濮"）、僰僮，西近邛、笮，"取其笮马、僰僮、髦牛"③，到蜀人出没于东印度阿萨姆之滇越，再到中亚阿富汗北部大夏商人所卖蜀布、邛竹杖，乃是"往市之身毒"，"得蜀贾人市"，而张骞在西域所见唯一的中国产品便是蜀布等"蜀物"。这一系列史实一方面表明最早入印从事商业活动的是蜀人，另一方面也表明印度最早所认识的中国是蜀。把这一事实同印度侨胝厘耶《政事论》所载"支那产丝与纽带，贾人常贩至印度"相联系，可以清楚地看出，所谓支那，即指古蜀；所谓 cinapatta，即是蜀丝；中、印的记载原来都是出自一源的。丝绸、

① 沙畹：《魏略·西戎传笺注》，《西域南海史地考证译丛》七编，北京：商务印书馆，1962 年。
② 汶江：《滇越考》，《中华文史论丛》1980 年第 2 辑。
③ 司马迁：《史记·西南夷列传》，北京：中华书局，1959 年。

布匹、织皮、邛竹杖都是蜀地原产①，不论张骞在大夏所见从印度转手贩运的蜀布、邛竹杖，还是《政事论》所记支那丝和织皮，都是由蜀贾人贩至印度出售的。因此，印度得以称蜀为支那，并非偶然，而是事有必至，理所固然。

进一步看，印度最早所认识的支那，必然是印、支之间有路可通，有物可贾的地方。而在中国，在公元前 4 世纪以前，符合这几个条件的地区只有蜀，不论秦还是荆，均不能对此构成充分条件。而且，支那这个词汇主要流行的地域是印度和东南亚（至若西方载籍中的 seres 等，则是由 cina 一词派生转译而来），也表明它与中国西南有关，与西南文化之重心所在的蜀地有关。

（二）蜀在南中的影响与蜀身毒道的开通

蜀与南中的关系，除了蜀人"南贾滇，僰僮"外，还有较深的文化交流传播关系。从传播方式上说，主要有迁徙传播和观念、技术传播两种。

迁徙传播方面，载籍可以大致稽考。《史记·三代世表》褚少孙补云："蜀王，黄帝后世也，至今在汉西南五千里，常来朝降，输献于汉。"所说蜀王，是夏商之际国破南迁的蜀王蚕丛。所说"在汉西南五千里"，是指古代南中之地。《史记》正义引《谱记》说："蜀之先，肇于人皇之际。……虞、夏、商、周衰，先称王者。蚕丛国破，子孙居姚、嶲等处。"姚指今云南姚安、大姚，嶲指今四川凉山。这两条文献的记载相互吻合，完全一致，并且与四川广汉三星堆遗址所反映的蚕丛文化南迁的年代扣合，证实了早在夏、商之际蜀人便已进入南中，直至汉代其后代仍存的史迹。

蜀文化又一次对南中大规模的迁徙传播发生在公元前 4 世纪末，这就是著名的蜀王子安阳王南迁，经南中入交趾的事件。《水经·叶榆水注》引《交州外域记》载："交趾昔未有郡县时……设雒王雒侯，主诸郡县，县多为雒将，雒将铜印青绶。后，蜀王子将兵三万，来讨雒王雒侯，服诸雒将，蜀王子因称为安阳王。"《大越史记》《安南志略》《越史略》以及近世越人所著史书，均对蜀王子安阳王入北越建国有确载，是为信史，考古亦可证实。安阳王南迁的年代，为公元前 316 年秦灭蜀，或谓在前 311 年，总之是公元前四世纪最后一二十年之中。南迁路线，从古蜀人的分布、迁徙和政治关系看，也是沿蚕丛南迁的路线，从嶲至姚，再沿濮水（今云南礼社江）、劳水（今云南元江）入航红河，达于北越。②

① 蜀产织皮，见《禹贡》"梁州"，参考《说文》"纰""絣"等条。
② 蒙文通：《越史丛考》，北京：人民出版社，1983 年，第 69 页。

安阳王之所以经南中入越，一个重要原因在于南中原已有蜀王后世子孙，颇受古蜀文化浸染并保有较深影响，而长期保持与蜀的政治经济关系之故。《华阳国志·蜀志》说西周春秋时，蜀王杜宇"以南中为园苑"，表明历代蜀王均着意于南中，南中从夏商周到春秋战国无不受蜀文化濡染。方国瑜先生指出，南中是古蜀国的附庸。[1]蒙文通先生指出，越巂、永昌及益州、牂柯各郡，都是蜀的南中，汉代所谓西南夷，也都是巴蜀文化所及的区域。[2]方、蒙二先生所论均极有理，否则蜀王子难以踏上南中土地经西南夷道入越。关于此点，只要与汉武帝开西南夷，发使十余批，"四道并出：出駹，出冉，出徙，出邛、僰，皆各行一二千里，其北方闭氐、笮，南方闭巂昆明，昆明之属无君长，善寇盗，辄杀略汉使，终莫得通"[3]略做比较，便可明白如无蜀文化长期影响，安阳王不可能假道南中入交趾的道理。

关于观念和技术的文化传播，史籍缺载，考古发现却充分展示了这方面的内容，填补了蜀与南中关系史上的若干空白。在云南晋宁石寨山、江川李家山古墓群所出器物中，包含有不少古蜀早、中期青铜文化的因素。晋宁在汉代为滇池县，是先秦以来古滇国的故都之所在。[4]这里出土的青铜器上，铸有若干人物和动物立雕像，其风格不同于中原和长江中下游文化，却与古蜀三星堆文化有相似之处，造型艺术亦较接近，仅体形趋小。石寨山雕像人物在体质和发式诸方面，如穿耳、辫发、椎髻等，也与三星堆青铜雕像有共同点。一件长方形铜片（M13：67）上所刻符号中，有一柄短杖图像，无杖首，杖身刻 4 个人头纹，与三星堆金杖上刻人头、鸟、鱼纹颇为类似。从滇文化发现的大量各式杖首来看，滇文化有发达的用杖制度，这种以杖而不以鼎来标志宗教和政治权力的文化传统，与三星堆古蜀文化完全一致。[5]不论江川李家山还是普宁石寨山，都发现了无格式青铜剑，证实了蜀文化对滇文化的影响。[6]滇文化的青铜戈，其无胡和援呈三角形等特点，亦可从蜀文化中寻其渊源。[7]这些无一不是蜀文化播染于南中的确切证据。

南中之地自古富产铜、锡矿石，不仅中原王朝需要从云南输入铜、锡矿

① 方国瑜：《中国西南历史地理考释》上册，北京：中华书局，1987 年，第 16 页。
② 蒙文通：《巴蜀古史论述》，成都：四川人民出版社，1981 年，第 2、3 页。
③ 司马迁：《史记·大宛列传》，北京：中华书局，1959 年。
④ 常璩著，刘琳校注：《华阳国志校注·南中志》，成都：巴蜀书社，1984 年。
⑤ 段渝：《论商代长江上游川西平原青铜文化与华北和世界古文明的关系》，《东南文化》1993 年第 2 期。
⑥ 童恩正：《我国西南地区青铜剑的研究》，《考古学报》1977 年第 2 期。
⑦ 霍巍、黄伟：《试论无胡蜀式戈的几个问题》，《考古》1989 年第 3 期。

料，而且蜀地青铜器原料也需部分仰给于云南，如三星堆青铜器中的铅，即取之于云南①，大概其铜、锡原料的供应也离不开这条途径。蜀、滇青铜器合金成分比较接近，适足证实这个问题。

云南、四川西南和广汉三星堆等地都出土大量贝币，表明两地均有以海贝作为商品交换媒介的习俗。将川、滇古道上所出贝币的地点连接起来，正是由蜀入南中的西南夷道和蜀身毒道。可见蜀与南中的深厚历史关系，从政治影响到商品交易和文化交流诸方面，几乎无处不在。

以此再联系印度洋北部地区和东南亚自古存在以贝币为交易媒介的传统习俗，而云南各地和三星堆所出海贝中的环纹货贝仅产于印度洋，以及三星堆文化中明显的印度洋和南亚文化因素集结等来看，蜀与南中、蜀与印度的文化交流关系很早以来即已发生，至少也在商代中晚期，公元前十三四世纪上下②，延至支那名称初见于印度载籍的时候，其间关系已经存在千年之久。所以，印度称蜀为支那，并不是偶然的。《华阳国志·南中志》记载永昌有"身毒之民"，又说"身毒国，蜀之西国，今永昌是也"，后一句固属有误，然而也可见到蜀与印度确实具有悠久的历史关系，而居于南中永昌的身毒之民，自然也会是将蜀之物产及声名播于印度的另一条渠道。可见，由蜀经南中至印度的蜀身毒道，从商代以来迄于汉世一直是开通的，张骞在中亚所闻，仅是其中的某些片段而已。

蜀文化在西南地区的空间分布十分广阔，《华阳国志·蜀志》记述道："其地东接于巴，南接于越，北与秦分，西奄峨嶓。"在蜀的西南即所谓西南夷之地，古称南中，"南中在昔盖夷越之地"③，分布着大量濮越人群落。《史记·大宛列传》正义说："昆、郎等州皆滇国也。其西南滇越、越巂则通号越，细分则有巂、滇等名也。"可见蜀地"南接于越"，即与南中之地包括永昌以西南滇越等夷越直接相连。这正是蒙文通先生所说包括汉之益州、永昌、越巂等在内的蜀之南中。在这种政治、经济、文化和地理条件下，通过蜀贾直接贩卖蜀丝、蜀布等蜀物到印度的同时，关于这些物品的产地之名必然也会流布于印度。换言之，印度在接触到蜀丝、蜀布等物品时，对这些物品来源地的认识和了解，只可能是蜀，而不会是其他地方。

南中长期受蜀文化播染以及蜀身毒道贸易长期为蜀所控制的情况，充分

① 此为四川省文物考古研究所曾中懋先生的研究结论。
② 段渝：《古代巴蜀与南亚和近东的经济文化交流》，《社会科学研究》1993 年第 3 期。
③ 常璩著，刘琳校注：《华阳国志校注·南中志》，成都：巴蜀书社，1984 年。

证明印籍所最早记载的支那是指古蜀国。这也与西方学者所说"支那是一个若干世纪以前的王国名称，这个王国控制着大陆与印度的商道和丝绸贸易"[①]，不谋而合。除了古蜀以外，难道还有其他什么地区具备这些条件吗？

（三）支那为成（都）对音说

成都是一座古代的自由都市。[②]早在商代，成都即已开始了聚合成形的历程，并开始向着早期的工商业城市发展。至迟到春秋时代，成都的早期城市化进程基本结束，发展成为一座比较典型的工商业城市。[③]春秋战国时代成都制造的精美漆器不但出现在四川各地，而且向南中方面和白龙江方面大批销售，成为蜀人和秦人、楚人喜爱的物品。成都的丝织业包括织锦和刺绣业等规模日益扩大，兴旺发达，以致设置"锦官"进行生产和市场管理。这一时期蜀锦大批向外销售，行销内外各地。考古发掘中长沙出土的战国织锦和湖北江陵出土的战国织锦，即是成都所产[④]，可以证明蜀锦质地优良，驰名海内，文献记载不误。

在成都城市化进程日益加快，工商业日益繁荣，蜀锦、蜀绣等丝织品生产销售规模日益扩大的情况下，随着蜀人商贾经南中入缅印从事商业贸易活动的日益频繁，成都的丝织品也被销往印度，并非是不可能的。我们只要把蜀布同 cinapatta 之在印度的出现相联系，便会发现两者具有内在关联。在当时中国没有其他任何地方向印度输出物品的情况下（从张骞只知有"蜀物"这一点可以证明），蜀布和 cinapatta 便只可能来源于一个共同的地方，这就是成都。季羡林先生指出："古代西南，特别是成都，丝业的茂盛，这一带与缅甸接壤，一向有交通，中国输入缅甸，通过缅甸又输入印度的丝的来源地不是别的地方，就正是这一带。"[⑤]cinapatta 就是成都丝，cina 就是成（都）的对音，这是明明白白、再清楚不过的了。

成都这座城市的得名很早，由来甚古。有学者认为，早在商代就已有成都之名，"成"这个字来源于商代成都宫殿和民居的木结构建筑形式。[⑥]文献上，《山海经》中已出现成都这个名称。从考古资料上看，至少在春秋中叶，

---

① D. D.Kosambi, An Introduction to the Study of lndian History, p.202, 引据饶宗颐文所引原著（英文）。
② 徐中舒：《成都是古代自由都市说》，《巴蜀考古论文集》，北京：文物出版社，1987 年。
③ 段渝：《巴蜀古代城市的起源、结构和网络体系》，《历史研究》1993 年第 1 期。
④ 武敏：《吐鲁番出土蜀锦的研究》，《文物》1984 年第 6 期。
⑤ 季羡林：《中国蚕丝输入印度问题的初步研究》，上引书，第 75 页。
⑥ 谭继和：《氏、氏与巢居文化》，《四川文物》1990 年第 4 期。

成都名称已经出现。四川荥经曾家沟发掘的春秋时期土坑墓内出土的漆器上，刻画着"成""成草"的铭文。①《广雅·释言》："草，造也。"成草即"成"这个地方所生产制造。成，即成都的省称。先秦地名多有省称现象，漆文、印文和陶文尤多地名省称，至秦汉亦然。四川青川和荥经古城坪出土战国漆器上也刻有"成亭"戳记文字②，是指蜀亡后秦在"成"这个地方所置的一个亭级机构。成都省称为成，汉代亦然。长沙马王堆一号汉墓和三号汉墓以及湖北江陵凤凰山八号汉墓出土文、景之际的大批漆器上，刻有"成市草（造）""成市饱（郭）""成市□""成市""市府""市府饱""南乡□□（之市）""中乡□（市）""北市□"等文字。制地为成都。③"成市"即"成都市"的省称，不仅与《华阳国志·蜀志》所记汉代"成都市"名称相符，而且与战国秦汉屡见于中国各地的封泥印文和陶器文字上的"某市"省称者完全一致，也从历史文化传统上证实先秦的"成"确为成都的省称。④

"成"这个字，或以为上古音韵当入耕部禅纽⑤，但这是从北方语言的角度来考虑的，南方语言则与此有较大出入。成，其声母北方话发舌音，入禅纽，但南方话则发齿音，入从纽；其韵母北方话发后鼻音，入耕部，南方话则发前鼻音，入真部。因此按南方语音，成字不当入耕部禅纽，而应入真部从纽。在先秦古音里，成字的读音与秦字的读音（从母真部）是一样的，可以说没有什么区别。

梵语里的 cina，据 B. 劳费尔研究，在古伊朗语里的相对字是 Cina，波斯语里称中国的字如 Cin、Cinistan、Cinastan，中古波斯语称中国的字如 Cen、Cenastan，亚美尼亚语的 Cen-k、Cenastan、Cenbakur（"中国皇帝"）、Cenazneay（"开始于中国"）、Cenik（"中国的"），粟特语的 Cyn-stn（Cinastfin），"费尔瓦尔丁（神）赞美诗"里的 Saini 和帕拉菲语古经《创世记》里的 Sini，当头 C 和 S 并用恰恰等于希腊语里的对似语 ∑ivai 和 θivai（=Cinai），"可以假定中国在印度语、伊朗语和希腊语里的名称是出于一个共同的来源，而且这个原字或许可以在中国国内去找"⑥。B. 劳费尔所举的这些语言例证，不论梵语

① 四川文管会等：《四川荥经曾家沟古墓群第一、二次发掘》，《考古》1984 年第 12 期。
② 四川省博物馆、青川县文化馆：《青川县出土秦更修田律木牍》，《文物》1982 年第 1 期；《四川荥经秦汉墓发掘简报》，《文物资料丛刊》第 4 辑，北京：文物出版社，1981 年。
③ 俞伟超、李家浩：《马王堆一号汉墓出土漆器制地诸问题》，《考古》1975 年第 6 期。
④ 段渝：《先秦秦汉成都的市及市府职能的演变》，《华西考古研究》（一），成都：成都出版社，1991 年。
⑤ 唐作藩：《上古音手册》，南京：江苏人民出版社，1982 年，第 16 页。
⑥ B. Laufer，上引书，第 403、404、405 页。

Cina 还是从 Cina 转生的各种对应字，均与"成"的古音相同，或相近。由此可以证明，Cina 是"成"的对音和转生语，其他的相对字则均与"成"的转生语 Cina 同源。从语音研究上看，这是应有的结论。而其他诸种语言里支那一词的相对字都从梵语 Cina 转生而去，正与丝绸从蜀播至印度再播至中亚、西亚和地中海文明区的传播方向相一致，则从历史方面对此给予了确切证实。因此从历史研究上看，支那为成都的对音，同样也是应有的结论。

　　支那名称本源于蜀之成都，这个湮没已久并一再为人误解的事实，揭示出中国西南在早期中西交通史上不容忽视的作用和地位，证明以巴蜀为重心的中国西南文明曾经对包括东西方在内的世界古代文明的发展和繁荣做出了不可磨灭的重要贡献，应当永载史册，万古流芳！

| 03 |

三星堆古蜀文明与南方丝绸之路

以三星堆文明为表征的古蜀文明是中国文明的重要组成部分。以古蜀为重心的中国西南古代文明的对外经济、文化交流及其通道（即南方丝绸之路），不论在中国文明史还是中外关系史上都占有引人注目的地位。长期以来，国内外对于早期中外关系史的研究，往往只上溯到汉代并且以西北丝绸之路为唯一重心。但是，近年考古学上中国西南特别是巴蜀地区大量外来文化因素的发现，以及东南亚、南亚、中亚、欧洲一些地区中国文物尤其是巴蜀文化遗迹的发现，使得我们越来越深刻地认识到古代巴蜀在早期中外关系史上的重要地位和作用。深入系统地探索这些文化因素的来龙去脉，并对中外历史文献的有关记载进行梳理、钩沉，加以综合分析和比较研究，揭示先秦汉晋时期巴蜀与东南亚、南亚、中亚、西亚进而延伸到欧洲的经济文化交流及其历史意义，已成为当前学术界面临的一大新课题。

本文旨在通过对中外文献、考古和人类学资料的分析，对大量相关文化因素及其组合方式和演变关系等进行比较，初步揭示巴蜀古代文明与南方丝绸之路的关系，供学术界同行参考。

一、南方丝绸之路的走向

丝绸之路这一名称，是德国地理学家李希霍芬（F. Von Richthofen）1877年提出来的，指以丝绸为主要贸易内容的东西方商路和交通路线。古代中国通往西方和海外的丝绸之路有四条：南方丝绸之路、北方丝绸之路、草原丝绸之路和海上丝绸之路。巴蜀丝绸播到西方，先秦时代的主要通道是南方丝绸之路，汉代及以后从北方丝绸之路输往西方的丝绸当中，也以巴蜀丝绸为大宗，而从草原丝绸之路输往北亚的中国丝织品中，目前所见年代最早的似乎也是巴蜀丝绸。[1]

---

① 段渝：《政治结构与文化模式——巴蜀古代文明研究》，上海：学林出版社，1999年。

舟，青铜器上有不少这类图像。如晋宁石寨山出土的一件铜鼓上的船纹，就是一种竞渡船。

云南古代曾大量使用贝币，这些贝币主要来源于印度洋，不是云南土产。广汉三星堆祭祀坑出土的大量白色海贝，背部穿孔，为齿贝，也来源于印度洋，显然是经由南中地区获取的。

古代南中诸文化中，与巴蜀文化比较接近的是滇文化。滇文化是分布在云南东部地区以滇池区域为中心的地方文化，其创造者为滇人。滇文化的年代，据近几十年的考古学材料，上限约在公元前 5 世纪，下限约在公元前 1 世纪，前后相续 400 余年。

史书有关滇文化的记载，最早见于《史记·西南夷列传》，言之极为简略。《华阳国志·南中志》对滇文化的记载，也是语焉未详。由于史籍的阙如，前人总以滇王国为蛮荒之国，滇人为后进民族，而滇文化也还徘徊在文明之外。可是，历史事实却完全相反。近几十年来的考古新发现证实，滇文化原来是一支灿烂的青铜文化，它具有极为发达的青铜器农业，进步的青铜器手工业，有着异常鲜明的民族文化特征。它不仅在中国青铜文化中占有不可低估的地位，而且可以和世界上任何一支青铜文化相媲美。

不论从考古学还是历史文献看，以成都平原为中心的古蜀青铜文化，诞生年代较之滇文化古远，持续时期也比滇池区域青铜文化长久。固然这两种青铜文化各有优长之处，互有影响，但成都平原青铜文化较早地渗入和影响了滇文化，却是考古学上的事实。

20 世纪 50—90 年代先后发掘的滇文化墓葬——晋宁石寨山、江川李家山墓群中，有较为明显的成都平原早、中期青铜文化的某些因素。晋宁在汉代是滇池县，为故滇国之所在。①这里出土了大量青铜器，其中有几种因素十分引人注目。这几种因素是：用青铜铸造人物雕像和动物雕像，用杖表示权力和地位，青铜兵器中大量无格式青铜剑和三角形援无胡戈。这几种风格完全不同于中原文化和楚文化，却与三星堆青铜文化有着惊人的相似之处，造型艺术也较接近，应来源于古蜀三星堆文化。②

晋宁石寨山青铜雕像人物中，有椎髻、辫发、穿耳等各种形式，与三星

---

① 常璩著，刘琳校注：《华阳国志校注·南中志》，成都：巴蜀书社，1984 年。
② 段渝：《古代中国西南的世界文明》，中国先秦史学会第四次年会论文，1989 年（打印稿）；《论商代长江上游成都平原青铜文化与华北和世界古文明的关系》，《东南文化》1993 年第 2 期。

堆青铜雕像人物不乏某些共同之点。石寨山出土的一件长方形铜片上刻画的符号当中，有一柄短杖的图像，杖身有四个人首纹。这种杖，虽无实物发现，但杖首铜饰在滇文化中却是一突出特点，表明曾经有过发达的用杖制度。有学者认为上刻四个人首纹的杖，可能是某种宗教用物或代表权力的节杖。[①]这种用杖之制与三星堆青铜文化中的金杖极其相似，而且杖身刻画人首纹，也正是三星堆金杖的显著特征。石寨山出土的一件铜鼓，上刻伎乐图像，其中的人、鱼、鸟图像，也与三星堆金杖图案以人、鱼、鸟为主题相同。从蜀、滇相邻，民族、民俗有若干近似等情况出发，两地青铜文化的近似，自不能说是偶然的巧合，完全有文化交流传播的可能。三星堆青铜文化早于滇文化，滇文化从蜀文化中采借了这些文化因素，是并非没有可能的。[②]

古蜀文化与滇文化在政治上的最相近似之处，是它们都不用鼎象征王权、神权和经济特权，两者的国家政权象征系统，都是杖。广汉三星堆商代蜀文化的金杖，和滇文化出土的大量杖首，形制虽然并不完全相同，但以杖来标志至高无上的权力，其文化内涵却完全一致。从年代早晚进行时空对照，滇文化的这种风习当与古蜀文化的南传有关。而这种文化的南传，也正与史籍所述古蜀对南中的政治和文化扩张相一致，绝不是偶然的。

滇文化青铜兵器也有浓厚的古蜀文化色彩。晋宁石寨山、江川李家山等地都发现了无格式青铜剑，这种剑与巴蜀式扁茎无格柳叶形青铜剑相比，主要区别仅在于滇式无格剑为圆茎，巴蜀式剑则为扁茎，两种剑实际上属于同一风格，没有本质区别。滇文化的无格式剑与巴蜀文化，显然存在文化交流和传播的关系。[③]滇文化的青铜戈，最大特点是以无胡戈为主，占总数的 3/4以上，这一特点与蜀文化也很近似。其基本形制只有四种，除前锋平齐的一种外，都是戈援呈三角形，这正是蜀式戈最具特色之处。这种形制的蜀式戈，起源甚早，商代便已开始流行，而在滇文化中出现的年代是在战国早、中期。并且，滇文化青铜戈上的"太阳纹"或"人形纹"，在蜀戈上也是早已有之。固然，滇文化无胡戈具有自身的风格特点，也都制作于当地，但显然在它的发展演变中受到了蜀式戈的重要影响，这与商周时期古蜀王国对南中的文化

---

① 林声：《试释云南晋宁石寨山出土铜片上的图画文字》，《云南青铜器论丛》，北京：文物出版社，1981年。

② 段渝：《论商代长江上游成都平原青铜文化与华北和世界古文明的关系》，《东南文化》1993年第 2 期。

③ 童恩正：《我国西南地区青铜剑的研究》，《云南青铜器论丛》，北京：文物出版社，1981年；张增祺：《滇西青铜文化初探》，《云南青铜器论丛》，北京：文物出版社，1981年。

和政治扩张有关。①

成都平原青铜文化对滇文化的影响，一般说来年代较早，原因复杂，不过其中的主要原因之一，在于蜀早于滇进入文明时代。在紧相毗邻的两种文化中，文明的波光总会自然而然地波及文明尚未出现的社会，这是文化史上的规律。当然，绝大多数文化交流总是互动的、双向的，巴蜀文化与滇文化的青铜文化交流也是如此。晚期巴蜀青铜文化中常见各种形式的异形钺，就明显地受到滇文化的影响。

云南自古富产铜矿、锡矿。早在商代，中原商王朝就已经大量地从云南输入铜、锡，作为青铜器制作的原料。中国科学技术大学运用铅同位素比值法对殷墟 5 号墓所出部分青铜器进行了测定，结果表明，这些青铜器的矿料不是取自中原，而是来自云南。②金正耀教授的研究成果也充分证实了这一点。③蜀与滇相紧邻，蜀地固然有其铜矿，但商代是否开采，目前还没有确切材料说明，而锡却必须仰给于蜀境以外。除了东方的长江中游地区可能是蜀国青铜矿料的供应地之一而外，云南的铜矿、锡矿，当是古蜀王国青铜原料的最大来源。古蜀国青铜器合金成分与滇文化青铜器比较接近，显然与其矿产地和矿料来源有关。蜀、滇两地都曾使用贝币，为大宗的金锡交易提供了相同的等价物，是一个十分有利的条件。④可见，滇文化对巴蜀青铜文化的发展曾经做出了重要贡献，其积极作用不可低估。

三、古蜀开明王朝与黔中和黔西北青铜文化

（一）蜀王开明氏与黔中

根据史书的记载，春秋中叶到战国时期，古代蜀国的统治者是蜀王开明氏。关于蜀王开明氏的来源和族属，向有争议。《蜀王本纪》《本蜀论》《舆地纪胜》卷 164 引《华阳国志》及其他诸书并谓开明氏为荆人。荆者，楚也，即荆楚之人。按荆作为地名，最初为泛称，泛指江汉平原及以东的广袤地域，而非族称。⑤史籍所记早期的"荆蛮""楚蛮"，乃是泛指居于荆楚之地的广大

文明的史迹：先秦、巴蜀及南丝路历史研究（南方丝绸之路卷）

---

① 段渝：《论商代长江上游成都平原青铜文化与华北和世界古文明的关系》，《东南文化》1993年第 2 期。
② 中国科学技术大学科研处：《科研情况简报》第 6 期，1983 年 5 月。
③ 金正耀等：《广汉三星堆遗物坑青铜器的铅同位素比值研究》，《文物》1995 年第 2 期。
④ 段渝：《四川通史》第 1 册，成都：四川大学出版社，1993 年，第 146 页。
⑤ 段渝：《楚为股代男服说》，《江汉论坛》1982 年第 9 期。

非华夏族群。自西周初年周成王"封熊绎于楚蛮"①，熊氏之国方称楚国，而荆、楚始作为国名，成为芈姓季连后代的专有国称。但春秋战国时代，楚国以外仍有许多地名称荆称楚，直到秦汉时代亦然。②可见，荆、楚作为地名，不一定就是指楚国，而荆人也不一定就是楚国人。那么，开明氏称为荆人，究竟是指楚族、楚国人，还是楚国以外的荆地之人呢？这个问题还得从鳖灵之名说起。

蜀王开明，史称其名为鳖灵，一作鳖令，或作鼈令。鳖灵见于《蜀王本纪》《华阳国志·序志》，鳖令见于《风俗通义》所引《楚辞》，鼈令见于《本蜀论》。鳖，《说文·邑部》："鳖，牂柯县。"段玉裁《说文解字注》云："牂柯郡，武帝元鼎六年开。"又云："鳖字必其时所制。今贵州遵义府府城西有鳖县故城是也。"《汉书·地理志》："不狼山，鳖水所出，东入沅。"可见鳖得名于鳖水。鳖字从鱼敝声，虽不见于《说文》，但以鳖水而言，得其初义，显然是指水中之鳖。而鳖水，以其初义而言，实应作鳖水，以其水中多鳖故也。因此，鳖为后起新造字，因建县于鳖水旁，故从邑敝声。

令字，令者长也，氏族长、部族长之义。灵字，古文从玉。《说文·玉部》："靈，巫也，以玉事神。从玉霝声。灵，靈或从巫。"《楚辞·九歌·东皇太一》"灵偃蹇兮姣服"，《云中君》"灵连蜷兮既留"，《东君》"思灵保兮贤婧"。诸篇"灵"字，王逸注皆云："灵，谓巫也。"又说："楚人名巫为灵子。"这里所谓楚人，是指战国末叶的楚国人，非楚王族。灵字义与令通。《尚书·吕刑》"苗民弗用灵"，《礼记·缁衣》引作"苗民不用令"。命者令也，令者长也。古代社会实行神权政治，君长即是以玉事神之巫。正如陈梦家所说："王者自己虽为政治领袖，同时仍为群巫之长。"③灵为巫，巫即长也。因此，鳖灵、鳖令、鼈令，字形虽异，而其实相一。但以形义而言，用鳖灵二字为名，早于鳖令二字。

据上所考，鳖灵来源于鳖水流域，原以地为氏，为鳖氏。称鳖灵，乃因其为群巫之长，亦即君长。所称开明，则是其族的称号，并非私名。

鳖灵既为鳖水流域族类，何以称为荆人呢？这实际来源于后人对鳖水流域属地的一种通称。

古代常见地名称谓由后以名前的情况，即《穀梁传》桓公二年所说"名

---

① 司马迁：《史记·楚世家》，又见《六国年表》，北京：中华书局，1959 年。

② 段渝：《荆楚国名问题》，《江汉论坛》1984 年第 8 期。

③ 陈梦家：《商代的神话与巫术》，《燕京学报》1936 年第 20 期。

从主人"。由于战争、灾害以及其他各种原因造成的迁徙和移民，常将过去地名带至新徙之地。如楚都丹阳、郢，均先后数易其地而都名不变。而随着疆域的扩大，将新占之区按占领者的国名称之，又是亘古以来的常理。战国时代，楚国带甲百万，地半天下，所占领地区全部划入其版图，通称为荆、为楚，被占领区的原住各族也随之被通称为荆人、楚人，这也是自古以来的常理。如楚灭吴、越后，"通号吴、越之地为荆"①。而《史记》则将楚灭吴、越前其地的上古居民直称为"荆蛮"，则是地名由后以称前、由今以例古的显著例证。

鳖地位于黔中，其地于战国年间为楚所有。《史记·秦本纪》载："秦孝公元年，河山以东强国六……楚自汉中，南有巴、黔中。"楚占黔中后，黔中成为楚地，其地居民也被通称为楚人、荆人。鳖灵虽早在楚占黔中以前就已西上入蜀，但由于地名由今例古、由后称前的惯例，战国秦汉间人乃称述其为荆人，这是不足为异的。鳖灵之称荆人，实源于此。可见，鳖灵既非楚族，亦非楚国人。

那么，鳖灵当属何国何族人呢？史籍说明，鳖地古属夜郎之地，为"夜郎周围之小国"②。夜郎，诸史并称为僚③，或称为濮④。鳖灵既来源于此，显然就是僚人或濮人，而僚、濮实为一系，可知鳖灵出自百濮系统。鳖灵一族入蜀，与蜀族融合后，使原先蜀族中已有的濮人文化成分得以加重，蜀族的濮人之风更加明显。

（二）古蜀文明与黔西北青铜文化

古蜀文明在向滇文化做强劲辐射的同时，还向紧邻滇东北的黔西北地区积极扩张。古蜀开明三世时期，国力强盛，于是大举向南兴兵，沿岷江南下，征服僚、僰之地。

据《华阳国志·蜀志》记载，古蜀开明王朝保子帝时，曾挥师南下，"雄张僚、僰"，表明僚、僰之地这时已为蜀国所控制，成为蜀之附庸。⑤僚指夜郎，今贵州安顺地区至黔西北地区；僰指僰道，今四川宜宾到云南昭通地区。在金沙江下游以南的昭通地区，已有四处发现了青铜文化遗存，青铜器以兵

文明的史迹：先秦、巴蜀及南丝路历史研究（南方丝绸之路卷）

---

① 司马迁：《史记·吴太伯世家》，北京：中华书局，1959年。
② 常璩著，刘琳校注：《华阳国志校注·南中志》，成都：巴蜀书社，1984年。
③《三国志·蜀书·张嶷传》引《益部耆旧传》。
④ 常璩著，刘琳校注：《华阳国志校注·南中志》，成都：巴蜀书社，1984年。
⑤ 方国瑜：《中国西南历史地理考释》上册，北京：中华书局，1987年，第9页。

器为主，有柳叶形剑、蛇首空心茎无格剑、三角形援直内无胡戈、短体鸭嘴形銎口矛、圆銎双耳矛、短骹弓形耳矛、圆刃折腰空心钺，以及铜鍪、印章、带钩等。其年代约为东周至西汉。在四川宜宾，亦发现有大量巴蜀青铜兵器，以三角形援直内无胡戈、柳叶形剑、弓形耳矛等为主。黔西北地区战国秦汉时期的青铜文化亦深受巴蜀文化的影响，尤其青铜兵器如扁茎无格式柳叶形剑①、三角形援无胡戈②，年代为战国至西汉，均具十分典型的巴蜀式兵器特征。这些考古发现，可以说明开明王朝"雄张僚、僰"的史实。

早在西周春秋之际，即公元前 800 年左右，今贵州西部地区就受到了来自四川盆地青铜文化的强烈影响，文化发生了变异。③2002 年，贵州省文物考古研究所在黔西北地区威宁县中水的水果站墓地钻探出土扁（直）内青铜钺和有领玉镯。2004—2005 年，在威宁中水红营盘墓地发掘出土柳叶形扁茎无格青铜短剑。④这些青铜兵器和玉器，都是古蜀文化的典型形制。其中，直内青铜钺与四川彭州竹瓦街、四川汉源背后山出土的相同，有领玉环与三星堆相同。典型的蜀式青铜直内钺和蜀式扁茎无格青铜短剑在黔西北地区出土，这个现象非常值得注意。它表明，蜀王国的军事力量在这个时期已经深入黔西北，控制了当地僚人的上层。从黔西北威宁中水几处墓地只发现蜀式青铜兵器和玉镯，却没有发现蜀人的陶器等生活用品的情况分析，很有可能是蜀王在征服僚地后，迫使僚人纳贡服役，并将蜀式兵器发放给当地上层，使其镇抚边地，作为蜀之附庸。僰，僰侯之国，今川南滇东北地区，以四川宜宾为中心⑤，本有僰人，故名。这个地区历年来出土不少蜀式青铜器，均与蜀王南征有关。《水经·江水注》载：南安（今四川乐山市）"县治青衣江会，衿带二水矣，即蜀王开明故治也"。《华阳国志·蜀志》说"僰道有故蜀王兵兰"，兵兰指驻兵营寨，此谓蜀王为前出攻僰所筑驻兵之所，并非都城。这些材料说明，蜀王"雄张僚、僰"，开疆拓土，其结果，是使蜀地"南接于越"⑥，广地至于南中濮越之地。

① 熊水富：《锦屏亮江出土一批战国青铜器》，《贵州田野考古四十年》，贵阳：贵州民族出版社，1993 年；贵州省博物馆考古组：《威宁中水汉墓》，《考古学报》1981 年第 2 期。

② 贵州省博物馆考古组等：《威宁中水汉墓》，《考古学报》1981 年第 2 期。

③ 王红光：《贵州考古的新发现和新认识》，《考古》2006 年第 8 期。

④ 贵州省文物考古研究所：《2005 年度全国十大考古新发现——贵州威宁中水史前至汉代遗址》，2006 年 6 月，打印本。

⑤ 郦道元：《水经·江水注》，王国维校本，上海：上海人民出版社，1984 年。

⑥ 常璩著，刘琳校注：《华阳国志校注·蜀志》，成都：巴蜀书社，1984 年。

四、古蜀与东南亚文明

从远古时代起，中国与东南亚就发生了若干文化联系。在相互间的各种交往中，中国常常居于主导的地位，而东南亚古文化中明显受到中国影响的某些重要因素，其发源地或表现得相当集中的地区，就是古代巴蜀，云南则是传播的重要通道。

（一）古蜀文化南传东南亚的几点原因

据童恩正先生研究，古代东南亚的若干文化因素来源于巴蜀，大致有：农作物中的粟米种植，葬俗中的岩葬、船棺葬、石棺葬，大石文化遗迹，以及一些青铜器的器形和纹饰等。[①]

巴蜀文化的若干因素向南传播并影响到东南亚相关文化的发生、发展，绝非偶然，它导源于地理的、民族的、历史的各种因素。

东南亚地区分为几个部分，除海岛外，重要组成部分的中南半岛、马来半岛，是同东亚大陆连为一体的。它们与中国大陆，地域与共，江河相通，不存在不可逾越的地理障碍。地理条件的优越性，为中国与东南亚的文化交流提供了可能的条件。

中国南方青铜时代中，最有可能实现同东南亚文化交往的地区是云南。可是云南青铜文化发生较迟，不足以给东南亚以太大的影响。紧邻云南北部的巴蜀地区，则不仅青铜文化发祥很早，而且十分辉煌灿烂，辐射力也相当强劲。巴蜀青铜时代不仅青铜文化，而且其他方面的若干因素也很发达，优于南面的滇文化。滇国青铜时代从巴蜀文化中采借吸收了若干因素，就是很好的证据。在这种情形下，巴蜀文化通过滇文化及其再往南面的交流孔道，南向传播于东南亚地区，从文化人类学的角度看，是完全可能的。而上文所列的若干证据，则说明了这种可能性完完全全是历史事实。当然，巴蜀文化向东南亚的传播，传播方式有所不同，有的是直接传播，有的是间接传播，不可一概而论。

云南与东南亚之间的考古学材料证明，两地的古代民族存在若干共性，有着某种共同的渊源关系。云南南部的古代民族，从史籍记述可见，属于百越或百濮系统。而古代巴蜀地区各族中，百濮民族系统为其荦荦大者。民族源流的相近，民风民俗的相类，无疑是文化联系的有利条件，使得较进步的

文明的史迹：先秦、巴蜀及南丝路历史研究（南方丝绸之路卷）

[①] 童恩正：《试谈古代四川与东南亚文明的关系》，《文物》1983年第9期。

文化容易向较后进的文化进行播染，这在文化史上是不变的规律。

在古代，国界的概念往往并不十分清晰，尤其对于民间来说，所认定的界限主要不是国界，而是民族，是文化认同。所以，从中国西南地区到东南亚这一大片广阔的空间内，巴蜀文化若干因素的连续分布是一非常值得注意的文化现象。对其诸多原因，由于资料的限制，当前还不能够给予——判明。我们热切地期待着更多的地下材料重见天日。

（二）蜀王子安阳王的南迁

在巴蜀文化对东南亚的直接传播当中，最引人注目的是战国末蜀王子安阳王的南迁，和在越南北部红河地区建立王朝的历史事件。

公元前 4 世纪末叶蜀亡于秦后，蜀王的群公子大多降秦，先后封于蜀，贬为蜀侯。然而号为安阳王的蜀王子并未降秦，他率其部众辗转南迁至交趾之地，称雄数代，达百余年之久。

在《水经·叶榆水注》所引《交州外域记》，以及其他一些史籍中，保存了蜀王子安阳王南迁的珍贵史料。《交州外域记》记载道：

交趾（按：指今越南北部红河地区）昔未有郡县之时，土地有雒田，其田随潮水上下，民垦食其田，因名为雒民。设雒王、雒侯，主诸郡县。县多为雒将，雒将铜印县绶。后，蜀王子将兵三万来讨雒王、雒侯，服诸雒将。蜀王子因称为安阳王。后，南越王尉佗举众攻安阳王，安阳王有神人名皋通，下辅佐为安阳王治神弩一张，一发杀三百人。南越王知不可战，却军住武宁县。按《晋太康记》，县属交趾。越遣太子名始降服安阳王，称臣事之。安阳王不知通神人，遇之无道，通便去，语王曰："能持此弩王天下，不能持此弩者亡天下。"通去。安阳王有女名曰眉珠，见始端正，珠与始交通。始问珠令取父弩视之。始见弩，便盗以锯截弩讫，便逃归报越王。南越进兵攻之，安阳王发弩，弩折，遂败。安阳王下船径出于海。今平道县后王宫城，见有故处。《晋太康地记》县属交趾。越遂服诸雒将。……

据越籍《大越史记》《安南志略》《越史略》诸书所说，蜀王子安阳王名泮，巴蜀人。他显然就是蜀王开明氏后代。

蜀王子安阳王从蜀入越的路线，是沿南方丝绸之路的旄牛道，南下至今四川凉山州西昌后，再出云南的仆水（今礼社江）、劳水（今元江），抵红河地区，即古交趾之地。安阳王在北越地区的治所，据越南陶维英《越南古代史》，在今河内正北，桥江之南的永福省东英县古螺村。

安阳王在红河地区建立的王朝，前后维持了大约 130 年，公元前 180 年为南越王赵佗所灭。这时，上距安阳王初入北越，已不止一二代人。

据蒙文通先生研究，安阳王率兵三万人讨雒王，其实是一支民族的大迁徙，当中不胜兵者不下三万，如此，南迁的蜀人略有六万，同当地骆越民族九万人的比例为 2：3。这表明，南迁的蜀人对于后世越南民族的形成，关系至为重大。越南旧史尊称蜀泮为"蜀朝"，蜀泮在越南民间长期享有崇高威望，不是偶然的。[1]从文化人类学的观点看，安阳王入越也是文化传播与涵化的一个最典型的事例。

蜀王子安阳王入越的历史，在考古学上可以找到若干例证。川、滇之间许多地点曾发现巴蜀墓葬和文物，年代为战国晚期，它们正是安阳王所率蜀人南迁时所遗留。北越东山文化中的无胡式青铜戈，同安阳王入越的年代相一致，恰好证实了安阳王征服当地雒王、雒侯、雒将，建立蜀朝的史实。考古学证据同文献记载的一致性，充分表明了古蜀文化对越南东山文化直接而深刻的影响。

五、三星堆与南亚文明

以古蜀文明为重心的中国西南文化，同印巴次大陆之间，早有交流道路可通。由蜀入滇，经缅甸达于印度、巴基斯坦的"蜀身毒（印度）道"，是沟通其间各种联系的主要通道。这条线路在殷商时代就已初步开辟，到战国时代愈益发挥出重要作用。

（一）三星堆文化与南亚文明

三星堆文化是具有多元文化来源的复合型文明。在它的非土著文化因素中，南亚文明因素颇为引人注目。[2]

在三星堆一、二号坑出土的海贝中，有一种齿货贝，大小约为虎斑贝的三分之一，中间有齿形沟槽，这种海贝只产于印度洋深海水域，显然是从印度洋北部地区引入的。据史载，印度地区自古富产齿贝，当地居民交易常用齿贝为货币。三星堆出土的这些齿贝，大多数背部磨平，形成穿孔，以便于

---

[1] 蒙文通：《越史丛考》，北京：人民出版社，1983 年，第 76-77 页。
[2] 参阅段渝：《古代巴蜀与南亚和近东的经济文化交流》，《社会科学研究》1993 年第 3 期；《三星堆文化》，成都：四川人民出版社，1993 年，第 510-554 页。

串系，用作货币进行交易。这种用贝币作为商品交换等价物的情形，同南亚次大陆和古代南中，以及商周贝币的功能是没有什么两样的。

中国西南地区出土来自印度洋的海贝之地，并不只有三星堆一处，在云南大理、禄丰、昆明、晋宁、楚雄、昆明、曲靖，以及四川凉山、茂县等地多有发现。这些地区没有一处出产海贝，都是从印度地区引入的。把这些出土海贝的地点连接起来，恰是中国西南与古印度地区的陆上交通线——蜀身毒道，亦即今天所说的南方丝绸之路。这表明，早在三星堆文化时期（相当于商代中期），古蜀文明与南亚文明之间已有了文化交流。

饶有兴味的是，在三星堆还出土不少青铜制的海洋生物雕像，全部用平雕方法制成。虽然这些青铜制品多已锈蚀，但仍可清楚地分辨出数枚铜贝和其他海洋生物形象。假如古蜀人没有亲临印度洋地区并在那里获得深刻的海洋生物印象和丰富的知识，就绝不可能制作出如此众多的栩栩如生的海洋生物雕像来。这表明，三星堆时期的古蜀人，已经冲出狭隘的内陆盆地，走向蔚蓝的海洋，并以主动积极、朝气蓬勃的意气和姿态，迎接了来自印度洋的文明因素的碰撞。这比起汉文史书的记载，足足早出了一千多年。

此外，三星堆城市文明、人体装饰艺术、神树崇拜，以及象征南亚热带丛林文化的大量象牙，都从各个不同的方面证实了古蜀文明与南亚文明的交流关系。从而可知，早在公元前一千四五百年，经由中国西南出缅甸至印度、巴基斯坦的广阔空间内，存在着一条绵亘万里的经济文化交流纽带，它的一头向着中亚和西亚乃至欧洲大陆延伸，另一头向着中原和长江中下游延伸；而这条纽带的中心或枢纽，正是地处横断山脉东侧和长江上游的成都平原古蜀地。

（二）"支那"与成都

"支那"（Cina）是古代印度地区对中国的称呼，最初见于梵文，出现年代最迟在公元前 4 世纪或更早。过去人们通常以为，支那一词指的是秦国，或者楚国，很少有人把这个名称同成都联系在一起。

指认支那为秦国或楚国，其实是没有什么可靠的材料为依据的。从前法国汉学家伯希和（P.Pelliot）以为，支那是印度对秦始皇所建立的秦王朝的称呼。但是秦王朝始建于公元前 221 年，而支那名称在印度的出现却可早到公元前 4 世纪，可见伯希和的说法是不能成立的。有的学者以为，支那是印度对春秋时代秦国的称呼，由于秦国的屡代赫赫武功，使秦的国名远播西方。

但是，春秋时代秦对陇西、北地诸戎并没有形成霸权，秦穆公虽然"开地千里，并国十二"，却得而复失，仅有三百里之地。①而且，诸戎从西、北、东三面形成对秦的重重包围，阻隔着秦的北上西进道路，秦不能越西戎一步，何谈将其声威远播西方？直到公元前3世纪初，秦在西北地区才最终获胜，而此时"支那"一名早已在印度出现。显然，支那名称的起源与秦国无关。至于指认支那为荆，由于其立论基础不可靠，同样难以成立。

古蜀文化从商代以来就对南中地区保有长期而深刻的影响，三星堆文化时期古蜀已同印度地区存在以贝币为媒介的商品交易和其他方面的文化交流，这就为古蜀名称远播于古印度提供了条件。另据《史记》和《汉书》，蜀人商贾很早就"南贾滇、僰僮"，并进一步到达"滇越"从事贸易，还到身毒销售蜀布、邛竹杖等蜀物。滇越，即今天东印度阿萨姆地区②，身毒即印度。成书于公元前4世纪的印度古籍《政事论》也提到"支那产丝与纽带，贾人常贩至印度"，所说蚕丝和织皮纽带恰是蜀地的特产。表明了战国时期蜀人在印度频繁的贸易活动，而这又是同商代以来三星堆文化与印度文化的交流一脉相承的。在这种长期的交往中，印度必然会对古蜀产生较之中国其他地区更多的印象和认识，对于古蜀的名称也绝不会不知道。

成都这个名称，产生很早，已于见《山海经》，春秋时期的四川荥经曾家沟漆器上还刻有"成造"（成都制造）的烙印戳记。"成"这个字，过去学者按中原中心论模式，用北方话来复原它的古音，以为是耕部禅纽字。但是，从南方语音来考虑，它却是真部从纽字，读音正是"支"。按照西方语言的双音节来读，也就读作"支那"。这表明，支那其实是成都的对音。③

梵语里的Cina，在古伊朗语、波斯语、粟特语以及古希腊语里的相对字④，均与"成"的古音相同，证实Cina的确是成都的对音或转生语，其他地区的相对字则均与成都的转生语Cina同源。从语音研究上看，这是应有的结论。而其他诸种语言里支那一词的相对字都从梵语Cina转生而去，也恰同成都丝绸经印度播至其他西方文明区的传播方向一致，则从历史方面对此给予了证实。因此，从历史研究上看，支那一词源出成都，也是应有的结论。

支那名称本源于蜀之成都，这个湮没已久并一再为人误解的事实，揭示

文明的史迹：先秦、巴蜀及南丝路历史研究（南方丝绸之路卷）

① 班固：《汉书·韩安国传》，北京：中华书局，1962年。
② 汶江：《滇越考》，《中华文史论丛》1980年第2辑。
③ 参阅段渝：《支那名称起源之再研究——论支那名称本源于蜀之成都》，《中国西南的古代交通与文化》，成都：四川大学出版社，1994年。
④ B. 劳费尔：《中国伊朗编》，北京：商务印书馆，1964年，第404页。

出中国西南在早期中西交通史上不容忽视的地位和作用。证明以巴蜀为重心的中国西南古代文明曾经对包括东西方在内的世界古文明做出了重要贡献，应当永载史册，万古流芳。

六、古蜀与近东和欧洲古代文明

近东，作为一个地域概念，大致包括西亚、中亚和埃及，也部分地包括爱琴海诸岛。[①]古代近东文明，主要指西亚的美索不达米亚苏美尔——阿卡德文明和北非的埃及文明。[②]欧洲古代文明，是指继克里特和迈锡尼文明之后的希腊、罗马文明，也称欧洲古典文明。由于以欧洲大陆为基础的西方文明中有若干因素渊源于近东文明，所以有的西方学者也把近东文明作为整个西方文明的一部分来加以分析研究。[③]

中国与西方文明的联系和交流，在中国史籍里出现较晚，到两汉才见诸记载，但从考古资料分析，其间的接触和文化交流却要早得多，在先秦时期即已颇见端倪。当时中国与近东的文化联系有三条主要线路：一条是经河西走廊西行出西域的北方丝绸之路，一条是经北方草原西行的草原丝绸之路，另一条就是从成都南行经云南至印度再至中亚和西亚的南方丝绸之路。考古学证据表明，巴蜀文化与近东文明之间的接触和交流，在公元前十四五世纪时就已存在了，其间文化因素的交流往还，就是经由今天所说的南方丝绸之路进行的。[④]

（一）三星堆文化与近东文明

三星堆出土的金杖、金面罩、青铜人物全身雕像、人头像、人面像、兽面像等，在文化形式和风格上完全不同于巴蜀本土的文化，在巴蜀本土也完全找不到这类文化因素的渊源。不仅如此，即令在殷商时代的全中国范围内，同样也是找不到这类文化形式及其渊源的。那么，这类文化形式究竟从何而来呢？考古学上，至少有三个证据所构成的文化丛，可以表明这些文化因素渊源于古代近东文明。这三个证据，就是前面提到的青铜人物雕像群和金杖、金面罩。

---

① H. R. Hall, The Ancient History of the Near East, 1947.
② H. Frankfort, The Birth of the Civilization in the Near East, 1954.
③ R. Willis, Western Civilization: An Urban Perspective, vol.1, 1981.
④ 参阅段渝：《古代巴蜀与近东文明》，《历史月刊》（台北）1993 年第 2 期；《三星堆文化》，成都：四川人民出版社，1993 年，第 77-93、532-555 页。

蜀文明是一个善于开放、容纳、改造和多元、多方位地对待世界文化的古文明，是一个富于世界特征的古文明。

（二）"瑟瑟"来路觅踪

唐代诗圣杜甫寓居成都时，曾写过一首《石笋行》诗，诗中说道：

> 君不见益州城西门，陌上石笋双高蹲。古来相传是海眼，首蓿蚀尽波涛痕。雨多往往得瑟瑟，此事恍惚难明论。是恐昔时卿相墓，立石为表今尚存……

杜工部的疑问，导出了一个千古之谜："瑟瑟"是什么？它从何而来？

原来，瑟瑟（Sit-Sit）是古代波斯的宝石名称，是示格南语或阿拉伯语的汉语音译。中国古书关于瑟瑟的性质有不同说法，主要指宝石，又称"真珠"，明以后主要指人工制造的有色玻璃珠或烧料珠之类。[1]唐时成都西门一带，先秦曾是蜀王国墓区所在，近年不断发现大批墓葬。杜甫说这里雨多往往得瑟瑟，足见当年随葬之多，又足见蜀人佩戴这种瑟瑟串珠之普遍。既称瑟瑟，当然就是来自中亚、西亚地区，并且经由南方丝绸之路而来。

杜甫提出的疑问，曾经有人试为之解，宋人吴曾就是其中之一。他说：

> 杜《石笋行》："雨多往往得瑟瑟。"按：《华阳记》开明氏造七宝楼，以真珠结成帘。汉武帝时，蜀郡遭火，烧数千家，楼亦以烬。今人往往于砂土上获真珠。又赵清献《蜀郡故事》，石笋在衙西门外，二株双蹲，云真珠楼基也。昔有胡人，于此立寺，为大秦寺，其门楼十间，皆以真珠翠碧，贯之为帘，后摧毁坠地。至今基脚在。每有大雨，其前后人多拾得真珠瑟瑟金翠异物。今谓石笋非为楼设，而楼之建，适当石笋附近耳。盖大秦国多谬琳琅玕，明珠夜光碧，水通益州、永昌郡，多出异物。则此寺大秦国人所建也。[2]

按照吴曾的看法，杜甫所说石笋街大雨冲刷出来的瑟瑟，不是蜀王国公卿将相墓中的随葬品，也不是开明氏七宝楼真珠帘坠散后的遗存，而是大秦寺门楼珠帘摧毁后坠地所遗。他的说法有一定根据，但同杜甫之说实为两事，不能混为一谈。

据李膺《成都记》："开明氏造七宝楼，以珍珠为帘，其后蜀郡火，民家数千与七宝楼俱毁。"①《通志》："双石笋在兴义门内，即真珠楼基也。"曹学佺《蜀中名胜记》卷2："西门，王建武成谓之兴义门矣。"据此，真珠楼与杜甫所说石笋不在一处，真珠楼在西门内，石笋街则在西门外。况且，石笋既为蜀王开明氏墓志，开明王又如何可能以此为楼基？可见吴曾驳杜甫，是"以其昏昏，令人昭昭"，风马牛不相及。

不过，大秦国胡人曾在真珠楼故地立寺，倒是事实，《蜀中名胜记》引赵清献之说，也提到此事。大秦，是中国古代对古罗马帝国的称呼②，其国多出各种真珠、琉璃、谬琳、琅玕等宝物，"又有水道通益州"，早与蜀文化有交流往来，其时代可以追溯到公元以前几个世纪。至于成都出土的古罗马瑟瑟，由大秦寺的建立可知，则为唐朝时。

上面征引的各种文献还说明，开明氏造七宝楼，以真珠为帘。这真珠大概也属瑟瑟一类"舶"来品，原产于西亚和中亚。

这些古代诗文和史籍记载的在成都发现的瑟瑟，数量如此之多，说明古城蜀与中亚、西亚有着大量的经济文化往来。

除了瑟瑟之外，古代巴蜀还从西亚地区输入琉璃珠和蚀花肉红石髓珠。从1978在重庆发现的两颗蚀花琉璃珠的形态和纹饰看，极似于西亚的早期同类品。在茂县的早期石棺葬中，曾出土产于西亚的不含钡的钙钠玻璃。在理塘县，也曾发现琉璃珠。而在云南江川李家山、晋宁石寨山亦出土西亚的早期肉红蚀花石髓珠和琉璃珠。③在云南昭通发掘的巴蜀墓葬内也出土有蚀花石髓珠。巴蜀和滇文化区西亚石髓珠和琉璃珠的发现，都证明中国西南与西亚地区的经济贸易和文化关系早已发生的事实。

蚀花肉红石髓珠和不含钡的钙钠玻璃（琉璃）原产地均在西亚，有悠久的历史，后来传播于中亚和印度河地区。这些人工宝石出现在中国西南地区，一般年代为春秋战国之际。从西亚、中亚到南亚再到中国西南这一广阔的连续空间内，出现的文化因素连续分布现象，恰好表明一条文化交流纽带的存在。这条纽带，就是南方丝绸之路。巴蜀文化中的西亚因素，便是通过这条古老的文化纽带而来的。④

---

① 《蜀中名胜记》卷2引。
② 《三国志》卷30裴杜之注引《魏略·西戎传》。
③ 张增祺：《战国至西汉时期滇池区域发现的西亚文物》，《思想战线》1982年第2期。
④ 段渝：《巴蜀古代城市的起源、结构和网络体系》，《历史研究》1993年第1期。

（三）巴蜀丝绸的西传

巴蜀丝绸织锦，自古称奇。扬雄《蜀都赋》曾称颂蜀锦鲜艳华丽，品种繁多。根据历史文献和考古资料，蜀锦的生产年代很早，大约在商周时代已发展到比较成熟的阶段。[①]

西方地中海的古希腊、罗马，最早知道的中国丝绸，便是蜀国生产的丝。早在公元前 4 世纪，古希腊人的书中便出现了"赛力丝"（Seres）这个国名，意为"丝国"。据考证，Seres 是指古代蜀国。[②]《三国志》卷 30 裴松之注引《魏略·西戎传》说大秦国（古罗马）"又常得中国丝，解以为胡绫，故数以安息诸国交市于海中"，有可能就是以蜀丝加工为胡绫再出口于波斯的。考古学家曾于 1936 年在阿富汗喀布尔以北约 60 公里处发掘亚历山大城（约建成于公元前 4 世纪后半期）时，在一处城堡中发现许多中国丝绸。[③]考虑到西汉前期强大的匈奴骑兵及剽悍的月氏曾多次遮断了沿河西走廊西行的"丝绸之路"，那么这些丝绸（至少其中一部分）有可能是从成都经滇缅道运至印巴次大陆，再到达中亚的。[④]这些说明，古代巴蜀的丝绸对于西方古典文明的繁荣做出了积极的贡献。

从西域西行至中亚、西亚的丝绸之路，古代进行的大宗丝绸贸易中，也有不少巴蜀织锦。不久前在新疆吐鲁番阿斯塔那—哈拉和卓古墓群中发现的大批精美丝织品，其中便有驰名中外的蜀锦，从南北朝到唐代的无不具备[⑤]，表明蜀锦是西域丝绸贸易的主要品种之一。再从战国时代蜀锦已远销楚国的两湖地区，并饮誉于希腊、罗马的情况来看，西汉时蜀锦也应是内地同西域诸国进行贸易的主要商品之一。

古代巴蜀丝绸文化的西传，丰富了南亚、中亚、西亚和欧洲地中海文明的内容，并使南方丝绸之路向欧洲延伸。从这个意义上不能不说，巴蜀文化是一个开放型的文化体系，对于世界古代文明的繁荣和发展做出了重要贡献。

---

① 段渝：《政治结构与文化模式——巴蜀古代文明研究》，上海：学林出版社，1999 年，第 319-371 页。

② 杨益宪《释支那》，《译余偶拾》，北京：生活·读书·新知三联书店，1983 年。

③ 王治来：《中亚史》第 1 卷，北京：中国社会科学出版社，1980 年，第 69 页。

④ 童恩正：《略谈秦汉时代成都地区的对外贸易》，《成都文物》1984 年第 2 期。

⑤ 武敏：《吐鲁番出土蜀锦的研究》，《文物》1984 年第 6 期。

| 04 |

巴蜀古代文明与南方丝绸之路

巴蜀古代文明是中国文明的重要组成部分。以巴蜀为重心的中国西南古代文明的对外经济、文化交流及其通道（即南方丝绸之路），不论在中国文明史还是中外关系史上都占有引人注目的地位。长期以来，国内外对于早期中外关系史的研究，往往只上溯到汉代并且以西北丝绸之路为唯一重心。但是，近年考古学上中国西南特别是巴蜀地区大量外来文化因素的发现，以及东南亚、南亚、中亚、欧洲一些地区中国文物尤其是巴蜀文化遗迹的发现，使得我们越来越深刻地认识到古代巴蜀在早期中外关系史上的重要地位和作用。深入系统地探索这些文化因素的来龙去脉，并对中外历史文献的有关记载进行爬梳、钩沉，加以综合分析和比较研究，揭示先秦汉晋时期巴蜀与东南亚、南亚、中亚、西亚进而延伸到欧洲的经济文化交流状况及其历史意义，已成为当前学术界面临的一大新课题。

本文旨在通过对中外文献、考古和人类学资料的分析，对大量相关文化因素及其组合方式和演变关系等进行比较，初步揭示巴蜀古代文明与南方丝绸之路的关系，供学术界同行参考。

一、巴蜀文化与滇文化

滇文化是分布在云南东部地区以滇池区域为中心的地方文化，其创造者为滇人。滇文化的年代，据近几十年的考古学材料，上限约在公元前5世纪，下限约在公元前1世纪，前后相续400余年。

史书有关滇文化的记载，最早见于《史记·西南夷列传》，极为简略。《华阳国志·南中志》对滇文化的记载，也是语焉未详。由于史籍的阙如，前人总以滇王国为蛮荒之国，滇人为后进民族，而滇文化也还徘徊在文明之外。可是，历史事实却完全相反。近几十年来的考古新发现证实，滇文化原来是一支灿烂的青铜文化，它具有极为发达的青铜器农业，进步的青铜器手工业，

地都曾使用贝币，为大宗的金锡交易提供了相同的等价物，是一个十分有利的条件。[①]可见，滇文化对巴蜀青铜文化的发展曾经做出了重要贡献，其积极作用不可低估。

（二）古蜀与南中

南中主要指四川凉山州和云南等地。在南中广袤的土地上，很早便有蜀文化的足迹。西汉元、成间博士褚少孙补《史记·三代世表》说："蜀王，黄帝后世也，至今在汉西南五千里，常来朝降，输献于汉。"正义引《谱记》说："蜀之先，肇于人皇之际……历夏、商、周。衰，先称王者蚕丛国破，子孙居姚、嶲等处。"唐时姚、嶲二州分别治今云南姚安和四川西昌，均属古代南中地域范围。这说明，蚕丛后世中的某些支系，曾长期活动在南中地区，从先秦到汉代，未曾断绝，并且成为当地的土著先民之一。

据《华阳国志·蜀志》记载，西周时代[②]，（蜀王）"杜宇称帝……以汶山为畜牧，南中为园苑"，园苑即指势力范围；《华阳国志·蜀志》又说南中"有蜀王兵栏"，兵栏实指武库。这就意味着，包括滇池区域在内的南中地区，都受到了古蜀的文化和政治影响。方国瑜认为，南中是蜀的附庸[③]，是有根据的。到战国晚期，蜀王后世选择南中为避难生息之地，便与其先王同南中的政治与文化联系有关。《水经·叶榆水注》所载蜀王子安阳王南迁的史迹，便确切反映了这种关系。

南中的古代居民，《华阳国志·南中志》说是"盖夷、越之地"，而滇人又是"滇濮"或"滇越"，即滇地之濮或滇地之越。濮、越属于一个大的民族系统。在南中地区，随处可见濮人的风俗民情，比如干栏式建筑，在晋宁石寨山和江川李家山出土的青铜器上，便有这类图像。这与蜀文化居民居干栏的风俗十分相近，而西周以后蜀文化的主体民族之一，便是濮人。[④]

百濮民族多居水边，长于操舟。巴蜀文化的船棺葬，其所用之船，是主人生前的主要交通工具。巴蜀青铜器上，也常见操舟作战等图像。滇文化的居民也长于操舟，青铜器上有不少这类图像。如晋宁石寨山出土的一件铜鼓上的船纹，就是一种竞渡船。

---

① 段渝：《四川通史》第1册，成都：四川大学出版社，1993年，第146页。
② 原书作"七国称王"时，指战国中叶，时代明显错误。考之史实，应为西周时代。
③ 方国瑜：《中国西南历史地理考释》上册，北京：中华书局，1987年，第16页。
④ 段渝：《四川通史》第1册，成都：四川大学出版社，1993年。

云南古代曾大量使用贝币，这些贝币主要来源于印度洋，不是云南土产。广汉三星堆祭祀坑出土的大量白色海贝，背部穿孔，为齿贝，也来源于印度洋，显然是经由南中地区获取的。

古蜀文化与滇文化在政治上的最相近之处，是它们都不用鼎象征王权、神权和经济特权，两者的国家政权象征系统，都是杖。广汉三星堆商代蜀文化的金杖，和滇文化出土的大量杖首，形制虽然并不完全相同，但以杖来标志至高无上的权力，其文化内涵却完全一致。从年代早晚进行时空对照，滇文化的这种风习当与古蜀文化的南传有关。而这种文化的南传，也正与史籍所述古蜀对南中的政治和文化扩张相一致，绝不是偶然的。

（三）古蜀与南方丝绸之路

先秦时代，由于蜀、滇以及两者对外域的经济文化交流，从蜀入滇，经南中西出中国至缅、印的陆上国际交通线便初步开辟出来。蜀文化与滇文化的联系，蜀王后世从蜀至滇，蜀文化从南亚、中亚以至西亚引进而入的某些文化因素，都是经由这条道路往来进行的。这条国际商道，学术界称之为"南方丝绸之路"[①]。

南方丝绸之路国内段的起点为蜀文化的中心——成都，向南分为东、西两路。西路沿牦牛道南下，经今邛崃、雅安、荥经、汉源、越西、西昌、会理、攀枝花、大姚，西折至大理。东路从成都南行至今乐山、犍为、宜宾，再沿五尺道经今大关、昭通、曲靖，西折经昆明、楚雄，进抵大理。两道在大理会为一道，又继续西行，经保山、腾冲，出德宏抵达缅甸八莫，或从保山出瑞丽进抵八莫，跨入外域。

另外还有一条从蜀入滇至外域的国际交通线，在蜀文化与滇文化以及缅、印文化和越南北部红河地区的文化交流中，曾经发挥过重要作用。这条国际线路有西路、中路和东路三条。西路，从缅甸八莫至印度阿萨姆地区，这条道路其实是南方丝绸之路的延伸。中路是一条水路，利用红河下航越南，水陆分程的起点为步头。《蛮书》卷六载："通海城南十四日程至步头，从步头船行沿江三十五日出南蛮。"这条线路，是沟通云南与中南半岛交通的最古老的一条水路。从云南通海北至晋宁，再北至昆明，即步入滇、蜀之间的五尺道，可直抵成都。东路，从蜀入滇，至昆明，经弥勒，渡南盘江，经文山，

[①] 段渝：《略谈南方丝绸之路》，《光明日报》1993 年 5 月 24 日"史学"专栏。

出云南东南隅，经河江、宣光，循盘龙江（清水河），直抵河内。

从云南至西亚的交通线，则由云南经缅甸、印度、巴基斯坦至中亚，这是历史上的"蜀身毒道"，又称为"滇缅道"。再由中亚入西亚，就不困难了。这条纵贯亚洲的交通线，是古代欧亚大陆最长、历史最悠久的国际交通大动脉之一。[①]

以上从蜀入滇再分别伸入东南亚、南亚和中亚、西亚的国际交通线，早在先秦时代已初步开通。蜀、滇之间的五尺道，《史记》记为秦时才开辟的官道，但《汉书》则记为秦以前开通，秦代仅为"常破"而整修。其实早在殷周之际，杜宇即沿这条道路从朱提（云南昭通）北上入蜀，立为蜀王。从蜀至云南昆明，南行至通海之南的步头，下红河，入越南的水陆通道，是战国末蜀王子安阳王率众三万人南入交趾、雄长北越的通道。从蜀至滇，西行出八莫，入缅、印，经巴基斯坦至中亚，再抵西亚的远程国际线路，近年来也以蜀文化和滇文化中的中亚、西亚文物或风格近似的文化因素的大量发现，证明早在商代已初步开辟，到春秋战国时代则更加繁荣。

由这些线路所共同形成的南方丝绸之路，起点均在成都，均由成都南行至南中，再分别伸入外域。这种情形，一方面说明蜀与中国以外其他文明区的交流传播历史悠远，另一方面则说明蜀与南中各地保有持久而广泛的政治和文化联系。由此也可看出，古代蜀文化具有强烈的开放性和兼容性，它是致使古蜀文明拥有世界文明特点的重要原因。

二、巴蜀文化与东南亚文明

从远古时代起，中国与东南亚就存在若干文化联系。在相互间的交往中，中国常常居于主导的地位，而东南亚古文化中明显受到中国影响的某些重要因素，其发源地或表现得相当集中的地区，就是古代巴蜀，云南则是传播的重要通道。

（一）巴蜀文化南传东南亚的几点原因

据童恩正先生研究，古代东南亚的若干文化因素来源于巴蜀，大致有：农作物中的粟米种植，葬俗中的岩葬、船棺葬、石棺葬，大石文化遗迹，以

---

① 段渝：《古代巴蜀与近东文明》，《历史月刊》（台北）1993 年第 2 期。

及一些青铜器的器形和纹饰等。[①]

巴蜀文化的若干因素向南传播并影响到东南亚相关文化的发生、发展，绝非偶然，它源于地理的、民族的、历史的各种因素。

东南亚地区分为几个部分，除海岛外，重要组成部分的中南半岛、马来半岛，是同东亚大陆连为一体的。它们与中国大陆，地域与共，江河相通，不存在不可逾越的地理障碍。地理条件的优越性，为中国与东南亚的文化交流提供了可能的条件。

中国南方青铜时代中，最有可能实现同东南亚文化交往的地区是云南。可是云南青铜文化发生较迟，不足以给东南亚以太大的影响。紧邻云南北部的巴蜀地区，则不仅青铜文化发祥很早，而且十分辉煌灿烂，辐射力也相当强劲。巴蜀青铜时代不仅青铜文化，而且其他方面的若干因素也很发达，优于南面的滇文化。滇国青铜时代从巴蜀文化中采借吸收了若干因素，就是很好的证据。在这种情形下，巴蜀文化通过滇文化及其再往南面的交流孔道，南向传播于东南亚地区，从文化人类学的角度看，是完全可能的。而上文所列的若干证据，则说明了这种可能性完完全全是历史事实。当然，巴蜀文化向东南亚的传播，传播方式有所不同，有的是直接传播，有的是间接传播，不可一概而论。

云南与东南亚之间的考古学材料证明，两地的古代民族存在若干共性，有着某种共同的渊源关系。云南南部的古代民族，从史籍记述可见，属于百越或百濮系统。而古代巴蜀地区各族中，百濮民族系统为其荦荦大者。民族源流的相近，民风民俗的相类，无疑是文化联系的有利条件，使得较进步的文化容易向较后进的文化进行播染，这在文化史上是不变的规律。

在古代，国界的概念往往并不十分清晰，尤其对于民间来说，所认定的界限主要不是国界，而是民族，是文化认同。所以，从中国西南地区到东南亚这一大片广阔的空间内，巴蜀文化若干因素的连续分布是一非常值得注意的文化现象。对其诸多原因，由于资料的限制，当前还不能够给予一一判明。我们热切地期待着更多的地下材料重见天日。

（二）蜀王子安阳王的南迁

在巴蜀文化对东南亚的直接传播当中，最引人注目的是战国末蜀王子安

---

① 童恩正：《试谈古代四川与东南亚文明的关系》，《文物》1983 年第 9 期。

阳王的南迁，和在越南北部红河地区建立王朝的历史事件。

公元前 4 世纪末叶蜀亡于秦后，蜀王的群公子大多降秦，先后封于蜀，贬为蜀侯。然而号为安阳王的蜀王子并未降秦，他率其部众辗转南迁至交趾之地，称雄数代，达百余年之久。

在《水经·叶榆水注》所引《交州外域记》，以及其他一些史籍中，保存了蜀王子安阳王南迁的珍贵史料。《交州外域记》记载道：

交趾（按：指今越南北部红河地区）昔未有郡县之时，土地有雒田，其田随潮水上下，民垦食其田，因名为雒民。设雒王、雒侯，主诸郡县。县多为雒将，雒将铜印县绶。后，蜀王子将兵三万来讨雒王、雒侯，服诸雒将。蜀王子因称为安阳王。后，南越王尉佗举众攻安阳王，安阳王有神人名皋通，下辅佐为安阳王治神弩一张，一发杀三百人。南越王知不可战，却军住武宁县。按《晋太康记》，县属交趾。越遣太子名始降服安阳王，称臣事之。安阳王不知通神人，遇之无道，通便去，语王曰："能持此弩王天下，不能持此弩者亡天下。"通去。安阳王有女名曰眉珠，见始端正，珠与始交通。始问珠令取父弩视之。始见弩，便盗以锯截弩讫，便逃归报越王。南越进兵攻之，安阳王发弩，弩折，遂败。安阳王下船径出于海。今平道县后王宫城，见有故处。《晋太康地记》县属交趾。越遂服诸雒将。

据越籍《大越史记》《安南志略》《越史略》诸书所说，蜀王子安阳王名泮，巴蜀人。他显然就是蜀王开明氏后代。

蜀王子安阳王从蜀入越的路线，是沿南方丝绸之路的旄牛道，南下至今四川凉山州西昌后，再出云南的仆水（今礼社江）、劳水（今元江），抵红河地区，即古交趾之地。安阳王在北越地区的治所，据越南陶维英《越南古代史》，在今河内正北，桥江之南的永福省东英县古螺村。

安阳王在红河地区建立的王朝，前后维持了大约 130 年，公元前 180 年为南越王赵佗所灭。这时，上距安阳王初入北越，已不止一二代人。

据蒙文通先生研究，安阳王率兵三万人讨雒王，其实是一支民族的大迁徙，当中不胜兵者不下三万，如此，南迁的蜀人略有六万，同当地骆越民族九万人的比例为 2：3。这表明，南迁的蜀人对于后世越南民族的形成，关系至为重大。越南旧史尊称蜀泮为"蜀朝"，蜀泮在越南民间长期享有崇高威望，不是偶然的。①从文化人类学的观点看，安阳王入越也是文化传播与涵化的一个最典型的事例。

蜀王子安阳王入越的历史，在考古学上可以找到若干例证。川、滇之间许多地点曾发现巴蜀墓葬和文物，年代为战国晚期，它们正是安阳王所率蜀人南迁时所遗留。北越东山文化中的无胡式青铜戈，同安阳王入越的年代相一致，恰好证实了安阳王征服当地雒王、雒侯、雒将，建立蜀朝的史实。考古学证据同文献记载的一致性，充分表明了古蜀文化对越南东山文化直接而深刻的影响。

三、巴蜀文化与南亚文明

以古蜀文明为重心的中国西南文化，同印巴次大陆之间，早有交流道路可通。由蜀入滇，经缅甸达于印度、巴基斯坦的"蜀身毒（印度）道"，是沟通其间各种联系的主要通道。这条线路在殷商时代就已初步开辟，到战国时代愈益发挥出重要作用。

（一）三星堆文化与南亚文明

三星堆文化是具有多元文化来源的复合型文明。在它的非土著文化因素中，南亚文明因素颇为引人注目。②

在三星堆一、二号坑出土的海贝中，有一种齿货贝，大小约为虎斑贝的三分之一，中间有齿形沟槽，这种海贝只产于印度洋深海水域，显然是从印度洋北部地区引入的。据史载，印度地区自古富产齿贝，当地居民交易常用齿贝为货币。三星堆出土的这些齿贝，大多数背部磨平，形成穿孔，以便于串系，用作货币进行交易。这种用贝币作为商品交换等价物的情形，同南亚次大陆和古代南中，以及商周贝币的功能是没有什么两样的。

中国西南地区出土的海贝来自印度洋的海贝之地，并不只有三星堆一处，在云南大理、禄丰、昆明、晋宁、楚雄、曲靖，以及四川凉山、茂县等地，多有发现。这些地区没有一处出产海贝，都是从印度地区引入的。把这些出土海贝的地点连接起来，恰是中国西南与古印度地区的陆上交通线——蜀身毒道，亦即今天所说的南方丝绸之路。这表明，早在三星堆文化时期（相当

---

① 蒙文通：《越史丛考》，北京：人民出版社，1983 年，第 76-77 页。
② 段渝：《古代巴蜀与南亚和近东的经济文化交流》，《社会科学研究》1993 年第 3 期；《三星堆文化》，成都：四川人民出版社，1993 年，第 510-554 页。

于商代中期），古蜀文明与南亚文明之间已有了文化交流关系。

饶有兴味的是，在三星堆还出土不少青铜制的海洋生物雕像，全部用平雕方法制成。虽然这些青铜制品多已锈蚀，但仍可清楚地分辨出数枚铜贝和其他海洋生物形象。假如古蜀人没有亲临印度洋地区并在那里获得深刻的海洋生物印象和丰富的知识，就绝不可能制作出如此众多的栩栩如生的海洋生物雕像来。这表明，三星堆时期的古蜀人，已经冲出狭隘的内陆盆地，走向蔚蓝的海洋，并以主动积极、朝气蓬勃的意气和姿态，迎接了来自印度洋的文明因素的碰撞。这比起汉文史书的记载，足足早出了一千多年。

此外，三星堆城市文明、人体装饰艺术、神树崇拜，以及象征南亚热带丛林文化的大量象牙，都从各个不同的方面证实了古蜀文明与南亚文明的交流关系。从而可知，早在公元前一千四五百年，经由中国西南出缅甸至印度、巴基斯坦的广阔空间内，存在着一条绵亘万里的经济文化交流纽带，它的一头向着中亚和西亚乃至欧洲大陆延伸，另一头向着中原和长江中下游延伸；而这条纽带的中心或枢纽，正是地处横断山脉东侧和长江上游的成都平原古蜀地。

（二）"支那"与成都

"支那"（Cina）是古代印度地区对中国的称呼，最初见于梵文，出现年代最迟在公元前 4 世纪或更早。过去人们通常以为，支那一词指的是秦国，或者楚国，很少有人把这个名称同成都联系在一起。

指认支那为秦国或楚国，其实是没有什么可靠的材料为依据的。从前法国汉学家伯希和（P.Pelliot）以为，支那是印度对秦始皇所建立的秦王朝的称呼。但是秦王朝始建于公元前 221 年，而支那名称在印度的出现却可早到公元前 4 世纪，可见伯希和的说法是不能成立的。有的学者以为，支那是印度对春秋时代秦国的称呼，由于秦国的屡代赫赫武功，使秦的国名远播西方。但是，春秋时代秦对陇西、北地诸戎并没有形成霸权，秦穆公虽然"开地千里，并国十二"，却得而复失，仅有三百里之地。[①] 而且，诸戎从西、北、东三面形成对秦的重重包围，阻隔着秦的北上西进道路，秦不能越西戎一步，何谈将其声威远播西方？直到公元前 3 世纪初，秦在西北地区才最终获胜，

---

① 班固：《汉书·韩安国传》，北京：中华书局，1962 年。

而此时"支那"一名早已在印度出现。显然，支那名称的起源与秦国无关。至于指认支那为荆，由于其立论基础不可靠，同样难以成立。

古蜀文化从商代以来就对南中地区保有长期而深刻的影响，三星堆文化时期古蜀已同印度地区存在以贝币为媒介的商品交易和其他方面的文化交流，这就为古蜀名称远播于古印度提供了条件。另据《史记》和《汉书》，蜀人商贾很早就"南贾滇、僰僮"，并进一步到达"滇越"从事贸易，还到身毒销售蜀布、邛竹杖等蜀物。滇越，即今天东印度阿萨姆地区[①]，身毒即印度。成书于公元前 4 世纪的印度古籍《政事论》也提到"支那产丝与纽带，贾人常贩至印度"，所说蚕丝和织皮纽带恰是蜀地的特产。表明了战国时期蜀人在印度频繁的贸易活动，而这又是同商代以来三星堆文化与印度文化的交流一脉相承的。在这种长期的交往中，印度必然会对古蜀产生较之中国其他地区更多的印象和认识，对于古蜀的名称也绝不会不知道。

成都这个名称，产生很早，已于见《山海经》，春秋时期的四川荥经曾家沟漆器上还刻有"成造"（成都制造）的烙印戳记。"成"这个字，过去学者按中原中心论模式，用北方话来复原它的古音，以为是耕部禅纽字。但是，从南方语音来考虑，它却是真部从纽字，读音正是"支"。按照西方语言的双音节来读，也就读作"支那"。这表明，支那其实是成都的对音。[②]

梵语里的 Cina，在古伊朗语、波斯语、粟特语以及古希腊语里的相对字[③]，均与"成"的古音相同，证实 Cina 的确是成都的对音或转生语，其他地区的相对字则均与成都的转生语 Cina 同源。从语音研究上看，这是应有的结论。而其他诸种语言里支那一词的相对字都从梵语 Cina 转生而去，也恰同成都丝绸经印度播至其他西方文明区的传播方向一致，则从历史方面对此给予了证实。因此，从历史研究上看，支那一词源出成都，也是应有的结论。

支那名称本源于蜀之成都，这个湮没已久并一再为人误解的事实，揭示出中国西南在早期中西交通史上不容忽视的地位和作用。证明以巴蜀为重心的中国西南古代文明曾经对包括东西方在内的世界古文明做出了重要贡献，应当永载史册，万古流芳。

---

① 汶江：《滇越考》，《中华文史论丛》1980 年第 2 辑。

② 段渝：《支那名称起源之再研究——论支那名称本源于蜀之成都》，《中国西南的古代交通与文化》，成都：四川大学出版社，1994 年。

③ B. 劳费尔：《中国伊朗编》，北京：商务印书馆，1964 年，第 404 页。

巴墓[1]等。战国时期，分布在川东的巴文化已经与川西的蜀文化融为一体，可以称为巴蜀文化。[2]这一时期的青铜器组合相对三星堆时期有了较大变化，主要由柳叶形剑、三角形援戈、弓形耳矛、"烟荷包"式钺、辫索状耳的鍪和釜、"古蜀图语"印章等组成，墓葬形制则流行船棺、独木棺。在巴蜀文化区内，青铜文化的面貌比较统一，不能划出亚区。其周边受到巴蜀文化较深影响的有滇东北的昭通和黔西北的威宁两地区。

第二和第三个文化区是秦汉时期被文献称之为"西南夷"的地区，在这个地区分布着众多的西南民族，他们的青铜文化的繁荣期主要在战国至西汉这一时段。

第二个文化区在地理上包括了川西北山地、川西南山地、横断山区和滇西高原。虽然这个文化区地域广大，区域内的诸青铜文化各具特点，众彩纷纭，但却包含着一些明显的共同因素。如铜器中的山字格剑、双圆饼首短剑、曲柄剑、弧背削、以鸡首杖为主的各式铜杖和铜杖首、短柄铜镜、数量众多的各式铜镯和铜泡钉、各式铜铃等。墓葬形制以石棺葬为主，还有与石棺葬有密切关系的大石墓和石盖墓，常见用马、牛、羊殉葬的葬俗。这个文化区青铜器种类不多，纹饰较为简朴，表现出一种朴实的风格。

这个文化区从北到南可划为四个亚区，每个亚区的青铜文化都有各自的特点。第一个亚区的中心在岷江上游河谷，向西延伸到了青衣江上游。此亚区青铜时代文化的重要的考古发现有茂县、理县、汶川的石棺葬群，茂县城关、营盘山、别列、勒石村的石棺葬群[3]，牟托一号石棺墓[4]，理县佳山寨石棺葬群[5]，巴塘、雅江的石棺墓[6]，甘孜吉里龙古墓葬，炉霍卡莎湖石棺葬群[7]，

---

[1] 四川省考古所、涪陵地区博物馆、涪陵市文管所：《涪陵市小田溪9号墓发掘报告》，《四川考古报告集》，北京：文物出版社，1998年。

[2] 林向：《巴蜀文化辩证》，《巴蜀文化研究（第2辑）》，成都：巴蜀书社，2006年。

[3] 冯汉骥、童恩正：《岷江上游的石棺葬》，《考古学报》1973年第2期；茂汶羌族自治县文化馆：《四川茂汶营盘山的石棺葬》，《考古》1981年第5期；茂汶羌族自治县博物馆蒋宣忠：《四川茂汶别立、勒石村的石棺葬》，《文物资料丛刊》1983年第9辑；叶茂林、罗进勇：《四川汶川县昭店村发现的石棺葬》，《考古》1999年第7期；成都市文物考古研究所：《四川茂县营盘山遗址试掘报告》，《成都考古发现（2000）》，北京：科学出版社，2002年；四川省文物考古研究所、阿坝州文物管理所、汶川县文物管理所：《四川汶川县姜维城新石器时代遗址发掘报告》，《四川文物》2004年增刊。

[4] 茂县博物馆、阿坝州文管所：《四川茂县牟托一号石棺墓及陪葬坑清理简报》，《文物》1994年第2期。

[5] 四川省文管会、阿坝州文管所：《四川理县佳山石棺葬发掘清理报告》，《南方民族考古（第1辑）》，成都：四川大学出版社，1987年。

[6] 四川省文物考古研究所等：《四川巴塘、雅江的石棺葬》，《考古》1981年第3期。

[7] 四川省文物考古研究所等：《四川炉霍卡莎湖石棺墓》，《考古学报》1991年第2期。

宝兴陇东、瓦西沟口的石棺葬及汉塔山土坑积石墓群①。出土的铜器物以山字格剑、曲柄剑、手镯、泡钉为区域性组合。由于该区域紧邻古蜀文化区，古蜀文化对其影响较大。根据文献记载，此地区秦汉时期的主要民族为冉、駹，故此区域可称为冉駹文化区。第二个亚区为安宁河谷。主要的青铜时代文化遗存为分布在安宁河谷两岸的大石墓②，出土铜器以山字格剑、弧背刀、束发器、发钗、铃、泡钉为基本组合，学术界基本认为安宁河流域的大石墓是文献所载的邛都夷的遗存，该区可称为邛都文化区，在邛都文化中可看到一些古蜀文化的因素。第三个亚区为以盐源盆地为中心的金沙江与雅砻江交汇的巨大三角形地带。主要的青铜时代考古发现有盐源盆地的石盖墓③、宁蒗大兴镇的土坑木椁墓，永胜金官龙潭的青铜器群④，德钦石底、纳古、永芝的古墓葬，盐边县的石棺葬。出土的铜器物以铜鼓、覆瓦形编钟、山字格剑、双圆饼首短剑、弧背刀、曲柄剑、细长形三角援戈、直銎钺、短柄镜、各式镯、铃、泡钉、带饰和以鸟形杖首为主的各式铜杖、铜杖首为基本组合。该区域还出土一些造型十分特殊的器物，如双柄刀、一人双兽枝形器、羊首杖、蛇形杖、铜燕等。文献记载，战国至西汉时期活动在此地区的民族主要是笮都夷，故该区域可称为笮都文化区。第四个亚区是滇西高原的洱海地区。主要的青铜时代考古发现有剑川海门口遗址⑤，祥云检村的石棺墓⑥，祥云大波那的木椁墓，剑川鳌凤山的土坑墓群⑦，大理洱海地区的青铜器群⑧，楚雄万家

① 宝兴县文化馆：《四川宝兴出土的西汉铜器》，《考古》1978 年第 2 期；宝兴县文化馆：《四川宝兴县汉代石棺墓》，《考古》1982 年第 4 期；四川省文管会、雅安地区文管所、宝兴县文管所：《四川宝兴汉塔山战国土坑积石墓发掘报告》，《考古学报》1999 年第 3 期；四川省文物管理委员会、宝兴县文化馆：《四川宝兴陇东东汉墓群》，《文物》1987 年第 10 期。

② 礼州遗址联合考古发掘队：《四川西昌礼州新石器时代遗址》，《考古学报》1980 年第 4 期；凉山彝族自治州博物馆：《米易弯丘的两座大石墓》，《考古学集刊》第 1 期；安宁河流域联合考古队：《西昌坝河堡子大石墓发掘简报》，《考古》1976 年第 5 期；西昌地区博物馆：《西昌河西大石墓》，《考古》1978 年第 2 期；凉山彝族地区考古队：《四川凉山喜德拉克公社大石墓》，《考古》1978 年第 2 期；凉山州博物馆：《四川普格小兴场大石墓》，《考古与文物》1982 年第 5 期；凉山州博物馆：《四川西昌一号墓发掘简报》，《考古学集刊》1983 年第 3 期；四川省文物考古研究院、凉山州博物馆、西昌市文物管理所：《2004 年西昌洼埝、德昌阿荣大石墓发掘简报》，《文物》2006 年第 2 期。

③ 凉山州博物馆、西昌市文管所、盐源县文管所：《盐源近年出土的战国西汉文物》，《四川文物》1999 年第 4 期。

④ 云南省博物馆保管部：《云南永胜金官龙潭出土青铜器》，《云南文物》1993 年第 12 期。

⑤ 云南省博物馆：《剑川海门口古代文化遗址清理简报》，《考古通讯》1958 年第 6 期；肖明华：《云南剑川海门口青铜时代早期遗址》，《考古》1995 年第 9 期。

⑥ 大理州文管所、祥云县文化馆：《云南祥云检村石椁墓》，《文物》1983 年第 5 期。

⑦ 云南省考古所：《剑川鳌凤山古墓发掘报告》，《考古学报》1990 年第 2 期。

⑧ 杨益清：《云南大理收集到一批汉代铜器》，《考古》1966 年第 4 期。

坝墓葬群等。出土铜器以铜鼓、覆瓦形铜编钟、羊角编钟、山字格剑、双圆柄首短剑、凹刃矛、弧刃戈、"V"字形领钺、靴形钺、尖叶形锄、六畜模型和主要以鸡和鸟形杖首为主的各式铜杖首为基本组合。战国至秦汉时期，该地区的主要民族为昆明，故该区可称为昆明文化区。

第三个文化区包括滇中高原和滇东地区。墓葬基本为土坑墓，出土铜器的种类非常丰富，以铜鼓、贮贝器、编钟、葫芦笙、尊、壶、枕、案、一字格剑、蛇头剑、伞盖、针线盒、绕线板、尖叶形锄、长銎斧、宽叶矛、窄叶矛、新月形刃钺、啄、狼牙棒和种类繁多的戈、以斗兽纹或狩猎纹为主的扣饰、各种杖首等基本组合。铜器上饰以繁缛的纹饰，多双旋纹、编织纹、辫纹、三角齿纹、蛙纹、人形纹等，器身上多阴刻鸟、蛇、鱼、虫、虎、熊、豹、鹿等鸟兽图案，造型生动活泼。在器物上焊铸各种立体人畜是该区青铜器最显著的特征。第三个文化区的青铜文化带有强烈的地方色彩，由于在晋宁石寨山6号墓中出土了金质的"滇王之印"，印证了文献上所记载古滇国的存在，所以这种青铜文化被称为滇文化。

滇文化区可分为两个亚区。其中一个亚区主要位于滇中高原的滇池四周，重要的考古发现有晋宁石寨山滇墓群①、呈贡天子庙滇墓群②，江川李家山滇墓群③，昆明羊甫头滇墓群④，安宁太极山滇墓群⑤等，该区是滇文化的中心区。另一个亚区位于滇东的曲靖盆地，重要考古发现有曲靖珠街八塔台墓葬和横大路墓葬等。此两个亚区的青铜文化存在一些差别，故后一个亚区的青铜文化也被称为滇文化八塔台—横大路类型。⑥

除此而外，在南方丝绸之路上还存在一些小的青铜文化区，如昭通盆地⑦、

---

① 云南省博物馆：《云南晋宁石寨山古遗址及墓葬》，《考古学报》1956 年第 1 期；云南省博物馆：《云南晋宁石寨山第三次发掘简报》，《考古》1959 年第 9 期；云南省博物馆：《云南晋宁石寨山古墓第四次发掘简报》，《考古》1963 年第 9 期。
② 昆明市文物管理委员会：《呈贡天子庙滇墓》，《考古学报》1985 年第 4 期；云南省博物馆文物工作队：《云南呈贡天子庙古墓群的清理》，《考古学集刊》第 3 集；昆明市文物管理委员会：《昆明呈贡石碑村古墓群第二次清理简报》，《考古》1984 年第 3 期。
③ 云南省博物馆：《云南江川李家山古墓群发掘报告》，《考古学报》1975 年第 2 期。
④ 云南省考古所、昆明市博物馆、官渡区博物馆：《昆明羊甫头墓地》，北京：科学出版社，2005 年。
⑤ 云南省文物工作队：《云南安宁太极山古墓葬清理报告》，《考古》1965 年第 9 期。
⑥ 云南省考古研究所：《曲靖八塔台与横大路》，北京：科学出版社，2003 年。
⑦ 葛季芳：《云南昭通闸心场新石器时代遗址的发掘》，《考古》1960 年第 5 期；云南省文物工作队：《云南昭通马厂和闸心场遗址调查简报》，《考古》1962 年第 10 期；游有山：《鲁甸野石新石器时代遗址调查报告》，《云南文物》18 期，1985 年；营盘发掘队：《云南昭通营盘古墓群发掘简报》，《云南文物》41 期，1995 年。

074
文明的史迹：先秦、巴蜀及南丝路历史研究（南方丝绸之路卷）

保山盆地[①]、城河流域等。

迄今为止的考古资料和研究成果表明，西南地区各种青铜文化大多形成于春秋战国时代，在战国末至西汉时期达到了鼎盛时期。而其文化则多与其北面的巴蜀文化尤其是古蜀文化有着深刻的联系。

考古资料揭示，在西南地区的各种青铜文化中，存在着以三星堆和金沙为代表的古蜀文化因素的历时性辐射所带来的程度不同的影响。通过这些文化因素的来源和传播途径的分析，可以看到三星堆古蜀青铜文化在西南地区的辐射、凝聚、传承和创新。由此可以进一步探索先秦时期中国西南广大地区青铜文化的来源、影响、传播、互动等整合过程，探索以青铜文化为表征的西南各族的社会结构、政治制度，以及族群和族群之间的关系，探索西南各族的经济技术水平和文明演进程度。并通过战国秦汉时期巴蜀对西南地区诸青铜文化的影响所引起的西南各族文化的深刻变迁，探索秦汉时期中央王朝通过巴蜀将西南地区诸青铜文化整合进中国文化圈的过程，而这一过程正是中国文明多元一体历史发展格局在西南地区的具体表现。

以三星堆为代表的古蜀青铜文化对西南地区各青铜文化的历时性辐射与影响最明显的影响表现在众多的青铜人物和动物造型三角援铜戈、神树及树形器、金杖和铜杖、有领铜璧、太阳图案及太阳崇拜等几个方面。[②]这些文化因素都沿着南方丝绸之路不同程度地向南传播，并在传播过程中与西南诸青铜文化发生碰撞、交融、整合，在很大程度上影响了西南地区诸青铜文化的发展。三星堆和南方丝绸之路沿线诸青铜文化的青铜器，直观地反映了这个过程。

例如，三星堆与南方丝绸之路上的一些青铜文化都有单个的青铜人物造

---

① 保山地区文管所：《昌宁县大田坝青铜兵器出土情况调查》，《云南文物》1983 年 6 月，总第 13 期；云南省博物馆、昌宁县文化馆：《近年来云南昌宁出土的青铜器》，《考古》1990 年第 3 期；云南省考古研究所：《云南昌宁坟岭岗青铜时代墓地》，《文物》2005 年第 8 期。

② 参考段渝：《古代中国西南的世界文明》，《先秦史研究动态》1990 年 1-2 期合刊；《古蜀文明富于世界性特征》，《社会科学报》1990 年 3 月 15 日；《商代蜀国青铜雕像文化来源和功能之再探讨》，《四川大学学报》1991 年第 2 期；《论商代长江上游川西平原青铜文化与华北和世界古文明的关系》，《东南文化》1993 年第 2 期。

型和群体人物造型。三星堆的单个人物造型有青铜立人、踞坐人等，滇文化则有单个的跪坐执伞俑和持棍俑。三星堆的群体人物造型有神坛上的群神，滇文化的贮贝器与铜鼓上的群体人物造型则是滇青铜器最具特点的风格之一。此外，筇都文化的青铜器也有群体人物造型的风格。

古蜀多见用鸟兽鱼虫造型装饰青铜器的手段，常见有鸡、凤、鱼凫、龙、虎、牛、鹿、鱼、蝉等造型。这种方式被西南地区诸文化所接受、所承袭。滇青铜器上装饰的鸟兽鱼虫种类繁多，大到马、牛、熊、鹿，小到蜜蜂、甲虫、蜈蚣；天上飞翔的孔雀、犀鸟、鹰隼，地上奔跑的虎、豹、豺、狼，都被装饰到滇青铜器上。昆明文化、筇都文化、冉駹文化中也多见各种动物造型，如昆明文化中的鸡、鹤、鹰、燕、马、犬、牛、羊；筇都文化中的虎、马、蛇、鸡、燕、鹰；冉駹文化中的犬和鸟等。

三星堆出土的华丽精美的金杖说明古蜀文化曾经存在过用杖习俗，三星堆金杖是宗教和世俗权利的代表物。而铜杖和铜杖首却在西南诸文化中大量出现，这种现象至少了说明两个方面的问题，其一是古蜀的用杖习俗在西南地区得到了承袭，其二是用杖的社会面比古蜀文化有所扩大。

三角援铜戈是古蜀青铜文化影响西南地区诸青铜文化的又一个范例。从总体上讲，西南地区的铜戈都属于三角援戈，属于一个大的系统。尽管不同的区域的戈拥有各自的独特风格，但它们都以蜀式戈为"祖形"，与蜀式戈存在着"血缘"关系，这种关系又随着该区域与蜀地的远近和与蜀文化关系的密切程度而有所变化。与蜀近邻的地区，蜀式戈直接传入了这些地区。与蜀相隔较远地方的则发生了变化，演变出各式各具特点的铜戈，共同组成了西南地区青铜戈的"大家庭"。如冉駹文化区，因与蜀地紧邻，该区域内的三角援戈基本为蜀式戈。筇都文化区与昆明文化区的铜戈则发生了变化，带上了地方文化特色，滇文化区的铜戈在形制上变化最大，种类也最丰富，但它们与古蜀三角援铜戈的"血脉"关系还是一目了然的。

在滇文化分布区的南边，还有一个受古蜀文化影响的地区，即越南北部红河流域。分布于越南北部的东山文化与滇文化相似，已是学术界共同的认知。东山文化的铜戈基本上属于滇文化的石寨山类型，也就是说仍然属于蜀式戈的大系统。就目前所知，越南北部是古蜀文化向南延伸到的最远的地区。

古蜀青铜文化的南传，基本上是沿着南方丝绸之路传播的，南方丝绸之路是古蜀文明的文化传播线，而古蜀文明的南传对南方丝绸之路的稳定化起到了相当重要的作用。

五

南方丝绸之路不但是古蜀文化向南的传播路线，同时也成为西南地区诸青铜文化间相互影响和文化传播的路线。一些颇具特点的青铜器在南方丝绸之路沿线出现，勾画出若干条文化传播路线。

如山字格铜剑，这种颇具特色的器物基本分布在南方丝绸之路的西线沿线，从北到南的分布点有茂县、宝兴、西昌、盐源、宁蒗、永胜、丽江、德钦、剑川、弥渡、楚雄、大理、保山、昌宁等地。另一种双圆饼首铜短剑也分布在茂县、宝兴、盐源、宁蒗、永胜、德钦、剑川一线。分布在这条线上的还有曲柄铜剑、短柄铜镜等青铜器。这些器物的传播经过了冉駹文化区、邛都文化区、笮都文化区和昆明文化区，出土地点都位于南方丝绸之路的零关道和博南道上。

西南地区最富代表性的青铜器——铜鼓，基本上也是沿着南方丝绸之路进行传播的。考古资料证明，目前发现的铜鼓当数滇中楚雄万家坝出土的最早，故楚雄应是铜鼓的发源地。铜鼓以楚雄为中心向四方传播，目前出土战国至西汉时期铜鼓的地点有：楚雄、昆明、呈贡、晋宁、江川、文山、大理、祥云、弥渡、保山、昌宁、云县、曲靖、丽江、盐源、会理等地。出土铜鼓的地点都分布在南方丝绸之路上滇文化区、昆明文化区和笮都文化区内，且位于零关道南段、五尺道中西段和博南道上。

还有一类器物也体现了南方丝绸之路的文化传播功能，即靴形铜钺。西南地区的靴形钺集中出土在滇中地区，然后沿着博南道和零关道向西和向西北传播，大理、保山都出土了不少靴形钺，在滇中的西北的盐源盆地也是出土靴形钺的又一个区域。

值得注意的是，中国北方草原和中亚、西亚的某些文化因素，如金杖、铜杖、金面具、双马形器、侧头展翅的鹰、双圆饼首铜短剑、人形茎铜剑、曲柄铜剑、弧背铜削等具有中亚、西亚和北方草原文化风格的器物出现在南方丝绸之路上，这一现象已经向人们透露出南方丝绸之路还有更大的文化背景即欧亚古代文明这一更加广阔深厚文化背景的重要信息。

以三星堆和金沙为代表的古蜀文明与南方丝绸之路沿线的各青铜文化构

文化中明显受到中国影响的某些重要因素，其发源地或表现得相当集中的地区，就是古代巴蜀，云南则是传播的重要通道。

（五）南方丝绸之路与南亚文明

季羡林教授《中国蚕丝输入印度问题的初步研究》及德国雅各比（H. Jacobi）在普鲁士科学研究会议报告引公元前 320 年至 315 年印度旃陀罗笈多王朝考第亚（Kautilya）所著书，说到"支那（Cina）产丝与纽带，贾人常贩至印度"。公元前四世纪成书的梵文经典《摩诃婆罗多》（Mahabharata）和公元前二世纪成书的《摩奴法典》（Manou）等书中有"丝"的记载及支那名称，陈茜先生认为这些丝织品来自中国四川。法国汉学家伯希和考证，"支那"（Cina）一名，乃是"秦"的对音。有学者指出，Cina 中译为支那，或脂那、至那等，是古代成都的对音或转生语，其出现年代至迟在公元前 4 世纪，或更早。印度古书里提到"支那产丝和纽带"，又提到"出产在支那的成捆的丝"，即是指成都出产的丝和丝织品，Cina 这个名称从印度转播中亚、西亚和欧洲大陆后，又形成其转生语，如今西文里对中国名称的称呼，其来源即与此直接相关。而 Cina 名称的西传，是随丝绸的西传进行的，说明了古蜀丝绸对西方的影响。南方丝绸之路上使用的通用货币为海贝，反映了南亚文明对中国西南文化的影响。三星堆遗址出土的海贝、海洋生物雕像、城市文明、人体装饰艺术、神树崇拜，以及象征南亚热带丛林文化的大量象牙，都从各个不同的方面证实了中国文明与南亚文明的交流关系。何崝教授从文字源流的角度分析了印度河文明的文字与中国商代文字的异同，认为三星堆刻符与印度河文字有紧密联系，在中国原始文字符号传播到印度河地带时起了桥梁作用。日本成家彻郎教授认为，巴蜀古文字与中亚阿拉米文字有关，古代中国的印章发源于四川，而巴蜀印章是从古印度和中亚引入的文化因素。这几个问题都至关重要，必须寻找更多的证据加以进一步实证，从而深化对古代中国对外开放与交流的认识。

（六）南方丝绸之路与近东和欧洲古代文明

考古学证据表明，中国经由西南地区与近东文明之间的接触和交流，在公元前第二个千年的中期就已存在了，其间文化因素的交流往还，就是经由南方丝绸之路进行的。三星堆出土的金杖、金面罩、青铜人物全身雕像、人头像、人面像、兽面像等，在文化形式和风格上完全不同于中国本土的文化，在殷商时代的全中国范围内完全找不到这类文化因素的渊源，而青铜人物雕像、金杖、金面罩的传统见于美索不达米亚、埃及和印度，权杖起源于美索不达米亚，古埃及也有使用权杖的传统，黄金面罩也是最早见于美索不达米亚，商代三星堆遗址出土的青铜雕像群和金杖、金面罩，由于其上源既不在巴蜀本土，也不在中国其他地区，但却同上述世界古代文明类似文化形式的发展方向符合，风格一致，功能相同，在年代序列上也处于比较晚的位置，因而就有可能是吸收了上述文明区域的有关文化因素进行再创作而制成。张增祺研究员注意到了西亚文化对中国西南地区古文化的影响，巴蜀和滇文化区西亚石髓珠和琉璃珠的发现，都证明中国西南与西亚地区的经济贸易和文化关系早已发生的事实。张正明教授亦认为，从人类学的角度看，西南夷青铜文化确有西亚文明的因素。

西方地中海的古希腊、罗马，最早知道的中国丝绸，便是古代蜀国的产品。早在公元前 4 世纪，古希腊人的书中便出现了"赛力丝"（Seres）这个国名，意为"丝国"。据段渝考证，中国丝绸早在公元前 11 世纪就已西传到了埃及，在西方历史文献中，欧洲人公元前 4 世纪也已知道 Cina 这个名称，并把梵语 Cina（成都）一词，按照欧洲人的语言，音转成了西语的 Seres，而 Seres 名称和 Sindhu（印度）名称同传中亚，是从今印度经由巴基斯坦西传的。张骞所说蜀人商贾在身毒进行贸易活动，身毒即是 Sindhu 的汉语音译，指印度西北部印度河流域地区。由此可知，从中国西南到印度，再从印度经巴基斯坦至中亚阿富汗，由此再西去伊朗和西亚、欧洲地中海地区和北非埃及，这条路线正是南方丝绸之路西线所途经的对外交通线。欧洲地中海地区和埃及考古中均发现中国丝绸，这些丝绸在织法上多与四川丝绸相同，表明四川是古代丝绸之路的重要发源地，是丝绸之路的动力源。

三

凉山州在南方丝绸之路上具有显要的战略地位，是南方丝绸之路的重要枢纽，它北连成都，直通中原；东接宜宾，连通五尺道；西达丽江，深入中甸；南跨金沙江，直下博南道、永昌道，不论在中国古代史还是在中外文化交流史上都发挥了积极作用。

四川省凉山彝族自治州博物馆和凉山州彝族奴隶制度博物馆长期以来关

注南方丝绸之路研究，是南丝路考古、历史、民族和文化研究的一支重要力量，并在这一领域取得了大量重要成果，获得学术界的广泛称赞。这本由凉山彝族自治州奴隶制度博物馆编辑的《南方丝绸之路上的文化与民族》，蒐集了四川和云南学术界对于南丝路研究的 40 多篇论文，分为丝路研究、文化交流、政治军事、文物研究、民族文化以及译文等六个方面予以结集出版，内容丰富，涉及广泛，观点新颖，是近年来学术界关于南丝路研究的重要论文集之一。相信这本论文集的出版，对于南方丝绸之路研究的进一步深入开展，将会起到积极的推动作用。

文明的史迹：先秦、巴蜀及南丝路历史研究（南方丝绸之路卷）

丝路文化

07

嫘祖与中国丝绸的早期起源

中国是世界上蚕桑、缫丝、丝绸的原产地，素有丝国之称。从公元前第一个千年或更早开始，中国丝绸就已横穿欧亚大陆，远播至于西方。西方世界对中国的认识，也是伴随着中国丝绸的西传逐步形成的。从某种意义上看，丝绸或许是中国对于世界物质文化最大的一项贡献。[①]由于丝绸对包括东西方在内的世界文明的发展和繁荣做出了重要贡献，在世界文明史上占有特殊地位，因此，长期以来对于中国丝绸的研究一直是中外学术界所共同关心的重大课题。

四川是中国丝绸的原产地之一，不仅以"嫘祖""蚕女"等古史传说饮誉海内，而且以蜀锦、蜀绣等丝织品驰名中外，在中国丝绸文化的起源和发展史上占有显著地位。文献和考古研究表明，嫘祖、蚕女等中国丝绸史上的里程碑式人物，均与古代巴蜀有关。毫无疑问，研究中国丝绸的起源和发展，不能不研究巴蜀丝绸的起源和发展，而研究巴蜀丝绸的起源和发展，不能不研究嫘祖文化的起源和发展。可以毫不夸张地说，对于嫘祖文化的深入系统研究，将是解决中国丝绸文化起源的关键性课题之一。

一、中国丝绸的起源时代

（一）古史所见中国丝绸的起源时代

传世文献对中国丝绸的最早记载，见于《尚书·禹贡》。此篇记载的丝绸种类有丝、织文（有花纹的丝织品，应即绮[②]）、玄纤缟（纤细的黑缯和白缯）、玄纁玑（黑色和浅红的丝织品）等。至于此篇提到的"织贝"，郑玄注以为"锦名"，即所谓"贝锦"，实误，应当是细纻和贝壳两种物品[③]，即把贝壳磨成小粒扁圆珠并缝缀于麻质（纻）衣物上，这是海洋文化的产物，在殷墟考古中

---

① 夏鼐：《中国文明的起源》，北京：文物出版社，1985年，第49页。
② 郑玄以为"织文"是"锦绣之属"，但从锦产生于商代以后的史实看，所谓"织文"，其实应当是绮，即《说文》所说"绮，文缯也"，并不是锦。
③《尚书·禹贡》孔安国《传》（《伪孔传》）。

曾有出土。①不管怎样，《禹贡》的记载表明，早在中国文明兴起的初期，中国丝织品已经形成了多种类多样化的发展格局。显然，中国丝绸的起源时代，还远在《禹贡》的成书年代之前。

那么，《禹贡》成书于什么时代呢？这是一个颇有争论的问题。近世以来对此问题主要有五种意见：①西周前期说，以辛树帜为代表②；②战国说，以顾颉刚为代表③；③春秋说，以王成组为代表④；④汉代说，以日本学者内藤虎次郎和德国赫尔曼教授等为代表⑤；⑤不同时代说，其中的《九州》篇所记生态环境反映的是公元前第 2000 年间的情况，其蓝本当出自商朝史官对夏代的追记，此说最近由考古学界所提出。⑥从《禹贡》所记贡丝织品的地域同古史的参验比较来分析，《九州》篇本出公元前第二个千年即夏商之际的看法，是最为接近历史实际的。基于这种认识反观先秦文献，可以看出，夏商时代中国丝绸已经发展到了相当水平。

《礼记·礼运》记载：

昔者先王未有宫室，……未有丝麻，衣其羽皮。后圣有作，……治其丝麻，以为布帛，以养生送死，以事上帝鬼神，皆从其朔（按：朔，初也）。

此篇所说"后圣有作"，"治其丝麻"，所指即是丝绸起源时代的情形。

《易·系辞下》记载：

黄帝、尧、舜垂衣裳而天下治。

孔颖达《疏》云："垂衣裳者，以前衣皮，其制短小，今衣丝麻布帛，所作衣裳，其制长大，故云垂衣裳也。"这表明，中国丝绸的起源是在黄帝时代。

关于《礼记》和《易·系辞》的成书年代，论者或有争议，以为是汉代人的作品。但是关于《礼记》源出先秦，早在汉代就有清楚明确的记录，《汉书·景十三王传》载：汉景帝时，河间献王"所得书皆古文先秦旧籍书《周官》《尚书》《礼》《礼记》《孟子》《老子》之属"，《汉书·艺文志》和《说文·叙》

---

① 林惠祥、凌纯声持此说，见凌纯声：《中国古代海洋文化与亚洲地中海》，《海外杂志》1954 年第 10 期。

② 辛树帜：《禹贡新解》，北京：农业出版社，1964 年。

③ 侯仁之：《禹贡注释》，《中国古代地理名著选读》第 1 辑，北京：科学出版社，1959 年。

④ 见辛树帜：《禹贡新解》，北京：农业出版社，1964 年。

⑤ 内藤虎次郎之说，见江侠庵《先秦经籍考》；赫尔曼之说，见《禹贡》2 卷 5 期引。

⑥ 邵望平：《禹贡"九州"的考古学研究》，《考古学文化论集》2，北京：文物出版社，1989 年。

亦并谓孔壁中有《礼记》，可见大小戴《礼记》本出古文①，原为先秦旧籍，并非西汉作品。至于《易·系辞》，《史记，孔子世家》记载"孔子晚而喜《易》《序》《彖》《系》《象》《说卦》《文言》"，虽不一定完全可信，但《系辞》为先秦旧籍是可以肯定的。王充《论衡·正说》："孝宣皇帝之时，河内女子发老屋，得逸《易》《礼》《尚书》各一篇奏之。宣帝下示博士，然后《易》《礼》《尚书》各益一篇。"所得逸《易》，应指《说卦》。《随书·经籍志》："及秦焚书，《周易》独以卜筮得存，唯失《说卦》三篇。后河内女子得之。"这里所说三篇，即《说卦》《序卦》《杂卜》三篇，并不包括《系辞》，可见《系辞》并非汉代人伪作，而是传自先秦的文本。据此，《礼记·礼运》和《易·系辞》所记丝绸源自黄帝时代，这一说法应当就是先秦时代累世相传的旧说。

传出《淮南子》所引的《蚕经》②，对蚕桑丝织起源于黄帝时代也有明确的记载，其文曰：

> 黄帝元妃西陵氏始蚕。

对于这条《蚕经》的年代，论者有所争议，或以为出自宋元时期的伪作。但是，至少有两个证据可以表明，此条《蚕经》原为先秦旧史所传，绝非宋元人伪作。

其一，《世本》（见《大戴礼记·帝系》引③）记载："黄帝居轩辕之丘，娶于西陵氏，西陵氏之子谓之嫘祖氏，产青阳及昌意。青阳降居泜水〔按：《史记·五帝本纪》引作'江水'），昌意降居若水。昌意娶于蜀山氏，蜀山氏之子谓之昌濮氏，产颛顼。"这条材料本是先秦时代中原旧籍所传，并见于成书于西周中叶以前南方古史所传的《山海经·海内经》，表明有着真实的历史内容。而黄帝、嫘祖之子昌意娶于蜀山氏，恰恰显示了古代从利用桑蚕之丝到驯养家蚕并抽丝织帛这一重大历史性变革（详后），意味着中国丝绸起源于黄帝时代。这与上引《礼记·礼运》和《易·系辞》是恰相一致的。因此，不论从材料本身还是所反映的历史背景来看，这条《蚕经》都出自先秦，当可肯定。

其二，根据《荀子·赋篇·蚕》的记载，战国时已发展了关于蚕的义理，

---

① 王国维：《汉时古文本诸经传考》，《观堂集林》卷7，北京：中华书局，1959年。
② 《授时通考》卷72引。
③ 据《尚书序正义》"《大戴记·帝系》出于《世本》"，故知此篇为先秦《世本》原文。

称为"蚕理",而蚕理的形成年代足可追溯到"五帝"时代。①《荀子》既称蚕理，则当时已有总结和阐述关于蚕理的书籍传世，当可肯定。《荀子》此篇还提到一种流布广远的传说，即蚕与马的关系，说"五帝占之曰：此夫身女好而头马首者"，并说这是蚕理之一，可知此说是一种来源久远的传说。《周礼·夏官·马质》"禁原蚕者"句下郑玄注云："原，再也，天文辰为马。《蚕书》：'蚕为龙精，月直大火，则浴其种'，是蚕与马同气也。"郑注引证的这部《蚕书》，虽然并未注明为何时之书，不过从它的内容与《荀子》所述蚕、马关系有所关联来看，应当就是战国时代关于蚕理一类的书，出自先秦旧本，当无疑义。秦始皇时，尽烧天下《诗》《书》、百家语，"所不去者，医药、卜筮、种树之书"②，有关蚕理一类先秦文献，即属"所不去者"之流，因而得以保存并流传下来，至汉初为淮南王刘安《淮南子》所取用。由于汉初并称先秦义理之书为经，所以淮南王刘安在引用此书时称其为《蚕经》，这是符合汉初风气的。至汉武帝时，设五经博士，只有经学称经，其他诸书则不再称经，所以东汉郑玄引用此书时称其为《蚕经》。由此可见，《淮南子》引用的《蚕经》，原为先秦旧本所传，并非后人伪作。这种情况，与汉初许多古籍抄自先秦旧本一样，不足为异。当然，除这部《蚕经》而外，刘安本人是否写过一部《淮南王养蚕经》③，因文献阙如，难以考察，只能存而不论。

至于今本《淮南子》不见这条《蚕经》，也并不足怪，这是由于此书在传抄过程中有所脱漏而出现的现象，正如许多书籍在传抄中有所脱漏一样。问题的关键并不在于佚文辑自哪个时代的哪一部书，而在于佚文是否合乎它自身所反映的史实和背景，是否有可靠依据。以此来看这条《蚕经》，不难知道它出自先秦旧本，绝非宋元间人士的伪作。

总而言之，通过对上引各条先秦文献的考证和分析，可以确认这样一个事实，即：中国蚕桑、缫丝和丝绸的起源是在黄帝时代，"西陵氏始蚕""治丝茧以供衣服"等古史传说有着充分的历史根据，并非后人向壁虚构之说。

（二）考古所见中国丝绸的起源时代

迄今为止，在中国考古中发现的最早一件与蚕相关的实物资料，是 1977

---

① 此篇"五帝"二字，为宋本原文，元刻本则作"五泰"。见王先谦《荀子集解》引卢文弨之说。
② 司马迁：《史记·秦始皇本纪》，北京：中华书局，1959 年。
③ 见《中国农学书录》。

年在浙江余姚河姆渡遗址第二次发掘中所出土的牙雕小盅。[①]在这件牙雕小盅的外壁，雕刻着一圈编织纹和蚕纹图案。从蚕纹图像观察，首尾上翘，腹背向上弯起，整个体态呈明显的弓形，表现了活泼激烈的动态形象。从生物学知识可以知道，河姆渡蚕纹具有野蚕的诸种特征，还不是家蚕。野蚕的主要特征，除具有暗色斑等形体特征外，还具有行进活泼，动作激烈，腹背弓起幅度大等运动特征。河姆渡蚕纹与野蚕的这些特征恰相符合，表明是野蚕形象的刻画。值得注意的是，发掘中还同出土一批纺织工具，有木卷布棍、骨机刀和木经轴，均为织机的部件，表明已有织机。将野蚕纹与编织纹和织机等因素联系起来看，7 000 年以前的河姆渡文化，可能已经开始利用野生蚕茧作为纺织原料。不过，即令如此，由于还不懂得将野蚕驯化为家蚕，所以它还停留在利用家蚕缫丝织绸这种真正意义上的丝绸起源时代之前，正如在中国家蚕种传入西方以前，西方曾利用野蚕茧得到丝一样。

另外几件与野蚕有关的考古实物资料分别发现于山西夏县西阴村[②]和河北正定杨庄[③]，两个出土点的层位均属仰韶文化地层，距今五六千年。1928年，李济在西阴村遗址内发现了一个半割的茧壳，切割的部分"极平直"，有着整齐的切割边缘。曾有学者据此以为仰韶文化时期中国已有了养蚕业，但夏鼐认为这个发现本身是靠不住的，更不能根据这个靠不住的"孤证"来断定仰韶文化已有养蚕业[④]，当然也就谈不上与丝绸的起源有关。即使这件半割的蚕茧的出土地层可靠，也不是为了用蚕茧缫丝，因为一经割开，它即成为废品[⑤]，所以有学者认为是取蛹供食用。至于河北正定杨庄仰韶文化地层内出土的两件陶蚕蛹，只能说明人们对蚕蛹本身所具有的一种崇拜观念，而与利用蚕茧缫丝织绸谈不上有什么关系，自然也与丝绸的起源无关。可见，仰韶文化时期还没有进入丝绸的起源时代。

考古学上能够取得充分证据并加以确切断定的中国丝绸的起源时代，是龙山时代。1958 年在浙江吴兴钱山漾遗址的第二次发掘中，出土了一批盛在竹筐中的丝织品，有绢片、丝带和丝线等。[⑥]经鉴定，原料是家蚕丝，绢片为平纹组织，经纬密度为每厘米 48 根，丝带为带子组合，观察为 10 股，每股

① 河姆渡遗址考古队：《浙江河姆渡遗址第二期发掘的主要收获》，《文物》1980 年第 5 期。
② 李济：《西阴村史前遗存》，清华大学研究院第 3 种，1927 年，第 22-23 页。
③ 唐云明：《我国育蚕织绸起源初探》，《农业考古》1985 年第 2 期。
④ 夏鼐：《我国古代蚕、桑、丝、绸的历史》，《考古》1972 年第 2 期。
⑤ 牟永抗、吴汝祚：《水稻、蚕丝和玉器》，《考古》1993 年第 6 期。
⑥ 浙江省文物管理委员会：《吴兴县钱山漾遗址第二次发掘报告》，《考古学报》1960 年第 2 期。

单丝 3 根，共计单纱 30 根编织而成。据研究，绢片的经纬密度显示出，必然已有了比较完备的织机，从丝线绞捻组合、单丝纤维平整光洁以及条纹等方面观察，绢织物无疑是先缫后织的。[①]钱山漾遗址属于长江下游的良渚文化，其年代与龙山文化大致相当，属于中国考古学上的龙山时代。根据对钱山漾遗址中与丝织品同一层位同探坑内的稻谷标本所做的碳-14 测定结果，绝对年代距今 4 715±100 年，为公元前 2750±100 年。[②]这表明，考古学上的龙山时代，就是中国丝绸的起源时代。

所谓龙山时代，是考古学上关于史前文化分期的概念，大约相当于公元前 2600 年到公元前 2000 年的一段时期。在这个时期，黄河流域和长江流域各地的考古学文化都有明显的进步，具有相似的发展水平，并且相互之间有着不同程度的联系，因而被统称为龙山时代。[③]

那么，考古学上的龙山时代与古史上的黄帝时代是什么关系呢？以下分析表明，所谓黄帝时代，其实相当于龙山时代的较早时期。对此，可以从三个方面加以论证。

首先，从考古学上看，在石器时代与青铜时代之间，有一个铜石并用时代，它的早期相当于仰韶文化的晚期，而它的晚期大体上与龙山时代相当。从古史上看，"轩辕神农赫胥之时，以石为兵"，"至黄帝之时，以玉为兵"，"禹穴之时，以铜为兵"[④]，所说以石、玉、铜为兵的三个时期，分别与考古学上的石器、铜石并用和青铜三个时代相吻合，表明"以玉为兵"的黄帝时代，大约就相当于铜石并用时代。不过，这个"以玉为兵"的时代，只是指铜石并用时代的晚期，却并不包括其早期。因为，所谓"以玉为兵"，反映的是一个特殊的"玉器时代"，它在中国考古学上并不具有普遍性，仅仅是长江下游良渚文化和长城以北西辽河流域红山文化的时代特点。"黄帝之时，以玉为兵"出自《越绝书》，而《越绝书》所记载的正是长江下游吴越之地的历史及其古史传说，可见这个记载表现的是东南地区的古史，它与良渚文化不论在时间还是空间上都是完全吻合的。作为东南地区史前考古上的这个玉器时代，如前所述，恰恰与龙山时代即铜石并用时代的晚期相当，而与仰韶时代的晚期并不同时。由此可见，古史上的黄帝时代，就是考古学上的龙山时代。

① 周匡明：《养蚕起源问题的研究》，《农业考古》1987 年第 1 期。
② 夏鼐：《碳-14 年代测定和中国史前考古学》，《考古》1977 年第 4 期。
③ 严文明：《龙山文化和龙山时代》，《文物》1981 年第 6 期。
④《越绝书》卷 11。

主人"之例，将西陵之名带至，而命名蜀山为西山，表现了蜀山氏文化同嫘祖文化千丝万缕的联系。关于此点，后面将要详细论及。

总之，叠溪之为西陵，其名不但晚出，而且在其他一些方面也与六条标准不符，因此同样不能确定为嫘祖西陵氏之国。

以上四处西陵，共同点是都具有西陵名义，但是在时代、地理、方位（叠溪、宜昌除外）、流域、近邻、民俗诸方面，却多与六条标准不符，因而难以将其与西陵氏之国联系起来。

5. 四川盐亭

盐亭之为西陵，经四川省盐亭县嫘祖文化研究会多年的调查、考证，从史籍、民间传说、地缘文化、出土文物、唐开元年间《嫘祖圣地》石碑遗文等多方面论证盐亭为嫘祖故里西陵氏之国，颇有根据，足资凭信。这里根据上述六条标准，试为之进一步论证。

盐亭位于四川盆地北缘的低丘地区，年平均温度 17.3℃，无霜期长，年平均降水量 825.8 毫米，年平均相对湿度 73%，年平均日照时数 1 353.9 小时，气候温和，降水集中，四季分明，春早、夏热、秋短、冬温，光热资源丰富，霜期历时短促，针、阔混生，乔、灌、草并存，属亚热带湿润气候和亚热带常绿阔叶林区，生态环境优越[①]，极适合于蚕桑。这里出土了古桑树化石和石斧，表明史前时代已是宜于农桑之地。盐亭境内，自古遗有西陵山、西陵寺等古地名，其北有绵阳边堆山和广元张家坡、邓家坪等一系列相当于龙山时代的考古遗址[②]，表明其农桑文化属于黄帝时代，殆无疑义。

按照六条标准，《禹贡》东陵既在岳阳，则西陵必在岳阳以西的丘陵地带，并且必在长江支流地区。从长江流域的地势分析，岳阳以西直至宜昌，均为平原江河湖泽之地，不存在确定西陵位置所在的地理条件。自巫山山脉以西，续有大巴山、米仓山、龙门山等四川盆地以北山系，在此山系之间，也不存在确定西陵位置所在的地理条件。以东陵位于此数山系之东的低丘地区而言，西陵的地理位置自应确定在此数山系之西的低丘地区，东西二陵才能上下呼应，隔山相望，构成一张巨型弯弓之两端，这样才与东西二陵的内涵相符合。从这个弓形坐标出发来看，盐亭位于川北山系以南、四川盆地北部边缘的低

---

① 四川省盐亭县志编纂委员会编纂：《盐亭县志》，成都：四川人民出版社，1991 年，第 67-73 页、91-93 页。

② 王仁湘、叶茂林：《四川盆地北缘新石器时代考古新收获》，《三星堆与巴蜀文化》，成都：巴蜀书社，1993 年。

丘地区，北临龙门山，长江支流梓江（古称梓木童水）穿县而过，东隔米仓山、大巴山、巫山与岳阳遥遥相望，恰恰位于弓形坐标的西端。不论其地理、方位还是流域，均与确定西陵位置所必须具备的几个条件相符合，且当地自古遗留有西陵山、西陵寺以及西陵绸等古地名和古丝绸名，因此确定盐亭为嫘祖西陵之国的所在是有着充分根据的。

盐亭与古蜀山相近，盐亭以北的龙门山与古蜀山（今岷山山脉的南段，即茶坪山）几乎是连为一体的，汉代即以龙门山等川北山系为蜀山。[1]考古发掘表明，新石器时代盐亭北面的绵阳边堆山遗址（距今 4 500 年上下，相当于龙山时代，即黄帝时代），文化面貌同广汉三星堆文化第 1 期有若干近似之处[2]，其间存在某种渊源关系，有可能是构成四川盆地早期蜀文化的因素之一[3]。而且直至商代，盐亭地区仍与古蜀文明保持着密切的关系，盐亭境内发现的数件三星堆古蜀文明独有的石璧[4]，就说明了二者文化上的交流和共通之处。倘若不是新石器晚期（龙山时代）以来二者之间的文化交流关系，倘若不是盐亭之地对于古蜀文明有着特殊意义，那么古蜀王室在其地以石璧举行盛大的祭天典礼是绝不可能的。[5]

盐亭自古以来重蚕桑之业，留下了大量相关的文化遗迹和民俗、民间文化。据盐亭县嫘祖文化研究会初步统计，反映蚕桑丝绸史迹的遗迹有桑林坝、古树（桑）坡、茧子山、蚕丝山、丝源山、丝姑垭、丝织坪、织机台、水丝山、丝姥山、丝姑山、丝姑庙、蚕姑庙、西陵绸等；反映嫘祖史迹的遗迹还有嫘祖山、嫘祖坪、嫘祖穴、嫘祖井、轩辕坡、嫘轩宫、嫘轩殿、嫘祖墓、嫘宫山、西陵寺等，而祭祀嫘祖的庙宇达上百处之多。《四川通志》卷十八《舆地志十七》"潼川府盐亭县"下记载："蚕丝山在县东北六十里。"原注引《舆地纪胜》："山在永泰县西二十里。"又引《九域志》："梓木童有蚕丝山，每上春七日，远近士女多游于此，以祈蚕丝。"[6]足证这种文化传统源远流长。

综上诸证，盐亭作为嫘祖故里西陵氏之国的所在，不仅在时代、地理、方位、流域、近邻、民俗等诸方面有着可靠的证据，而且在文献、考古和古地名等方面也有明确的内证，因此是肯定的、可信的。

---

① 李充《蜀记》："蜀山自绵谷葭萌道径险窄北来。"见曹学佺《蜀中广记》卷 58 引。
② 郑若葵、叶茂林：《四川绵阳边堆山新石器时代遗址发掘简报》，《考古》1990 年第 4 期。
③ 段渝：《四川通史》第 1 册，成都：四川大学出版社，1993 年，第 23、24 页。
④ 石璧现藏四川省盐亭县文化馆。
⑤《周礼·春官》："以苍璧礼天"。
⑥ 并见《舆地纪胜》卷 154。

其实，唐人对于嫘祖故里在盐亭已有清楚的认识，唐开元年间赵蕤所题《嫘祖圣地》碑文对此即有明确记载。引起争论者，主要在于历代史地之书对于西陵国之地略而不载，而见诸文献者又多与西陵氏之国无关，于是附会者有之，曲解者有之，其真相反而被各种曲说所淹没了。

（三）嫘祖史迹考

1. 从姓氏看嫘祖

嫘祖之名，《世本》《大戴礼记·帝系》《史记·五帝本纪》均作"嫘祖"，《集韵》引徐广曰："嫘，力追反。"《汉书·古今人表》作"累祖"，师古曰："累音力追反。"可证嫘、累音同义通。《史记索隐》"一曰雷祖，言力堆反"，《史记正义》"一作傫"，《史记索隐》引皇甫谧又作"累祖"，雷、嫘音同相通；傫、累、嫘形近相通，《集韵》"嫘"字下："力伪切，音累，义同。"可见，嫘、累、雷、傫、累均音近相通；除雷字外，其余四字又在形、音、义三方面均通。

嫘字又写作纍，《集韵》："纍，伦追切，并音纍，姓也。"《汉书·古今人表》嫘祖作累祖，累字即纍字之省，先秦时，纍氏已见诸文献所载中国姓氏，《左传》僖公十年记载晋国七舆大夫"纍虎"即是嫘祖后代之一，以纍为氏。

东汉应劭《风俗通》记载："纍氏，嫘祖之后或为纍氏。谨按《左传》，晋七舆大夫有纍虎。"[1]郑樵《通志·氏族略四》亦云："纍氏，《风俗通》纍祖之后，《左传》晋七舆大夫纍虎。"《通志·氏族略二》又云："西陵氏，古侯国也，黄帝妻西陵氏女为妃，名纍祖。"从姓氏学的角度看，既然纍氏的祖源可以直接追溯到嫘祖，符合古代"以名为氏"的命氏之法[2]，乃是确定无疑的事实，那么毫无疑问，历史上嫘祖一系的存在，同样也就是确定无疑的事实。

事实上，嫘祖之名早已见于先秦古文。《愙斋集古录》卷十六第 25 页著录有先秦青铜器"鈇甫人用嬺妃妃縢匜"，《攈古录金文》卷一之三第 33 页著录有先秦青铜器"嬺妊作安壶"。孙诒让《古籀余论》认为："嬺字疑为嫘祖二字合文。"从字形结构分析，嫘、纍由晶得声[3]，"且"为古文"祖"字，从"女"则表示性别，因此嬺字读为纍、累，为嫘祖二字合文之省（省去所从之纟），是极为正确的。陈直《史记新证·五帝本纪》认为："传说之黄帝妃嫘

---

① 邓名世：《古今姓氏书辩证》引。
② 郑樵：《通志·氏族略一》，北京：中华书局，1987 年。
③ 许慎：《说文解字》，天津：天津古籍出版社，1991 年。

祖，事或有征。"①由此可见，嫘祖名载先秦金文，由来甚古，绝非某些学者所说虚构人物，或起于晋以后的神话人物。

按照先秦姓氏之法，"女子称国及姓"②。由此分析，《攈古录金文》所载的"嬭妊"，是一女子的姓名，嬭为国姓，妊为国名，表示出于嫘祖之后。换言之，嫘祖是其先世，嫘祖便是嬭姓的来源之所在。《左传》隐公八年记载"天子建德，因生以赐姓"，姓所表示的是与祖宗的血统关系，所谓"女生曰姓"③，便是指此而言，也就是《通鉴外纪》所说"姓者，统其祖考之所自出"，而"姓千万年不变"④。所以，从姓的起源传承关系入手，按照古代女子称姓的原则往上追溯，进而追寻到始祖之名，是完全符合古代"同姓，同祖也"⑤这一追根溯源之法的。而且，所谓"因生以为姓"⑥，是说"姓谓子也"⑦，这就是《潜夫论·志氏姓》《风俗通佚文》《通志·氏族略》《古今姓氏书辨证》等姓氏之书所说的"以名为姓"。因此，我们说嬭姓的始祖是嫘祖，而嫘祖是黄帝所娶西陵氏女之名，这在方法上是可靠的，因而在结论上必然也是可信的。由此也可看出，历史上必有嫘祖其人，既非后人虚构，亦非晋以后的神话。

2. 从名义看嫘祖

嫘祖之名，先秦金文作嬭（见前引书），畾为声符，女且为女糸示且之省，嬭乃嫘（嬭）祖二字合文之省。《左传》所记先秦嫘氏，作嬭氏。《汉书》推崇古文，多用古字，《古今人表》所记嫘祖，正作絫祖，即嬭之异体。应劭《风俗通》和郑樵《通志·氏族略》追寻姓氏之源，嫘祖并作絫祖。可见，对嫘祖名义进行分析，必须以嬭字作为基准，才能探寻原义，免生异端。

嬭，《说文》隶之于"糸部"："嬭，缀得理也，一曰大索也。从糸，畾声。"糸，《说文·糸部》释曰："糸，细丝也，象束丝之形。凡系之属皆从糸。读若斥见，古文糸。"糸为束丝之形，即是一束丝，既细又少，乃是早期以家蚕丝为原料，抽茧缫丝合成细束的情景的真实写照。糸为象形字，它所象的即是治丝起源之形，这是没有疑问的。大徐本《说文》卷十三上《系部》"糸"

① 陈直：《史记新证》，天津：天津人民出版社，1979年，第1页。
②《史记·吴太伯世家》索隐引《周礼》。
③《说文解字·女部》"姓"字下段注引《释文》。
④ 顾炎武：《原姓篇》，载《日知录集释》卷23。
⑤《诗经毛传》。
⑥ 许慎：《说文解字·女部》"姓"下，天津：天津古籍出版社，1991年。
⑦ 陆德明：《经典释文·左传昭公四年》，北京：中华书局，1983年。

字下引小徐本之说曰："徐锴曰：一蚕所吐为忽，十忽为丝。糸，五忽也。"字所从之糸，是纍字的义符，即其义所在。根据古文糸字的形体和小徐本的解释，其原义是指用五蚕所吐之丝缫治成细束，这是利用家蚕丝作为原料治丝之始，反映了丝绸起源时代蚕少丝少的早期情形。在当时，由于技术等原因，缫丝过细，所以说是"细丝也"，正如钱山漾所出蚕丝过细一样[1]，都是缫丝织绸起源时的必然情况。也正因为如此，它的早期性和原始性才得以充分体现出来，表明它是治丝之始。

《说文》解释纍字"缀得理也"，段玉裁注云："缀者，合著也，合著得其理，则有条不紊，是曰纍。"段注仅得其义之半，却并未探得其原义。所谓"缀得理也"，乃是建立在用五蚕所吐之细丝合成束丝的基础之上，这分明是指织帛而后缀合成衣的情形，即用细丝合并成线，织成丝绸，缀合成衣，因而有条不紊，缀得其理。这才是《说文》纍字"缀得理也"的正解。而这正是"治丝茧以供衣服"的真实写照，表明缫丝织绸以缀合成衣是从纍祖开始的。由此可见，先秦时代人们之所以称西陵氏之女为纍祖，正在于西陵氏女是蚕桑、缫丝、织绸、缀合成衣的始祖。

当然，由于嫘祖为蚕桑丝绸的始祖，其时还处于中国丝绸的早期起源时代，所以不但丝细、丝少，而且用这种细丝织成的帛也是粗疏简陋的，不能与后来的丝绸同日而语。钱玄《三礼名物通释》说："帛之精粗，可以紽、緎、緵计之。"[2]此说源自先秦。《诗经·召南·羔羊》记载有"素丝五紽""素丝五緎""素丝五緵"，王引之《经义述闻》卷五解释道："紽、緎、緵，皆数也。五丝为紽，四紽为緎，四緎为緵。五紽二十五丝，五緎一百丝，五緵四百丝。故《诗》先言五紽，次言五緎，次言五緵也。"《说文》未载紽、緎二字。緵，《说文·糸部》释曰"緵，聚束也"，即将若干合成细束的"糸"汇聚起来，成为緵，这是后世蚕多、丝多时的情形。与小徐本所释"糸五忽也"即五根丝相对照，糸仅为一紽之数。而古以八十丝为一缕（緵同），一缕为一成，一成四十齿，一齿两丝[3]，作为衡量布帛精粗的标准。五丝（缕）仅得两齿半，其粗疏简陋是可以想见的。嫘祖时代织绸仅以糸计数，自然不能与春秋时《诗经·召南·羔羊》所述已经相当进步的丝绸相比。然而正因如此，才体现出"嫘祖始蚕""治丝茧以供衣服"的初始时代的情景，真实地反映了丝绸起源

---

① 周匡明：《钱山漾残绢片出土的启示》，《文物》1980 年第 1 期。

② 钱玄：《三礼名物通释》，南京：江苏古籍出版社，1987 年。

③ 黄以周：《礼书通故·衣服一》，北京：中华书局，2007 年。

时代的情况。从而表明嫘祖的确是"治丝茧以供衣服"的始祖。

由上可见，纍字的本义，包含着始蚕、治丝、织绸等内涵，而祖的名称则体现了起源和始祖的意义。因此所谓纍祖，事实上就是蚕桑丝绸之祖，这是纍祖名义本身所揭示出来的事实。

（四）嫘祖先蚕考

根据以上的考证结论，我们知道，先秦时嫘祖已被普遍承认为蚕桑丝绸的始祖，并不存在一个所谓在汉代和汉代以前的文献中找不到嫘祖始蚕、治丝茧以供衣服的痕迹的问题，更不存在一个所谓在宋代以前嫘祖形象尚未塑造定型的问题。事实上，上文对于嫘祖始蚕、治丝茧以供衣服问题的正确解决，已经同时解决了嫘祖被古人奉为先蚕的问题。因为"始蚕"和"先蚕"在意义上完全等同，所不同的仅在于"始蚕"偏重史实而言，而"先蚕"则偏重礼仪而言，其实质是完全一样的。

为了进一步说明嫘祖与先蚕的关系，还有必要就此再加分析阐释，揭示问题的根本实质。

1. 文献所见先蚕的流传次第

传世文献中，"先蚕"最早见于《月令》，其文曰："（季春之月）是月也，命有司无伐桑柘，乃修蚕器，后妃斋戒，享先蚕，而躬桑以劝蚕事。"①今本《礼记·月令》（十三经注疏本）无"享先蚕"三字，但马端临《文献通考》卷八十七《亲蚕祭先蚕》所引有此三字，而今本（十三经注疏本）《礼记·月令》唐孔颖达疏亦有"先蚕"之语，证实《月令》所载"享先蚕"乃原文所有。

《月令》的成书年代，郑玄《三礼目录》说道："《月令》。名曰'月令'者，以其记十二月政之所行。本《吕氏春秋》十二月纪之首章也。以礼家好事抄合之，后人因题之名曰《礼记》。"②按郑玄之说，《月令》为《吕氏春秋·十二纪》的首章，成书于战国末秦初之际。但是，蔡邕的看法并不如此。蔡邕《月令篇名》在详细考证《月令》内容后说道："宜周公之所著也。"又说："（《月令》）官号职司，与周官合。《周书》七十二篇，而《月令》第五十三。……秦相吕不韦著书，取《月令》为纪号，淮南王安亦取以为第四篇，改名《时则》。故偏见之徒，或云'《月令》，吕不韦作'，或云'淮南'，皆非

---

① 《太平御览》卷 825《资产部五》引。
② 《礼记·月令》孔颖达疏引，十三经注疏本。

也。"①蔡中郎所驳，显然是郑玄等注经之人。通观《月令篇名》和蔡邕的另一著作《月令问答》，其说《月令》成书于西周，"诸侯朝正于天子，受《月令》以归，而藏诸庙中；天子藏之于明堂，每月告朔朝庙，出而行之"，颇有根据。这表明，享祀先蚕之礼，早在西周时已见诸记载。

春秋战国时代，礼崩乐坏，礼乐征伐自诸侯出，自大夫出，天子颁《月令》之礼也不复存在，而先蚕之祭也不再见于当时文献。秦统一后，尽废周代礼乐制度，所以祭祀先蚕之礼也被废弃而不用。汉兴，虽然对于秦代的根本制度"循而不改"，但在礼乐方面，却由孙叔通等儒士多方搜寻模仿，而纷纷恢复西周旧制，其中也包括祭祀先蚕的礼仪制度。《续汉书·礼仪志上》记载："是月（按，据刘昭补注，此指汉四月），皇后帅公卿诸侯夫人蚕，祠先蚕，礼以少牢。"此制为两汉通制，三国亦沿之不改。魏文帝黄初七年，皇后蚕于北郊，"依周典也。"②晋代，"晋后（按指皇后）祠先蚕"③，并依汉魏故事行事。及南北朝之世，宋孝武大明四年祭先蚕。北齐时以一太牢祠先蚕、黄帝于蚕坛，并仿西周故事行祭祀之礼。北周制度，以一少牢亲祭进奠先蚕西陵氏。及隋代建立，也制先蚕坛，以一太牢制币祭先蚕于坛上。唐代，自初唐时太宗贞观九年始祭先蚕，历朝皇帝、皇后颇多"有事于先蚕"，"亲祠先蚕"④。此制，宋以后亦然。

以上表明，祭享先蚕的礼仪制度，自西周以迄近世，除春秋战国秦代之际一度中断外，是代代相承，循而未改的。以先秦时代人们既知嫘祖始蚕而言，西周所祭先蚕，必然就是嫘祖。再以西周王室出自黄帝之后而论，其祭先蚕必然也是祭祀嫘祖。南北朝时，北周图谋统一中国，仿效西周制度，其祭先蚕西陵⑤，乃依西周故事。由此而论，西周祭祀的先蚕，必为嫘祖无疑。北周以后，历代所祭先蚕，也都纷纷依据周制，祭祀西陵氏嫘祖之神位。不难看出，嫘祖之为先蚕，自古而然，何谈出于宋元文人之手，又遑论出于维护华族正统论和神权至上论之需呢？假若如此，那将如何解释并非华族而出自鲜卑的北周对于先蚕西陵氏的盛大祭典呢？可见，在嫘祖即是先蚕这个事实上，根本不存在什么伪作问题。

---

① 《全后汉文》卷 80，又见《蔡中郎集》。

② 郑樵：《通志·礼略一·先蚕》，北京：中华书局，1987 年。

③ 《续汉书·礼仪志上》刘昭补注。

④ 并见诸史《礼仪志》，参阅《通志·礼略一》，《文献通考》卷 87。

⑤ 魏徵：《隋书·礼仪志二》，上海：商务印书馆，1935 年。

2. 区域文化与先蚕

所谓"享先蚕"，其实是一种祭祀礼仪，本质上属于一种纪念性活动，带有浓厚的古代文化遗风，并具劝民蚕桑的鞭策激励作用。中国上古文化由各区系文化多元整合而成，因此表现在祭祀蚕神的礼仪方面、对象方面，也不能不带有多元文化的性质和区系文化的特征，从而出现不尽一致的情况，这并不奇怪。假如忽视了中国古代文化的多元性和区系性这一重要事实前提来谈论嫘祖与先蚕的关系，自然就会因为某朝某代所祀先蚕之名不是嫘祖而全面否定嫘祖之为先蚕，从而推导出错误的结论。

汉代祭祀的先蚕，就不是嫘祖，据《续汉书·礼仪志上》刘昭补注引《汉旧仪》："今蚕神曰菀窳妇人、寓氏公主，凡二神。"由于汉制如此，所以一些论者便据以否定嫘祖之为先蚕。其实，这种看法是肤浅的，仅仅注意到了表面现象，却没有透过现象看本质，没有把它同中国古代文化的多元性和区系性联系起来，同时也是由于误读了文献之故。

我们知道，汉王室起于楚地，汉高祖刘邦是"沛（县）丰邑中阳里人"①，沛县"本秦泗水郡之属县"②，为今江苏沛县地，古属"西楚"之地③，长期保有浓郁的西楚文化之风。秦王朝时，虽然在政治上、经济上、疆域上统一了中国，"海内为郡县，法令由一统"④，但在文化上和民风民俗上却不可能使天下尽归为一，各区系文化的特征在上千年历史、地理等多方面因素的作用下，仍然顽强地、鲜明地保持着。因此在秦末楚汉之际，世上流行"楚虽三户，亡秦必楚"之说⑤，而这种说法不仅体现了政治方面的斗争，而且也体现了文化方面的斗争。我们只需翻检一下《史记·货殖列传》和《汉书·地理志》，对于这个事实就会了然于胸。

基于区系文化的差异，汉王朝建立后，固然在诸多礼仪制度方面恢复了周代旧制，其中也包括"祭先蚕"的制度⑥，可是在所祭祀先蚕的对象上却与先秦并不一样，不是祭祀嫘祖，而是祭祀"菀窳妇人、寓氏公主，凡二神"。此二神于史无征，不可稽考，不过联系到楚地"重淫祀"来看⑦，大概是古代

① 班固：《汉书·高帝纪上》，北京：中华书局，1962 年。
② 班固：《汉书·高帝纪上》颜师古注，北京：中华书局，1962 年。
③ 司马迁：《史记·货殖列传》，北京：中华书局，1959 年。
④ 司马迁：《史记·秦始皇本纪》，北京：中华书局，1959 年。
⑤ 司马迁：《史记·项羽本纪》，北京：中华书局，1959 年。
⑥ 参见《续汉书·礼仪志上》。
⑦ 班固：《汉书·地理志》，北京：中华书局，1962 年。

西楚地区所信奉的蚕神，体现了西楚风俗。

从史册可见，汉高祖刘邦一贯轻视儒生，轻视儒家之学，贱称儒士为"竖儒"①。对于祭祀礼仪等制度，刘邦也往往不按周礼行事，而是依其兴之所至，随心所欲地颁行效祀、礼仪等制度。例如《汉书·效祀志上》记载：汉高帝二年，东击项羽而还入关，问："故秦时上帝祠何帝也？"对曰："四帝，有白、青、黄、赤帝之祠。"高祖曰："吾闻天有五帝，而四，何也？"莫知其说。于是高祖曰："吾知之矣，乃待我而具五也。"乃立黑帝祠，名曰北。这段史料表明，汉高祖所立之祠，其祭祀对象并不是按先秦以来的传统设置的。

《汉书·郊祀志上》还记载，汉高祖所立祭祀之处相当多。所祠对象大多来自当时各大文化区系，其中多数是先秦时代各大区系文化的神灵，如梁、晋、秦、荆（楚）等，而所有这些神祠，均非周代所曾立。这一事实充分表明，在汉王朝的祭祀礼仪制度中，体现了"溥天之下莫非王土"的观念和汇集天下文化以成大一统文化的风度，其各个祭祀对象之所以能够博采于各大区系文化，就是基于这种观念和风度而来。因此，在祭祀先蚕的对象方面，采自西楚文化而不是故周文化，是理所当然的，一点也不奇怪。

其实，汉代所祭祀的先蚕与周代不同，文献本身就有着清楚而明确的内证。《续汉书·礼仪志上》刘昭补注引《汉旧仪》载"今蚕神曰菀窳妇人、寓氏公主，凡二神"，已经指出了汉代所祭蚕神与先秦有所区别。"今蚕神"，自然是与"故蚕神"相对而言，既有"今蚕神"，必有"故蚕神"。"今蚕神"既然是指汉代新立的菀窳妇人、寓氏公主，则"故蚕神"必然是指周代所祀的西陵氏女嫘祖（因为春秋战国和秦代无此礼仪，所以"故蚕神"只可能是指西周的先蚕，参考前文所论）。由此亦可看出，西周祭祀的先蚕，必为嫘祖无疑。

魏文帝时，"依周典"祭祀先蚕。既"依周典"，当然是以嫘祖为先蚕。晋代祭先蚕，依汉魏故事②，是指在祀典上依魏，即依周典，而在场景方面则依汉，可见晋代先蚕亦为嫘祖。北齐祠先蚕、黄帝，而黄帝正妃为嫘祖，因而所祠先蚕必然是嫘祖。北周明确祭奠先蚕嫘祖，以后历代无不以嫘祖为先蚕，并见史文，无可怀疑。

三、嫘祖与巴蜀蚕桑丝绸的起源

巴蜀是中国蚕桑、丝绸的早期起源地之一。传世古文献表明，早在黄帝

---

① 司马迁：《史记·郦生陆贾列传》，北京：中华书局，1959年。
② 郑樵：《通志·礼略一》，北京：中华书局，1987年。

时代（即考古学上的龙山时代），通过嫘祖氏族与岷江上游蜀山氏的结合，促成了蜀山氏从饲养桑蚕到饲养家蚕的重大历史性转变，从而引发了巴蜀丝绸的起源和演进，在中国蚕桑、丝绸史上具有重要意义。

（一）释蜀

在相当多的论著里，都把蜀解释为野蚕。这种解释其实是含混模糊的，并不准确。事实上，蜀指桑蚕，是家蚕的近祖或前身，它同一般的野蚕是不一样的。

古文献对于蜀的解释，较早见到的是《韩非子·说林上》，其文曰：

鳝似蛇，蚕似虫蜀。人见蛇则惊骇，见虫蜀则毛起。渔者持鳝，妇人拾蚕，利之所在，皆为贲诸。

《淮南子·说林》的说法与此大同，其文曰：

今鱼单之与蛇，蚕之与蜀，状相类而爱憎异。

高诱注曰：

人爱鱼单与蚕，畏蛇与蠋，故曰异也。

应当说明的是，以上引文蠋、蜀二字并见，其实是正字与俗体字之别，实为一字。刘文典《淮南鸿烈集解》于高诱注下说："蠋本作蜀。作蠋者，后人依《韩非子·内储说上篇》改之也。"又说："《广韵·烛韵》'蜀'字下引此文，正作'蚕与蜀相类而爱憎异也'，蜀正字，蠋俗字耳。"段玉裁亦持此看法。[1]可见，蜀、蠋二字原无区别。

但是，与蚕形状相似而令人爱憎异的蜀究为何物，《韩非子》和《淮南子》并没有明确指出，所以引致一些不同的猜测，吴其昌就以为蜀是一种螫人的毒虫，与蚕无关。[2]究竟如何呢？

《说文·虫部》"蜀"："蜀，葵中蚕也，从虫，上目象蜀头形，中象其身蜎蜎。《诗》曰：'蜎蜎者蜀。'"此处所说"葵中蚕"，应作"桑中蚕"，《尔雅》释文即引此作"桑中蚕"，可为其证，段玉裁注云："《诗》曰：'蜎蜎者蠋，蒸在桑野。'似作桑为长。"又云："《毛传》曰：'蜎蜎，蠋貌；蠋，桑虫也。'《传》言虫，许（慎）言蚕者，蜀似蚕也。"朱熹《诗集传》也说："蠋，桑虫

---

① 段玉裁：《说文解字注·虫部》"蜀"字下，天津：天津古籍出版社，1991年。
② 吴其昌：《王会篇国名补证》，《中国史学》第1期。

似蚕者也。"古代以蚕为虫类，所以蜀为"桑中蚕""桑虫"。既然蜀是桑中蚕，当然就可以肯定它是桑蚕，而不是所谓螫人的毒虫。至于蚕与蜀"状相类而爱憎异"，乃因蜀是家蚕的前身，自然不像家蚕那样驯服可爱，体态也不一样，岂能仅以此点就指其为毒虫！

我们再看其他文献的解释。郑樵《通志·昆虫草木略二》说："蚕之类多。《尔雅》曰：'虫象，桑茧。仇由，樗茧、棘茧、栾茧。虫亢，萧茧。'此皆蚕类吐丝成茧者，食桑叶为茧者曰虫象，盖蚕也，或云野蚕。食樗叶、棘叶、栾叶为茧者曰仇由。食萧叶为茧者曰虫亢；萧，蒿也。原蚕者，再熟之蚕也。"明确指出食桑叶之蚕为蚕。[①]这告诉我们两点：第一，桑中之蚕并不是螫人的毒虫，而是蚕；所谓"或云野蚕"，即是桑蚕，而这就是指蜀了。第二，桑蚕不但所食之物与其他"蚕"（真正的野蚕）不同，而且所为之茧也与其他"蚕"茧不一样，二者之间是有区别的。对此，我们还可以进一步解释。

现代生物遗传学知识表明，家蚕是从桑蚕而不是其他野蚕驯化而来的，只有桑蚕能够经过人工驯养演变为家蚕，其他野蚕则不能驯化为家蚕。家蚕和桑蚕的这种亲缘关系，从其性状、杂交可育性、染色体数等方面，已得到充分证实。铃木义昭对家蚕和桑蚕的 mRNA 做了对比研究，提出了家蚕由桑蚕驯化而来的生物化学论证材料，认为"丝素是一种极端的蛋白质，它在进化过程中动人地分歧着"（Lucas and Rudall，1968），家蚕和桑蚕的二种丝素 mRNA 用现代的标准来鉴定是不可辨别的，这就对两种蚕类是祖先和后裔的关系，提供了有力的证明。就现在所用的各种方法来说，没有一种方法能够告诉我们在它们的分子大小和核苷顺序方面，能非常精确地看到细微的差别。[②]而其他的野蚕丝，例如樗蚕丝和霍顿野蚕丝（Theophila，Huttani Westw）等，迄今仍不能从茧中抽出丝来。[③]

这就说明，作为桑蚕，蜀与其他野蚕有着很大区别，不能混为一谈。这一结论不仅与古代文献的记载相符合，也同现代科学研究的成果相一致，证据确凿，无可争议。

蜀为桑蚕而非一般野蚕，家蚕由桑蚕驯化而来，以及桑蚕丝与家蚕丝基本无别，这三点对于我们探索巴蜀蚕桑、丝绸的起源从而进一步探索中国蚕桑、丝绸的起源，有着特别重要的意义。因为从蜀山氏到蚕丛氏名号的转变，

---

① 参考《尔雅·释虫》郭璞注。

② W. Beermann, Biochemical Diffeerencitiation in Insect Glands, spring-verlag, 1977.

③ 蒋猷龙：《就家蚕的起源和分化答日本学者并海内诸公》，《农业考古》1984 年第 1 期。

事实上已向我们展示出从驯养桑蚕、利用桑蚕丝到饲养家蚕、利用家蚕丝的巨大转变及其历史进程。而这一转变，则是由嫘祖入蜀山所激励、推动和促成的。

（二）嫘祖与蜀山氏、蚕丛氏

所谓蜀山氏，顾名思义，是指驯养桑蚕并利用桑蚕丝作为纺织原料的族群。蜀山氏的名称来源于古代"以事为氏"的传统命氏之法，它显然意味着，这支氏族已经站在了家蚕和丝绸起源的门槛之上。

先秦史籍记载黄帝、嫘祖为其子昌意娶蜀山氏女，便是在岷山，其地理位置在今四川茂县叠溪。《太平寰宇记》卷七八"茂州石泉县"下载："蜀山，《史记》黄帝子昌意娶蜀山氏女，盖此山也。"南朝成书的《益州记》[1]记载："岷山禹庙西有姜维城，又有蜀山氏女居，昌意妃也。"《路史·前纪四》说："蜀之为国，肇于人皇，其始蚕丛、柏灌、鱼凫，各数百岁，号蜀山氏，盖作于蜀。"其《国名纪》说："蜀山（今本无'山'字，蒙文通先生据《全蜀艺文志》引补），今成都，见杨子云《蜀记》等书，然蜀山氏女乃在茂。"又说："蜀山，昌意娶蜀山氏，益土也。"蜀山氏所居之地。又名叠溪。据邓少琴先生研究，叠字应出于先秦金文矘之所省；因嫘祖而名之[2]，此论极有见地（参考上文关于矘字的考证）。这表明，当黄帝为其子昌意娶于蜀山氏之时，嫘祖亦曾亲临蜀山之地。而嫘祖之临蜀山，也就促使蜀山氏从驯养桑蚕向饲养家蚕转变。

嫘祖本为西陵氏之女，古代蜀人亦称蜀山为"西山"，乃历代蜀王的"归隐"之地。[3]按古代的归葬习俗，归隐其实是指归葬于所从来之地，即是其所发祥兴起的地区。历代蜀王既归隐于西山，显然就意味着蜀之西山（蜀山）是其发祥之地，其兴于此，来于此，而又归于此。商代的广汉三星堆祭祀坑和成都羊子山土台（大型礼仪中心），方向都朝向蜀山，绝非偶然，它们其实都表现了魂归蜀山或祭祀其先王所从来之地的观念，这就从考古学文化上证明蜀之西山乃蜀山氏兴起之地这一事实。蜀之西山与嫘祖之西陵，这两个名称具有深刻的内在联系。陵，《论文》释为"大阜"，即丘陵地区。山与陵，广义上可以互通。嫘祖为其子昌意娶于蜀山氏，依古代地名随人迁徙的"名

---

① 《益州记》有刘宋任豫和梁李膺两种，均佚，此为《路史》所引，未指出为任书还是李书。

② 邓少琴：《巴蜀史迹探索》，成都：四川人民出版社，1983年，第136页。

③ 常璩著，刘琳校注：《华阳国志校注·蜀志》，成都：巴蜀书社，1984年。

从主人"传统，将西陵之名带至，而命名蜀山为西山，同时在那里留下了以嫘祖名称命名的地名（叠溪）。可见，蜀山氏文化的确与黄帝、嫘祖文化有着千丝万缕的联系，不容否定。

能够说明嫘祖至蜀山并促成蜀山氏驯化桑蚕为家蚕这一重要转变的另一证据是，自从黄帝、嫘祖为其子昌意娶于蜀山氏以后，蜀山氏的名称就不再见称于世，而为蚕丛氏这个名称所取代，在蜀山氏原来所居的区域，也成为蚕丛氏的发祥兴起之地。这个历史变化不是偶然的，其内涵恰与从蜀（桑蚕）到蚕（家蚕）的驯化演进历程相一致，真切地反映了蜀山氏在嫘祖蚕桑、丝绸文化影响和促进下，由驯养桑蚕转化为饲养家蚕，并以家蚕丝为原料缫丝织帛的历史转变及其进程。从蜀山氏到蚕丛氏名称的变化表明，两者是前后相续、次第相接的发展演变关系，是历史与逻辑相统一的关系，也是生物学上的遗传变异关系，和家蚕起源上的驯化桑蚕为家蚕的关系，包含并体现了深刻的历史内容，而不仅仅是一个名称的交替。正因为蚕丛氏上承蜀山氏，并在蜀山建国称王，所以其氏族名称和国号均称为蜀，即使是在蚕丛从蜀山南迁成都平原立国称雄后，虽保持了蚕丛氏的名号，但仍然以蜀命名国号，而以后历代蜀王也因袭蜀名而不改。中原文献称历代蜀王均为蜀，原因也在乎此。

至于从"蜀山"到"蜀"的变化，则是与蚕丛氏从蜀山南迁成都平原相适应的。成都平原一望无垠，方圆 9 千多平方千米内无山，地理环境与蜀山大不相同，因而去其"山"而仅保留"蜀"，而对于山的怀念，则体现在蚕丛氏的大石崇拜之中。①

从蜀山氏到蚕丛氏的转变，初步完成了蚕桑、丝绸的早期起源阶段，进入发展、传播的新阶段。其后，随着蚕丛氏从蜀山南迁成都平原，蚕桑、丝绸文化也一同传布开来，推动了蜀中蚕桑和丝绸业的兴起，并进一步演进成为中国蚕桑、丝绸业的主要基地和一大中心。

蚕丛氏南迁的史迹，斑斑可见，而蚕丛氏在所过之地"教民养蚕"，也史不绝书。在蜀山以南岷江南入成都平原的地方，自古遗有"蚕崖关""蚕崖石""蚕崖市"等古地名②，在成都有"蚕市"③，又有"蜀王蚕丛氏祠，今呼为青衣神"④。都反映了成都平原蚕桑、丝绸的兴起，是随蚕丛氏而来的。正因蚕

---

① 段渝：《四川通史》第 1 册，成都：四川大学出版社，1993 年，第 182 页。

② 曹学佺：《蜀中名胜记》卷 6。

③《说郛》卷 10《续事始》引《传仙拾遗》。

④《蜀中名胜记》卷 2 引《方舆胜览》。

丛氏"教人养蚕，时家给一金（头）蚕"①，"民所养之蚕必繁孳"②，所以才博得了广大蜀人的尊敬和爱戴，而为之立祠，每岁祭祀，表示缅怀之情。

虽然应当看到，蚕丛事迹有后人神之之处，如以为"金蚕"为黄金所制之蚕，或以"人皆神之"而以"青衣"名县。③但是，却不能因为羼有神话成分便全盘否定这些史实，其主要内容是有着相当的事实依据的。比如所谓"金蚕"，按早出文献，实为"金头蚕"④，并非黄金制成的假蚕；又如蜀之"蚕市"来源于蚕丛氏教民养蚕，"所止之处，民则成市，蜀人因其遗事，年年春置蚕市也"⑤，并非神话。再如"蚕丛衣青衣"，教民养蚕，乃来源于先秦享先蚕时场景中的服饰，而蚕丛氏为蜀山氏之后，同先蚕嫘祖有亲缘关系，故其衣青衣，可见并非神话。因此，蚕丛氏在蜀中教民养蚕的传说，是建立在大量事实基础之上的，不能斥之为伪。再者，在古代，《左传》僖公十年曰"神不歆非类，民不祀非族"，《礼记·曲礼》曰"非其所祭而祭之，名曰淫祀，淫祀无福"，《论语·为政》曰"非其鬼而祭之，谄也"，倘若蚕丛氏没有教民养蚕，从而引致蜀中丝绸业的兴起，那么就绝不可能有蚕丛祠的兴建，也绝不可能有青衣神传说的流传。这种情况，正如李冰之与二郎神庙的兴建和有关神话传奇的流传一样，都是以真实的历史事实为其内核的。

出土于成都交通巷的一件西周早期的蜀式青铜戈，内部纹饰图案以一身作屈曲蠕动状的家蚕为中心，四周分布一圈小圆点，象征蚕沙或桑叶，左侧横一桑树，蚕上部有表示伐桑所用的斧形工具符号⑥，充分表现出古蜀蚕桑业的成熟性和兴旺发达。联系到蚕丛氏在虞夏之际从蜀山南迁成都平原，"教民养蚕"的史实看，蜀人对于先王蚕丛氏的崇祀和纪念，完全是有其充分理由的。

我们曾经论证，广汉三星堆文化第 1 期的若干因素与岷江上游汶川增坡出土的石器窖藏有着深刻的内在联系，表明岷江上游古文化是三星堆 1 期文化的来源之一，意味着蚕丛氏从岷江上游蜀山南迁成都平原建立蜀王国的史实。⑦我们又曾论证，四川盆地北缘的绵阳边堆山遗址，文化面貌与广汉三星

① 曹学佺：《蜀中广记》卷 60 引《寰宇记》。
② 《说郛》卷 10《续事始》引《传仙拾遗》。
③ 《蜀中名胜记》卷 15。
④ 《说郛》卷 10《续事始》引《传仙拾遗》。
⑤ 《说郛》卷 10《续事始》引《传仙拾遗》。
⑥ 石湍：《记成都交通巷出土的一件"蚕纹"铜戈》，《考古与文物》1980 年第 2 期。
⑦ 段渝：《论蜀史"三代论"及其构拟》，《社会科学研究》1987 年第 6 期。

蚕，实由此而来。

黄河流域中原地区蚕桑、丝绸的起源，目前还没有确切材料予以证实，不过从古史记载看，均推嫘祖，这种情况并非偶然，很有可能反映了历史的实际，而不仅仅是传说。

我们首先看黄帝族系的分化情况。黄帝名称，见于战国时齐威王铜器《陈侯因次月敦》铭文，称"绍统高祖黄帝"。其时田（陈）氏已代齐，陈祖出于虞帝①，虞帝出自帝颛顼，为黄帝后代。《国语·鲁语》："有虞氏禘帝黄帝而祖颛顼"，"幕，能帅颛顼者也，有虞氏报焉"，为其确证。《史记·五帝本纪》引录《国语·晋语》"黄帝二十五子，其得姓者十四人"，分化出十四个支系，多分布在黄河流域中原地区。黄帝后世子孙这些支系，均同时与嫘祖有关，实际上也是嫘祖的后世子孙。

从文献上看，在黄帝、嫘祖东迁中原以前，黄河流域地区未见蚕桑、丝绸的任何记载，目前的考古记录上还没有发现这一时代的蚕桑、丝绸材料。此后，在有夏一代，中原和相邻地区已经有了蚕桑、丝绸，见于《禹贡》②，这就意味着是随着嫘祖东迁而将蚕桑、丝绸传播至于这些地区的。把黄帝族系的分布地区，同《禹贡》所载产丝绸的地区加以对照，就很容易看出，大凡黄帝族系没有涉足分布之地，多处在丝绸时代之前，或处于利用野蚕丝为纺织原料的阶段，而黄帝族系分布之地，则往往出产家蚕丝。山东半岛原为莱夷的居息之地，《禹贡》记载其地有"厥篚檿丝"，据宋蔡沈《尚书集传》，檿丝是"山蚕之丝"，也就是柞蚕丝。但兖州则是"桑土既蚕"，又有家蚕丝，"厥篚织文"，徐州"厥篚玄纤缟"，荆州"厥篚玄纁玑组"，豫州"厥篚纤纩"，而这些地区多是黄帝后世子孙的分布之区。可见，黄河流域中原地区蚕桑、丝绸的有无，是同是否是黄帝、嫘祖后世子孙大有关系的。

这一现象可以说明，黄河流域中原地区蚕桑、丝绸的兴起，是黄帝、嫘祖东迁中原的结果，中原历代王朝之所以祭嫘祖为先蚕，原因正在乎此。

至于长江下游良渚文化蚕桑，丝绸的起源，已由考古证实是在黄帝时代（龙山时代早期），而它的起源与黄帝无关，是上承更早时期河姆渡文化的驯养野蚕的文化传统，并在文化进步的历程中进而驯化桑蚕为家蚕而来，表现

---

①《史记·孟子荀卿列传》《汉书·王莽传》和王莽《新量》铭文，可以参证。

②《禹贡》"九州篇"反映的是公元前 2000 年的生态环境，出于商朝史官对夏代的追记，见邵望平：《〈禹贡〉"九州"的考古学研究》，《考古学文化论集》2，北京：文物出版社，1989 年。

为一个独立的桑蚕、丝绸起源系统。

（二）巴蜀丝绸与南、北丝绸之路

丝绸之路这一名称，是德国地理学家李希霍芬（F.Von Richthofen）1877年提出来的，指以丝绸为主要贸易内容的东西方商路和交通路线。中国通往西方和海外的丝绸之路有四条：南方丝绸之路，北方丝绸之路，草原丝绸之路和海上丝绸之路。巴蜀丝绸播到西方，先秦时代的主要通道是南方丝绸之路，汉代及以后从北方丝绸之路输往西方的丝绸当中，也以巴蜀丝绸为大宗，而从草原丝绸之路输往北亚的中国丝织品中，目前所见年代最早的似乎也是巴蜀丝绸。大量事实表明，巴蜀丝绸以其质量优良闻名中外，的确不愧为丝绸的故乡。

巴蜀丝绸素称发达，从它的蚕桑起源之早这个角度便足可见其一斑。蚕丛氏在虞夏之际南迁成都平原，"教民养蚕"，引起了巴蜀丝绸的兴起。到商周时代，蜀地的丝绸业已达到相当的水平。

广汉三星堆 2 号祭祀坑内出土的一尊青铜大立人像，身着内外三重衣衫，外衣长及小腿，胸襟和后背有异形龙纹和各种花纹。学术界认为：青铜大立人像头戴的花冠，身着的长襟衣服上所饰的有起有伏的各种花纹，表明其冠、服为蜀锦和蜀绣[1]，这是有道理的。西周前期，渭水上游宝鸡附近分布着一支弜氏族类，其大量遗物已被发现出来。[2]从各种文化现象分析，弜氏文化是古蜀人沿嘉陵江向北发展的一支，是古蜀国在渭水上游的一个拓殖点[3]。在弜氏墓葬内，发现丝织品辫痕和大量丝织品实物，丝织品有斜纹显花的菱形图案的绮，有用辫绣针法织成的刺绣，这些丝织品其实就是巴蜀丝绸和蜀绣，它们出土于以丝织著称的蜀人墓中，不是偶然的。

春秋战国时代，蜀地的丝绸业持续发展，达到很高的水平。湖南长沙和湖北江陵出土的战国织锦和刺绣，据专家研究，均属古代蜀国的产品[4]，并与四川炉霍卡莎石棺葬内发现的织品相似[5]，均为 1.2 经二重夹纬（含心纬）1/1 平纹，或 1：1 经重夹纬 1/1 平纹，经密 36×3 根/厘米，或 56×2 根/厘米。蜀锦色彩丰富，图案纹饰优美绮丽，多数可见于元人费著《蜀锦谱》，足见源远

---

① 陈显丹：《论蜀绣蜀锦的起源》，《四川文物》1992 年第 3 期。
② 卢连成、胡智生：《宝鸡弜国墓地》，北京：文物出版社，1988 年。
③ 屈小强、李殿元、段渝主编：《三星堆文化》，成都：四川人民出版社，1993 年，第 601、602 页。
④ 武敏：《吐鲁番出土蜀锦的研究》，《文物》1984 年第 6 期。
⑤ 四川省文物考古研究所等：《四川炉霍卡莎湖石棺墓》，《考古学报》1991 年第 2 期。

流长。蜀绣品种较多，图案多以神话为主题，花纹单位较大，呈二方或四方连续，绣法以辫绣为主，这些也都是后来蜀绣的特点，亦足见其源远流长。西汉扬雄《蜀都赋》所谓"尔乃其人，自造奇锦"，对蜀锦极尽赞誉之词，是有充分根据的，一点也不过分。

由于巴蜀丝绸质量优良，产量亦大，所以从很早起就充当了中国人民的友好使者，沿丝绸之路输送到印度和西方，对印度和西方文明的繁荣起到了推波助澜、锦上添花的作用，为世界文明的发展做出了重要贡献。

南方丝绸之路，是巴蜀丝绸输往南亚、中亚并进一步输往西方的最早线路。早在商代中晚期，南方丝绸之路已初步开通①，产于印度洋北部地区的齿贝即在这个时期见于广汉三星堆蜀文化。三星堆出土的大量仿海洋生物青铜雕像也由此而来。②印度所最早知道的中国，梵语名称作 Cina，中译为支那，或脂那、至那等，就是古代成都的对音或转生语，其出现年代至迟在公元前 4 世纪，或更早。③印度古书里提到"支那产丝和纽带"，又提到"出产在支那的成捆的丝"④，即是指成都出产的丝和丝织品，Cina 这个名称从印度转播中亚、西亚和欧洲大陆后，又形成其转生语，如今西文里对中国名称的称呼，其来源即与此直接相关。而 Cina 名称的西传，是随丝绸的西传进行的，说明了巴蜀丝绸对西方的巨大影响，和巴蜀丝绸在中西交流中的积极作用。

西方地中海文明区的古代希腊、罗马，最早知道并使用的中国丝绸，就是巴蜀丝绸。公元前 4 世纪脱烈美《地志》书中，提到一个产丝之国叫 Seres，中译赛力斯，据研究，Seres 便是古代蜀国的音译，在西语里叫作丝国。⑤这表明，至少在公元前 4 世纪，巴蜀丝绸已经远销至于西方。阿富汗境内，喀布尔以北 60 千米处发掘的亚历山大城的一座城堡内，发现许多中国丝绸，据研究，这些丝绸可能就是经南方丝绸之路，由蜀身毒道转运到中亚的巴蜀丝绸⑥。从 Cina 名称转生为 Seres 来看，西方文明区中国丝绸的最早来源，必定是古代蜀地，这也和 Cina 名称西传的年代若合符节。

汉代和以后出西域西行中亚、西亚并抵东罗马安都奥克（Antioch，当即

---

① 段渝：《略谈南方丝绸之路》，《光明日报》1993 年 5 月 24 日。
② 段渝：《古代巴蜀与南亚和近东的经济文化交流》，《社会科学研究》1993 年第 3 期。
③ 段渝：《支那名称起源之再研究》，《中国西南的古代交通与文化》，成都：四川大学出版社，1994 年。
④ 《国事论》，或译《政事论》第 11 章，81 节。
⑤ 杨益宪：《译余偶抬·释支那》，北京：生活·读书·新知三联书店，1983 年，第 19 页。
⑥ 童恩正：《略谈秦汉时代成都地区的对外贸易》，《成都文物》1989 年第 2 期。

《魏略·西戎传》中的安谷城）的北方丝绸之路，其国际贸易中的物品相当多数是丝绸，而丝绸中的主要品种，便是巴蜀丝绸，其中大量的是蜀锦。在新疆吐鲁番阿斯塔那——哈拉和卓古墓群中，先后出土大批织锦[1]，均为蜀锦[2]，其年代从南北朝到唐代均有，确切表明蜀锦是西域丝绸贸易中的重要商品，也是经由北方丝绸之路输往西方的主要中国丝绸。因此，唐代吐鲁番文书中有"益州半臂""梓州小练"等蜀锦名目，并标有上、中、下三等价格[3]，就不是偶然的，充分表明了蜀锦在中西经济文化交流中所占有的重要地位和发挥的重要作用。

蜀锦、蜀绣不但分别沿南，北丝绸之路传播到南亚、中亚、西亚和欧洲地中海文明区，而且还在战国时代向北通过北方草原地区传播到北亚，这条线路便是草原丝绸之路。考古学上，在俄罗斯阿尔泰山乌拉干河畔的巴泽雷克（Pazyryk）古墓群内（约公元前5—前3世纪）[4]，出土不少西伯利亚斯基泰文化的织物和中国的丝织品，丝织品中有用大量的捻股细线织成的普通的平纹织物，还有以红绿两种纬线斜纹显花的织锦，和一块绣着凤凰连蜷图案的刺绣。刺绣图案与长沙楚墓出土的刺绣图案极为相似，有学者据此认为是楚国刺绣。其实，楚地织锦和刺绣素不发达，战国和汉代楚地的丝织品均仰给于蜀，而长沙楚墓出土的织锦和刺绣均为蜀地所产，并非楚地所产。因此，巴泽雷克墓内出土的织锦和刺绣，必定就是蜀锦和蜀绣。由此可见，最早经由草原丝绸之路输送到北亚地区的中国丝绸，是蜀地所产丝绸，而草原丝绸之路也是由此命名的，表明巴蜀丝绸在中国北方草原地区与北亚地区文化交流中所居的重要地位和所发挥的积极作用。

古代巴蜀丝绸在世界各地的传播，丰富了南亚、中亚、西亚、北亚和欧洲文明的内容，并由丝绸的传播而引起了丝绸之路的开通，从而沟通了中国与世界各个文明区的经济文化交流，不仅对于中国认识世界和世界认识中国，而且对于世界文明的繁荣和西方古典文明的发展，都做出了积极的卓越的贡献，应当永载史册，万古流芳。

---

[1] 新疆维吾尔自治区博物馆：《新疆出土文物图录》，北京：文物出版社，1975年。

[2] 武敏：《吐鲁番出土蜀锦的研究》，《文物》1984年第6期。

[3] 日本龙谷大学图书馆藏《大谷文书》第3097、3066号。

[4] 鲁金科：《论中国与阿尔泰部落的古代关系》，《考古学报》1957年第2期。

08

金沙江文化研究与开发第一次考察报告

为了响应党中央、国务院"西部大开发"的伟大号召，为西部大开发提供历史、民族、考古、生态等方面的基础资料，四川省巴蜀文化研究中心于2001 年中成立了"金沙江文化开发与研究"课题组。课题组由四川省社会科学院、四川省民族研究所、四川大学、四川省凉山彝族自治州等有关单位的专家组成。2002 年 6 月 11 日至 22 日，课题组赴金沙江流域的昆明、大理、楚雄、昭通、宜宾等地区进行了第一次学术考察，获得了重要的成果。这里分五个方面简要报告如下。

一、考古新发现

课题组在所赴金沙江流域的各个地区，了解到近年来各地均有大量的考古新发现。在昆明，从云南省考古研究所，我们了解到近年（1998—2001）羊甫头的重要考古新收获，并参观了羊甫头墓地出土的大量陶器和青铜器。在下关，通过与大理文博、民族学界座谈，我们了解到寻找南诏、大理国王陵遗址和墓葬工作的最新进展，并在大理白族博物馆内，参观了祥云出土的大量青铜器。在昭通，我们通过座谈与参观，了解到近年来昭通地区的若干考古新发现的详细情况。在宜宾，也了解到考古调查的新收获。

在座谈与参观中，我们认识到，虽然川、滇两地相距不远，但由于信息传递以及其他方面的一些原因，我们对金沙江流域古代文化面貌的了解甚少，尤其对近年来各地考古新发现的材料缺乏了解。比如，羊甫头墓地总面积达 4 万多平方米，在已发掘的 1.7 万平方米内，出土各种从战国中期到东汉的陶器 1 万余件，大量精美青铜器亦具显著特色。又如，在大理祥云红土坡发掘战国至汉代的墓葬六七十座，出土各式青铜器七八百件，多为禽鸟杖首，以及中空的动物雕塑。再如，昭通水富张滩墓地，近来出土不少典型的巴蜀式青铜器，其中既有兵器，又有印章。这就开阔了我们的眼界，丰富了我们关于金沙江历史与文化的认识。

二、 科研新成果

我们了解到，金沙江沿岸各地的科研工作取得了不少新成果。

在楚雄彝族文化研究所的座谈会上，通过著名彝族文化史专家刘尧汉教授等学者的介绍，我们了解到彝族文化研究近年来所取得的丰硕成果。比如，在彝族的来源问题上，近年该所提出"土著说"；在古彝文研究上，该所提出彝文与汉字同源异流说，并提出古蜀文字与彝文有一定关系的看法；在彝族历法上，该所提出彝族除十月太阳历外，还有一种更古老的历法，即"十八月历"，等等。该所共计划出版彝族文化丛书一套40部，现已出版38部，取得了丰硕的成就。

在昭通，我们在座谈会上了解到，昭通文史、文化各界学者近年来对昭通历史与文化进行了广泛深入研究，出版了不少功力深厚的专著，涉及彝族问题、昭通与古巴蜀的关系问题、朱提历史问题，以及昭通历史编年等问题，其中充满了新的见解，是金沙江文化研究的重要成果。

三、 资料工作新进展

各地在搜集、保存和整理各类资料方面都做了大量工作，取得重要成果。给我们印象最深的是大理的工作。

大理白族文化研究所近年出版《白族文化研究》，很有影响。并编纂出版《大理丛书》，整理大藏经片（南诏、大理）1 700页。同时对白族历史文化资料进行抢救，编纂法制、经济、艺术等卷。其中的金石编已于1996年由中国社会科学出版社出版，10卷本，收录1 000多块碑帖拓片。全套丛书计划八年完成。金石编由州里下达资金30万元，每年给30万，不够再支持。另编有《当代白族作家丛书》，打算再出版一套《民族著作选编》，把40年来学者的文稿都收录进去。

四、 旅游开发新视野

在西部大开发中，金沙江川、滇两省都把旅游作为重要的支柱产业。各地都认识到，旅游开发必须贯穿人文旅游精神。

宜宾市政协曾主席在座谈会上谈到这个问题时说，没有文化的旅游是没有前途的旅游，并谈了他对宜宾旅游资源的看法。他说，宜宾旅游资源丰富：

的事实。还应当指出，流域文化的非整合性是就其整体形态而言的，这并不排除流域内各个地域类型之间某些文化因素的整合性或交融性，也不排除某些文化特征和共同地域传统在局部或全局上的形成。整体形态的非整合性与局部或某些文化因素的整合性、交融性，便构成流域文化的典型形态特征。不言而喻，金沙江流域文化向我们揭示出来的，正是这样一种事实。对此，我们还可以从历史文献方面进行一些扼要分析。

根据《史记·西南夷列传》的记载，古代金沙江流域的古族古国，被华夏称作西南夷，其中包括西夷和南夷两部分。《西南夷列传》记载：

> 西南夷君长以什数，夜郎最大；其西靡莫之属以什数，滇最大；自滇东北君长以什数，邛都最大；此皆魋结、耕田、有邑聚。其外西自同师以东，北至楪榆，名为嶲、昆明，皆编发，随畜移徙，毋常处，毋君长，地方可数千里。自嶲以东北，君长以什数，徙、筰都最大；自筰都以东北，君长以什数，冉駹最大。其俗或土著，或移徙，在蜀之西。自冉駹以东北，君长以什数，白马最大，皆氐类也。此皆巴蜀西南外蛮夷也。

在此篇所记西南夷中，除夜郎、徙、筰都而外①，其余各族类均属金沙江流域的古代族群。

从该篇的记述中不难看出，在滇、邛都等周围，分别分布有若干"君长"，每个君长分别代表一个族体，大体言之，应有数十个这样的族体。这些族体首领既称"君长"，就表明它们是一个个互不统属的族体。既然互为族体，则在文化上必有一定差别，反映在考古学文化上，这正是前面所指出的地域类型内部所存在的文化因素组群的差异。另一方面，尽管数十个族体互不统属，但滇周围的君长中，以"滇最大"，邛都周围的君长中，以"邛都最大"。所谓"最大"，实际上应指不仅其族群最大、地域最广、权威最高，而且文化也最发达，是各自地域内的主体文化。反映在考古学文化上，就是各地域类型中都有自己的主体文化或文化中心，如滇池区域类型以滇文化为中心，安宁河类型以邛都为中心，正与《西南夷列传》所记的情况若合符节。按照本文

---

① 筰都原居大渡河流域，以今四川汉源为中心，汉武帝时南迁今四川凉山州盐源一带，成为金沙江流域的古代族群。参考段渝：《四川通史》第1册，成都：四川大学出版社，1993年，第268-271页。此外，夜郎虽非金沙江国族，但与金沙江文化有较多的联系。

的观点，这正反映了金沙江文化整合与非整合的二重性形态。从地域类型内部来看，它基本上是整合的，如滇、邛都分别整合了滇池区域类型青铜文化和安宁河类型青铜文化。但从整个流域来看，滇池区域类型青铜文化与安宁河类型青铜文化又是不整合的，尽管其间有某些文化因素的整合。历史文献与考古资料的一致性，表明本文所揭示的金沙江青铜文化流域形态的二重性特征是合于或近于历史实际的。

金沙江青铜文化除开其流域形态上的二重性特征外，还有一个十分重要的二重性特征，这就是它的吸纳性和辐射性。

大体说来，金沙江青铜文化的吸纳性主要表现在它对巴蜀文化因素和西北高原文化因素的吸收上。例如，在金沙江流域广泛分布的三角形援直内青铜戈和扁茎无格、身与首一体铸成的青铜剑等，就是吸收了巴蜀青铜文化的相关因素制作的。又如，金沙江文化某些地域类型中流行的石棺葬和广泛流行的罐类陶器，以及平底带耳等特征，就是吸收了岷江上游和西北高原的相关文化因素制作的。此外，在滇文化中发现的大量海贝和琉璃珠，也是分别从古印度和西亚吸纳而来的。这些，既反映了金沙江文化的多元性色彩，更表现了金沙江文化的开放性特点。从辐射性方面来看，主要表现在它的许多文化因素对东南亚地区的深刻影响，如铜鼓、三角形援青铜戈以及青铜农具等。同时它还对巴蜀文化、西北高原文化有着一定影响，如巴蜀地区的琉璃珠、海贝、象牙　西北高原的海贝等，都是经由金沙江文化进入当地的。而金沙江流域最富战略性意义的资源铜与锡，不仅是巴蜀，而且还是中原王朝主要的青铜原料来源。正是由于金沙江青铜文化具有吸纳性和辐射性二重性特征，才使得它与周邻文化之间形成一种文化互动关系，并以此作为动力，推动了金沙江文化的蓬勃发展。

四、金沙江文明的起源与演变

一般认为，文明包括两方面的要素，一方面是物质文明要素，一方面是政治组织制度。物质文明要素包括城市、文字、金属器和大型礼仪建筑等。C. 克拉克洪（C. kluckholm）认为，至少要有两个物质文明要素加上大型礼仪建筑同时出现在一个社会里，才能称得上文明。[①]政治组织制度方面，文明

---

① C. Kluckholm, The Moral Order in the Expending Society, City Invincible: An Orlental Instute Symposium, 1960. P400.

形成的唯一标志是国家的诞生。文明起源时代是相对于文明时代而言的。文明起源时代，是指文明诸要素相继逐步诞生的时代。在史前时代与文明时代之间，有一个社会逐步演化的过程，这个过程表现在物质文化的演化和社会政治组织的演化两个方面。物质文化上的演化，是指物质文明要素的相继产生，政治组织上的演化，是指从部落制演化为酋邦制，而由酋邦向国家逐步演化。

酋邦制与单个物质文明要素的出现具有对应关系。单个物质文明要素的产生、存在乃至高度发展，并不意味着酋邦时代的结束，必须要有物质文明要素的集中出现，这个社会才进入文明，酋邦才演化为国家。这在中外古代社会里有大量例证可以援引。例如，在龙山时代，黄河中下游的河南、山东地区，黄河上游的河套地区，长江中游的两湖地区，长江上游的成都平原，都出现了若干古城甚至古城群，黄河上游出现了零星、小件的青铜器，黄河下游山东丁公出现了成行的陶文，但都不是同时出现在同一个社会里，因此那些社会还处在文明时代的前夜，即处于文明起源的时代。又如，古史记载中的蚩尤，铜头铁额，兵锋坚利，但至多只能表明他使用了金属器，这仍然是单个文明要素，不能认为进入了文明社会。在太平洋群岛，也有诸如此类的例子，如复活节岛上虽建有大型礼仪建筑，却无其他相关的文明要素存在，所以仍不能视为进入文明。从政治社会的发展角度看，文明要素的单个出现，意味着在酋邦制组织中还没有产生复杂社会的更高需要，还没有形成它的社会组织基础和经济技术条件。①

用这种观点来分析金沙江流域的青铜时代，我们认为，它同样也处于文明起源的时代。限于篇幅，以下仅扼要进行论述。

分析金沙江青铜时代的发展水平，我们同样从物质文明要素和政治组织制度两方面入手。

首先必须指出的是，在中原地区，青铜时代特指夏商周三代，其时已是文明时代，青铜时代被作为文明时代的同义语。这里所说金沙江流域的青铜时代，内涵与中原不同，仅仅是从青铜文化的流行这个角度来说的，二者在性质上大有区别。

---

① 段渝：《政治结构与文化模式：巴蜀古代文明研究》，上海：学林出版社，1999年，第143、144页。

（一）金沙江青铜时代的物质文明特征

1. 青铜器

从商周之际开始，金沙江流域逐步进入青铜时代，到战国秦汉间，青铜器高度发展，日益发达，制作工艺日臻成熟。青铜器种类繁多，兵器、容器、宗教礼仪用器、杂器等，无所不有。在各个器种中，数量最多、特色最突出的是兵器和宗教礼仪用器，突出表现出"国之大事，在祀与戎"的古国特征。

2. 大型礼仪建筑

迄今在金沙江流域考古中发现的大型礼仪建筑甚少，西昌大洋堆应是一处大型祭祀中心的所在。除此而外，滇文化贮具器上颇多祭祀礼仪活动场面，有的还表现了大型礼仪建筑的存在。

3. 文字

迄今为止，在金沙江流域考古中，还没有发现独具系统的当地的古文字。从文献方面看，金沙江流域先秦时代主要是氐羌和濮越所居，而他们没有发明和应用自己的文字。

4. 城市

根据迄今为止的考古材料，在金沙江流域还没有发现早期古城，文献记载则是或"有邑聚"，或"随畜迁徙"，没有城市的记载。

根据以上特征来看，可以知道，在金沙江流域的青铜时代，物质文明要素正在逐步产生，在某些地域类型中已具备青铜器和大型礼仪建筑两项要素，如滇文化等，但物质文明要素还没有集中出现。这表明，金沙江流域的青铜时代仍然处于文明时代的前夜，即处于文明起源的时代。

（二）从政治组织的角度看金沙江青铜时代的演化水平

1. 滇

滇人究竟处在哪一个社会发展阶段，学术界有两种意见：一种意见认为是奴隶制国家，另一种意见认为属于复杂的酋邦制。[①] 根据 E.塞维斯（E. R.

---

① 童恩正：《中国西南的古代酋邦》，《中华文化论坛》1994 年第 1 期。

腾，以凤冠于嫘祖，故名王凤。龙、凤民俗文化，在盐亭历史悠久，政治、生产内涵丰富；继而扩展到全国，促进了五千年来民族性格，心理状态的形成，成为民族文化的根本；是中华民族的精神支柱，炎黄子孙的凝聚力。盐亭民俗文化中有这样一个"加强国情和历史教育"的地缘文化，实在是我们民族的至宝。龙、凤民俗为生产、生活服务，在盐亭由来已久。《山海经·大荒东经》载，黄帝臣"应龙处南极，杀蚩尤与夸父不得复上，故下数旱，旱而为应龙之状，乃得大雨"。可见盐亭耍水龙求雨民俗，起于黄帝。演至近代，以"烧龙背"震动空气降雨，注入了科学内涵。盐亭嫁女，多以凤簪插头，则是对"人文女祖"的敬崇。

（五）嫘祖地缘文化的独特性

从盐亭独特的丝绸文化，独一无二的嫘、轩民间传说，广泛的蚕丝民俗文化，悠久的龙、凤民间文化，综合起来，可整合为龙—蚕炎黄文化。在盐亭地域之表现集中、鲜明、突出，自成体系，为省内、国内、世界所无。其体现出的民族文化、精神，极为浓厚。是具有独特性的嫘祖地缘文化。

三、盐亭民俗文化与嫘祖文化的关系

（一）盐亭嫘祖地缘文化的体现

盐亭民俗文化中，残留有巫术远古文化。《唐碑》、嫘祖墓碑残句及祭文中，反映了上层文化。古印度与三星堆有过丝绸贸易，嫘祖故里曾出土三星堆货币玉璧，反映嫘祖故里在古代有过丝帛贸易，这是中层商业文化。盐亭民间、民俗文化是下层文化，正如前述，所以盐亭嫘祖文化，是一个完整的西陵民族文化。这种文化连续地、完整地出现在盐亭，故称为盐亭嫘祖地缘文化，是恰当的。

（二）嫘祖地缘文化与盐亭民俗文化的整合点

盐亭嫘祖地缘文化，由于氐羌南迁，见盐亭桑林生态，形成西陵（桑林）蚕丝族系，是氐羌族系、桑林生态、养蚕制丝活动三结合的结果。而三结合的决定因素，是嫘祖养蚕制丝活动。故"西陵氏之发展，蚕也"。则养蚕制丝活动，就是嫘祖地缘文化与盐亭民俗文化的整合点。

（三）盐亭嫘祖地缘文化的整体性、地域性

其整体性源于黄帝氏族和嫘祖西陵氏族的结合。以炎、黄氏族为主之大联盟，体现于龙图腾。龙以黄帝有熊氏之熊为头，龙身以母系西陵嫘祖之蚕为龙身；蚕有九对气门，龙则分为九节。战国《蚕经》云"蚕为龙精"；由龙、蚕合一，形成了龙—蚕文化。这就是嫘祖地缘文化的整体性。《国语·晋语》云"少典氏娶有娇氏，生炎帝、黄帝"，娇为蛇，亦龙也，则炎、黄同为龙族。嫘祖氏羌为炎帝戎羌一支。《山海经·海内经》云"先龙始生氏羌"；甲骨系辞称"龙来氏羌""吴吊龙羌"；先龙即活动于白龙江上游氏羌之旧称。龙为巴蛇之巴，嫘祖居巴蜀间之盐亭，亦即龙（巴）、蚕（蜀）间之域，故嫘祖文化有其地域特点。盐亭东受巴文化"击鼓为祭"之影响，演为后来的"朝山锣鼓"。西受蜀大石文化影响，与"巴歌"结合，形成"大石号子"。故嫘祖文化地域性极强。

四、嫘祖地缘文化的演进

（一）促使炎、黄文化形成

史载，黄帝为西戎族，炎帝为戎羌。《易·辞系》称，炎帝早于黄帝开中华农业、医药、商贸之先河，则炎帝以经济文化为特色，黄帝以龙图腾大联盟之政治文化为特色。氏羌嫘祖为炎黄戎羌一支，在西陵发展农桑，代表了炎帝文化。嫘祖与黄帝联姻后，化炎、黄战争之干戈为帛，统一各部族，形成了华夏先民，体现了炎、黄文化结合。故龙—蚕地域文化，促进了炎、黄文化的形成。

（二）嫘祖地缘文化，促进了南、北丝绸之路的发展

《史记》云："嫘祖……生二子……其一曰玄嚣。是为青阳，青阳降居江水；其二曰昌意，昌意降居若水。昌意娶蜀山氏女……生高阳……是为帝颛顼也。"蚕丝族系颛顼之子失位于高辛，依母系向蜀山发展，以西陵氏—蜀山氏—蚕丛氏三个阶段演进，向西昌、滇、黔方向迁徙。蚕丝族系，以"蜀贾奸出"方式，于虞夏时开通了南方丝绸之路。嫘祖子青阳降居江水，使丝绸文化向长江流域传播。嫘祖北上中原，随黄帝东征，向黄河流域传播丝绸文化，逐渐形成了北方丝绸之路。

究的一个亮点。历次学术研讨会吸引了许多中外知名学者参加，推出了一系列研究成果，形成了一定的规模和影响，有力地推进了西南地区的对外开放和交流。

这一时期的代表性成果主要有：任乃强的《中西陆上古商道》①，童恩正的《略谈秦汉时代成都地区的对外贸易》②，陈炎的《汉唐时缅甸在西南丝道中的地位》③，方国瑜的《中国西南历史地理考释》④，陈茜的《川滇缅印古道初考》⑤，张增祺的《战国至西汉时期滇池区域发现的西亚文物》⑥，徐中舒的《〈交州外域记〉及蜀王子安阳王史迹笺证》⑦，蒙文通的《越史丛考》中的《安阳王杂考》⑧，陈炎的《最早的西南"丝绸之路"》⑨，徐冶、王清华、段鼎周等的《南方陆上丝绸路》⑩，伍加伦、江玉祥主编的论文集《古代西南丝绸之路》（1990 年出版）⑪，段渝于 1989 年提交中国先秦史学会第四次年会并分别发表的论文《论商代长江上游川西平原青铜文化与华北和世界古文明的关系》《商代蜀国青铜雕像文化来源和功能之再探讨》⑫，刘弘、范建华主编的论文集《南方丝绸之路文化论》⑬，蓝勇的《南方丝绸之路》⑭，四川省钱币学会、云南省钱币研究会编的论文集《南方丝绸之路货币研究》⑮，申旭的《中国西南对外关系史研究——以南方丝绸之路为中心》⑯，陆韧的《云

---

① 任乃强：《中西陆上古商道》，《文史杂志》1987 年第 1 期。
② 童恩正：《略谈秦汉时代成都地区的对外贸易》，徐中舒主编：《巴蜀考古论文集》，北京：文物出版社，1987 年。
③ 陈炎：《汉唐时缅甸在西南丝道中的地位》，《东方研究》1980 年第 1 期。
④ 方国瑜：《中国西南历史地理考释》，北京：中华书局，1987 年。
⑤ 陈茜：《川滇缅印古道初考》，《中国社会科学》1981 年第 1 期。
⑥ 张增祺：《战国至西汉时期滇池区域发现的西亚文物》，《思想战线》1982 年第 2 期。
⑦ 徐中舒：《〈交州外域记〉及蜀王子安阳王史迹笺证》，《徐中舒历史论文选辑》，北京：中华书局，1998 年。
⑧ 蒙文通：《越史丛考·安阳王杂考》，北京：人民出版社，1983 年。
⑨ 陈炎：《最早的西南"丝绸之路"》，《中国建设》（英文版）1986 年第 10 期。
⑩ 徐冶、王清华、段鼎周：《南方陆上丝绸路》，昆明：云南民族出版社，1987 年。
⑪ 伍加伦、江玉祥主编：《古代西南丝绸之路》，成都：四川大学出版社，1990 年。
⑫ 段渝：《论商代长江上游川西平原青铜文化与华北和世界古文明的关系》，《东南文化》1993 年第 2 期；《商代蜀国青铜雕像文化来源和功能之再探讨》，《四川大学学报》1991 年第 2 期。
⑬ 刘弘、范建华主编：《南方丝绸之路文化论》，昆明：云南民族出版社，1991 年。
⑭ 蓝勇：《南方丝绸之路》，重庆：重庆大学出版社，1992 年。
⑮ 四川省钱币学会、云南省钱币研究会编：《南方丝绸之路货币研究》，成都：四川人民出版社，1994 年。
⑯ 申旭：《中国西南对外关系史研究——以南方丝绸之路为中心》，昆明：云南美术出版社，1994 年。

南对外关系史》①，等等。

这一时期的研究成果是明确了南方丝绸之路的开通时间、主线路及道路的主要作用。在先秦时期，中国西南地区就有通往南亚、东南亚的交通线路，这条线路是古代民族迁徙的通道，是中国西南地区与国外、域外进行对外贸易和文化交流的通道。这条交通线，学术界称为"南方丝绸之路"或"西南丝绸之路"。

二、 南方丝绸之路第二次学术研究高潮

进入 21 世纪，在加强开放，促进西南地区与南亚、东南亚经济文化交流与合作的形势下，文化交流、文化建设、文化资源开发得到空前的发展机遇，南方丝绸之路研究也进一步受到学术界和政府的重视。鉴于以往对南方丝绸之路的研究，主要集中在我国境内段的考察和线路研究方面，对南方丝绸之路缺乏完整而全面的认识，不能有效配合改革开放的形势需要，尤其是文化建设方面的情况，2007 年 4 月，四川师范大学巴蜀文化研究中心与中共成都市委宣传部充分协商后，设立了成都市文化建设重大项目"古蜀文明与南方丝绸之路研究"，将南方丝绸之路的文化交流、对外贸易作为研究的重点，进而推进南方丝绸之路的全面研究。同年 4 月，四川师范大学巴蜀文化研究中心、四川省凉山州博物馆、四川三星堆博物馆、四川省文物考古研究院等联合川、滇 20 多家考古文博单位，举行了大型的"三星堆与南方丝绸之路青铜文化学术研讨会"，同时举办了"三星堆与南方丝绸之路青铜文化展"，掀起了南方丝绸之路研究的新高潮。

这一时期学术研究的最大亮点，是在李绍明、何耀华、李学勤、耿昇、林向等老一辈学者的号召与支持下，川滇黔三省的历史学、考古学和民族学的学者联合起来，开展学术研究，从三个学科的角度共同攻关，将南方丝绸之路学术研究推向了新的高度。

在南方丝绸之路实地考察方面有了创新性的进步，成都市文化建设重大项目"古蜀文明与南方丝绸之路研究"率先进行了广泛深入的国外段考察，学术考察足迹达到欧洲和非洲，实地考察了南方丝绸之路区域的绝大多数国家和地区，以及博物馆中藏有相关考古资料的国家，包括缅甸、印度、伊朗、土耳其、埃及、希腊、意大利、法国、德国、英国、荷兰、奥地利、俄国、

---

① 陆韧：《云南对外关系史》，昆明：云南民族出版社，1997 年。

哈萨克斯坦、越南、柬埔寨、泰国等 20 多个国家和地区。实地考察了交通线路、文物古迹，搜集了大量的资料，使南方丝绸之路的研究具有了国际性。

这一时期南方丝绸之路的学术研究也进入有组织的层面。教育部人文社会科学重点研究基地四川师范大学巴蜀文化研究中心将南方丝绸之路研究列入中心两大科研主攻方向之一（另一个主攻方向为三星堆文化研究）。中心每年组织 5 至 10 个科研资助项目，积极帮助申报各级科研资助项目；主办相关学术研讨会，包括大型国际学术研讨会；出版学术丛书、论文集，大力推进南方丝绸之路的学术研究。

在以往学术研究的基础上，学术界将这一阶段南方丝绸之路研究的突破口定位在文化交流方面，以文化交流为主要线索，深入探讨南方丝绸之路在文化交流方面的功能。研究内容包括经由南方丝绸之路，川、滇、黔三省的地区文化交流，西南地区与中原地区的文化交流，西南地区与南亚、西亚以及东南亚地区的文化交流。

自 2007 年后，以川、滇、渝、黔为主的学者开展了一系列学术研究和学术活动，召开学术研讨会、举办文物展览、拍摄电视片、开展中外实地考察、出版学术著作、发表学术论文等取得了丰硕的成果。这一时期具有代表性的学术成果有：李学勤的《三星堆文化与西南丝绸之路》①，李绍明的《越南访古札记》《南方丝绸之路滇越交通探讨》②，段渝的《中国西南的早期对外交通——先秦两汉的南方丝绸之路》《古蜀文明与早期中印交流》《巴蜀古代文明与南方丝绸之路》《三星堆古蜀文明与南方丝绸之路》《藏彝走廊与丝绸之路》《中国西南地区海贝和象牙的来源》《商代中国西南青铜剑的来源》《蜀道与蜀身毒道》《古代四川盆地偶像式构图与情节式构图艺术形式的来源》③，刘弘的《巴蜀文化在西南地区的辐射与影响》《南方丝绸之路早期商品交换方

---

① 李学勤：《三星堆文化与西南丝绸之路》，《文明》2007 年第 7 期。

② 李绍明：《越南访古札记》，《中华文化论坛》2007 年第 3 期；《南方丝绸之路滇越交通探讨》，段渝主编：《南方丝绸之路论集》，成都：巴蜀书社，2008 年。

③ 段渝：《中国西南的早期对外交通——先秦两汉的南方丝绸之路》，《历史研究》2009 年第 1 期；《古蜀文明与早期中印交流》，段渝主编：《南方丝绸之路研究论集》，成都：巴蜀书社，2008 年；《巴蜀古代文明与南方丝绸之路》，中国中外关系史学会主编：《中外关系史论丛》第 11 辑《丝绸之路与文明的对话》，乌鲁木齐：新疆人民出版社，2007 年；《藏彝走廊与丝绸之路》，《西南民族大学学报》2010 年第 2 期；《商代中国西南青铜剑的来源》，《社会科学研究》2009 年第 2 期；《蜀身毒道与南方丝绸之路》，《云南抚仙湖与世界文明学术研讨会论文集》，昆明：云南人民出版社，2012 年；《古代四川盆地偶像式构图与情节式构图艺术形式的来源》，《多元宗教文化视野下的中外关系史》，兰州：甘肃人民出版社，2012 年。

式变更考——从滇人是否使用贝币谈起》《西南地区用杖习俗研究》①，陈德安的《古蜀文明与周边各文明的关系》②，李保伦的《云南"滇东北"地区川滇间的文化交流线》③，周志清的《浅议滇东黔西地区与巴蜀的关系》④，肖明华的《南丝路上的云南青铜文化》⑤，林向的《"南方丝绸之路"上发现的"立杆测影"文物》⑥，霍巍的《盐源青铜器中的"一人双兽纹"青铜枝形器及其相关问题初探》⑦，江章华的《对盐源盆地青铜文化的几点认识》⑧，王仁湘的《滇鼓用途面面观》⑨，刘成武、康利宏的《"南方丝绸之路"对曲靖青铜时代墓葬的影响》⑩，蓝勇的《汉源晒经石与南方丝绸之路》⑪，江玉祥的《"老鼠嫁女"：从印度到中国——沿西南丝绸之路进行的文化交流事例之一》⑫，邓聪的《中越牙璋竖向刻纹辨识》⑬，以及段渝主编的《南方丝绸之路研究论集》（二）⑭，等等。

这一次的学术高潮中还有一大特点，就是通过播放电视片、举办文物展

① 刘弘：《巴蜀文化在西南地区的辐射与影响》，段渝主编：《南方丝绸之路论集》，成都：巴蜀书社，2008年；《南方丝绸之路早期商品交换方式变更考——从滇人是否使用贝币谈起》，《中华文化论坛》2008年第S2期12月。

② 陈德安：《古蜀文明与周边各文明的关系》，段渝主编：《南方丝绸之路研究论集》，成都：巴蜀书社，2008年。

③ 李保伦：《云南"滇东北"地区川滇间的文化交流线》，段渝主编：《南方丝绸之路研究论集》，成都：巴蜀书社，2008年。

④ 周志清：《浅议滇东黔西地区与巴蜀的关系》，段渝主编：《南方丝绸之路研究论集》，成都：巴蜀书社，2008年。

⑤ 肖明华：《南丝路上的云南青铜文化》，段渝主编：《南方丝绸之路研究论集》，成都：巴蜀书社，2008年。

⑥ 林向：《"南方丝绸之路"上发现的"立杆测影"文物》，段渝主编：《南方丝绸之路研究论集》，成都：巴蜀书社，2008年。

⑦ 霍巍：《盐源青铜器中的"一人双兽纹"青铜枝形器及其相关问题初探》，段渝主编：《南方丝绸之路研究论集》，成都：巴蜀书社，2008年。

⑧ 江章华：《对盐源盆地青铜文化的几点认识》，段渝主编：《南方丝绸之路研究论集》，成都：巴蜀书社，2008年。

⑨ 王仁湘：《滇鼓用途面面观》，段渝主编：《南方丝绸之路研究论集》，成都：巴蜀书社，2008年。

⑩ 刘成武、康利宏：《"南方丝绸之路"对曲靖青铜时代墓葬的影响》，段渝主编：《南方丝绸之路研究论集》，成都：巴蜀书社，2008年。

⑪ 蓝勇：《汉源晒经石与南方丝绸之路》，段渝主编：《南方丝绸之路研究论集》，成都：巴蜀书社，2008年。

⑫ 江玉祥：《"老鼠嫁女"：从印度到中国——沿西南丝绸之路进行的文化交流事例之一》，段渝主编：《南方丝绸之路研究论集》，成都：巴蜀书社，2008年。

⑬ 邓聪：《中越牙璋竖向刻纹辨识》，段渝主编：《巴蜀文化研究集刊》第7卷《南方丝绸之路研究论集（二）》，成都：巴蜀书社，2012年。

⑭ 段渝主编：《巴蜀文化研究集刊》第7卷《南方丝绸之路研究论集（二）》，成都：巴蜀书社，2012年。

览和出版普及读物，南方丝绸之路学术研究走向社会，进入大众视野，中央电视台、四川电视台、云南电视台等先后推出多部以南方丝绸之路为主题的系列电视片，如"三星堆：消失与复活""蜀道""南方丝绸之路记者行"等在各界引起热烈反响。在广汉三星堆博物馆举办的"三星堆与南方丝绸之路青铜文化展"，汇聚了南方丝绸之路沿线二十多家考古文博单位提供的青铜文物 283 件，古代西南青铜艺术瑰宝得以第一次集中展示，通过科普化的陈列手段全面反映了南方丝绸之路的历史文化风采，推广了南方丝绸之路文化研究成果，使得南方丝绸之路的历史文化和文物考古知识得以向广大民众普及。展览时间从 2007 年 4 月至 2008 年 5 月 10 日，共计接待专家学者和游客 138 159 人次。

为了配合此次展览，还编辑出版了《"三星堆与南方丝绸之路青铜文化学术研讨会"论文集》和展览图集《三星堆与南丝路——中国西南地区青铜艺术》，其中，《三星堆与南丝路——中国西南地区青铜艺术》一书被评为"2007 年度全国文博考古十佳图书"。

三、南方丝绸之路研究第三次学术研究高潮

2013 年 9 月和 10 月，国家主席习近平分别提出建设"新丝绸之路经济带"和"21 世纪海上丝绸之路"的合作倡议，随着"一带一路"建设的不断发展，学术界也以更大热情投入南方丝绸之路的研究。在以往研究成果的基础上，全面推进，掀起了第三次学术高潮，不仅有古代历史学方面的研究，而且有联系现实经济文化建设的思考；不仅有中国与南亚、东南亚关系的研究，而且将南方丝绸之路放到整个欧亚古代文明中探索，取得了更加丰硕的成果。

2013 年以来，四川师范大学巴蜀文化研究中心先后联合中国先秦史学会、中国中外关系史学会、中国社会科学院《中国史研究动态》编辑部、大理市政府、中共德阳市委宣传部、成都市博物院、雅安市博物馆、三星堆博物馆、德阳市文联、四川师范大学文学院、《四川师范大学学报》编辑部等单位，多次共同主办了大型的南方丝绸之路学术研讨会，有力地促进了学术交流，宣传了南方丝绸之路文化。

这一时期的学术研究重点是南方丝绸之路与欧亚古代文明，对于中国西南地区以三星堆文明、巴蜀文化、滇文化为代表的古代文明，在整个欧亚古代文明形成与发展中的地位与作用进行系统研究。并且深入研究经由南方丝

绸之路，中国文明对外传播的时间、路径、途径、机制、内容等，探明南方丝绸之路是中国文明对外传播的重要路径之一，中国西南地区是古代中国文明向东南亚传播的"文化集中地"，向印度东北部传播最重要的通道。并且，经由印度东北部，中国文明还传播到了西亚及地中海地区。段渝的国家社会科学基金重大招标项目"南方丝绸之路与欧亚古代文明研究"（2010 年）、邹一清的国家社会科学基金年度一般项目"南方丝绸之路与中国文明对外传播研究"（2016 年）、林文勋的国家社会科学基金重大招标项目"历史上北方、南方和海上丝绸之路的互动关系及数据库建设"（2019 年）等项目的设立，表明南方丝绸之路的学术研究向着更加深入的方向发展。

2013 年以来具有代表性的学术成果有：万明的《整体视野下丝绸之路的思考——以明代南方丝绸之路为中心》[①]，段渝的《南方丝绸之路与中西文化交流》《五尺道的开通及其相关问题》《古代中印交通与中国丝绸西传》《南方丝绸之路：中印交通与文化走廊》、"Unfolding 'Cina' and 'Seres' and the Westerly Transmission of Chinese Silk"（Cina、Seres、Thinai 与中国丝绸西传）、"The Ancient Sichuan and Civilization in Southeast Asia"（古代四川与东南亚文明）、"The Source of the Sea Shells and Iveries in Southwest China in the pre-Qin Period"（中国西南海贝和象牙的来源）、《茶马古道与丝绸之路》《改革开放以来的"南方丝绸之路"研究》《走出盆地：巴蜀文化与欧亚古文明》[②]，方铁的《简论西南丝绸之路》[③]，邹一清的《南方丝绸之路与道教在东南亚的传播》《略论南诏的对外文化传播》《南方丝绸之路对外贸易的研究及展望》《印度河

---

① 万明：《整体视野下丝绸之路的思考——以明代南方丝绸之路为中心》，《中华文化论坛》2015 年第 9 期。

② 段渝：《南方丝绸之路与中西文化交流》，《中国社会科学报》2014 年 8 月 23 日；《五尺道的开通及其相关问题》，《四川师范大学学报》2013 年第 4 期；《古代中印交通与中国丝绸西传》，《天府新论》2014 年第 1 期；《南方丝绸之路：中印交通与文化走廊》，《思想战线》2015 年第 6 期；Unfolding "Cina" and "Seres" and the Westerly Transmission of Chinese Silk（Cina、Seres、Thinai 与中国丝绸西传）, China and India: Histroy, Culture, Cooperation and Competition, SAGE Publications India Pvt Ltd, New Delhi, India, 2016; The Ancient Sichuan and Civilization in Southeast Asia（古代四川与东南亚文明）, Advancing Southeast Asian Archaeology: Selected Papers from the First SEAMEO SPAFA International Conference on Southeast Asian Archaeology, Bangkok, Thailand. 2015 年; The Source of the Sea Shells and Iveries in Southwest China in the pre-Qin Period（中国西南海贝和象牙的来源）, Papers form the Four-teenth International Conference of the European Association of Southeast Asian Archaeologists, Archaeopress Publishing LTD, Oxford, 2020;《〈荥经茶马古道〉序——茶马古道与丝绸之路》，四川省荥经县政协编《荥经茶马古道》，2015 年；《改革开放以来的"南方丝绸之路"研究》，《中国民族报》，2019 年 7 月 19 日；《走出盆地：巴蜀文化与欧亚古文明》，北京：人民出版社，2019 年。

③ 方铁：《简论西南丝绸之路》，《长安大学学报》2015 年第 3 期。

文明与古蜀文明若干问题比较研究》①，李桂芳的《秦汉时期的南方丝绸之路与中央王朝对西南地区的治理》②，黄家祥、李炳中的《南丝路上的文化遗产与交通枢纽——雅安》，肖明华的《西南地区古今海贝与南方丝绸之路》，张合荣的《先秦时期滇东黔西地区的族群文化交流——兼谈"南方丝绸之路"东线通道的形成》，刘弘的《三星堆象头冠与印度中印象头神之比较》，龚伟的《〈史记〉〈汉书〉所载"西夷西"道覆议——兼论汉代南方丝绸之路的求通》，汤洪的《"峨眉"语源考》③，等等。尤其值得介绍的是，2017年底推出了第一套南方丝绸之路学术丛书，该丛书由段渝主编，共五册：《历史越千年》《贸易通天下》《古城尽朝晖》《人物竞风流》《老路新观察》。

改革开放以来，经过三次学术研究高潮的推进，南方丝绸之路研究得到极大的发展，南方丝绸之路已从学术"冷门"变为"热点"，逐渐为学术界和社会各界普遍认同和关注。正如已故的学术前辈李学勤先生所说："丝绸之路的研究在学术史上是非常重要的，是今天非常有影响的一门学科的起点。这门学科就是欧亚学。欧亚学专门研究欧亚大陆，从北方草原地区开始，南方到南亚，把欧亚大陆作为一个整体来研究。这是人文学科里最前沿的国际性学科……几条丝绸之路里面，最值得进一步研究的是西南丝绸之路。"放眼未来，南方丝绸之路研究方兴未艾，还有很多问题，如四条丝绸之路的整体关系与对接、丝绸之路在世界文明史中的地位与作用等，都值得深入研究。而对包括南方丝绸之路在内的丝绸之路的进一步系统研究，则需要从理论和实际等多方面开展丝绸之路的整体研究，从全国以至国际的高度，以欧亚以至全球的视野，整体地把握丝绸之路的历史发展脉络，深入考察丝绸之路对中国历史以至世界历史的卓越贡献、巨大影响和历史作用，以期丝绸之路研究在新时代中获得创新性发展。

---

① 邹一清：《南方丝绸之路与道教在东南亚的传播》，《中华文化论坛》2017年第10期；《略论南诏的对外文化传播》，段渝主编：《巴蜀文化研究集刊》（第11卷），成都：四川师范大学出版社，2011年；《南方丝绸之路对外贸易的研究及展望》，《中国史研究动态》2016年第4期；《印度河文明与古蜀文明若干问题比较研究》，《中华文化论坛》2015年第12期。

② 李桂芳：《秦汉时期的南方丝绸之路与中央王朝对西南地区的治理》，《中华文化论坛》2016年第8期。

③ 均见段渝主编：《巴蜀文化研究集刊》（第9卷），成都：四川师范大学出版社，2016年。

| 12 |

五尺道的开通及其相关问题

　　《史记·司马相如列传》记载从蜀郡成都通往西南夷地区的道路为"西南夷道"①。从《史记》《汉书》和《后汉书》有关西南地区的记载可以看出，先秦秦汉时期的西南夷道分为东、中、西三条线路：西线是"灵关道"，或称为"零关道""牦牛道"（一作"旄牛道"），由蜀之成都通往云南；中线为"五尺道"，由蜀之成都通往贵州西北部和云南东北部；东线是"牂牁道"，或称为"夜郎道""南夷道"，由蜀之成都经贵州通往两广以至南海。西线灵关道早在新石器时代就已初通，在商周以来的整个历史时期，都一直发挥着中国西部民族与文化南来北往交流互动的通道作用，并充当着中国西南对外经济文化交往的国际交通线，具有十分重要的战略地位。对于这方面的认识，学术界基本达成共识。对于中线五尺道的开通时代，学术界长期以来认为是战国末叶秦时开凿，亦有认为秦始皇时开凿，很少异议。但是，历来对于五尺道开通年代的认识却难以经得起推敲，实有重新研究的必要。

一、五尺道并非秦人开凿

　　五尺道从古代成都南下南安（今四川乐山），经僰道（今四川宜宾）、夜郎西境（今贵州威宁、云南昭通），直通南中之建宁（今云南曲靖），是古蜀以及中原地区通往西南夷地区的重要通道之一，同时也是古代中国西南与东南亚、南亚地区交流往还的重要线路。《史记·西南夷列传》记载："秦时常頞略通五尺道。"《索隐》谓："栈道广五尺。"正义引《括地志》云："五尺道在郎州。颜师古云：'其处险陋，故道才广五尺。'如淳云：'道广五尺。'"不少学者据此认为，五尺道是战国末叶秦国开通的，也有学者认为是秦汉时开通的。笔者曾在1993年出版的《四川通史》第一册中简略论证说，蜀、滇五尺道，《史记》记为秦时官道，但早在殷末，杜宇即由此从昭通北上至蜀；春

---

　　① 古代西南夷地区，指今四川宜宾以南和云南、贵州的大部分地区。

秋时代，蜀王开明氏"雄张僚、僰"①，进一步开通了成都平原与川南、滇东北的交通；此后，"秦时尝破，略通五尺道"②，对自商周至战国时代已经存在的这条道路予以进一步整修；这意味着，五尺道并不开凿于秦，秦仅是对五尺道加以重修和整建。③葛剑雄先生在《关于古代西南交通的几个问题》一文中亦认为五尺道的开凿不始于秦，认为秦法既然是"数以六为纪，符、法冠皆六寸，而舆六尺，六尺为步，乘六马"，却公然修建"五尺道"，而严峻的秦法是不可能容忍"五尺"之制存在的，从而否定五尺道始修造于秦。④从秦法而论，葛先生的质疑确有道理。

关于五尺道的命名问题，本文后面还要论说。这里首先对是否秦人开凿五尺道进行考察。细审文献，《史记·西南夷列传》"秦时常頞略通五尺道"句中所说的"略通"，并不是"开凿始通"的意思。《史记·司马相如列传》说"相如为郎数岁，会唐蒙使略通夜郎西僰中"，索隐引张揖曰："蒙，故鄱阳令，今为郎中，使行略取之。"《汉书·司马相如传下》说"相如为郎数岁，会唐蒙使略通夜郎、僰中"，师古注曰："行取曰略。夜郎、僰中，皆西南夷也。僰音蒲北反。"如果"略通"是"开凿始通"的意思，那么为何秦时常頞已经"开凿始通"，汉时唐蒙又来"开凿始通"？可见，"略通"并非"开凿始通"之义，而是略取并使之保持畅通的意思。可以看出，《史记》和《汉书》先后使用"略通"一词，恰好说明了五尺道在秦"行略取之"之前已经存在的事实。至于《汉书·西南夷传》记载此事为"秦时常破，略通五尺道"，则有着整修和修治之义，这与《史记》的记载其实并不矛盾，略取和整修往往是前后相接、一以贯通的。

《史记·西南夷列传》记载：

> 秦时常頞略通五尺道，诸此国颇置吏焉。十余岁，秦灭。及汉兴，皆弃此国而开蜀故徼。巴蜀民或窃出商贾，取其笮马、僰僮、髦牛，以此巴蜀殷富。⑤

---

① 常璩著，刘琳校注：《华阳国志校注》，成都：巴蜀书社，1984年。
② 参见：班固：《汉书》（文渊阁四库全书本，下同）卷九十五《西南夷传》。司马迁：《史记》（文渊阁四库全书本，下同）卷一一六《西南夷列传》作"秦时常頞略通五尺道"，常頞或作常頠。
③ 段渝：《四川通史：第一册》，成都：四川大学出版社，1993年，第161、257页。
④ 葛剑雄：《关于古代西南交通的几个问题》，四川大学历史系：《中国西南的古代交通与文化》，成都：四川大学出版社，1994年。
⑤ 司马迁：《史记》文渊阁四库全书本，北京：中华书局，1959年，卷一一六。

但《汉书·西南夷传》的记载却是：

秦时尝破，略通五尺道，诸此国颇置吏焉。十余岁，秦灭。及汉兴，皆弃此国而关蜀故徼。巴蜀民或窃出商贾，取其筰马、僰僮、旄牛，以此巴蜀殷富。①

对于"蜀故徼"，《史记》记为"开"，《汉书》记为"关"，究竟是开还是关呢？对此，历史文献的记载颇不一致。②但这个问题对于我们理解五尺道的开通时代却具有关键性作用，需要认真考订。

所谓"蜀故徼"，即是西南夷诸族经由五尺道通往蜀地的途中所设置的关隘。这里的"开蜀故徼"，"开"为开通的意思。细审历史文献及其文意，我们认为，《史记·西南夷列传》"开蜀故徼"的"开"（古文写作"開"）字，实乃"関"字之误。

《史记·西南夷列传》这段文字所说的秦时"诸此国颇置吏焉"，这里的"诸此国"是指位于古蜀国以西和以南的邛、筰、冉、駹以及丹、犁等古国，这些古国在公元前 316 年秦灭蜀以后的相当一段时间还继续效忠于长期以来一直是"西辟之国而戎狄之长"的故蜀国③，而蜀国的反抗也一直没有停歇，直到秦昭王二十二年（前 285 年），秦国才在蜀彻底地建立起郡县制度④，此后秦国才可能道通西南夷。《史记·司马相如列传》记载："邛、筰、冉、駹者近蜀，道亦易通，秦时尝通为郡县，至汉兴而罢。"这里所说"秦时"，是指秦昭王以后的时段，而所说"秦时尝通为郡县"，则表明从秦昭王至秦灭的时段内西南夷与蜀之间道路畅通的事实。《史记·司马相如列传》接下来继续说："今诚复通，为置郡县，愈于南夷。"由此可知，既然秦在这些地方开通了郡县，置有守吏，那么这些地方之间的道路和关隘必然就是开通而不是关闭的。至秦灭汉兴，这些地方的族群"皆弃此国"，即拒绝汉王朝的统治，那

---

① 班固：《汉书》文渊阁四库全书本，北京：中华书局，1962 年，卷九五。
② 对于究竟是"开蜀故徼"还是"关蜀故徼"，历史文献的记载颇不一致。中华书局 1959 年点校本《史记》卷一一六《西南夷列传》作"及汉兴，皆弃此国而開蜀故徼"；中华书局 1962 年点校本《汉书》卷九十五《西南夷传》作"及汉兴，皆弃此国而関蜀故徼"，文渊阁四库全书本《玉海》卷二十四《地理》、卷一七三《汉北边城、外城》，《册府元龟》卷九五六《外臣部》，《通志》卷一九七《四夷传四·西南夷序略》，宋杨侃辑《两汉博闻》卷五《西南夷传》等，均作"関蜀故徼""關蜀故徼"或"闗蜀故徼"。
③ 司马迁《史记》卷五《秦本纪》记载，秦惠王更元十四年（前 311 年），"丹、犁臣蜀"，足见古国在西南夷地区的影响力之强大，即便在古蜀国灭亡后这种影响力还长期存在。刘向（辑录）：《战国策·秦策一》，上海：上海古籍出版社，1985 年，卷三，第 115 页。
④ 段渝：《论秦汉王朝对巴蜀的改造》，《中国史研究》1999 年第 1 期。

么这时"诸此国"与汉王朝之蜀郡间的通道就只可能是关闭的，而不是开通。而司马相如所说"今诚复通，为置郡县，愈于南夷"，意指在当前关闭的情况下应当恢复开通。这就确切说明，在邛、筰、冉、駹等西南夷请求内附之前，汉王朝与西南夷间的交通关隘是关闭而不是开通的。正是因为邛、筰、冉、駹等"诸此国"关闭了蜀与西南夷地区之间的通道，所以才会出现"巴蜀民或窃出商贾"到南中做买卖的现象，以致产生西南夷诸族阻碍汉使十余批出使大月氏的结果。假若是"开蜀故徼"，那么巴蜀民就不会"窃出"西南夷地区，而汉武帝为打通与大月氏联系所派遣的十余批汉王朝使臣，也就不可能在西南夷道上遭遇到"其北方闭氐筰，南方闭巂昆明"①那样的尴尬局面，受到西南夷的重重阻碍。"开""关"二字，古文形近，今本《史记·西南夷列传》所用的"开"字，显然是在传抄过程中因形近而导致的讹误，致使谬种流传，我们自然不能根据错讹的字义来领会史书所载历史。

据上所论，蜀与西南夷之间早有商道可通，这就是"蜀故徼"。而这个"蜀故徼"，在秦王朝"略通五尺道"以前的商周时代就已经存在了。

二、"五丁力士"与五尺道

五尺道之所以称为"五尺"，应与古蜀王国"数以五为纪"有关。史书虽未明言蜀人数以五为纪，但是蜀人崇尚五这个数字，从王室祭祀制度、社会组织直到宗教信仰，都以五计数，却是斑斑可见，史不绝书。并且，古蜀的文物制度多以五为纪的情况，也为历年来的考古发掘资料所证实。历史文献与考古资料的一致性，十分明确地反映了古蜀这一特有的制度。

古代蜀人的尚五宗教观念形成甚早，从目前的资料看，至少可以追溯到距今 4 000 年以前古蜀文明起源时代、今成都郫县三道堰古城遗址中部大型房屋内的五座卵石台基②，由此连续贯穿商周、春秋战国各个时期，其遗风至汉魏之际犹可观瞻。在尚五观念的支配下，古蜀人发展出了一系列"数以五为纪"的文化丛：以五为朝代数的王朝盛衰史、以五为庙制的宗庙祭祀制度、以五为王制的青铜器组合、以五为单位的社会组织形式，以及以五计数的其他若干事物，都是以尚五观念为核心凝成的文化特质。由此可见，尚五观念已成为一种具有规范意义的文化模式和行为方式，规定并支配着蜀人的精神

---

① 司马迁：《史记》文渊阁四库全书本，北京：中华书局，1959 年，卷一二三。
② 成都市文物考古工作队等：《四川省郫县古城遗址调查与试掘》，《文物》1999 年第 1 期。

活动和社会行为。例如，青铜器中的罍、无胡三角形援戈、柳叶形剑等，从商代连续发展到战国，表现出古蜀青铜文化的显著特征，自有其演进规律；然而青铜器的组合却以五为纪，而为巨制，为王制（从新都蜀王墓中可充分证实此点），并且同样从商代连续发展到战国，存而不改，则表明古蜀青铜文化组合方式是在蜀人尚五观念支配下产生的一种行为方式，它的发展受到了尚五观念的严重制约。又如，五丁制度作为古蜀的社会组织形式，尽管其具体由来目前尚不清楚，但可以肯定的是，这种组织形式同样是在尚五观念支配下发展出来的社会行为方式。至于其他以五为纪的事物，也莫不受到尚五观念的支配和制约。①

公元前 316 年蜀亡于秦以后，虽然古蜀文明物质文化形式的发展受到遏制，社会组织形式完全被秦予以改造，政治经济制度也发生了根本变革，但由于尚五观念极深地镌刻在蜀文化的精神实质当中，具有极广大的社会功能和极强劲的历史惯性，所以秦蜀守李冰为了稳定其统治秩序，不得不利用尚五观念来作为工具，因势利导，以期引起广大蜀人的共鸣。李冰在兴修都江堰时，之所以"作石犀五头以厌（压）水精"②，正在于他准确地抓住了古蜀文化的宗教观念，准确地抓住了古蜀文化的精神实质，因而他就牢牢把握住了治蜀的精神武器，终于成功地修建了都江堰，创造出历史的奇迹。而秦时"略通五尺道"，也是出于同样的情况，因而成功地"略通"了五尺道，在西南夷地区"通为郡县"③，"颇置吏焉"④。这些史例，十分清楚地反映了尚五观念在古代蜀人和先秦蜀文化中所占有的核心凝聚力地位。

五尺道的命名同样也是出于蜀人数以五为纪的制度。《蜀王本纪》和《华阳国志》记载古蜀"五丁力士"的主要任务是担任国家公共工程的修建，而凿山开道、开辟和维修交通路线又是"五丁力士"的最重要义务之一。蜀人数以五为纪，所辟道路亦以五计数，两者之间当有必然的内在联系。而且，由"五丁力士"所开的道路，称为"五尺道"，也是理所当然。由此看来，五尺道始辟于蜀人而非秦人，乃是信而有征的。这也说明，五尺道是古蜀国通往西南夷地区的道路。

从商周之际古蜀已经形成数以五为纪的制度来看，五尺道的初通应始于

① 段渝：《先秦巴蜀文化的尚五观念》，《四川文物》1999 年第 5 期。
② 常璩著，刘琳校注：《华阳国志校注》，成都：巴蜀书社，1984 年。
③ 司马迁：《史记》，文渊阁四库全书本，北京：中华书局，1959 年，卷一一七。
④ 司马迁：《史记》，文渊阁四库全书本，北京：中华书局，1959 年，卷一一六。

商代。其实史籍关于杜宇入蜀的记载，已经为这条交通线路开辟的年代在商代提供了有力证据。史称杜宇为朱提人，朱提为今云南昭通①，由云南昭通北上，经大关、盐津至四川宜宾，正是五尺道所经由的线路之所在。杜宇为朱提僰人（濮人）②，入蜀自当由僰（今四川宜宾）北上，可见杜宇时期这条道路已经开通。杜宇由云南昭通入蜀，只可能走这条线路，再从今四川宜宾沿岷江河谷北上达到成都平原。杜宇为朱提之濮，杜宇入蜀当是以他为首的整支族群入蜀，否则不可能具有如此强大的力量和社会基础，足以在蜀地推翻古蜀王鱼凫氏的统治，"乃自立为蜀王，号曰望帝"③，建立起杜宇王朝。由杜宇从朱提入蜀"自立为蜀王"，亦可知朱提当时已经属于蜀的势力范围。至于春秋时期蜀王开明氏"雄张僚、僰"，则应理解为开明王对僚、僰之地的实际控制，僚、僰从此成为蜀之附庸。可见，杜宇氏族从昭通入蜀，表明五尺道至少在商代晚期就已经开通的事实。据《逸周书·王会篇》所载商代初年成汤令伊尹为四方献令之词，提到殷畿的正南诸族中有"百濮"，这个殷畿正南的百濮，专贡矮犬，当即云南之濮。④《逸周书·王会》记载西周初周成王举行成周之会，"卜人以丹砂"，王先谦补注："盖濮人也。"濮或作卜，见于殷卜辞："丁丑贞，卜又象，□旧卜。"郭沫若释为："卜即卜子之卜，乃国族名。"⑤西周初年正南之濮进入中原参加周成王的成周之会，其间通道必然是经由灵关道或五尺道至蜀，再出蜀之金牛道，经褒斜道转至陕南而达中原。⑥

① 班固：《汉书》文渊阁四库全书本，北京：中华书局，1962年，卷二八。
② 司马迁《史记》卷一一六《西南夷列传》司马贞《索隐》引韦昭云："僰属犍为，音蒲北反。"蒲、僰二字，音近相通。参考：段渝《四川通史》第一册，成都：四川大学出版社，1993年，第255、256页。
③ 严可均辑：《全汉文》，北京：中华书局，1958年，卷五三，第414页。
④ 章太炎：《太炎文集：续篇》，武汉：武汉印书馆，1938年，卷六。
⑤ 郭沫若：《殷契粹编考释》，北京：北京图书馆出版社，1937年，卷二六。
⑥ 褒斜道见诸史乘很早。《史记》卷一二九《货殖列传》记载："巴蜀亦沃野……然四塞，栈道千里，无所不通，唯褒斜绾毂其口，以所多易所鲜。"《史记》卷二十九《河渠书》："褒水通沔，斜水通渭，皆可行船漕。"褒斜道是水、陆两条并行的古道。褒斜道在商代即见开通。殷卜辞所见蜀与商王朝交往，蜀文化中所见商文化因素，多由此道南入汉中，再入蜀之本土。武丁期卜辞"伐缶与蜀"，缶即褒，可见褒、蜀有路相通。殷末蜀师北出褒斜伐纣，西周末郑之遗民南奔南郑，春秋初秦、秦商品的流通，战国时蜀、秦争南郑，蜀有褒、汉之地等，都说明褒斜道在先秦时长期畅通不衰。故道是北出蜀地、联系关中的另一条重要道路。因此道沿嘉陵江东源故道水河谷行进，故名。故道在商周之际已经开通。近年在宝鸡发现的大量早期蜀文化遗物，即由故道进入。西周早期在宝鸡的渭水之南建有散国，周初青铜器《散氏盘》铭文中记有"周道"，王国维考证此周道即是故道（王国维《散氏盘跋》，《观堂集林》卷十八《史林》十，北京：中华书局，1956年，第887页）。《水经注》卷十九《渭水下》也提到宝鸡附近渭水支流扦水有"周道谷"。可见故道之开通，其年代大概与褒斜道相差不远。

这也意味着，西周初年从四川盆地至云南东北的交通线已经开通。

虽然，"五丁力士"之称见于《华阳国志》是在春秋战国的开明王朝时期，但扬雄《蜀王本纪》并不如此认为，而是说："天为蜀生五丁力士，能徙蜀山。"蜀山，见于古蜀早期的历史，指岷江上游"蜀山氏"之蜀山，即《史记·五帝本纪》所记载的黄帝元妃嫘祖娶于蜀山氏的蜀山，时代相当早，反映出"五丁力士"之制在蜀地的初现，至少在虞夏之际就有其萌芽。不论在《蜀王本纪》还是在《华阳国志》里，"五丁力士"都常与大石相联系，但大石崇拜并非只是开明王朝的特征及文化现象，它早在夏商时代已经存在，三星堆 1 号坑的一块自然梯形石块，与理县佳山墓葬的现象一致，表明至少在商代，蜀人已形成这一制度及其文化传统。而理县地处"蜀山"之中，它的大石崇拜遗迹正好证明了大石文化与蜀山的关系。这种关系又与《蜀王本纪》关于"天为蜀王生五丁力士，能徙蜀山，王无五丁，辄立大石"的记载恰相吻合①，绝非偶然。它恰恰表明大石崇拜与"五丁力士"的形成年代是在夏商时代，而不是战国时代。

其实，《华阳国志·蜀志》只是在叙述战国时代的蜀国历史时才提及五丁之制，这并不等于说五丁之制形成于战国。历代史籍对有关史事的记述几乎都是这样，"左史记言，右史记行"，无事则不记。由于战国时代蜀王调遣"五丁力士"从蜀本土出发，远至武都（今甘肃武都）担土，返回成都为蜀王之妃修墓，这一举动成为当时的大事，而"五丁力士"在往返途中，沿途开山修道，又产生了不少怪异的传说②，成为蜀人街谈巷议之资，流传久远，为史官载入史册，当属极自然之事。我们自然不能仅凭史籍对战国事物的叙述而把这些事物统统看作只是在战国才出现的事物。

大石崇拜与五丁制度形成于蚕丛氏之时，还有史可征。《古文苑·蜀都赋》章樵注引《先蜀记》说"蚕丛始居岷山石室中"，其地在今四川茂县北境的叠溪。《汉书·地理志》载蜀郡蚕陵县，治今叠溪，旧称蚕陵，即"南过蚕陵山，古蚕丛氏之国也"③。蚕丛氏的来源之地，山崖陡险，怪石嶙峋，由其生存环境而产生大石崇拜，当属自然，这种情况在古代民族中是共通

---

① 严可均辑：《全汉文》，北京：中华书局，1958 年，卷五三，第 414 页。

② 常璩著，刘琳校注：《华阳国志校注》，成都：巴蜀书社，1984 年。

③ 陈登龙撰：《蜀水考》，陈一津分疏，成都：巴蜀书社，1985 年，卷一。

现象。五丁制度与大石相联系，而大石崇拜产生于夏商时代，那么五丁之制同样也是产生在这个时代。这两种制度（王室的祭祀制度和社会组织的五丁制度）相辅相成，是很有意思的，清楚地表明了王权与其社会基础的关系，王室正是建立并凌驾在五丁这种社会组织基础之上，一为统治者，一为被统治者。可见，大石崇拜与五丁制度并非神话，它们体现了真实的历史和文化内容。

三、五尺道是蜀通西南夷的重要通道

文明的史迹：先秦、巴蜀及南丝路历史研究（南方丝绸之路卷）

　　古蜀与西南夷地区大规模交通的始辟年代至晚也在商代中晚期，其时古蜀王国已向南发展到今四川雅安大渡河流域下游，而古蜀文化圈也已扩张到西南夷广大地区，并在金沙江流域的中游和下游建立了永久性的居住地点。[①]考古学上，近年相继在四川汉源出土古蜀文化的柳叶形青铜短剑，时代为商周之际。[②]在汉源富林，1976 年出土商代青铜器 8 件，器物上留有细密的编织物印痕，原应有纺织品包裹，其中有青铜钺 3 件、青铜戈 2 件、凿 1 件、斧 2 件。[③]当中的烟荷包式钺和蜀式无胡戈，都是古蜀文化的典型形式，年代在三星堆二、三期之间（商代中晚期），这表明，继三星堆一期以后，三星堆二、三期即三星堆文化也同样在向大渡河流域扩展，而其目的与军事行动有关。

　　至于蜀与西南夷交通的早期年代，则在夏商之际，即古蜀王蚕丛败亡、南逃西南夷地区的年代。[④]西汉元、成间博士褚少孙补《史记·三代世表》载："蜀王，黄帝后世也，至今在汉西南五千里，常来朝降，输献于汉。"正义引《谱记》说："蜀之先，肇于人皇之际。历虞、夏、商、周。衰，先称王者蚕丛国破，子孙居姚、嶲等处。"[⑤]唐时姚州治今云南姚安，嶲州治今四川西昌，均为西南夷重地所在。蚕丛国破，年代约当夏商之际，正是三星堆文化兴起

---

① 这是指蜀王蚕丛后世在姚、嶲等地建立的立足点。《史记》卷十三《三代世表》褚少孙补曰："蜀之先……先称王者蚕丛国破，子孙居姚、嶲等处。"
② 四川省文物考古研究院近年在四川汉源发掘，收获甚丰，出土文物中不乏古蜀柳叶形青铜短剑。资料现藏四川省文物考古研究院。
③ 岳润烈：《四川汉源出土商周青铜器》，《文物》1983 年第 11 期。
④ 这是指蜀王蚕丛后世在姚、嶲等地建立的立足点。《史记》卷十三《三代世表》褚少孙补曰："蜀之先……先称王者蚕丛国破，子孙居姚、嶲等处。"
⑤ 司马迁：《史记》文渊阁四库全书本，北京：中华书局，1959 年，卷一三。

之时。蜀王蚕丛后代南下姚、嶲之间，世代在那里活动居息，对于古蜀文化在西南夷地区立稳足跟、世代传承起了重要作用，同时也对古蜀文化在西南夷地区发生持续影响起了重要作用。《史记·三代世表》既然记载汉代蜀王后世能够常至京师朝降输献，那就说明蜀王后世必为当地邑君，这也正是《史记·三代世表》中褚少孙对所谓黄帝后世"王天下之久远"的举证，表明蜀王后世从夏商到西汉一直在西南夷地区保有相当的势力和影响，而又北与蜀地保持着畅达的交通。

蚕丛氏南迁西南夷地区，绝非孤家寡人，亦非只有少数随从相从，当是较大规模的族群迁徙。只有这样，蚕丛氏后代才可能在西南夷地区的社会和自然环境中生存下来，不断发展，也才有可能到西汉时具有往还于中央王朝，"常来朝降，输献于汉"①的能力和资格。

又据《水经·江水注》载：南安（今四川乐山市）"县治青衣江会，衿带二水矣，即蜀王开明故治也"。南安紧邻僰道，是蜀通五尺道的重要据点，不但曾是蜀开明王的治所，还是成都平原农业经济、城市手工业经济同西南夷半农半牧经济进行交流的要冲。②《华阳国志·蜀志》记载蜀开明王"雄张僚、僰"，表明僚、僰之地为蜀国所实际控制，为蜀之附庸。③僚指夜郎，今贵州安顺地区至黔西地区；僰指僰道，今四川宜宾到云南昭通地区。《华阳国志·蜀志》还记载说"僰道有故蜀王兵兰"，兵兰指驻兵营寨④，应当是古蜀王国建立在僰道的驻兵之所，目的在于蜀军进一步前出南中。考古学上，在云南昭通和贵州威宁发掘了大批古蜀文明的青铜器⑤，贵州威宁出土的古蜀青铜器，时代在公元前 800 年前后，威宁中水还出土古蜀三星堆文化（3700—3100B.C，商代中晚期）的玉器，均说明古蜀文明在云南东部和贵州西部的传播时代可以上溯到商周时期，与历史文献的记载完全吻合。既有文明的传播，必有传播的通途。云南昭通和贵州威宁恰好位于五尺道的主干线上。这就意味着，

---

① 司马迁《史记》卷十三《三代世表》褚少孙补曰："蜀王，黄帝后世也，至今在汉西南五千里，常来朝降，输献于汉。"
② 段渝：《巴蜀古代城市的起源、结构和网络体系》，《历史研究》1993 年第 1 期。
③ 方国瑜：《中国西南历史地理考释》，北京：中华书局，1987 年，第 9 页。
④ 徐中舒：《巴蜀文化续论》，《四川大学学报》1960 年第 1 期。
⑤ 贵州省文物考古研究所、四川大学历史文化学院考古系、威宁县文物管理所：《贵州威宁县红营盘东周墓地》，《考古》2007 年第 2 期；王涵：《云南昭通营盘古墓群发掘简报》，《云南文物》1995 年第 41 期。

五尺道的开通年代，至少是它的初通年代，一定不会晚于商代晚期，否则对于昭通和威宁地区在那一时代出现古蜀文明因素的现象，就无法给出合理的解释。

四、五尺道是古蜀王国的官道

一般以为，五尺道的命名来源于山势陡峭，难以开凿，所以道路仅宽五尺。这种看法源于三国如淳和唐代颜师古之说。《史记·西南夷列传》"秦时常頞略通五尺道"句下张守节《正义》引如淳曰："道广五尺。"《汉书·西南夷传》"秦时尝破，略通五尺道"句下颜师古注："其处险阨，故道才广五尺。"其实，且不说以五尺为道完全违反秦法，绝不可能为秦法所容许，我们只看汉武帝时遣唐蒙通西南夷道，可以将道路开凿宽至丈余，就可知道颜师古关于"其处险阨，故道才广五尺"的说法之不可信。《史记·平准书》记载："唐蒙、司马相如开路西南夷，凿山通道千余里，以广巴蜀，巴蜀之民罢焉。"唐蒙、司马相如所"开路"的西南夷道，即指五尺道。据《水经·江水注》记载："汉武帝感相如（按：指司马相如）之言，使县令（按：僰道县令）南通僰道，费功无成。唐蒙南入，斩之，乃凿石开阁，以通南中，迄于建宁，二千余里。山道广丈余，深三四丈，其錾痕之迹犹存。"唐李吉甫《元和郡县图志》卷三十一《剑南道上·戎州》亦载："初，秦军破滇，通五尺道，至汉武帝建元六年，遣唐蒙发巴、蜀卒通西南夷，自僰道抵牂柯，凿石开道，二十（按：十当为千）余里，通西南夷，置僰道县，属犍为郡。"由此可知，五尺道的名称绝不可能来源于所谓"其处险阨，故道才广五尺"，即不可能是由于山势陡峭、不易开凿，只能道宽五尺而得名。

其实，问题的关键并不在于五尺道是否道宽五尺，而在于论者将道宽五尺与秦人开凿联系在一起，从而造成了秦人开凿五尺道的错觉。如果我们仔细考察史书，立即就可知道，不论《史记》还是《汉书》，都没有说秦人开凿五尺道，仅仅说秦人"略通"五尺道，而如淳、颜师古等注家在说到五尺道时，也仅仅是说道广五尺，并没有把五尺道与秦人开凿相联系。仅仅因为颜师古在《汉书·西南夷传》"秦时尝破，略通五尺道"句下注明道广五尺，论者就以为是秦人开凿了仅宽五尺的五尺道，这显然是误读史书，违背了史书的原意。实际上，从《汉书·西南夷传》所记载的"秦时尝破，略通五尺道"

来看，倒是在秦人进入西南夷地区以前，五尺道就已经存在，只是因为秦时五尺道曾经破损，而经由秦人整修罢了。

那么，为什么秦人仅将从今四川宜宾至云南昭通之间的交通线路称为五尺道，而从蜀地进入西南夷地区的另一条交通线灵关道却不称为五尺道呢？这与秦人整修五尺道并沿袭其旧称有关。五尺道为蜀国"五丁力士"所开凿，原为蜀王国的官道，属于古蜀王国的国家工程，故以五尺为名，称为五尺道。从史籍可见，战国时秦人从蜀至西南夷地区，分为两路南行，东路沿五尺道，西路沿牦（一作旄）牛道（灵关道），这两条交通线均为蜀时故道。东路的五尺道可由黔西北通往黔中，历来为秦王朝所特别重视，同时为笼络蜀人，利用蜀人维修整治，故沿袭蜀时旧名。而秦沿西路牦牛道南下，其政治军事势力仅达越嶲而止，而且这条道路也没有经过秦人修整，所以其旧名没有为秦人所沿袭下来。五尺道之所以以"五"为称，而不是为秦王朝"一断于法"之下"数以六为纪"的以"六"为称，原因就在于"五尺道"是沿袭古蜀王国的故道和旧称，而不是由秦人新辟和命名。

事实上，先秦时期不论中原诸侯还是西方秦国，他们与巴蜀以南的西南夷地区都没有多少直接联系，先秦文献对于西南夷地区的道路也极少记载，即便五尺道的名称也是由于秦灭蜀以后才见于文献记载，而西南夷道、牦牛道或灵关道等名称，也都是始见于汉代文献的名称，至于先秦古蜀王国时期这几条道路叫什么名称，历史文献并没有留下任何记载，是否亦由"五"命名或与之相关，今已难知其详。

根据《史记·西南夷列传》和《汉书·西南夷传》的记载，秦人在蜀地南部分东西两路南下进入西南夷地区，一路沿五尺道，在五尺道上"颇置吏焉"，一路沿牦牛道，在邛、笮"通为郡县"，两道的"略通"年代均在秦灭前十余年，远远晚于古蜀通西南夷的时代。而且，秦人所略通的这两道都是沿着旧时古蜀王国通往西南夷的道路而下，并没有新辟道路，这两道都在秦灭后就立即恢复了旧日的古蜀关隘，而蜀商要进入西南夷地区必须偷越五尺道。《史记·西南夷列传》记载秦灭后，西南夷诸族立即"关蜀故徼"。所以，一当西南夷脱离秦王朝的统治，"蜀故徼"也就立即随之恢复，蜀商必须偷越关隘才能进入西南夷地区进行贸易。《史记·大宛列传》载："然闻其西（按：指滇、昆明之西）可千里，有乘象国，名曰滇越，而蜀贾奸出物者或至焉。"这里所说的"蜀贾奸出物者"，与《西南夷列传》所说"巴蜀民或窃出商贾"

是一致的，都是指偷越"蜀故徼"南出西南夷地区的蜀人商贾。所谓"蜀故徼"，是指故蜀与西南夷诸族交通贸易的关隘或关卡，古蜀王国曾在此设置关卡收取关税，相当于《孟子》所说中原地区的"关市之征"。这同时也可以说明，先秦五尺道是古蜀王国时期的官道。

民族交流

| 13 |

藏彝走廊与丝绸之路

一

　　藏彝走廊是中国西部的民族和文化走廊，在先秦秦汉史的时空范围内，这条走廊的流动性尤其明显，它的民族和文化内涵随历史的变化而变化，具有显著的流动性和不稳定性等特点，而不是像文化板块那样具有稳定化和一成不变的特点。关于藏彝走廊的名称和内涵问题，从1978年到2003年期间，费孝通先生曾多次做过说明。[①]费孝通先生谈到中华民族聚居地区由六大板块和三大走廊构成的格局，板块是指北部草原区、东北高山森林区、青藏高原、云贵高原、沿海区、中原区；走廊是指西北民族走廊、藏彝走廊、南岭走廊，板块是以走廊相联结的[②]，藏彝走廊是其中的一条。对于藏彝走廊的含义，李绍明先生从民族走廊的理论问题、藏彝走廊范围问题、考古学问题、民族史问题、民族语言问题、民族文化问题、生态与民族的关系问题、民族经济的发展问题等八个方面进行过深刻阐释。[③]依据费孝通先生和李绍明先生的研究成果，本文所讨论的藏彝走廊的地理范围，主要是指地理学上的横断山脉地区。而丝绸之路，是指从河西走廊至中亚的西北丝绸之路和从川滇至缅印、东南亚的南方丝绸之路。关于南方丝绸之路与藏彝走廊的关系问题，李绍明先生曾从民族学和民族史的角度，在《西南丝绸之路与民族走廊》一文中进行了深刻讨论[④]，文中也提到西北丝绸之路大体与西北民族走廊相当。童恩正先生曾于20世纪80年代提出"我国从东北到西南的边地半月形文化传播

文
明
的
史
迹
：
先
秦
、
巴
蜀
及
南
丝
路
历
史
研
究
（
南
方
丝
绸
之
路
卷
）

---

① 费孝通：《关于我国民族的识别问题》，《中国社会科学》1980年第1期；《民族社会学调查的尝试》，费孝通：《从事社会学五十年》，天津：天津人民出版社，1983年；《谈深入开展民族调查问题》，《中南民族学院学报》1982年第3期。

② 费孝通：《民族研究文集》，北京：民族出版社，1988年，第268-285、295-305页。

③ 李绍明：《藏彝走廊研究中的几个问题》，《巴蜀文化研究（第3辑）》，成都：巴蜀书社，2006年。

④ 李绍明：《西南丝绸之路与民族走廊》，四川大学历史系编：《中国西南的古代交通与文化》，成都：四川大学出版社，1994年。

带"①，主要从中国国内文化传播和交流的角度讨论先秦秦汉时期分布于长城内外、青藏高原和横断山区的民族文化传播带，其视野基本上局限在国内。许倬云先生认为，童恩正先生所划的这条传播带，还应该向南北两头延伸，向北应越过长城以北草原地带，向南应该延伸到中南半岛，这实际上应该是一条国际文化交流传播带②。许倬云先生的看法确为精辟之论。

就童恩正先生所讨论的半月形文化传播带而言，它从中国西北到西南的一段，正是费孝通先生所提出的藏彝走廊的地理范围，这在李绍明先生的上述论文里已有明确阐释。就这条走廊的外部通道而言，在它的南北方向都有着漫长的延长线。在藏彝走廊的北方，由甘青高原西行经河西走廊和西域至近东和小亚细亚，并由甘青高原向东延伸，越过北方草原地带，直到俄罗斯。藏彝走廊北面这两条线路，向西的一条是著名的丝绸之路，现称为北方丝绸之路，向东的一条即是草原丝绸之路。藏彝走廊的南方，由横断山向南，一直向南伸展到中南半岛，并从横断山脉南端向西经过南亚印巴次大陆延伸到中亚、西亚和东地中海地区。藏彝走廊南面这两条线路，向西的一条即是著名的蜀身毒道，向南的一条称为安南道（包括步头道和进桑道），这两条向南的线路又合称为南方丝绸之路。从地图上看，藏彝走廊连同它的南北两条丝绸之路，就像两个头向外、尾相连的巨大的 Y 字，深深地刻印在中国西部的大地之上。因此，藏彝走廊实际上这是一条沟通南北丝绸之路的国际走廊，是一条具有国际性和国际意义的历史、地理、民族和文化走廊。

分布和往来于由藏彝走廊所连接的南北两条丝绸之路上的民族和文化相当众多，其间关系错综复杂，其中一些族群和文化涉及当今中外关系史的重要内容。实际上是一条古代中外文化传播、交流和民族迁徙往来十分集中的地带，它的外延远远超出了今天中国的范畴。

二

研究表明，先秦时期，在藏彝走廊南面即中国西南地区，由于以三星堆文化为重心的古蜀文明的历时性传播和推动，南方丝绸之路沿线地区相继产生了青铜文化，社会复杂化程度加深，酋邦组织形成，推动了中国西南地区文化的演进。由于成都平原古蜀文明的吸引力和凝聚力，先秦中国西南地区

---

① 童恩正：《试论我国从东北到西南的边地半月形文化传播带》，《文物与考古论集》，北京：文物出版社，1987 年。

② 此为许倬云先生 1994 年见示作者。

的文化从分散的后进状态逐步走向文明，初步形成了在古蜀文明影响和制约下的政治和文化的一体化状态，这对秦汉时代西南民族地区纳入中国文化大家庭起到了十分重要的作用。而古蜀文化对西南民族的整合，基本上就是沿着南方丝绸之路展开的。

中国西南地区早在史前时代就与缅、印地区以及东南亚地区发生了文化交流，饶宗颐先生在《梵学集》中分析道，印度地区所发现的有肩石斧和有段石锛，是沿陆路从中国进入东印度阿萨姆地区和沿海路进入盘福加的。他又举印度河文明哈拉巴发现的束丝符号，与理塘和四川汉墓所见相同，认为据此可确认丝织品传至域外。马来亚与马来族的素梦、招魂巫术，与中国南方的楚风亦多相似，而竹王的神话，则与西南夷的信仰同出一源。①

李学勤先生精辟地指出："三星堆的重要性当然不只在于海贝的存在，只有将这一遗址放到'南方丝绸之路'的大背景中，才有可能深入认识其文化性质及历史意义。'南方丝绸之路'是中国通向东南亚、南亚的通道，它的价值和作用应当站在世界史的高度上来考察。以往在商代晚期的都邑殷墟，曾经看到一些有关线索，例如，三十年代发掘的小屯 YH127 坑中的'武丁大龟'，生物学家伍献文先生鉴定为马来半岛所产；八十年代我在英国剑桥大学收藏里选出的一片武丁卜甲，经不列颠博物院研究，龟的产地也是缅甸以南。再有 YH127 坑武丁卜甲碎片黏附的一些织物痕迹，台湾学者检验认为是木棉。另外，越南北部出土的玉牙璋，形制纹饰特点表明与三星堆所出有密切联系，已为学者周知。"②

从四川经云南至缅印地区的南方丝绸之路在中西文化交流中具有显著的地位，尤其在中国文明初期，具有十分重要的地位。春秋以前，中国西北方面的民族移动尚不剧烈，由西北民族的迁徙所带动的一些民族群团的大规模迁徙还未发生。据西史的记载，欧亚民族的大迁徙发生在公元前七八世纪。公元前七八世纪之际，欧亚大陆间的民族分布大致是：西梅里安人在今南俄一带，斯基泰人（Scythian，旧译西徐亚）在西梅里安人稍东之地，索罗马太人（Sauromathae）在里海之北，马萨及太人（Massagetae）自黠嘎斯（kirghiz）草原至锡尔河（SirDaria）下游，阿尔其贝衣人（Argippaei）在准噶尔及其西

文明的史迹：先秦、巴蜀及南丝路历史研究（南方丝绸之路卷）

---

① 饶宗颐：《梵学集》，上海：上海人民出版社，第 353、355、356 页。

② 李学勤：《三星堆与南方丝绸之路青铜文化研讨会论文集》序，《三星堆研究（第二辑）》，北京：文物出版社，2007 年；李学勤：《商代通向东南亚的道路》，《学术集林（卷一）》，上海：上海远东出版社，1994 年。

一带，伊塞顿人（Issedones）在塔里木盆地以东，阿里马斯比亚人（Arismaspea）在河西一带。①这一时期，从西北方面经西域或北方草原方面的对外文化交流存在较多的困难。西南方面则由于西南夷很早就已是蜀的附庸②，古蜀王作为西南夷诸族之长，长期控制着西南夷地区，古蜀与西南夷诸族之间的关徼常常开放，因此从西南夷道出境外，由此至缅、印而达中亚大夏（今境阿富汗）、西亚，实比从西北和北方草原西行更容易。张骞从西域探险归来后向汉武帝报告时指出："大夏去汉万二千里，居汉西南。今身毒国又居大夏东南数千里，有蜀物，此其去蜀不远矣。今使大夏，从羌中，险，羌人恶之；少北，则为匈奴所得；从蜀宜径，又无寇。"③这表明，通过他的实地考察，得知不论从西北还是从北方草原地区出中国去中亚，都不但路途遥远，而且沿途环境险恶，民族不通，极为困难，只有从西南地区出中国去印度到中亚，才是一条既便捷又安全的道路。张骞，城固人，亦即蜀人④，深知西南夷道上蜀与南中诸族的历史关系，所以说"从蜀宜径，又无寇"，可以由此打通中国与外域的关系。

除西南夷道这条主要线路外，南方丝绸之路还包括从四川经云南元江下红河至越南的红河道，还包括从蜀经夜郎至番禺（今广州）的群柯道，经由此道发展了西南与东南沿海地区的关系。《逸周书·王会篇》记载商代初年成汤令伊尹为四方献令之词，其中有位于"正南"的"产里、百濮"等族，即在东南沿海至南海一带。香港南丫岛曾出土典型的三星堆文化牙璋，三星堆祭祀坑里的部分海贝也来自南海，表明早在商代，古蜀文明就已经与南海地区发生了文化联系和交流。由此看来，中国西南与东南亚濮系民族之间的联系，其交通应沿红河道和安南道相往还。而东南亚与中国西南地区的海贝、牙璋等文化交流，也是通过红河道相互往返联系的。中国东南沿海地区的有肩石斧、有段石锛等文化因素西渐进入缅印，则是经由古蜀地区出西南夷道再西行而去的。

在藏彝走廊北面即中国西北远至阿尔泰地区，从青铜时代开始已同中亚的各种文化发生了不同程度的联系和交流。考古学上，在阿尔泰地区所发现的青铜短剑，研究表明是中亚青铜时代的印欧民族迁徙所传播而至的。⑤中国

---

① 参考方豪：《中西交通史》，长沙：岳麓书社，1987年，第47-48。
② 方国瑜：《中国西南历史地理考释（上册）》，北京：中华书局，1987年，第15页。
③ 司马迁：《史记·大宛列传》，北京：中华书局，1974年。
④ 陕西城固先秦时属蜀，见《华阳国志·南中志》。
⑤ 林梅村：《商周青铜剑渊源考》，《汉唐西域与中国文明》，北京：文物出版社，1998年。

的两轮马车和单人骑乘，也是从斯基泰人那里传播而来的。同时，在中亚地区的一些考古发现说明，中国商代的一些文化因素在中亚地区亦有分布，表明西北丝绸之路确是中外文化交流互动的重要通道。

三

藏彝走廊的南北东西方向，都有对外联系的通道，尤其是它的南北两端，是先秦秦汉时期中国最重要的国际文化交流的进出口。藏彝走廊的北方出口，就是北方丝绸之路；而它的南方出口，就是南方丝绸之路。实际上，出口同时也就是进口，古代南北东西的文化以至族群的交流互动，就是通过北方丝路和南方丝路进行的。经由丝绸之路，中国西部的族群和文化与南亚细亚、中亚细亚、西亚细亚以及东亚细亚南部即中南半岛进行互动与交流。先秦秦汉时期中国的西方文化因素，和同一时期西方的中国文化因素，就是通过藏彝走廊两端的南北丝绸之路进行的。

在从西亚、中亚和南亚传入的文化因素中，青铜人物雕像、黄金人体装饰、黄金面罩、黄金权杖，以及柳叶形青铜短剑等，是对古代中国影响深远的文化因子。

四川广汉三星堆出土的金杖、金面罩、青铜人物全身雕像、人头像、人面像、兽面像等，不论在形式还是风格上都完全不同于包括古蜀本土在内的商代中国各地的文化。从古代欧亚文明的视角看，至迟在公元前 3000 年初，西亚的美索不达米亚地区就开始形成了青铜雕像文化传统[①]；古埃及也在公元前 3000 年代初叶开始制作青铜人物雕像并形成传统[②]；印度河文明地区早在哈拉巴文化时期（2500—1500B.C.）就已开始制作青铜雕像，成为后来印度教制作青铜雕像的重要渊源。最早的权杖出现在西亚欧贝德文化第 4 期（UbaidⅣ，约公元前 4000 年代前半叶）[③]，其后在西亚不少地方出现铜制权杖[④]，而古埃及使用权杖的传统至少在早王朝初期就已形成[⑤]。黄金面罩在古

[①] 尼·伊·阿拉姆：《中东艺术史》，上海：上海美术出版社，1985 年；R. Willis, Western Civilization, vol. 1，p. 18, 16, 1981；罗塞娃等：《古代西亚埃及美术》，北京：人民美术出版社，1985 年。

[②] J. E. Quibell, Hierakonpolis, 11, Plate 1, 1902. Mosso, Dawn of Mediterranean Civilization, p. 56. see H. R. Hall, The Ancient History of the Near East, 1947, p. 136. G. Mokh Tared, General History of Africa, vol. 11, 1981, P. 158.

[③] Strommenger, 5000 Years of the Art of Mesopotamia, 1964, p. 12.

[④] R. F. Tylecote, A History of Metallurgy, 1976.

[⑤] A. Gardiner, Egyption Grammar, 1957, p. 510.

代西亚、古埃及和伯罗奔尼撒半岛的迈锡尼文明考古中亦经常可见。①古代西亚文明的青铜雕像、权杖文黄金面罩等因素相继集结出现在其他文明当中，应属文化传播所致。商代三星堆遗址出现的金杖、金面罩和青铜雕像等，虽然在古蜀本土和中国其他地区都找不到它们的发生序列，但却与西亚、印度等古代文明类似文化因素的风格一致，功能相同，并且位于这些文化因素发展序列的较晚位置，因而就有可能是吸收了这些文明地区的有关文化因素再创作而制成。

考古学上，中国早期的黄金制品出现于夏代，1976年在甘肃玉门市火烧沟遗址的墓葬中出土的黄金制品，是目前所见资料中最早的一例。②除此而外，在中国其他地区尚未发现夏代的黄金制品。中国早期的黄金制品较多地出现于商代，商代的黄金制品存在南、北之间的系统区别，在中原和北方地区主要发现于北京、河北、河南、山东、辽宁、山西，在南方则集中发现于四川的成都平原。中国北方地区现已发现的商代黄金制品主要是金箔片、黄金、小片金叶、金臂钏、金耳环、金笄、黄金"弓形饰"，等等。

中国北方地区商代黄金制品具有两个明显的共性：第一，它们都出土于墓葬（殷墟金块除外）；第二，它们都是作为装饰品（人体装饰物或器具饰件）来使用的。金叶和金箔片虽然在用途上并不与其他地点所出作为人体装饰物的金臂钏、金耳环、金笄、金"弓形饰"等相同，但从作为装饰品这个意义上说，它们则是共同的、一致的。③从欧亚古代文明的视角看，商代黄河流域黄金器物中的人体装饰物，可能与中亚草原文化的流传有关。④

商代南方的黄金制品集中分布在西南地区四川广汉三星堆和成都市金沙遗址。1986年夏在广汉三星堆遗址相继发现两个祭祀坑，出土大批青铜、黄金、玉石制品以及大量象牙和海贝。⑤其中的各种黄金制品多达数十件⑥，成都市金沙村遗址位于成都市区西部，从2001年2月以来的发掘中，共出土黄

① R. Willis, Western Civilization, vol. 1, p. 19；尼·伊·阿拉姆：《中东艺术史》，上海：上海美术出版社，1985年。
② 甘肃省博物馆：《甘肃省文物考古工作三十年》，《文物考古工作三十年（1949—1979）》，北京：文物出版社，1979年。
③ 段渝：《商代黄金制品的南北系统》，《考古与文物》2004年第1期。
④ 马健：《黄金制品所见中亚草原与中国早期文化交流》，《西域研究》2009年第3期。
⑤ 四川省文物管理委员会、四川省文物考古研究所、四川省广汉县文化局：《广汉三星堆遗址一号祭祀坑发掘简报》，《文物》1987年第10期；四川省文物管理委员会、四川省文物考古研究所、广汉市文化局文管所：《广汉三星堆遗址二号祭祀坑发掘简报》，《文物》1989年第5期。
⑥ 四川省文物考古研究所：《三星堆祭祀坑》，北京：文物出版社，1999年。

藏彝走廊与丝绸之路

金器物 200 余件，其中有黄金面罩、射鱼纹金带、鸟首鱼纹金带、太阳神鸟金箔、蛙形金箔、鱼形金箔、金盒、喇叭形金器等，是先秦时期出土金器数量最大、种类最多的遗址。[①]根据发掘报告，三星堆出土的各种黄金制品，主要种类有金杖、金面罩、金果枝、璋形金箔饰、虎形金箔饰、鱼形金箔饰、金箔带饰、圆形箔饰、四叉形器、金箔残片、金箔残屑、金料块，等等。[②]三星堆文化黄金制品的形制、出土情况以及它们与大型青铜制品群密不可分的关系，显示出几个明显的特点：第一，数量多，达到近百件（片）。第二，形体大，尤以金杖、金面罩为商代中国黄金制品之最。第三，种类丰富，为北方系统各系所不及。第四，均与实用器或装饰用品无关，而与大型礼仪、祭典和祭祀仪式有关，或与王权（政治权力）、神权（宗教权力）和财富垄断权（经济权力）的象征系统有关。其中金杖和金面罩的文化形式在商代中国的其他任何文化区都绝无发现，即令在以三星堆遗址为代表的整个古蜀文化区也是绝无仅有。三星堆文化的金杖、金面罩等文化形式，与青铜雕像的文化形式一样，很有可能是通过古代印度地区和中亚的途径，从古代的西南夷道、蜀身毒道，经云南、缅甸、印度、巴基斯坦、阿富汗等地区，采借吸收了西亚近东文明的类似文化因素，而由古代蜀人按照自身的文化传统加以改造创新而成的，它们反映了商代中国西南与南亚、中亚和西亚古代文化之间的交流关系。[③]

中国境内的青铜短剑，最早见于先秦时期的西北和西南地区，时间是在商代中晚期。而近东地区早在公元前三千纪已开始使用剑身呈柳叶形的青铜短剑，这种剑型不久传入中亚地区和印度地区，在公元前二千纪分别从南北两个方向传入中国西北地区和中国西南地区。在中国西北地区发现的青铜短剑，剑身呈柳叶形，多为曲柄剑，或是翼格剑、匕首式短剑，多在剑首处铸有动物形雕像。这种剑型，形制几乎与中亚青铜短剑一致，因而学术界认为这类青铜短剑很有可能是从中亚引入的剑型。[④]在中国西南地区发现的青铜短

① 成都市文物考古研究所：《金沙——21 世纪中国考古新发现》，北京：五洲传播出版社，2005 年。
② 四川省文物考古研究所：《三星堆祭祀坑》，北京：文物出版社，1999 年。
③ 段渝：《巴蜀是华夏文化的又一个起源地》，《社会科学报》1989 年 10 月 19 日；《古蜀文明富于世界性特征》，《社会科学报》1990 年 3 月 15 日；《商代蜀国青铜雕像文化来源和功能之再探讨》，《四川大学学报》1991 年第 2 期；《论商代长江上游川西平原青铜文化与华北和世界古文明的关系》，《东南文化》1993 年第 2 期；《支那名称起源之再研究——论支那名称本源于蜀之成都》，《中国西南的古代交通与文化》，成都：四川大学出版社，1994 年。
④ 卢连成：《草原丝绸之路——中国同域外青铜文化的交流》，上官鸿南、朱士光编：《史念海先生八十寿辰学术文集》，西安：陕西师范大学出版社，1996 年；林梅村：《商周青铜剑渊源考》，《汉唐西域与中国文明》，北京：文物出版社，1998 年。

剑，主要分布在以成都平原为中心的四川盆地内外，年代为商代中晚期或更早。成都平原发现的柳叶形青铜短剑，形制几乎与印度河和恒河流域青铜短剑相同，都是扁茎，无格，剑身呈柳叶形，剑茎与剑身同时铸成，剑身有宽而薄与窄而厚两种。很容易判断，两者之间具有同源的关系。印度河流域的青铜文化，时代在公元前 2500 年至公元前 1500 之间。这个时代，正是古蜀三星堆青铜文明从发展走向鼎盛的时代，也是古蜀柳叶形青铜短剑初现的时代。由此看来，古蜀地区的柳叶形青铜短剑这种剑型，应当是从印度河和恒河流域引入，而古蜀人在古蜀地区自己制作的。

四

在南、北丝绸之路上往来迁徙的民族及其关系方面，有一现象适可引起特别注意。《隋书》卷 83《西域传·康国传》记载："康国者，康居之后也。迁徙无常，不恒故地，然自汉以来相承不绝。其王本姓温，月氏人也。旧居祁连山北昭武城，因被匈奴所破，西窬葱岭，遂有其国。支庶各分王，故康国左右诸国并以昭武为姓，示不忘本也。……人皆深目高鼻，多须髯。善于商贾，诸夷交易多凑其国。"《旧唐书》卷 198《西域传·康国传》："康国，即汉康居之国也。其王姓温，月氏人。先居张掖祁连山北昭武城，为突厥所破，南依葱岭，遂有其地。枝庶皆以昭武为姓氏，不忘本也。其人皆深目高鼻，多须髯。"昭武城，义为王城，相当于中原王朝所谓"京师"。据学者言，大月氏、贵霜帝国有所谓"昭武九姓"，均源于河西走廊祁连山北的昭武城，与氐羌种姓的"京师"有关。[1]前秦（氐人所建之国）称王为"诏"，如前秦王苻坚称为"苻诏"。南诏之诏，亦为王的称呼。缅甸王都称为 Chaohwa，也是以诏或昭相称（同上）。以昭或诏作为王称，这不免使人联系到同样高鼻深目的古蜀王的称谓。

三星堆出土青铜人物雕像中的青铜大立人像，当为古蜀王的雕像。这座雕像与其相类的青铜雕像，都是高鼻深目的古蜀人的形象，我们认为这些雕像具有明显的中亚或西亚人种的面貌特征。[2]张正明先生和张增祺先生也认为它们与中亚和西亚人种有关。张正明先生说："三星堆出土的诸色人像和头像，显然表明族类的复杂。那么，在古蜀国中，有没有从中亚辗转迁来的西徐亚

---

① 参考方豪：《中西交通史》，长沙：岳麓书社，1987 年，第 87-88 页。

② 屈小强、李殿元、段渝主编：《三星堆文化》，成都：四川人民出版社，1993 年，第 87-88 页。

人呢？西徐亚人，英称 Scythians，《汉书》谓之'塞种'，汉译旧称'斯基泰人'。张增祺先生认为，汉代滇国青铜贮贝器上的人像，有一种是《史记》所谓'巂人'，《汉书》谓之'塞种'，言之有据。我所要补充的，是后世所谓'叟'亦即汉代所谓'巂'和'塞'，都是 Scythians 的音译。汉代的滇国已有之，应该不是突如其来的。那么，先秦的蜀国有没有西徐亚人呢？假如没有，有没有经西徐亚人传来的中亚乃至西亚的文化因素呢？"[①]张正明先生的答案是肯定的。[②]

在高鼻深目的古蜀人所使用的汉文文字里，称自己为"昭"，实例见于 1980 年新都马家大墓所出列鼎，其中一件鼎铸刻有"昭之饮鼎"四个汉字。[③]徐中舒、唐嘉弘先生先生曾以为是楚国屈景昭三大姓中的昭氏。[④]笔者过去曾认为"昭之饮鼎"的昭，是"金奏昭乐"之义[⑤]，现在看来，这个"昭"字更有可能与古蜀人的王称有关。也就是说，有可能古蜀人称呼王为"昭"。从古蜀人的族系分析，既有氐羌系，又有濮越系，那么这"昭之饮鼎"的昭，是否与大月氏、贵霜、南诏、缅甸对于王或王都的称呼有关？蜀地紧靠云南，又近于缅甸，其间具有族系上的同源关系。蜀与大月氏分别位于藏彝走廊的南北两端，而藏彝走廊正是氐羌系民族从北南迁的主要通道，早在新石器时代就有马家窑文化沿着这条通道南下进入岷江上游地区，茂县营盘山遗址以及其他遗址多有马家窑类型的彩陶发现，可以说明这个问题。但是古蜀与大月氏联系的直接证据，目前还是缺乏，难以证实其间的交流和互动关系。文献说"蚕丛国破，子孙居姚巂等处"[⑥]，姚为今云南大姚、姚安。近年在云南大理发现的青铜器中，可以见到古蜀青铜文化对当地明显的影响之迹，这正与褚少孙补《史记·三代世表》所说"蜀王，黄帝后世也，至今在汉西南五千里，常来朝降，输献于汉"的记载相合。蚕丛为氐羌，南诏亦氐羌后裔所建，如果说他们都以"昭（诏）"作为王称，似乎是有一定道理的。不过，关于这个问题，还需要更多的材料来证实。

文
明
的
史
迹
：
先
秦
、
巴
蜀
及
南
丝
路
历
史
研
究
（
南
方
丝
绸
之
路
卷
）

---

① 张正明：《对古蜀文明应观于远近》，《巴蜀文化研究（第三辑）·巴蜀文化研究新趋势国际学术研讨会论文集》，成都：巴蜀书社，2006 年。

② 张正明先生 1989 年底致段渝之函见示。参考《三星堆文化》第 536 页注释第 4 条，成都：四川人民出版社，1993 年。

③ 四川省博物馆：《四川新都战国木椁墓》，《文物》1981 年第 6 期。

④ 徐中舒、唐嘉弘：《古代楚蜀的关系》，徐中舒：《论巴蜀文化》，成都：四川人民出版社，1982 年。

⑤ 段渝：《论新都蜀墓及所出"昭之饮鼎"》，《考古与文物》1991 年第 3 期。

⑥《史记·三代世表》正义引《谱记》。

| 14 |

古代四川与东南亚文明

一、西南夷与中缅交通

汉朝贾谊《新书》卷9《修政语上》记载："尧教化及雕题、蜀、越，抚交趾，身涉流沙，封独山，西见王母，训及大夏、渠搜、北中国幽都及狗国与人身鸟面及僬侥。"[①]其中几个地名和古国、古族名，颇与古蜀和西南地区的内外交通线有关。

独山，即蜀山，《汉书·武帝纪》"文山郡"下颜师古注云："应劭曰：文山，今独郡岷山。"独字上古音屋部定纽，与渎字音同相通，《史记·封禅书》即作"渎山"，指岷山，即是蜀山。[②]狗国，先秦岷江上游有白狗羌，称为"阿巴白构"，为牦牛羌之筰都，即《史记·大宛列传》正义所说："筰，白狗羌也。"筰都在战国至汉初渐次南迁至今四川汉源大渡河南北，汉武帝末叶以后逐渐南迁至雅砻江流域今四川凉山州西南部之盐源等地区。[③]"人身鸟面"，似与古蜀三星堆青铜雕像的人面鸟身有一定关系（图一、图二）。[④]而狗国与人面鸟身相联系，则可能暗示着三星堆古蜀人与白狗羌在族群上的某种联系。

僬侥，或作焦侥，始见于《国语·鲁语》，其后，《史记》《后汉书》《山海经》《列子》《括地志》诸书中有所记载，说其人身高不过三尺。《山海经·大荒南经》记载："有小人名曰僬侥之国。"《海外南经》所记略同。《史记·大宛列传》正义引《括地志》云："小人国在大秦南，人才三尺……即焦侥国。"方国瑜先生引证李长传《南洋史纲》说："小黑人，后印度（中印半岛）之原

① 阎振益、钟夏：《新书校注》卷9《修政语上》，北京：中华书局，2000年，第360页。
② 《史记·封禅书》："渎山，蜀之汶山也。"索隐云："《地理志》蜀郡湔氐道，湔山在西。郭璞注云：'山在汶阳郡广阳县，一名渎山也'。"湔、岷古今字。《史记》卷28《封禅书》，北京：中华书局，1959年，第1372、1373页。
③ 段渝：《四川通史》第1册，成都：四川大学出版社，1993年，第270、271页。
④ 四川广汉三星堆出土的青铜雕像中有1件鸟脚人身像，腰部以上断裂，损毁不存。这件雕像腰至大腿、小腿为人身，脚为鸟爪，踩在一只作飞翔状的青铜鸟的头上。根据这件雕像的形态和意境，联系到三星堆出土的1件青铜神坛的上层所铸有的高踞四周的青铜鸟头，再联系到三星堆出土的大量青铜鸟头像和陶制鸟头勺柄等情况分析，这件鸟脚人身青铜雕像的头部很可能是鸟头。

住民，人种学家名曰小黑人，属尼格罗系（Negritos）。身躯短小，肤色黝黑，在有史以前，居住半岛，自他族徙入，遂见式微。"方先生认为，永昌徼外僬侥夷，当即古之小黑人，惟不详其地理。[1]夏光南和波巴信认为焦侥可能就是缅甸的原始居民小黑人，即尼格黎多人。[2]英国剑桥大学收藏的一片武丁卜甲，经不列颠博物院研究，龟的产地是在缅甸以南；YH127坑武丁卜甲碎片黏附的一些织物痕迹，经台湾学者检验是木棉。[3]木棉即《华阳国志·南中志》《蛮书》《新唐书·骠国传》等所说的"帛迭"，也就是所谓橦华布，主要产于缅甸。这表明，中、缅、印之间的交通、交流和互动，不但在商代确已存在，而且缅、印地区的一些文化因素还通过古蜀地区输往中原商王朝。

图一　三星堆出土鸟身人面像　　　　图二　缅甸鸟身人面像

从《华阳国志·南中志》和《后汉书·哀牢传》的记载来看，西南夷的空间范围包括了后来缅甸的许多地区，直接毗邻于东印度阿萨姆地区。[4]《后

①　方国瑜：《中国西南历史地理考释》上册，北京：中华书局，1987年，第216页。
②　夏光南：《中印缅道交通史》，北京：中华书局，1940年，第23页；波巴信：《缅甸史》，北京：商务印书馆，1965年，第10页。
③　李学勤：《商代通向东南亚的道路》，《学术集林》卷1，上海：上海远东出版社，1994年。
④　《华阳国志·南中志》记载："（哀牢）其地东西三千里，南北四千六百里。"（刘琳：《华阳国志校注》卷四《南中志》，成都：巴蜀书社，1984年，第428页。）《后汉书·哀牢传》记载："（哀牢夷）其称邑王者七十七人，户五万一千八百九十，口五十五万三千七百一十一"。（第2849页）方国瑜先生认为，据此可见，哀牢地广人众，包有今之保山、德宏地区，及缅甸伊洛瓦底江上游地带。见方国瑜：《中国西南历史地理考释》上册，第22、24页）方先生之说，符合古文献记载。

汉书·陈禅传》记载说"永宁元年，西南夷掸国王献乐及幻人"，掸国在今缅甸，时称西南夷。《后汉书·明帝纪》更是明确记载说"西南夷哀牢、儋耳、僬侥、盘木、白狼、动黏诸种，前后慕义贡献"，直接把僬侥之地纳于西南夷地域范围。《大唐西域记》卷10《迦摩缕波国》还记载："此国（按，指迦摩缕波）东，山阜连接，无大国都。壤接西南夷，故其人类蛮獠矣。详问土俗，可两月行，入蜀之西南之境。"这些记载十分清楚地说明，出蜀之西南境即西南夷，其境地是通过上缅甸地区与东印度阿萨姆地区相连接的，这一线就是古蜀人出云南到缅甸和东印度进行商业活动的线路。贾谊《新书·修政语》把西南夷狗国、三星堆人身鸟面与僬侥相互联系，其真实文化内涵应是上古时代中国西南与缅甸和东印度地区的交通和交流。

考古资料说明，早在旧石器时代，印度北部、中国、东南亚的旧石器就具有某种共同特征，即所谓砍砸器之盛行。而后来在中、缅、印广泛分布的细石器说明，在新石器时代，中国西南与缅、印就有文化传播和互动关系。根据陈炎先生在《中缅文化交流两千年》中所引证的中外学术观点，印度以东缅甸的现住民，不是当地的原住土著民族。他们当中的大多数是在史前时期从中国云贵高原和青藏高原迁入，其中的孟—高棉语族是最先从云贵高原移居到缅甸的[1]，这显然同有肩石器从中国西南云贵高原向缅、印地区的次第分布所显示的族群移动有关。

据《后汉书·西南夷传·哀牢传》记载："永初元年，（永昌）徼外僬侥种陆类等三千余口举种内附，献象牙、水牛、封牛。"[2]东汉时僬侥进献封牛，所谓封牛，即牛脊梁凸起成峰的峰牛，这种牛的青铜雕像在云南大理地区的战国秦汉考古中有大量发现。封牛产于印度、缅甸（图三），为中国所不产，云南大理考古发现的大量战国秦汉时期的封牛青铜雕像（图四），即与缅甸、印度僬侥有关。这说明，中、缅、印之间通过中国西南地区进行的经济文化交流，早在先秦时期已经达到相当频繁的程度。越南东山文化也有青铜封牛（图五）。东汉时，"永昌徼外夷"多次遣使从永昌（今云南保山）通过西南夷

① 陈炎：《中缅文化交流两千年》，周一良主编：《中外文化交流史》，郑州：河南人民出版社，1987年。关于缅甸的古代民族的来源问题，参见李绍明：《西南丝绸之路与藏彝走廊》，《中国西南的古代交通与文化》，成都：四川大学出版社，1994年；贺圣达：《缅甸藏缅语各民族的由来和发展——兼论其与中国藏缅语诸民族的关系》，方铁主编：《西南边疆民族研究》3，昆明：云南大学出版社，2003年。关于孟高棉语的问题，可参见何平：《中南半岛北部孟高棉语诸民族的形成》，方铁主编：《西南边疆民族研究》3。
② 范晔：《后汉书》卷86《西南夷传·哀牢传》，北京：中华书局，1965年，第2851页。亦参：《后汉书》卷5《安帝纪》，第207页。

图八　越南东山文化牙璋

在《水经·叶榆水注》所引《交州外域记》，以及《史记·南越尉佗列传》索隐所引《广州记》《唐书·地理志》所引《南越志》，以及《太平寰宇记》引《日南传》等其他一些史籍中，保存了蜀王子安阳王南迁交趾建立王国的珍贵史料。据越籍《大越史记全书》《安南志略》《越史略》诸书的记载，蜀王子安阳王名泮，蜀人，显然就是蜀王开明氏后代。安阳王既称蜀王子，说明是蜀王后世子孙。[1]开明与安阳，本是一词的同音异写，仅音读稍异。[2]

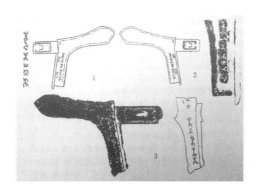

图九　四川出土的"棘字"戈

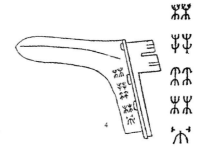

图十　越南东山文化"棘字"戈

① 徐中舒：《论巴蜀文化》，成都：四川人民出版社，1982年，第159页。
② 蒙文通：《越史丛考》，《古族甄微》，成都：巴蜀书社，1993年。

根据上述史籍的记载，安阳王自开明王朝灭亡后，即率部南迁，经红河进入交趾（今越南北部地区），征服当地雒王、雒侯、雒将，建立"蜀朝"。《续汉书·郡国志》"交趾郡"下刘昭注曰"即安阳王国"，《广州记》称安阳王"治封溪县"①。越南史籍《大越史记全书》《岭南摭怪》等，均以今越南河内东英县古螺村古螺城（Co Lao）为公元前3世纪蜀人所建造的安阳王城，这与安阳王进入交趾建国的年代相当吻合。越南史籍中的"螺城"，当为"雒城"之讹。

河内东英县古螺城原有外城、内城和宫城三重城墙，外城平面略呈五边形，周长8千米左右，墙基最厚处约25米，现存高度约4~5米，顶宽约12米；内城平面约呈椭圆形，周长6.5千米，城墙现存高度约2~3米，顶宽约20米，这两道城墙的间距约30米，内墙已毁不存；宫城平面略呈长方形，周长1.65千米。从形制上看，古雒城与中国四川新津宝墩古城十分近似。宝墩古城现已发现内城和外城，城址平面大致呈不甚规整的五边形，长约2 000米，宽约1 500米，城墙周长约6.2千米。②内城中一处称为"鼓墩子"的地方发现大型建筑遗迹，有可能是古城的中心，或许将来能够发现"宫城"。从出土器物上看，古雒城城址内出土万余枚青铜箭镞③，这也与中国史籍关于安阳王善用弩的记载恰相一致。越史记载说安阳王城为九重，考古发掘证实为三重。这种"重城"形制，及其依河流而建之势，与成都平原古城群有极为相似之处。而且，越史所记载的关于在安阳王城修建过程中由金龟相助才得以建成的传说④，与战国时期秦人因得神龟帮助才得以建成成都城因而成都又称为"龟化城"的传说如出一辙。显然，安阳王城是由来源于四川的蜀王子安阳王所建。

古螺城东南外建有祭祀安阳王的安阳王庙，还建有祭祀安阳王女儿媚珠的寺庙，在河内还有一条名为"安阳王大街"的大道，这些都与中、越历史文献关于安阳王故事的记载相当吻合，充分说明了蜀王子安阳王南迁交趾的史实。

① 司马迁：《史记·南越列传》，北京：中华书局，1959年。
② 成都文物考古研究所、新津县文管所：《新津宝墩遗址调查与试掘简报（2009—2010年）》，《成都考古发现（2009）》，北京：科学出版社，2011年。
③ 赖文到：《古雒城遗址出土的东山文化青铜器》，《越南考古学》2006年第5期。
④ 见《岭南摭怪列传》卷之二《金龟传》，戴可来、杨宝筠校注：《岭南摭怪等史料三种》，郑州：中州古籍出版社，1991年。

蜀王子安阳王南迁交趾的史迹，在考古学文化上也有若干反映。近年在四川峨眉符溪、峨边共安和永东、犍为金井、汉源小堡、会理瓦石田、盐源柏林、盐边团结等地均发现大量蜀式器物，反映了安阳王南迁的情况。[①]云南滇池区域青铜文化中，也有大量蜀式器物，如呈贡龙街石碑村、晋宁石寨山、江川李家山古墓群中，都出土大量蜀式无胡青铜戈。从流行年代及戈的形制纹饰分析，其中一些与蜀人南迁、蜀文化因素的渗透和影响有关。而越南北部东山文化中的无胡青铜戈[②]、船棺葬等，也应与蜀文化的南传有深刻联系，证实了中、越史籍关于蜀王子安阳王南迁交趾建国的史实。

---

① 王有鹏：《犍为巴蜀墓的发掘与蜀人的南迁》，《考古》1984 年第 12 期。
② 黎文兰、范文耿、阮灵等：《越南青铜时代的第一批遗迹》，河内：河内科学出版社，1963 年。

| 15 |

古代氐羌与丝绸之路

——兼论江源松潘地区在南北丝绸之路中的重要作用

分布和往来于由藏彝走廊所连接的南北两条丝绸之路上的民族和文化相当众多，其中最主要的就是氐羌民族。从氐羌民族在藏彝走廊的分布来分析，位于今川西北岷江上游古代江源一带的松潘地区以及绵阳北部及甘肃地区的族群恰好处在南北丝绸之路之间的枢纽位置，这条线路及其在这个地理空间范围居息、繁衍、活动的氐羌族群对于南北丝绸之路的沟通和连接起到了重要作用。

一、氐羌南下的通道

氐、羌民族的历史十分悠久，在商代就已屡见于史册。《诗经·商颂·殷武》："昔有成汤，自彼氐、羌，莫敢不来享，莫敢不来王，曰商是常。"《竹书纪年》：成汤十九年，"氐、羌来宾"。又载：武丁三十四年，"王师克鬼方，氐、羌来宾"。又载："是时（殷）舆地东不过江、黄，西不过氐、羌，南不过荆蛮，北不过朔方，而颂声作。"《尚书·牧誓》记载西土八国有羌人。《逸周书·王会》："氐、羌以鸾鸟。"都表明氐、羌为古老民族。

氐、羌同源异流，原居西北甘青高原，后分化为两族。羌，殷墟甲骨文屡见，其字从羊从人。《说文》"羌，西戎牧羊人也"，是以畜牧业为主并营粗耕农业的民族。氐，《说文》释为"本也"，原为低、平之义。[1]《逸周书·王会》孔晁注曰："低地羌羌不同，故谓之羌，今谓之氐矣。"鱼豢《魏略·西戎传》说氐人"其俗、语不与中国同，及羌杂胡同"，又说"其嫁娶有似于羌"，"其妇人嫁时著衽露，其缘饰之制有似羌，衽露有似中国袍，皆编发"。氐、羌在语言、风俗上的相同处，正是两者同源之证。而氐人"俗能织布，善田

---

① 徐中舒：《论巴蜀文化》，成都：四川人民出版社，1982年，第79页。

种，畜养豕、牛、马、驴、骡"①，以农业为主，羌人则"地少五谷，以产牧为业"②。氐人"无贵贱皆为板屋土墙"③，羌人则是"其屋，织牦牛尾及羖羊毛覆之"④。两者的差异，又正是其异流的极好证据。综此可知，氐族其实就是从羌族中分化出来后由高地向低地发展并主要经营农业的族类。其初始分化年代，至少可上溯到商代。

从考古学观察，新石器时代至青铜时代今甘肃、青海有众多民族活动居息。甘肃地区的古文化遗存，如马家窑文化、半山文化、马厂文化等，在广义上都同古羌人有一定关系。⑤分布在河西地区山丹、民乐至酒泉、玉门一带的火烧沟类型文化，年代与夏代相当，可能是古羌族文化的一支。而相当于殷商时期的辛店文化，也与古羌人有关。在陇山之东西，则分布有相当于殷周时期的寺洼文化。它分两个类型。⑥寺洼类型分布在洮河流域和陇山以西的渭水流域，年代早于西周。⑦安国类型分布在甘肃的泾水、渭水、白龙江、西汉水诸流域，年代大致与西周同时。⑧寺洼文化这两种类型，应即是古代氐族的文化遗存。⑨它们西起洮河，东至白龙江、西汉水（嘉陵江上游），波及甘肃境内的泾水、渭水等域。这些地区，正是文献所记"世居岐、陇以南，汉川以西"⑩，以武都、阴平为中心的古氐人的分布区域。⑪可证寺洼文化为氐人所遗。而氐人所居之区，较之古羌人所居的河曲以西、以北⑫，地势相对说来既低且平，又多滨水，正与氐字本义相合。所谓低地之羌曰氐族，即由此而来。可见，氐、羌分化，在商代已是如此。

至于辛店文化和寺洼文化均出陶双耳罐，则如上述氐、羌文化风俗的联系一样，是两者同源的反映。《吕氏春秋·义赏》"氐、羌之民其虏也，不

① 《三国志·魏志·乌丸鲜卑东夷传》注引。
② 范晔：《后汉书·西羌传》，北京：中华书局，1965年。
③ 《三国志·魏志·乌丸鲜卑东夷列传》裴松之注引鱼豢《魏略·西戎传》。
④ 李延寿：《北史·宕昌传》，北京：中华书局，1974年。
⑤ 俞伟超：《古代"西戎"和"羌""胡"文化归属问题的探讨》，《青海考古学会会刊》1980年第1期。
⑥ 甘肃省博物馆：《甘肃古文化遗存》，《考古学报》1960年第2期。
⑦ 甘肃省博物馆：《甘肃文物考古工作三十年》，《文物考古工作三十年》，北京：文物出版社，1979年。
⑧ 宝鸡市博物馆、渭滨区文化馆：《宝鸡竹园沟等地西周墓》，《考古》1978年第5期。
⑨ 甘肃省博物馆：《甘肃文物考古工作三十年》，《文物考古工作三十年》，北京：文物出版社，1979年。
⑩ 李延寿：《北史·氐传》，北京：中华书局，1974年。
⑪ 《三国志·魏志·乌丸鲜卑东夷列传》裴松之注引鱼豢《魏略·西戎传》。
⑫ 马长寿：《氐与羌》，上海：上海人民出版社，1984年，第11、12页。

忧其系累，而忧其不焚也"，氐、羌均有火葬之俗。寺洼文化中火葬与土葬并存[1]，不仅证实了文献的可靠性，同时再次证明了古代氐、羌在族源上有着千丝万缕、不可分割的关系。这种起源甚古的火葬之俗，直到战国秦汉时期仍在岷江上游氐人中流传。[2]

考古资料可以反映出氐羌由西北向西南迁徙的情况。近几十年来，在岷江上游及其支流杂谷脑河岸发现了大量新石器时代文化遗址，大多分布在距河谷 100 米以上的台地上。这些遗址按其文化面貌可以大致分为两个大的系统，一是含彩陶的系统，主要以属于仰韶晚期的茂县营盘山遗址[3]和汶川县姜维城遗址[4]为代表，一是不含彩陶而以夹砂陶和泥质陶为主的属于龙山时代的考古学文化遗存，如茂县白水寨遗址、茂县下关子遗址[5]、汶川县高坎遗址[6]、茂县沙乌都遗址[7]。后一个系统的即不含彩陶的文化，与四川盆地的新石器文化有着比较密切的关系，而与含彩陶的系统在文化面貌上有较大的差别。含彩陶的系统与黄河上游的马家窑文化等有较密切的关系。马家窑文化的彩陶从西北高原向西南传播到岷江上游干流及支流地区和大渡河上游和中游地区，这在考古学上是比较清楚的。而从甘青高原逶迤而南的石棺葬文化，也是沿着这条线路，一直分布到云南。可见，从史前到战国秦汉时期，在中国西部高原存在着一条民族走廊，它从西北经松潘草地到岷江上游和大渡河上游，又沿岷江和大渡河（其后转安宁河）河谷南下，而达云南的鲁甸、

---

① 夏鼐：《临洮寺洼山发掘记》，《考古学论文集》，北京：科学出版社，1961 年。

② 《后汉书》卷 86《冉駹传》载，冉駹"死则烧其尸"，是为火葬。考古中，岷江上游石棺葬内也存在将尸体火化后，再瘗入石棺的火葬。

③ 成都文物考古研究所、阿坝藏族羌族自治州文管所、茂县羌族博物馆：《四川茂县营盘山遗址试掘报告》，《成都考古发现（2000）》，北京：科学出版社，2002 年；蒋成、陈剑：《岷江上游考古新发现述析》，《中华文化论坛》2001 年第 3 期；蒋成、陈剑：《2002 年岷江上游考古的发现与探索》，《中华文化论坛》2003 年第 4 期；成都文物考古研究所、阿坝藏族羌族自治州文管所、茂县羌族博物馆：《四川茂县营盘山遗址发掘报告》。

④ 王鲁茂、黄家祥：《汶川姜维城发现五千年前文化遗存》，《中国文物报》2000 年 11 月 26 日第一版；黄家祥：《汶川县姜维城新石器时代遗址及汉明城墙》，《中国考古学年鉴》（2001年），北京：文物出版社，2002 年；黄家祥：《汶川姜维城遗址发掘的初步收获》，《四川文物》2004 年第 3 期；四川省文物考古研究所、阿坝藏族羌族自治州文管所、汶川县文管所：《四川汶川县姜维城新石器时代遗址发掘报告》，《四川文物》2004 年增刊；四川省文物考古研究所、阿坝藏族羌族自治州文管所、汶川县文管所：《四川汶川县姜维城新石器时代遗址发掘简报》，《考古》2006 年第 11 期。

⑤ 成都文物考古研究所、阿坝州文管所、茂县羌族博物馆：《四川茂县白水寨及下关子遗址调查简报》，《成都考古发现（2005）》，北京：科学出版社，2007 年。

⑥ 资料存成都市文物考古研究所。

⑦ 成都文物考古研究所、阿坝州文管所、茂县羌族博物馆：《四川茂县沙乌都遗址调查简报》，《2004 成都考古发现》，北京：科学出版社，2006 年。

昭通、昆明、大理及贵州的毕节等地，通向西南的广大地区。

在这条线路即民族走廊分布的民族，历史上是属于氐羌系的族类，如今是藏缅语系的各族。如：今甘、青、川交界处，古代是西羌以及其后的党项羌，现在是藏族；岷江和大渡河上游，古代是冉、駹及其后的西山羌（包括嘉良），现在是羌族和藏族中的嘉戎支；沿大渡河及安宁河至滇东、黔西及昆明一带，古代是筰都、邛都、巂、靡莫、夜郎、滇等部落，或者是越嶲羌叟，现在主要是彝族；沿安宁河至大理一带，古代是摩沙和昆明，现在是纳西族、普米族和白族。据历史文献及本民族传说，这些族体的历史均可上溯到氐羌。就语言的系属而言，他们都是汉藏语系中藏缅语族之下的各族，有着亲缘的关系。①虽然在后来的长期历史发展中，这些氐羌系的部落相继发展为不同的族，但由于有着同源关系，因此具有很多共同点，最主要的一是语言接近，一是在历史传说、风俗习惯和宗教信仰诸方面，均具若干共同的特点。因此，古代的氐羌有着同源关系，从广义上说即是现今的藏缅语系各族，他们早在新石器时代就由西北高原向西南氐地区居住了。②

氐、羌在今四川境内出现，可以追溯到夏商时代，这无论在文献还是考古资料中都有据可证。

川西高原近年发现大批石棺葬，广泛分布于岷江上游、雅砻江流域和金沙江流域，在大渡河流域也有发现。川西石棺葬起源甚早，延续时间也很长。川西高原石棺葬的族属，总的说来应是氐、羌系统的文化遗存。

从石棺葬的起源看，近年考古证明，最早出现在西北高原。1975 年在甘肃景泰县张家台墓地发现的 22 座半山类型墓葬中，既有木棺墓，也有石棺墓，以石棺墓为主。③半山类型的年代，约在公元前 2200—2000 年④，相当于五帝时代之末和夏代之初的纪年范围，早于川西高原石棺葬。石棺葬于夏商时代出现在川西高原，说明氐羌系统的民族中，有一部分在此期间已进入川境，而不是过去所认为的春秋战国时代。但由于氐、羌同源异流，文化、风俗上异同并存，加以早期活动地域相近，很难区分彼此，因而西北石棺葬就很难划分具体族属。从景泰张家台石棺葬所揭示出来的情形看，无论是氐还是羌，都应有石棺葬传统，此外也还有土葬、火葬等传统，不可非此即彼，一概而

---

① 参见参见罗常培等：《国内少数民族的语言概况》，北京：中华书局，1954 年。
② 李绍明：《关于羌族古代史的几个问题》，《历史研究》1963 年第 5 期。
③ 韩集寿：《甘肃景泰张家台新石器时代的墓葬》，《考古》1976 年第 3 期。
④ 中国社会科学院考古研究所：《新中国的考古发现和研究》，北京：文物出版社，1984 年，第 126 页。

论。由此出发，川西高原石棺葬属氐属羌，也不能一概而论。综合多方面资料，大体说来，岷江上游石棺葬应是氐族文化，雅砻江、金沙江和大渡河流域的石棺葬，则应是羌族文化。

在岷江上游汶、理、茂等县所属地区，当地羌族称石棺葬为"戈基嘎布"，意为"戈基人的墓"。在羌族端公（巫师）唱词和民间口头相传的《羌戈大战》长篇叙事诗中，戈基人是在羌族南下与之激战后被赶走的一个民族，先于羌人在岷江上游定居。[1]既然不是羌族墓葬，就只可能是氐族墓葬了。戈基人即是氐人。文献方面，《山海经·海内南经》记载："氐人国在建木西，其为人，人面而鱼身，无足。"建木，《淮南子·地形》谓"建木在都广"，《山海经·海内经》记有"都广之野"，即成都平原。都广之野以西，正是岷江上游之地。《汉书·地理志》记载秦在蜀西设湔氐道，湔氐道即是因氐人聚居而置。可见建木以西的氐人，恰恰是在岷江上游之地。所谓"建木西"，也恰与《史记·西南夷列传》所记氐族冉駹"在蜀之西"相合。又，《大戴礼记·帝系》说"青阳降居泜水"，《史记·五帝本纪》作"江水"，古以岷江为长江正源，可知此泜指岷江，表明也与氐族有关。综此诸证，先秦岷江上游的石棺葬，应是氐族的文化遗存。

大渡河、雅砻江和金沙江流域的石棺葬，则应与古代羌族有关。据《水经·青衣水注》："县故青衣羌国也。"青衣江、大渡河流域古为羌族地，有莋、徙等族，故其石棺葬应与青衣羌、牦牛羌等有关。雅砻江和金沙江流域也是古羌人居地。从巴塘扎金顶墓葬年代在公元前 1285 年即商代后期来看[2]，羌人早在商代就已入川，其南下路线当沿金沙江、雅砻江河谷而行。

二、江源松潘地区的古代族群

松潘位于古代的江源地区，历代舆地志对此记载颇为详细。《水经》卷三十三《江水一》记载："岷山在蜀郡氐道县，大江所出，东南过其县北。江水自天彭阙，东迳汶关而历氐道县北。"郦道元《注》云："岷山，即渎山也，水曰渎水矣，又谓之汶阜山，在徼外，江水所导也。《益州记》曰：大江泉源，即今所闻，始发羊膊岭下……东南下百余里至白马岭而历天彭阙，亦谓之为天谷也……汉武帝元封四年，分蜀郡北部置汶山郡以统之。（氐道）县，本秦

① 罗世泽整理：《羌戈大战》，《木姐珠与斗安珠》，成都：四川民族出版社，1983 年。
② 中国社会科学院考古研究所实验室：《放射性碳素测定年代报告(七)》，《考古》1980 年第 4 期。

始皇置，后为升迁县也。"《华阳国志》亦云："氐道县有岷阜山，江所出之处也。"①氐道县，杨守敬《水经注疏》作"湔氐道"。秦氐道县即晋升迁县，位置在今松潘县北。李元《蜀水经》卷一《江水一·松潘厅》曰："松潘分府，故湔氐道也。"又云："晋分置兴乐县，又改湔氐道为升迁县，俱属汶山郡。"

古代江源主要是氐羌族群的居息繁衍之地，在这个地区活动的族群主要是冉駹和白马。根据史籍的记载，冉、駹分布在岷江上游，而其分布地域相当广阔。《后汉书·冉駹夷传》记载："冉駹夷者，武帝所开。元鼎六年，以为汶山郡。至地节三年，夷人以立郡赋重，宣帝乃省并蜀郡，为北部都尉。"蜀汉汶山郡辖有绵虒、汶江、湔氐、蚕陵、广柔、都安、白马、平康等八县，中心区域当在今四川阿坝藏族羌族自治州的茂县、汶川县和理县一带，北部在松潘一带。

从史册关于古代松潘地区族群的习俗看，多与冉駹相同。李元《蜀水经》卷一引《谿峒纤记》曰："松潘，古冉駹地，积雪凝寒，盛夏不解。人居累石为室，高者至十余丈，名曰碉房，亲死，布衣斩衰，五年不浴。犯淫事者，输金请和，而弃其妻。惟处女婺妇勿禁。有罪者，树一长木，击鼓集众杀之，富者贳死，烧其屋，夺其田畜。部落甚众，无总属，推一人为长。"将这段史料与《后汉书·冉駹传》相对照，显然可见是基本相同的。《后汉书·冉駹夷传》记载："冉駹夷者，武帝所开。元鼎六年，以为汶山郡，至地节三年，夷人以立郡赋重，宣帝乃省并蜀郡为北部都尉。其山有六夷七羌九氐，各有部落。其王侯颇知文书，而法严重。贵妇人，党母族。死则烧其尸。土地多寒，在盛夏冰犹不释……皆依山居止，累石为室，高者至十余丈，为邛笼。"由此可知，古代松潘的族群中，很大一部分属于冉駹族群。

松潘也是古代白马羌的居地之一。《史记·西南夷列传》记载："自冉駹以东北，君长以什数，白马最大，皆氐类也。"白马即指白马氐，先秦时分布在今四川绵阳地区北部与甘肃南部武都之间的白龙江流域。②《后汉书·西羌传》记载："羌无弋爰剑者，秦厉公时为秦所拘执，以为奴隶。不知爰剑何戎之别也。后得亡归，而秦人追之急，藏于岩穴中，得免……遂俱亡入三河间……至爰剑曾孙忍时，秦献公初立，欲复爰剑之迹，兵临渭首，灭氐獂戎。忍季

---

① 《北堂书钞》卷一五七引。

② 据《汉书》卷28《地理志》，汉高帝在这一区域的南部置有甸氐道（今四川九寨沟县、刚氐道（今四川平武县东）、阴平道（今甘肃文县西北），属广汉郡，汉武帝在其北部置武都郡，所辖武都、故道、河池、嘉陵道、循成道、下辨道等，均为氐族所居。其中，今甘肃武都、文县和四川九寨沟、平武县一带的氐人，即是白马氐。《史记》所述，正是指此。

父邛畏秦之威，将其种人附落，而南出赐支河曲西数千里，与众羌绝远，不复交通。其后子孙分别，各自为种，任随所之，或为牦牛种，越巂羌是也；或为白马种，广汉羌是也；或为参狼种，武都羌是也……羌之兴盛从此起矣。"至汉代，上述白马氏之地多见羌人活动，称为"白马羌"，表明羌族中的一支已迁入其地，而因白马之号。[①]这支羌人，即《后汉书·西羌传》所说"或为白马种，广汉羌是也"的白马羌。白马羌的分布，除今绵阳地区北部外，也向西延展到松潘。李元《蜀水考》卷一"东南下百余里至白马岭"下朱锡谷补注云："（白马岭）在松潘厅西北，古白马羌地，蜀汉置白马屯守，晋分置兴乐县，即今白马寨夷地。"白马岭之白马羌与今绵阳地区古代的广汉羌之白马羌当是同一支系，《后汉书·冉駹传》记载的"其山有六夷、七羌、九氐"，其中当即包括了今松潘和绵阳的白马羌。

三、南北丝绸之路的枢纽地带

从史前到战国秦汉时期，在中国西部高原存在着一条民族走廊，它从西北高原经松潘草地到岷江上游和大渡河上游，又沿岷江和大渡河（其后转安宁河）河谷南下，而达云南的鲁甸、昭通、昆明、大理及贵州的毕节等地，通向西南的广大地区。这条民族走廊，费孝通先生将其命名为藏彝走廊。在藏彝走廊中，位于岷江上游古代江源地区的松潘一带是连通西北地区河西走廊和西南地区横断山走廊的重要交通枢纽之一。

在藏彝走廊南面，即中国西南地区，由于以三星堆文化为重心的古蜀文明的历时性传播和推动，南方丝绸之路沿线地区相继产生了青铜文化，社会复杂化程度加深，酋邦组织形成，推动了中国西南地区文化的演进。由于成都平原古蜀文明的吸引力和凝聚力，先秦中国西南地区的文化从分散的后进状态逐步走向文明，初步形成了在古蜀文明影响和制约下的政治和文化的一体化状态，这对秦汉时代西南民族地区纳入中国文化大家庭起到了十分重要的作用。而古蜀文化对西南民族的整合，基本上就是沿着南方丝绸之路展开的。

在藏彝走廊北面，即中国西北远至阿尔泰地区，从青铜时代开始已同中亚的各种文化发生了不同程度的联系和交流。考古学上，在阿尔泰地区所发现的青铜短剑，研究表明是中亚青铜时代的印欧民族迁徙所传播而至的。中国的两轮马车和单人骑乘，也是从斯基泰人那里传播而来的。同时，在中亚

---

① 冉光荣、李绍明、周锡银：《羌族史》，成都：四川民族出版社，1984年，第98、99页。

| 16 |

西南夷青铜文化及其文明的起源①

一、古代西南夷概况

古代西南夷特指分布在青藏高原东缘巴蜀以西、以南和西南地区的古代族群，即先秦秦汉时期今四川西南、西北和云南、贵州等地区属于氐羌、百濮和百越等系的各个族群在各自小生态内所形成的政治组织和政体群，亦即《史记》《汉书》《后汉书》《三国志》《华阳国志》等历史文献所记载的西南夷各"君长"。

由于自然地理和文化地理的原因，我国西南自古便是一个多民族分布的地区，这些民族都拥有各自独具风貌的文化，这种多种类型的文化同居一隅的现象早在新石器时代就已经初现端倪。随着人类从新石器时代的人群向青铜时代族群过渡的完成，这种文化格局更加明显地凸显出来，西南地区也因此成为众多古代族群分布活动的区域，他们聚族而居，各自拥有大致稳定的活动范围，形成了西南夷地区的多族群分布格局。

关于西南夷地区青铜时代的诸族群，《史记·西南夷列传》为我们保存了一段珍贵的记载，这也是我国古代文献有关西南夷古代族群最早而且较为完整的记载：

> 西南夷君长以什数，夜郎最大；其西靡莫之属以什数，滇最大；自滇以北君长以什数，邛都最大；此皆椎结，耕田，有邑聚。其外西自同师以东，北自楪榆，名为嶲、昆明，皆编发，随畜迁徙，毋常处，毋君长，地方可数千里。自嶲以东北，君长以什数，徙、筰都最大；自筰以东北，君长以什数，冉駹最大；其俗或土著，或移徙，在蜀之西。自冉駹以东北，君长以什数，白马最大，皆氐类也。此皆巴蜀西南外蛮夷也。

除上述诸族群外，根据《汉书》《后汉书》及《华阳国志》等文献的记载，西南夷尚有劳浸、漏卧、句町、白狼、楼薄、槃木、唐菆等较小的族群，除

---

① 本文为本书作者与刘宏合作。

此之外还有众多未能在历史文献中留下族名，而被司马迁统称为"君长以什数"的数量更多的小族群。

考古发掘资料证实，大凡在《史记·西南夷列传》中列入记载的某族群的分布地区，基本上都找到了与其相对应的某种青铜时代的文化遗存，这证明司马迁的记载是基本准确的。

我国西南地区民族种类众多，迁徙活动频繁，各族群的势力时有涨缩，导致各族群的分布区域也时常随之发生变化，以至出现他们在地理分布上常呈现犬牙交错的状态，在历史文献所载某一族群的分布区内出现另一族群的活动痕迹，也是常有的事。另外，由于西南夷地区青铜时代诸族群的规模都不大，又密集地分布在西南一隅，所以诸族群之间的文化交流比较频繁，相互间的影响也较为强烈，导致了各族群的文化中除了自身的主体文化元素外，还都不同程度地包含有其他文化的元素。特别是其中有些族群具有同一族源，它们在文化上的联系则更为密切，以上现象也大多得到了考古材料的印证。

根据考古发现，西南夷地区约在中原的商周时期便开始进入青铜时代，春秋至西汉时期，西南夷青铜文化的发展已达顶峰。同时，从商周到汉代，西南夷地区的族群也在经过长期发展演化后，已在较为独立和封闭的地理空间中演进为具有相当的分层与组织能力的社会，发展到复杂酋邦的水平。但是，西南夷各族群却并没有从酋邦组织进一步演进为国家，没有在自身文化进化的基础上过渡到文明社会，而是在汉代文化的强劲扩展和传播下，从青铜时代跨入铁器时代，并从政治上纳入汉代国家的体制之内，纳入文明社会之中，从而结束了其尚未完成的文明起源进程。①

二、酋邦与相关理论

对西南夷族群社会组织的研究，学术界多年来一直在持续开展。早期的国内学者倾向于使用摩尔根（H.Morgan）和恩格斯的国家起源理论来解释古代西南夷族群的社会发展水平，或者将之解读为摩尔根的"部落联盟"，或者按照斯大林《论辩证唯物主义与历史唯物主义》中提出的"五大社会形态"模型，将之解释为"奴隶制国家"。②例如，童恩正先生早期便使用"奴隶社会"这一概念来定义西南夷人群的社会发展形态，但他后来放弃了这一观点，

---

① 段渝：《论金沙江文化与文明起源》，《中华文化论坛》2002 年第 4 期。
② 陈淳：《文明与早期国家探源：中外理论、方法与研究之比较》，上海：上海世纪出版集团、
上海书店出版社，2007 年，第 110 页。

转而使用"酋邦"这一人类学概念来研究西南夷古代社会①，这意味着学术界在古代西南夷社会的研究上进入新的学术和理论视野。

1955 年，西方人类学家奥博格（Oberg，K）根据研究墨西哥南部低地的印第安人群经验，首次提出"酋邦"（chiefdom）概念，用来表述一种既有别于史前部落又有别于国家文明的复杂社会的政治组织形式。②后经美国人类学家塞维斯（Elman R. Service）、弗里德（M. H. Fried）等学者的深入研究③，这一概念和观点近几十年来在国际上日益为更多的历史学、考古学和人类学家运用并加以新的发展。④

E. 塞维斯在《原始社会的组织》和《国家与文明的起源》中提出，人类社会的政治组织经历了四个连续发展的阶段，即游群、部落、酋邦、国家。其中后两个阶段——酋邦和国家，即属近年来为国内学术界所盛称的文明起源时代和文明时代。⑤西方学者对从酋邦制社会发展到国家文明社会的研究，主要集中在中美洲、秘鲁、近东、西欧以及太平洋岛屿等西方学术传统所关注的区域，取得了丰富的经验与理论水平。这一理论早期由海外学者张光直先生引入国内，他强调了酋邦阶段研究的对象正是弗里德所称的"分层社会"（ranked society），地方群落组织成为一个尖锥体结构的系统。因此，他提出了使用人类学酋邦理论研究中原夏商周三代王朝起源的可能性，在国内学界引起了反响。⑥

早年方国瑜、江应梁、尤中等先生曾从民族史的角度对西南夷进行了研究⑦，未涉及政治组织的内涵。近年来的相关成果，主要是西南地区各文物考古单位对墓葬、遗址和遗物所进行的研究，基本没有涉及政治组织的分析。国外学者除 20 世纪二三十年代个别人如 D.C.葛维汉（D.C.Graham）对西南地区的史前文化及历史时期的少数民族进行过研究外，几乎很少有人涉及中国西南酋邦社会与文明进程的研究。至于透过物质文化遗存对社会结构、政治制度、经济技术和文明演进程度所进行的分析，国内外学术界基本没有论及，

① 童恩正：《中国西南夷地区的古代酋邦制度：云南滇文化中所见的实例》，《中华文化论坛》1994 年第 1 期。
② Oberg, K: Types of social structure among the Lowland Tribes of South and Central America, American Anthropologist, p.472-487, 1955, 57（3）.
③ Service, E. R. Origins of the State and Civilization, New York, Norton, 1975; Fried, M.The Notion of Tribe, Menlo Park, Cummings, 1975.
④ Timothy Earle: Chiefdoms in archaeological and ethnohistorical perspectives. Annual Review of Anthropology, 1987; "The Evolution of Chiefdom". In: T. K. Earle (ed) Chiefdom: Power, Economy and Ideology.Cambridge University Press, 1991.
⑤ Service, E. R. Origins of the State and Civilization, New York, Norton, 1975.
⑥ 张光直：《中国青铜时代》，北京：生活·读书·新知三联书店，1983 年，第 46-56 页。
⑦ 尤中：《中国西南民族史》，昆明：云南人民出版社，1984 年；方国瑜：《中国西南历史地理考释》，北京：中华书局，1987 年。

难以看出在中国文明形成时代西南地区文明演进的水平以及西南夷各族文化从分散走向整合的历史进程。

20 世纪 90 年代后，童恩正先生首先使用酋邦理论研究西南夷社会，并得出古代西南夷社会组织处于酋邦这一历史发展阶段的结论。[①]在此前后，中国学者先后深入运用酋邦理论探索中国早期国家起源的可能，并取得相当成果。[②]也有学者对西方学者基于通过对美洲、太平洋岛屿、非洲人类学田野调查所提出的酋邦理论在中国的使用提出过质疑。[③]不管怎样，酋邦理论进入中国学术界，并作用于早期文明起源的研究之中，已经成为一种事实。当然，由于传统史学观念的影响，中国学者的研究重心长期围绕着黄河流域的三代王朝开展，而长江流域的早期国家起源则相对较受到忽略。中国学者近年开始运用酋邦概念分析中国文明起源和形成的进程，在许多方面取得进展，但远未取得一致认识。在中国西南地区文明与国家起源的研究上，除了个别学者从酋邦的观点分别对包括滇、夜郎、巴蜀等著名的古代西南夷社会进行全面或个别的个案研究外，还缺乏从区域政治组织与文明演进的角度进行系统全面的研究和比较。

关于文明与国家起源的进程，西南夷地区与中原、巴蜀、楚等有很大的相异性。不论中原、巴蜀还是楚国的文明，青铜器都可以作为其文明高度发达的标志和物化形式，所以青铜时代可以作为其灿烂文明的同义语。然而，西南夷地区的情况却与此有很大的不同，西南夷地区大约在商周之际开始逐步进入青铜时代，到春秋战国时代，西南夷地区形成了五个生长在大河支流小生态中的青铜文化群，分别是：滇池区域青铜文化、滇西北青铜文化、滇西青铜文化、安宁河青铜文化、盐源盆地青铜文化，它们与历史文献所记载的滇、嶲、邛、笮、昆明等族群或酋邦可以相互对应。这几个支流内小生态中的青铜文化群相互交流，日益扩展，由某些共同文化因素而共同构成西南夷青铜文化。如果用中原青铜时代的眼光来衡量，西南夷青铜文化似乎已经达到文明的水平，但是，如果我们用文明形成的一般定义去详加考察，就会发现西南夷青铜文化仍然不能称之为文明，它只是青铜器的流行时代，酋邦

① 童恩正：《中国西南夷地区的古代酋邦制度：云南滇文化中所见的实例》，《中华文化论坛》1994 年第 1 期。

② 谢维扬：《中国早期国家》，杭州：浙江人民出版社，1995 年；易建平：《部落联盟与酋邦——民主·专制·国家：起源问题比较研究》，北京：社会科学文献出版社，2004 年；段渝：《酋邦与国家起源：长江流域文明起源比较研究》，北京：中华书局，2007 年；沈长云、张渭莲：《中国古代国家起源与形成研究》，北京：人民出版社，2009 年。

③ 王震中：《中国文明起源的比较研究》，西安：陕西人民出版社，1998 年；王震中：《国家形成的标志之管见：兼与"四级聚落等级的国家论"商榷》，《历史研究》2010 年第 6 期。

社会并没有进一步演进到具有国家水平的文明时代。

因此，如何使用适合的理论方法对西南夷酋邦的政治组织进行分析，并基于西南夷地区本身考古所反映的社会特征，形成一种有效的学术解释力，不但是对西南夷古代社会研究的内在诉求，同时也为中国古代国家起源的多种特质提供了新的视野与解读的可能性。

三、考古反映之西南夷各族群

根据考古发现，商周时期，属于西南夷地区的川西南、滇西、黔西北地区逐步开始进入青铜时代。到春秋时期，在广袤的云贵高原、横断山区、川西山地和川西南山地，出现了星罗棋布的青铜文化，而西南夷地区青铜文化的繁盛期却在春秋至西汉时期，重要的青铜时代文化遗址和墓葬群多达上百处。到了东汉初，随着从西汉初期开始的汉文化上百年的大规模进入和伴之而来的铁器的传入，西南夷地区的青铜文化进入了终结期，各种青铜文化全部走向了消亡。

（一）夜郎

根据历史文献记载和出土文物的情况，大部分学者倾向于将夜郎的中心区域定在今天的黔西北、黔西南和滇东北一带，这一带应为夜郎故地的推测较为准确。

在夜郎故地现已发现的一些重要的青铜时代墓地和遗址，有位于黔西北的赫章可乐墓地、威宁鸡公山遗址、吴家大村遗址、中水墓地、红营盘墓地，和位于黔西南的普安铜鼓山遗址和滇东北的昭通营盘村墓地。①在夜郎故地的考古遗存中，不但有丰富的青铜武器、铜鼓、玉器，还有反映宗教与意识形

---

① 贵州省文物考古研究所、四川大学历史文化学院考古系、威宁县文物保护管理所：《贵州威宁县鸡公山遗址 2004 年发掘简报》，《考古》2006 年第 8 期；贵州省文物考古研究所、四川大学历史文化学院考古系、威宁县文物保护管理所：《贵州威宁县吴家大坪商周遗址》，《考古》2006 年第 8 期；席克定、宋先世：《贵州毕节瓦窑遗址发掘简报》，《考古》1987 年第 40 期；程学忠：《普安铜鼓山遗址首次试掘》，《贵州田野考古四十年》，贵阳：贵州民族出版社，1993 年；刘恩元、熊水富：《普安铜鼓山遗址发掘报告》，《贵州田野考古四十年》，贵阳：贵州民族出版社，1993 年；贵州省文物考古研究所、四川大学历史文化学院考古系、威宁县文物管理所：《贵州威宁县红营盘东周墓地》，《考古》2007 年第 2 期；贵州省博物馆考古组、贵州省赫章县文化馆：《赫章可乐发掘报告》，《考古学报》1986 年第 2 期；贵州省文物考古研究所：《赫章可乐二〇〇〇年发掘报告》，北京：文物出版社，2008 年；贵州省博物馆考古组、威宁县文化局：《威宁中水汉墓》，《考古学报》1981 年第 2 期；贵州省博物馆考古组：《贵州威宁中水第二次发掘》，《文物资料丛刊》1987 年第 10 期。

态的"套头葬"现象。而众多散布的聚落，则与文献中"君长以什数"的记载吻合。不过在这一地区的考古发掘和调查中还没有发现大型墓葬，这种情况可能意味着夜郎的社会发展水平和复杂化程度还没有达到较高的演化水平。

（二）劳浸、靡莫

《史记·西南夷列传》记载："滇王者，其众数万人，其旁东北有劳浸、靡莫，皆同姓相扶。"这就说明，不但滇与劳浸、靡莫是同族，劳浸、靡莫也是同族，同时也指明了他们的分布方位。也就是说，夜郎之西和滇之东北是劳浸、靡莫族群的分布区。具体而言，夜郎的中心区域在今之黔西北和滇东北一带，滇的中心区域则在滇中的滇池一带，将夜郎与滇的地理位置作为参照系，再结合考古材料综合分析，我们认为将劳浸、靡莫中心区域定在滇东的曲靖盆地应该是比较准确的。

在劳浸、靡莫的中心地带（曲靖盆地），目前已发现的重要青铜时代文化遗存有三处，即云南曲靖市的珠街八塔台墓地、曲靖横大路墓地和曲靖市麒麟区潇湘平坡墓地。[①]这三处墓地有几个十分突出的特点：第一，墓葬的分布十分密集，存在重重叠叠的叠压打破关系，这种现象反映出该地族群长期使用一处墓地，说明该族群的血缘关系十分紧密；第二，反映了该族群是经营农耕生活的定居民族，且人口众多；第三，三处墓地的时代基本同时，都是从春秋至西汉时期，因此这三处墓地可能是同一时期同一族群的不同部落的墓地，也就是说，当时在劳浸、靡莫故地至少存在三个同族部落。但是，劳浸、靡莫故地的三处墓地中都没有发现大型墓葬，墓葬又十分密集，反映了其社会发展水平还处在社会成员之间尚未出现重大层级差别的氏族部落阶段。

（三）滇

在 1957—1958 年间云南晋宁石寨山古墓葬发掘中，第 6 号墓出土了一枚滇王金印，滇青铜文化的族属和面貌由此得以确定。这是西南地区唯一一个因出土文物可以与文献相印证，因而能准确地确定其族属的青铜文化。由于有了这个重大发现，石寨山墓葬及其出土器物群就成了寻找其他滇文化遗存的标准，由此而寻找到的滇文化墓葬的分布就可基本划定滇的分布区域，弥

---

① 云南省文物考古研究所：《曲靖八塔台与横大路》，北京：科学出版社，2003 年；云南省文物考古研究所、曲靖市麒麟区文物管理所：《曲靖市潇湘平坡墓地发掘报告》，《云南考古报告集》（之二），昆明：云南科技出版社，2006 年。

生了很大的变化，具有酋邦的特征。

（十）白狼、槃木、楼薄、唐菆

《后汉书·莋都夷传》记载："自汶山以西，前世所不至。正朔所未加，白狼、槃木、唐菆等百余国，户百三十余万，口六百万以上，举种贡奉，称为臣仆。辅（益州太守朱辅）上疏曰：'……今白狼王唐菆等慕化归义……路由邛崃大山，零高坂，峭危峻险，百倍歧道……'"根据白狼、槃木、楼薄、唐菆等部落居于汶山郡以西，而且他们前往成都平原需要经过邛崃大山等情况分析，这些部落应该分布今甘孜州东南部。①经过考古资料的对比，今四川西南部的木里县和滇西北的德钦、香格里拉两地也应属于白狼、槃木、楼薄、唐菆文化分布区。这一带的重要考古发现有四川巴塘县扎金顶墓群、雅江县呷拉墓群、甘孜县吉里龙墓群和霍县的卡莎湖墓群，以及滇西北的德钦县和香格里拉的几处墓群。②

白狼、槃木、楼薄、唐菆故地青铜文化的遗存目前发现的主要是石棺葬和土坑墓，两种墓葬的结构虽然不同，但出土的器物却没有大的区别。最突出的是带有甘青文化特征的大双耳罐和单耳陶罐，铜器主要以山字格剑、曲柄剑、双圆饼首剑、短柄镜、弧背刀、镯和各式泡饰为主，墓葬中随葬家畜也是该地区的特点之一。这个区域位于西南最西的地方，山高谷深，交通不便，与蜀、滇等文化的接触较少，故其文化中蜀、滇文化的因素虽然少一些，但三星堆文化的一些重要文化因素，如杖首和三角援风格的铜戈还是在该地凸显出来。

在白狼、槃木、楼薄、唐菆故地发现的石棺葬和属于石棺葬文化的土坑墓，其文化面貌与岷江上游的石棺葬文化和雅砻江流域的盐源盆地青铜文化十分接近，大概其社会结构和政治组织也相类似，处在酋邦的发展阶段。

（十一）句町

据考证，句町故城在今云南广南，云南之富宁、广西的西林、隆林、田

---

① 冉光荣、李绍明、周锡银：《羌族史》，成都：四川人民出版社，1984 年，第 98 页。
② 甘孜考古队：《四川巴塘、雅江的石棺墓》，《考古》1981 年第 3 期；甘孜州文化局、雅江县文化馆：《四川雅江呷拉石棺葬清理简报》，《考古与文物》1983 年第 4 期；四川省文管会、甘孜州文化馆：《四川甘孜吉里龙古墓葬》，《考古》1986 年第 1 期；四川省考古所、甘孜州文化局：《四川鑪霍卡莎湖石棺墓》，《考古学报》1991 年第 2 期；云南省博物馆文物工作队：《云南德钦永芝发现的古墓葬》，《考古》1975 年第 4 期。

林等县亦当为句町辖境。①句町乃濮系民族，《华阳国志·南中志》有明确记载："句町县，故句町王国名也。其置自濮王，姓毋。"根据沿濮水一线出土的文物面貌基本相同的特点分析，沿濮水（礼社江、红河）的元江、红河、个旧一线，可能也是句町文化的影响区。

目前在句町故地发现的青铜文化遗存，主要有位于红河州中部的云南元江县洼垤打篙陡墓地、元江罗垤白堵克墓地、个旧石榴坝墓地、红河县的小河底流域、广西西林普驮铜鼓墓葬等。②

根据《汉书·西南夷列传》和《华阳国志·南中志》的记载，西汉时句町拥有较强的军事实力。结合考古材料分析，句町墓葬密集分布，青铜文化的主要器物有对称圆弧刃和不对称圆弧刃钺、条形宽刃和窄刃斧、蛇头形首剑、长胡戈、矛、刀、匕首、V形銎口锄、刻刀、扣饰、铃、杖首、镦、凿、臂甲等各种兵器，意味着该族群已经发展到有"君长"的酋邦阶段。

（十二）漏卧

《汉书·地理志》和《续汉书·郡国志》皆有漏卧县，应劭注《汉书·地理志·漏卧县》曰："故漏卧侯国。"汪士铎《汉志释地略》云："漏卧，师宗东南。"金兆丰《三国疆域志》云："漏卧介于夜郎与句町之间。"方国瑜先生在《中国西南历史地理考释》中考证："因其（漏卧）地在句町以北，夜郎之南。"结合考古材料推测，漏卧应在今云南曲靖地区的南部师宗县和红河州北部的泸西县一带。

漏卧故地的青铜文化遗存目前发现两处，即云南泸西县的石洞村墓地和大逸圃墓地。③从石洞村和大逸圃两处墓地墓群的规模，墓葬的形制和出土器物观察，这个族群的社会分化不明显，社会发展水平不高，尚处于血缘氏族阶段。

（十三）其他"以什数君长"

除了见于文献的诸族群外，西南地区还分布和活动着数量更多的小族群，

① 常璩著，刘琳校注：《华阳国志校注》，成都：巴蜀书社，1984 年。
② 云南省博物馆文物工作队、个旧市群众艺术馆：《云南个旧石榴坝青铜时代墓葬》，《考古》1992 年第 2 期；李跃宾：《元江罗垤白堵克青铜墓地发掘简报》，《玉溪文博》1990 年第 3 期；云南省文物考古研究所：《云南边境地区（文山州和红河州）考古调查报告》，昆明：云南科技出版社，2008 年；广西壮族自治区文物工作队：《广西西林县普驮铜鼓墓葬》，《文物》1978 年第 9 期。
③ 云南省文物考古研究所、红河州文物管理所：《泸西石洞村大逸圃墓地》，昆明：云南科技出版社，2009 年。

它们的首领被司马迁称为"以什数君长"。这些族群虽然较小，但和那些大的族群有着相同的生存方式，有自己独特的文化，如四川会理城河流域的粪箕湾墓葬群和大凉山昭觉河、美姑河流域的石板墓等。①根据有限的考古发现，这些小族群多处于氏族部落阶段，其经济发展水平低于大的族群，但它们的力量还是足以在西南地区若干大族群之间保持着自己狭小的生存空间。

四、西南夷复杂酋邦之形态

根据现有酋邦和国家起源理论，以及近数十年来丰富的考古发现，古代西南夷社会向文明演进的诸多线条更加清晰。根据 E. 塞维斯的观点，酋邦的暴力活动是对外，而非对内，"王公之战"并不是国家意义上的战争。②西南夷古代遗址和墓葬中广泛出土青铜武器，显示出战争的频繁性、剧烈性。

C. 克拉克洪（C.Kluckholm）认为物质文明要素包括了城市、文字、金属器和大型礼仪建筑中至少两个要素加上大型礼仪建筑同时出现在一个社会中，才能称之为"文明"。③酋邦的复杂性，远远超过了早期国家阶段的复杂性。例如，国际学术界普遍认为国家产生于复杂酋邦的对抗过程中，但刘莉根据中国新石器时代的考古学材料，发现中原夏商周国家并非产生于较为复杂的长江流域酋邦（如良渚），而是产生于结构分散，复杂程度较低的河南龙山文化，这一特质则常被国际学界所忽略。④因此，在进行是否进入文明的界定时，需要较为复杂的考量与界定。

单个物质文化要素的产生、存在乃至高度发展，并不意味着进入了文明阶段。良渚文化发达的大型礼仪中心、石家河文化巨大的城垣建筑，乃至山东龙山文化发现的早期陶文，并不意味着这些遗址已经处于文明阶段。而玛雅文明虽然缺乏金属器物，却具备了大型礼仪中心、城市、文字和发达的天文数学，因此，玛雅则可被视为文明。反之，复活节岛上存在巨大规模的礼仪建筑，却缺少其他文明要素之存在，因此也不能视作文明。

在西南夷的考古发掘中，"夜郎旁小邑"的陶器上曾发现过刻画的符号⑤，

---

① 会理县文管所、凉山州博物馆、四川省考古研究所：《四川会理县粪箕湾墓群发掘简报》，《考古》2004 年第 10 期；凉山彝族地区考古队：《四川凉山昭觉石板墓发掘简报》，《考古学集刊》1 集。

② Service, E. R. Origins of the State and Civilization, New York, Norton, 1975, p.286.

③ C. Kluckholm, The Moral Order in the Expending Society, City Invincible: An Oriental Institute Symposium, 1960, p.400.

④ 刘莉：《龙山文化的酋邦与聚落形态》，《华夏考古》1998 年第 1 期。

⑤ 李衍垣：《夜郎青铜时代的文物》，《夜郎考》二集，贵阳：贵州人民出版社，1981 年，第 12 页。

贵州威宁中水西南夷公共墓地器物上也有刻画符号之发现。[①]而根据汪宁生先生研究，云南晋宁石寨山出土一长方形铜片上的大量图案，属于"原始的图画文字"。[②]也有学者认为晋宁石寨山 M13 的图画文字体现了滇王的"文治武功"。[③]这些现象似乎意味着，古代西南夷可能已经出现了早期的原始文字。但到目前为止，这些个别的观点似乎还未得到学术界的共识，因此尚不能得出古代西南夷社会已经产生了文字的肯定结论。

尽管如此，以晋宁石寨山和江川李家山等滇国大型墓葬考古所反映的情况，整个社会依靠宗教祭祀的意识形态，获得了极大的整合，神权政治的精英通过对意识形态的垄断，与暴力的垄断开始结合，并通过战争进一步巩固了宗教统治，青铜储贝器上所表现的献祭，正是战争与宗教密切整合的结果。同时，丰富的青铜武器，显示了资源、技术、劳动力已经有效组织为战争链条，为有组织系统的暴力活动服务。换言之，滇文化所显示的复杂发展水平，已经处于进入文明的前夜。根据塞维斯的理论，我们认为滇人的社会性质属于复杂酋邦，处于国家和文明的前夜。[④]

通过对邛都考古材料及传世文献的综合研究，邛都夷尚处在文明起源时代的较早阶段，它的社会结构分为三个层次，即若干血缘氏族—七个部落—酋邦，其武装力量也是从七个血缘氏族组织的族群中产生，暴力活动的垄断性与战争、意识形态的复杂水平，均不能与滇文化相比。

笮都族群内已经有了明显的社会分层，墓葬可分为大、中、小三型，不同类型的墓葬存在墓葬规模大小、随葬器物多寡的明显差异，根据老龙头墓葬的情况，当时的这支族群的社会至少可以分为五个阶层。发现有各种青铜武器，也有被用于宗教献祭而杀戮的死者。[⑤]因此，这是一个高度复杂化的社会。不过，尽管笮都的神权控制与暴力活动已经达到了相当的复杂程度，但并不具备国家的水平，应该属于复杂酋邦。

有学者指出，夜郎社会的复杂化水平与滇较为接近，其社会层化结构也较为类似。[⑥]在夜郎故地的考古遗存中，不但

---

① 何凤桐、万光云：《威宁中水"西南夷"陶器》，《贵州文史丛刊》1984 年第 3 期。
② 汪宁生：《试释晋宁石寨山出土铜片上的图画文字》，《民族考古学论集》，北京：文物出版社，1989 年。
③ 樊海涛：《再论云南晋宁石寨山刻纹铜片上的图画文字》，《考古》2009 年第 1 期。
④ 段渝：《酋邦与国家起源：长江流域文明起源比较研究》，北京：中华书局，2007 年，第 282 页。
⑤ 云南省博物馆文物工作队：《云南剑川鳌凤山墓地发掘简报》，《文物》1986 年第 7 期。
⑥ 王明珂：《华夏边缘：历史记忆与族群认同》，北京：社会科学文献出版社，2006 年，第 195-16 页。

出发，仅对"巴、蜀西南外蛮夷"进行分析，却忽略了先秦时代的巴、蜀均属西南夷范畴这个历史事实。

历史文献十分清楚地显示出，在公元前 316 年秦灭巴、蜀以前，不论巴还是蜀，都属于西南夷的范畴。《战国策·秦策一》和《华阳国志·蜀志》均说蜀为"西僻之国而戎狄之长"，而《荀子·强国篇》也直接把巴称为"西戎"。《汉书·地理志》更是明确记载"巴、蜀、广汉本南夷，秦并以为郡"[①]，这里的巴、蜀指秦汉时期的巴郡和蜀郡，广汉指秦汉时期的广汉郡，而广汉郡是分别从巴郡和蜀郡割地设置的，即所谓"分巴割蜀以成黔、广"[②]，"黔"指黔中郡，"广"指广汉郡。很清楚，《汉书》是把被秦灭以前的古巴国和蜀国视为南夷的。《汉书》为官修史书，《汉书》把被秦灭以前的古巴、蜀称为南夷，这个看法自然是代表了中央王朝的意见，是两汉朝廷的共识。这些记载无可非议地说明，在当时的中原视野观念中，先秦时期的巴、蜀，均毫无例外地属于西南夷中的成员。

据《华阳国志·蜀志》记载，秦汉时蜀郡州治成都少城西南两江有七桥：

> 直西门郫江中曰冲治桥；西南石牛门曰市桥，下，石犀所潜渊也；城南曰江桥；南渡流曰万里桥；西上曰夷里桥，亦曰笮桥；从冲治桥西北折曰长升桥；郫江上西有永平桥。[③]

成都少城是先秦时期古蜀王国都城的中心位置所在地，也是秦汉时期蜀郡郡治的官署所在地。这说明了两个史实：第一，"夷里桥"的名称来源于夷人居住的区域名称"夷里"。"夷里"的"里"，是地方低层行政单位的名称。"十里一亭"，里有里正，是标准的汉制，而汉制本源于秦制，"汉承秦制"。由此可见，在先秦时期，成都城市西南居住着不少夷人，建有专门的街区"夷里"。第二，"夷里桥"亦曰"笮桥"，说明居住在"夷里"的夷人是西南夷中的笮人。既然成都少城西南有夷里桥，又称笮桥，直到秦之蜀郡守李冰治蜀时，仍然还居住着西南夷笮人并保留着笮人的街区和名称，那么先秦时期的蜀国与笮人相同，都属于西南夷的组成部分，就是没有什么疑问的了。

古蜀人被排除出西南夷族类以及古蜀国故地被排除出西南夷地区，应是在战国后期秦并巴蜀以后。根据历史文献的记载，公元前 314 年，秦置蜀郡，

① 班固：《汉书·地理志》，北京：中华书局，1962 年，第 1645 页。
② 常璩著，刘琳校注：《华阳国志校注·蜀志》，成都：巴蜀书社，1984 年，第 39 页。
③ 常璩著，刘琳校注：《华阳国志校注·蜀志》，成都：巴蜀书社，1984 年，第 227 页。

同时又以蜀为侯国，"贬蜀王更号为侯"①，在蜀国故地实行郡县制与分封制并行的过渡政策。秦惠王封蜀王子通国（又作公子通、公子繇通）为蜀侯，以陈壮（或作陈庄）为相，并以秦大夫张若为蜀国守。但是，秦国在故蜀国的统治却不是一帆风顺的，故蜀国对秦国的反抗此起彼伏、时有发生，这些反秦事件大多发生在故蜀国疆域的南部。在蜀故地以南，蜀王子安阳王统兵3万伺机反扑。②而分布在青衣江地区的蜀国旧臣"丹、犁"，照旧拥戴蜀王为君长，以期内外接应反秦。秦惠王更元十四年（前311年），"相壮杀蜀侯来降"。③秦武王元年（前310年），秦派名将甘茂定蜀，一并诛杀参与谋反的陈壮。秦武王三年（前308年），秦复封公子煇（或作晖、恽）为蜀侯。秦昭王六年（前301年），蜀侯煇反，司马错定蜀，令蜀侯煇夫妇自裁，一并"诛其臣郎中令婴等二十七人"。④次年，秦又封蜀公子绾为第三任蜀侯。秦昭王二十二年（前285年），秦"疑蜀侯绾反，王复诛之，但置蜀守"。⑤从公元前316年灭蜀，直到公元前285年诛蜀侯绾，经过30余年的时间，历经三代蜀侯与秦国之间的抗争与镇压，直到秦昭王二十二年（前285年），秦国才最终在故蜀国建立起单一的郡县制度。故蜀国故地的民众，也由于秦对蜀长期剧烈的政治经济改造和文化变革而"染秦化"，在文化模式方面发生了巨大变化。⑥大约在此之后，蜀才被时人从"南夷"的概念内分离出来。而即便如此，到了汉初景、武之间，蜀人仍然还是被认为"质文刻野"，经过文翁入蜀为蜀郡守，选派蜀人子弟到京师长安学习律令，学成归蜀以后用此教授蜀人子弟，才颇改蜀人的蛮夷之风。⑦至此，时人也才最终改变了对蜀人属于蛮夷的传统观念。

至于与故蜀同属南夷的筰都夷及其居地的变化，情况更为复杂。筰都夷原居岷江上游汉代之汶山郡⑧，大约在战国秦汉年间，南迁到古蜀国南部，汉

① 司马迁：《史记·张仪列传》，北京：中华书局，1982年，第2284页。
② 《水经注校》卷37《叶榆水注》引《交州外域记》，王国维校，袁英光等整理，上海：上海人民出版社，1984年，第1156页。
③ 司马迁：《史记·秦本纪》，北京：中华书局，1982年，第207页。
④ 常璩著，刘琳校注：《华阳国志校注·蜀志》，成都：巴蜀书社，1984年，第199页。
⑤ 常璩著，刘琳校注：《华阳国志校注·蜀志》，成都：巴蜀书社，1984年，第200页。
⑥ 参见段渝：《秦汉王朝对巴蜀的改造》，《中国史研究》1999年第1期。
⑦ 参见班固：《汉书·循吏列传·文翁传》，北京：中华书局，1962年，第3625-3626页；常璩著，刘琳校注：《华阳国志校注·蜀志》，成都：巴蜀书社，1984年，第214页。
⑧ 汶山郡位于岷江上游地区，《华阳国志·蜀志》记载："汶山郡本蜀郡北部冉駹都尉。"颜师古注《汉书·武帝纪》引服虔曰："今蜀郡北部都尉所治本筰都地也。"这应该是先秦时期筰都夷最初的分布地。参见段渝：《四川通史》（卷一·先秦），成都：四川人民出版社，2010年，第450页。

武帝时期，将筰都夷的居住地域设置为沈黎郡。据《汉书·西南夷传》记载：

> 南粤破后，及汉诛且兰、邛君，并杀筰侯。冉駹皆震恐，请臣置吏。以邛都为粤（越）巂郡，筰都为沈黎郡，冉駹为文山郡。[1]

沈黎郡置于汉武帝元鼎六年（前 111 年），《后汉书·南蛮西南夷列传·筰都夷》记载"元鼎六年，以为沈黎郡"，又载"至天汉四年（前 97 年），（沈黎郡）并蜀为西部，置两都尉"[2]，至安帝延光二年（123 年）改为蜀郡属国，灵帝时改为汉嘉郡。可见，此汉嘉郡辖境大致上就是沈黎郡辖境，基本无变迁。据《续汉书·郡国志》的记载，汉嘉郡（即汉武帝时期的沈黎郡，但汉嘉郡的面积小于沈黎郡，辖境当今四川雅安地区）辖有汉嘉（今四川芦山县）、严道（今四川荥经县）、徙（今四川天全县）、旄牛（今四川汉源清溪镇）4县，包含了青衣江上游和大渡河上中游地区。沈黎郡原为羌系的丹、犁二族居地，原属古蜀国的范围。汉武帝时因丹、犁二族之名在其地设置沈黎郡，此后沈黎郡易名，仍以蜀郡西部都尉、蜀郡属国为行政区划名称。由此可见，沈黎郡原为蜀地。

先秦至汉初，沈黎郡原为筰都夷所居，至汉武帝开西南夷后，筰都从沈黎郡南迁至雅砻江中下游今四川凉山州盐源县、盐边县和云南永胜县一带。筰都南迁的年代，当在汉武帝天汉四年（前 97 年）前。《华阳国志·蜀志》记载汉武帝元鼎六年（前 111 年）以"西部筰都为沈黎郡"，即以筰都为沈黎郡郡治。但自天汉四年（前 97 年）沈黎郡并蜀为西部都尉，而两都尉分驻牦牛和青衣后，筰都县即不再见于记载。《汉书·地理志》记载东汉和帝以前，蜀郡已无筰都县。至安帝延光二年（123 年）改蜀郡西部都尉为蜀郡属国，辖4 县，也无筰名。可见，在武帝天汉四年（前 97 年），筰都随同罢置。而在此之前，筰都已经南迁。[3]

这就说明，关于西南夷的民族和地理概念，在先秦秦汉时期有一个历史的演变过程。先秦时期的西南夷，包括了巴、蜀在内，称巴、蜀为南夷，而汉代西南夷的北界则向南推到了汉嘉郡、朱提郡和越巂郡一线，汉代文献关于西南夷地理方位的记载，就是在汉武帝时期南夷的大量南迁后才基本上固定下来的。

---

① 班固：《汉书·西南夷传》，北京：中华书局，1962 年，第 3842 页。

② 范晔：《后汉书·南蛮西南夷列传》，北京：中华书局，1965 年，第 2854 页。

③ 参见段渝：《西南夷考释》，《天府新论》2012 年第 5 期。

因此可以说，包括巴、蜀在内的整个西南地区①，在夏、商、西周、春秋、战国前期都可以称为西南夷地区。直至公元前 316 年秦并巴、蜀以后，对巴、蜀在政治、经济和文化上进行了大规模改造，巴和蜀成为汉文化圈的重要一员②，从此才不再被视为西南夷，而蜀郡西南部的沈黎郡在汉武帝时期才退出南夷的范围。自此之后，汉代的西南夷就仅指"巴蜀西南外蛮夷"的夜郎、靡莫之属（包括滇）、嶲与昆明、邛都、徙与筰都、冉駹、白马等 7 个区域，以及东汉时期归附中央王朝的永昌郡，而邛都、徙、筰都、冉駹、白马等到了两晋时期也被排除在南中之外。

三、从"西南夷"到"南中"的时空变化

到三国两晋时期，西南夷的概念又出现了新的变化，这从《华阳国志》有别于《史记》《汉书》和《后汉书》的有关记载中可以清晰地加以判别出来。

《史记·西南夷列传》总叙从地理空间和族群划分上，把西南夷明确分为 7 个区域，分别是夜郎、靡莫之属（包括滇）、嶲与昆明、邛都、徙与筰都、冉駹、白马。《汉书·西南夷传》除将《史记·西南夷列传》的"西南夷君长"改为"南夷君长"外，其他文字与之大同小异。《后汉书》中有关西南地区的历史材料多出于《华阳国志》，虽然其中有关西南夷族群的各篇传记已与《史记》《汉书》有所不同，不过在地理空间方面还是与《史记》《汉书》大体一致。但是，在成书于两晋之际的《华阳国志》中，对于西南夷地理空间方面的记载则出现了较大变化，与《史记》和两《汉书》已有较大不同。

《华阳国志·南中志》载曰：

南中在昔盖夷越之地，滇濮、句町、夜郎、叶榆、桐师、嶲唐侯王国以十数。编发左衽，随畜移徙，莫能相雄长。③

很明显，《华阳国志》所记载的"南中"是一个地域范围的概念，而《史记·西南夷列传》和《汉书·西南夷传》所记载的西南夷是地域与族群相结合的概念，二者在概念上是有所区别的。④

① 当代的中国西南地区，包括四川、重庆、云南、贵州、广西和西藏；而古代所称的西南地区，则相当于今天的四川、重庆、云南和贵州。本书所谓西南地区，是指古代的西南地区。

② 段渝：《论秦汉王朝对巴蜀的改造》，《中国史研究》1999 年第 1 期。

③ 常璩著，刘琳校注：《华阳国志校注·蜀志》，成都：巴蜀书社，1984 年，第 333 页。

④ 参见段渝：《西南夷考释》，《天府新论》2012 年第 5 期。

"南中"始见于三国蜀汉时期,《三国志·蜀书·诸葛亮传》说"南中诸郡,并皆叛乱",裴松之注引《汉晋春秋》说,"亮至南中,所在战捷"①,均可为证。《三国志·蜀书·李恢传》裴松之注云:"臣松之讯之蜀人,云庲降地名,去蜀二千余里。时未有宁州,号为南中,立此职以总摄之。晋泰始中,始分为宁州。"②既然是"号为南中",就说明南中不是行政区划建置,而是地域名称,并且是别称。在晋泰始六年(270年)置宁州之前,蜀汉以南地区被时人"号为南中",即"蜀之南中",但在晋置宁州以后,南中即属宁州辖境,所以《华阳国志·南中志》开篇即说:"宁州,晋泰始六年初置,蜀之南中诸郡,庲降都督治也。"③可知南中这个称谓是蜀汉对其南方诸郡的统称,而由蜀汉之庲降都督治理其军政。晋时有"南中七郡"之说,即朱提、建宁、云南、兴古、牂柯、益州、永昌等7郡,是因袭蜀汉而来,自晋泰始六年(270年)置宁州以后,乃陆续分置为14州。

关于南中的地理空间位置,《华阳国志·南中志》载曰"南域处邛、笮、五夷之表",南域是指蜀汉南方的地域,即指南中而言,其中的"五夷"(或做五茶夷)是指分布于"宁州附塞部落之名",当在建宁郡界④,可见,南中是用以指称蜀汉以南地区的习惯名称,即邛、笮、五夷之南的广大地域。《华阳国志·南中志》还记载:

> 相如知其不易也,乃假巴、蜀之论以讽帝,且以宣[使指]于百姓。卒开僰门,通南中。⑤

僰门,意指僰道通往南中的交通要塞,"开僰门,通南中",表明南中在僰道(今四川宜宾至云南曲靖之间)以南。可见,南中主要指今天的云南省和贵州省西部地区。有的论著认为,今四川省南部也包括在南中当中,实属误解。《华阳国志·南中志》的记载表明,蜀汉和两晋时期的南中,已不是战国秦汉时期西南夷的全部,战国秦汉时期南夷中的邛都和徙、笮都、冉駹、白马等全部西夷已被排除在南中之外,表明蜀汉两晋时的南中仅相当于战国秦汉时期西南夷的一部分地区。

在《史记·西南夷列传》《汉书·西南夷传》和《后汉书·南蛮西南夷列

---

① 陈寿:《三国志·蜀书·诸葛亮传》,北京:中华书局,1982年,第918页、第921页。
② 陈寿:《三国志·蜀书·李恢传》,北京:中华书局,1982年,第1046页。
③ 常璩著,刘琳校注:《华阳国志校注·蜀志》,成都:巴蜀书社,1984年,第333页。
④ 常璩著,刘琳校注:《华阳国志校注·蜀志》,成都:巴蜀书社,1984年,第369页。
⑤ 常璩著,刘琳校注:《华阳国志校注·蜀志》,成都:巴蜀书社,1984年,第342页。

传》里，是把包括羌系民族和濮越系民族在内的整个西南夷统称为"夷"，"夷"是作为一个泛称名词被加以使用的，但在《华阳国志·南中志》里，对西南夷和"夷"的认识从称谓上已发生了重要变化。前引《华阳国志·南中志》总叙说："南中在昔盖夷越之地，滇濮、句町、夜郎、叶榆、桐师、嶲唐，侯王国以十数。"其中的南中是地域名称，夷越是族系名称。这里将南中和夷越相对应举出，显然认为分布在南中地区的族系是夷越。此句中十分关键的是"在昔"二字。所谓"在昔"，是指从前而言，所谓从前，自然是指三国两晋以前的先秦秦汉时期。而"南中在昔盖夷越之地"，就是说先秦秦汉时期南中为夷越的活动地区。在这里，并没有像《史记》和两《汉书》那样把这片地域与西南夷相对应，而是用夷越名称取代了西南夷名称。这就是说，在《华阳国志》看来，从先秦时期直到三国两晋，分布在南中地区族系的都是夷越。而夷越包括"滇濮、句町、夜郎、叶榆、桐师、嶲唐，侯王国以十数"，即是说，"夷越"指以"滇濮、句町、夜郎、叶榆、桐师、嶲唐"等为代表的以十数的南中地区的侯王国。从族系的角度看，在常璩所列举出的这些侯王国中，滇是濮越系民族，同样属于濮越系民族的还有夜郎、句町；而叶榆、桐师是地区名称，分布在叶榆的是昆明族，属于羌系民族，桐师又作同师，分布在桐师一带的是哀劳人，可能属于与羌系民族有关的藏缅语族；嶲唐，在《史记》《汉书》里单称嶲，属于羌系民族。可见，所谓"夷越"，其实包含夷和越两个部分，其中的夷，是指羌系民族，越是指濮越系民族，夷越则是对南中地区所有羌系民族和濮越系民族的统称。可见，不仅西南夷概念被南中取代，而且"夷"的内涵也发生了重要变化。

在《华阳国志·南中志》里，通篇所述为南中诸夷或夷濮，只有一处提及西南夷，而《史记》《汉书》中记载了在西南夷 7 个区域为大君长的滇、夜郎等，虽然在《华阳国志·南中志》总叙里列出了它们的名称，但在具体叙述中，却几乎没有关于这些在战国秦汉时期强大一时的"王国"或"邑君"等酋豪的记载，而在先秦两汉不见于史载的其他诸多南中酋豪却成了叙事的主角。

以上说明，在蜀汉两晋之间，已把战国秦汉时期包括徙、筰都、冉駹、白马等全部西夷以及南夷中的邛都纳入蜀地范围内，所以这些地域及其民族均在《华阳国志·蜀志》中加以记述，而只把战国秦汉时期南夷的所在地域及其大部分民族作为南中之夷，把他们纳入《南中志》加以记述，并在篇首特别注明"南中在昔盖夷越之地"，其中的夷是指氐羌系的族类而言，越则是指濮越系的族类而言。这表明，蜀汉两晋时期已不再把西南夷作为一个广大地域内非汉系民族的整体加以看待了。

四、西南夷的时空构架

作为一种历史过程，古文化的盛衰兴亡不可避免，留下了一部高潮与低谷相激荡的文明演变史，于是形成分期，各个分期的相互衔接，便是文化演进的时序。而文化区的分布形态，即是文化的空间构架。关于巴、蜀古代文明的时空构架，笔者在《濯锦清江万里流——巴蜀文化的历程》中已有专门论述①，本文不再讨论，这里仅讨论巴蜀西南外蛮夷的时空范围问题。

（一）时序脉络

关于西南夷的年代，如果从《史记》和《汉书》来看，仅为西汉时期，从《后汉书》看，还包括东汉时期，以后历代史书也提到西南夷，时代更晚。那么先秦秦汉时期西南夷究竟如何呢？换句话说，西南夷的上限可以早到什么时段呢？对此，历史文献并没有明确的记录。不过，通过一些比较间接的记载，可以获得有价值的信息。

《逸周书·王会篇》记载了西南地区的一些族群参加成周之会的情况，如此书记载的"百濮"和"产里"，学者多认为是西南地区的族群。《逸周书·王会篇》记载商代初年成汤令伊尹为四方献令说："正南，瓯邓、桂国、损子、产里、百濮、九菌，请令以珠玑、瑇瑁、象齿、文犀、翠羽、菌鹤、短狗为献。"这个殷畿正南的百濮，专贡矮犬，当即云南之濮。②濮或作卜，见于殷卜辞："丁丑贞，卜又象，□旧卜。"郭沫若释为："卜即卜子之卜，乃国族名。"③卜子，《逸周书·王会篇》记载周初成周之会，"卜人以丹砂"，王先谦补注："盖濮人也。"卜、濮一声之转。杜预《春秋释例》说："建宁郡南有濮夷，无君长总统，各以邑落自聚，故称百濮，又称叟濮。"晋建宁郡的地域范围，大致相当于今云南省的昆明、曲靖、玉溪大部分地区以及贵州省威宁县的部分地区。④当时西南夷的一些族群不远万里到西周王朝的都城参加朝觐，据此可以认为，

① 段渝，谭洛非：《濯锦清江万里流——巴蜀文化的历程》，成都：四川人民出版社，2001年，第21-27页。

② 章太炎：《西南属夷小记》，《制言半月刊》第25期，1936年；后载于李绍明，程贤敏编《西南民族史研究论文选》（1904—1949），成都：四川人民出版社，1991年，第1-6页。

③ 郭沫若：《殷契粹编考释》，北京：科学出版社，1965年，第669页。

④ 常璩著，刘琳校注：《华阳国志校注·蜀志》，成都：巴蜀书社，1984年，第402-412页。

（八）洱海区域

分布在金沙江上游支流宾居河、平川河等流域地带，而以洱海周围分布最为密集的白羊村类型[①]，已发现遗址 26 处、采集点 14 处。共同特征是：石器以斧最多，绝大多数呈梯形，流行新月形双孔石刀，陶器均为夹砂陶，多泥条盘筑，器身一般矮肥，除平底器外，常见圈底器、带流器，带耳器罕见，器形以罐类为主，纹饰发达，划纹最多，主要是弦纹、斜平行线和各种形式的折线构成的图案。[②]

（九）滇中（通海县杞麓湖周围）

位于云南中部偏南的通海县海东村贝丘遗址，其文化遗存广泛分布在杞麓湖周围。[③]典型器物特征是：石器以梯形斧、锛为主，也有少量有肩有段石锛；陶器以夹砂陶为主，也有泥质陶，以手制为主；陶色有红、黑、黄色；器型以罐、壶、杯为主，形式多样，流行圈足器；陶罐多带流器、有单流、双流、三流之分；纹饰以划纹为主，分弦纹、水波纹、十字交叉纹、人字纹、编织纹等，印纹有绳纹和连续点纹，也有三流剔刺纹、附加堆纹和镂孔。

（十）澜沧江中游

在保山一带，史前文化遗存主要分布在澜沧江支流银江河流域一带，以永平新光遗址为代表，是这一史前文化类型明确的中心分布区。[④]主要的石器有斧、锛、矛、镞、凿、刀、镰、锥、纺轮、磨盘、棒、研磨器、砺石等，陶器有夹砂陶和泥质陶两种，均采用泥条盘筑法手制，火候较高，器形较简单，绝大多数为平底器，少量为圈足器，主要有罐、壶、钵、盘、盆、缸、钵、豆、杯、勺、四耳器等，纹饰较复杂，主要有堆纹、刻划网格纹、浅划波浪纹、戳印或压印水波纹等 20 种，年代为公元前 2160 年—前 1700 年。[⑤]

---

① 云南省博物馆：《云南宾川白羊村遗址》，《考古学报》1981 年第 3 期。
② 王大道：《再论云南新石器文化的类型》，《云南考古文集》，昆明：云南民族出版社，1998 年。
③ 何金龙：《通海县海东村贝丘遗址》，《中国考古学年鉴（1990）》，北京：文物出版社，1991 年。
④ 云南省文物考古研究所：《探寻历史足迹，保护文化遗产——纪念云南省文物考古研究所成立五十年》，昆明：云南教育出版社，2009 年，第 43 页。
⑤ 云南省文物考古研究所、大理州文物管理所、永平县文物管理所：《云南永平新光遗址发掘报告》，《考古学报》2002 年第 2 期。

（十一）滇东南（元江—红河支流和南盘江下游的支流）

以 1975 年发现的云南麻栗坡县小河洞遗址为代表，称为"小河洞类型"[1]，其文化遗存广泛分布在云南东南的金平、文山、麻栗坡、西畴、广南等县，属于元江—红河支流和南盘江下游的支流。出土器物的特征是：石器以磨制的平肩和斜肩的双肩斧为多，也有少量的不对称刃（靴形）石斧；以平肩的双肩石锛为主，也有一定数量的不对称刃（靴形）锛；陶器均为夹砂陶；陶色以红色为主，其次为灰陶，有少量褐陶和黑陶，均为手制；陶器器形主要有侈口罐、敛口罐等；纹饰以印纹为主，多见绳纹、席纹、划纹、有弦纹、水波纹、斜平行线、十字交叉、斜方格、涡纹、网纹等。

（十二）滇南（澜沧江下游、元江中游）

分布在澜沧江下游、元江中游的云南南部及偏西地区的新平、建水、普洱、思茅、景洪、勐腊、勐海、孟连、澜沧、双江等地的新石器时代文化遗存，以 1962 年调查的景洪县曼蚌囡遗存为代表[2]，出土器物的特征是：石器以磨制的梯形石斧、锛和打制的网坠为主，常见高梯形的斧和锛，也有一定数量的平肩和双肩的斧和锛；网坠扁长砾石打制成束腰形，长三角形石矛亦很有特色；陶器质地以夹砂陶为主，陶色驳杂不一，器形有敞口平底碗和管状网坠，纹饰常见划纹和绳纹。

（十三）滇西、滇西南（澜沧江中游、下游及怒江上游和中游）

分布在云南西部和西南部的澜沧、镇源、景东、云县、昌宁、保山、施甸、龙陵等县、市并波及滇西北福贡的新石器时代文化遗存，以 1973 年试掘的云县忙怀遗址为代表[3]，基本上沿澜沧江中游、下游及怒江上游和中游散块分布，以澜沧县黑河流域及龙陵、施甸两县的怒江下游地段最为密集。典型器物特征是：绝大多数石器系用砾石打制而成，一面保留砾石面，一面为劈裂面；器形主要是弧肩双肩斧，形式多样，其中弧肩圆刃和半刃者较多，也有少量圆弧刃、新月形刃、不对称刃（靴形）斧，其次是打制梯形斧，也有极少磨制梯形和条形斧；一种打制的单平面砾石手锤和椭圆刮削器以及用打

① 云南省博物馆文物工作队：《云南麻栗坡县小河洞新石器时代洞穴遗址》，《考古》1983 年第 12 期。
② 宋兆麟：《云南景洪附近的新石器时代遗址》，《考古》1965 年第 11 期。
③ 云南省博物馆文物工作队：《云南云县忙怀新石器时代遗址调查》，《考古》1977 年第 3 期。

下的石片再加工成的束腰形网坠颇具特色；陶器质地驳杂不一，纹饰多见划纹，印纹中有绳纹。

（十四）滇西（怒江下游和伊洛瓦底江支流龙川江—瑞丽江和大盈江流域）

分布在云南西部的昌宁、施甸、保山、腾冲、龙陵、潞西、瑞丽、陇川、盈江、梁河等县、市的新石器时代文化遗存，以1992年至1993年发掘的龙陵大花石早期遗存为代表[①]，处于怒江下游和伊洛瓦底江支流龙川江—瑞丽江和大盈江流域，其分布地域的东南面与忙怀类型遗存犬牙交错。该类遗存器物的主要特征是：石器以斧、锛、石刀为主要器型，以梯形斧最多；一种形体很小、磨制甚精的条形石斧普遍存在；石刀以长方形单孔者居多，而以背部起脊的单孔石刀和梯形双刃石刀最具特色；陶器质地主要是夹砂陶，有很少的泥质陶，典型器有敛口折沿罐、敛口钵、敞口折沿盆、陶祖；纹饰以划纹为主，流行横、竖、斜的平行斜线，一种以指窝纹和月牙纹颇具特色，另有剔刺纹、附加堆纹。

（十五）滇西南（澜沧江中游、下游及怒江上游和中游）

分布在云南西南部沧源、耿马两县境，地处澜沧江支流小黑江上游的新石器时代文化遗存，以耿马县石佛洞遗址为代表，器物特征是：以形体小巧的磨制梯形石斧为主，多见长方形石斧，扁薄石铲和狼牙棒头颇具特色；陶器均为夹砂陶，火候较高，陶色有褐、灰、橙黄、红等；纹饰有划纹、印纹、剔刺纹、附加堆纹，具有特色的是以印纹作地纹，在其上刻划、剔刺、压印出上层纹饰，或用剔刺的点线组成贝、蛇、鱼等多种动物纹样。

二、共同地域传统的形成

不难知道，在上述西南夷地区新石器时代文化的若干区域，已初步形成了各自区域内连续或不连续的空间分布形态，它们的空间分布形态具有很大程度的相似性：多位于大河支流流域两岸的台地、湖滨、浅丘或缓坡地带，并以这种有限的自然地理环境作为各自文化生长点的依托和界域，因而各种类型的分布一般以自然地理为界限，表现出明显的小生态内部的地域文化特

---

① 王大道：《滇西史前考古的重要收获，大花石遗址墓地发掘硕果累累》，《中国文物报》1992年4月19日。

武帝通西南夷后，斩夜郎竹王，置牂柯郡，"后夷濮阻城，咸怨诉竹王非血气所生，求为立嗣"，这就是说夜郎地区的夷人为濮族。《后汉书·西南夷传》也记载了同样事件，却将"夷濮"改称"夷僚"。这说明，僚、濮实为一族。《三国志·蜀书·张嶷传》注引《益部耆旧传》说"牂柯、兴古，僚种复反"，《晋书·武帝纪》记其事为"太康四年六月，牂柯僚二千余部落内属"。可知越、濮、僚是可以混称互用的，所指皆一，即今壮侗语族的先民百越民族。僚是古代南方一大族系，见于汉代史籍。在南中一带，僚常与濮混称，而在岭南，僚又与俚混称并用。东晋时，僚人从今广西、贵州北上，"自汉中达于邛筰"。迄至宋代，广西部分僚已改称壮，僚人的一部分为今日的仡佬族，可见僚人亦属濮越系的民族。

二、夜郎地区青铜文化

根据《史记·西南夷列传》《汉书·西南夷传》和《后汉书·夜郎传》以及《华阳国志·南中志》等历史文献的记述，今贵州省的西部地区以及云南省的东北部地区属于古代西南夷的夜郎国和"夜郎旁小邑"所分布的地区。至于贵州东部和南部古代文化的情况，考古资料所反映的情况是：贵州东北部乌江流域下游地区主要与巴蜀文化有关，东部清水江中下游流域地区主要与湘西有关，南部和西南部红水河、北盘江中下游流域地区主要与广西和东南沿海有关；而云南的滇中地区以及其他地区，则分别属于滇池区域文化、滇西和滇西北文化以及其他古文化区域。根据历史上西南夷的分布情况，本文所讨论的主要是贵州西北部、西南部和云南东北部的古文化，没有把其他地区的情况包含在内。

（一）学术史

综合资料来看，20世纪在贵州西部地区通过地表采集和零星发现的新石器如下。[1]

（1）1954—1955年在盘县调查征集到磨制石器7件，有梯形斧、有肩斧、刮削器等。[2]

（2）1955年在毕节的大方、织金、水城征集到磨制石器12件，有斧、锛、刮削器等。[①]

（3）1972 年在威宁中河吴家大坪征集到石斧、石锛各 1 件[②]；1981 年采集到锛、有段锛、刮削器共 5 件。[③]

（4）1980 年代在威宁东山调查征集到有肩锛、有段锛、梯形锛、刮削器等 10 余件。[④]

（5）1963 年在清镇、平坝两县调查获得石器 15 件，分布地点有 11 处，且平坝县屡有石器发现。[⑤]

（6）习水土城先后发现和征集石器 25 件。[⑥]

（7）池水发现穿孔网坠 2 件。[⑦]

在贵州西部地区有地层依据并且成批出土的新石器有如下几处。

（1）毕节青场瓦窑村遗址。1978 年调查征集到磨制石器 63 件[⑧]；1984—1985 年正式发掘出土斧、锛、刀、范以及锤、杵、砧、砺石、网坠、支座、研磨器等 88 件。[⑨]

（2）赫章可乐柳家湾遗址。1976—1978 年发掘出土石刀、凿、斧、锛等 30 余件。[⑩]

（3）普安铜鼓山遗址。1980 年发掘出土石质工具近 30 件，其中有石刀 15 件、石凿 2 件。[⑪]

截至 20 世纪末年，贵州西部的新石器时代考古学面貌基本上还没有形成区域和区域间的谱系和体系，根据历年的采集资料和个别遗址的发掘资料，还不能看出更不能区分和概括出考古类型或类别，自然也就不能进一步深入研究史前族群的各种情况。

① 中央民族学院研究部：《贵州毕节专区发现新石器》，《考古通讯》1956 年第 3 期。
② 张以容：《贵州威宁中河发现新石器时代遗址》，《文物》1973 年第 1 期。
③ 晏祖伦：《威宁吴家大坪新石器时代遗址的调查》，《贵州文物》1983 年第 1 期。
④ 晏祖伦：《威宁东山新石器》，《贵州文物》1984 年第 1 期。
⑤ 李衍垣：《贵州清镇、平坝发现的石器》，《考古》1965 年第 4 期。
⑥ 禹明先：《土城发现新石器线索》，《贵州文物》1983 年第 3、4 期合刊。
⑦ 谢尊修：《石网坠》，《贵州文物》1984 年第 1 期。
⑧ 何凤桐：《毕节青场新石器》，《贵州文物》1982 年第 1 期。
⑨ 贵州省博物馆：《贵州毕节瓦窑遗址发掘简报》，《考古》1987 年第 4 期。
⑩ 贵州省博物馆：《赫章可乐发掘报告》，《考古学报》1986 年第 2 期。
⑪ 熊水富：《普安铜鼓山遗址》，《贵州文物》1982 年第 1 期；程学忠：《普安铜鼓山遗址首次试掘》，《贵州文物》1985 年第 2 期；刘恩元、熊水富：《普安铜鼓山遗址发掘报告》，贵州省博物馆考古研究所编：《贵州田野考古四十年（1953—1993）》，贵阳：贵州民族出版社，1993 年。

在 21 世纪的第一个 10 年中，贵州新石器时代考古开始进入突飞猛进的时期，考古学家在黔西北地区的发掘工作取得了重要成绩。从 1978—2005 年，考古工作者先后在威宁县中水镇进行了 4 次大规模考古，发掘出土了鸡公山、银子坛等古遗址和大批文物，不论对黔西北考古学文化谱系的建立还是对西南夷史前文化的研究都具有十分重要的意义。

中水镇位于乌蒙山中段，西南距威宁县城 100 千米，西北离云南昭通市 20 千米，属云贵高原的核心部位，是一个山间小盆地。考古学家在中水镇的考古发掘主要包括吴家大坪、红营盘、鸡公山和银子坛 4 处，发掘出古墓葬、炭化稻谷坑、陶器石器坑和山顶祭祀坑等，出土大批遗物，主要有陶器、石器、玉器、青铜器、骨饰等。其中，鸡公山遗址发掘的学术价值尤为重要，具有鲜明的地域特征，是这一时期发掘最为丰富，最具代表性的遗址。因此，考古工作者把黔西北和滇东北地区同一时期的考古文化命名为"鸡公山文化"[1]。

关于古代夜郎国的准确地理位置的讨论，长期以来学术界争论甚烈，迄今没有公认的结论。但是，在黔西以及滇东北地区发现的大量战国至汉代的青铜文化遗存，已在相当大的程度上揭示出这个地区在那一时代存在着比较发达的政治实体及其频繁的政治军事活动的情况，而这样的政治实体和政治军事活动显然与历史文献记载的"精兵可得十万"[2]的夜郎国有着相当密切的关系。不过，在夜郎地区发现的青铜文化墓地和遗址所显示出来的文化内涵，却并不是完全一致的，其间虽然有着比较明显的联系，但它们的区别同样比较明显。更为重要的是，迄今在夜郎地区发现的青铜时代的文化遗存，不论是墓葬还是遗址，没有任何一处显示出曾经作为区域政治中心地位的文化内涵。这就是说，考古资料中还没有迹象显示出这个区域曾经存在过一个统一的王国即所谓"大夜郎国"。相反，位于这个区域内的一些墓地和遗址，倒是显示出各个族群在相互之间族属相同的前提下的"同等政体"（peer polities）关系。由于它们之间的这种同等政体关系，保持着密切的互动关系，发生着程度不同的相互作用，因而形成区域性的交互作用圈（interaction sphere），于是在考古记录中留下了这种既有共同内涵又有不同特质的可分而不可分的遗存现象。

---

① 张合荣、罗二虎：《论鸡公山文化》，《考古》2006 年第 8 期。

② 常璩著，刘琳校注：《华阳国志校注·南中志》，成都：巴蜀书社，1984 年，第 341 页。

（二）青铜文化

黔西滇东北地区的青铜文化遗存主要有：位于黔西北的赫章可乐墓地、威宁鸡公山遗址、吴家大坪遗址、中水墓地、红营盘墓地和黔西南的普安铜鼓山遗址，以及位于滇东北的昭通营盘村墓地。

1. 贵州威宁鸡公山遗址

鸡公山遗址是位于中水盆地中部中河以东的一处山顶遗址，面积近 5 000平方米。2002 年 10 月，贵州省文物考古研究所在调查中发现该遗址，2004年 10 月—2005 年 1 月，贵州省考古所对该遗址发掘了 1 800 平方米。鸡公山遗址发现的遗迹现象较多，有祭祀坑、墓葬、建筑和沟等。祭祀坑共发现120个，坑口可分为椭圆形、长方形、圆角长方形、圆形和不规则形多种，部分坑用青膏泥涂壁，四壁有火烧痕迹，坑中出土遗物有陶器和磨制石器，还有少量铜器和人骨，绝大多数坑中的陶器为完整器或可修复复原，瓶、罐、杯、器盖为固定组合。80%的坑内出土有炭化的稻谷，稻谷的放置方法有两种，一种是成团放在坑内并被烧焦，另一种是呈散粒撒在坑内。鸡公山遗址出土有陶器、石器、骨器和少量的铜器，陶器数量和种类都较多，有细颈瓶、折沿罐、直口罐、高领罐、敞口罐、敛口罐、折肩钵、圈足钵、带流杯、喇叭口杯、带流盆、器盖等，石器有石刀。发掘者认为："在遗址的发掘中，发现陶器、石器与铜器共存的现象，确定了遗址时代在商周时期，其文化性质属于新石器时代晚期到青铜时代初期，这一认识与遗址中碳 14 测年标本的测年数据（表一）相吻合。"[①]

表一　鸡公山遗址碳-14 测定年代数据表

实验室编号	样品	样品原编号	碳-14 年代（BP）	数据来源
BA052300	木炭	04ZJK84	3 100±40	北京大学第四纪年代测定实验室
BA052301	木炭	04ZJK66	2 985±40	北京大学第四纪年代测定实验室
BA052302	水稻	04ZJK31	3 115±40	北京大学第四纪年代测定实验室
BA052303	人骨	04ZJM2	3 005±40	北京大学第四纪年代测定实验室
BA052304	人骨	04ZJM5	2 955±40	北京大学第四纪年代测定实验室

说明：采自《贵州威宁县鸡公山遗址 2004 年发掘简报》，《考古》2006 年第 8 期。

[①] 贵州省文物考古研究所、四川大学历史文化学院考古系、威宁县文物保护管理所：《贵州威宁县鸡公山遗址 2004 年发掘简报》，《考古》2006 年第 8 期。

2. 贵州威宁吴家大坪遗址

吴家大坪遗址位于威宁县中水盆地中心地区，发现于 1960 年，其后贵州省考古工作者又对该遗址做了复查和试掘。2004 年 10 月至 2005 年 1 月，贵州省文物考古所等单位对该遗址进行了正式发掘，发掘面积 575 平方米。吴家大坪发现的遗迹现象有灰坑、沟和房址，出土了陶器、石器和骨器。吴家大坪遗址与鸡公山遗址相距不远，出土的器物几乎完全一致，灰坑内也出土了大量稻谷，据分析应该是与鸡公山遗址属于同一文化的遗址，两者的时代也基本同时。[①]

3. 贵州毕节瓦窑遗址

瓦窑遗址位于黔西北的乌江上游六冲河的支流吴家屯河西岸的三级台地上，遗址面积约 10 万平方米。该遗址发现于 1978 年，1984 年 7—9 月，贵州省博物馆考古队对该遗址进行了发掘，发掘面积 255 平方米。发现的遗迹有 4 座房址、1 处窑址，出土的石器有锛、斧、刀、锤、杵、研磨器、砺石、网坠、支座；陶器有壶、罐、碗、钵、豆、直腹罐和小口罐；铜器少而小，除铜镯 1 件外，还有铜片 1 件、铜条 1 件和 3 件铜粒，均碎小不成形，值得注意的是该遗址还出土了 1 件石镞范。铜器的碎小说明该遗址属于青铜文化早期，而镞范的存在则说明其时已经掌握了铸造简单铜器的技术。[②]

4. 贵州普安铜鼓山遗址

铜鼓山遗址位于黔西南普安县南的一处山间盆地中一座石山上，遗址面积约 3 000 平方米。该遗址发现于 1977 年—1978 年初，其后进行过一次试掘，出土了一批器物。[③]1980 年 10 月，贵州省博物馆对该遗址进行了发掘，共开探方 114 个，发掘面积 1 519 平方米，出土器物 1 060 余件。出土的器物中，玉石器的数量居多，石器主要有斧、凿、刀、臼、杵、砺石、钏、璜、坠、环、玦、璧、弹丸、镞、纺轮、范等，玉器有璧、管等。出土的陶器质地以夹砂陶为主，约占 98%，泥质陶只占 2%左右，陶器器型主要有侈口和敞口的束颈鼓腹釜、敞口和侈口高领罐、豆、圜底杯、圈足碗等。出土和采集的铜器 13 种共 45 件，有刀、剑、钺、削、凿、钻、镞、叉、鱼钩、铜条、铜笄、

---

① 贵州省文物考古研究所、四川大学历史文化学院考古系、威宁县文物保护管理所：《贵州威宁县吴家大坪商周遗址》，《考古》2006 年第 8 期。

② 席克定、宋先世：《贵州毕节瓦窑遗址发掘简报》，《考古》1987 年第 4 期。

③ 程学忠：《普安铜鼓山遗址首次试掘》，贵州省博物馆考古研究所编：《贵州田野考古四十年（1953—1993）》，贵阳：贵州民族出版社，1993 年。

铜环、铜渣等。出土的铜器具有鲜明的特点，如喇叭形空首一字格曲刃剑、三股叉、直銎弧刃钺、直背刀，还有凿、钻、镞、鱼钩等小型铜器。出土的各类石模、石范45件，其中石模有剑茎模、乳钉纹模、心形纹模等三种，石范剑茎范、剑身范、戈范、刀范、铃范、鱼钩范、凿范、宽刃器范、浇口范、"土"字形范、残石范以及泥心等。在普安铜鼓山遗址发现了柱洞、房基、灶和陶窑等生活遗迹。《发掘报告》认为铜鼓山遗址是"一个生产、生活场所和加工制作场所，遗址性质具有作坊的性质"，并认为"可能有过属于商业性质的活动"。铜鼓山遗址的年代，上限可到春秋时期，下限相当于西汉中期，至迟延续到元帝或成帝时期。[①]

5. 贵州威宁红营盘墓地

红营盘墓地位于贵州威宁县中水盆地南端前河与中河之间的一条小土梁上，1978年、1979年贵州省博物馆考古组曾对位于其附近的梨园墓地进行过两次发掘，并在独立树（红营盘墓地旁）清理了墓葬6座。2004年10月—2005年1月，贵州省文物考古研究所对红营盘墓地进行了较大规模发掘。共清理墓葬26座，墓葬皆为长条形竖穴土坑墓，墓圹狭长，墓葬分布稀疏，基本上没有叠压打破关系，墓向不一。其中北向墓11座，南向墓8座，东向墓7座。葬式主要为仰身直肢葬，除少量墓葬（4座）有葬具痕迹外，其余墓葬均未发现使用葬具的现象。墓葬长120~270厘米，宽32~80厘米，深6~40厘米，均为小型墓，每座墓的面积在2平方米之内。随葬品的数量少，多为1~2件，部分墓葬无随葬品。出土器物有陶器、铜器、骨器和玉石器。陶器风格突出，有圈足罐、喇叭口平底罐、单耳折沿罐、圈足碗、直腹杯和小杯，铜器有柳叶形剑、弧背刀、镞、镯、指环、管饰，在该处还征集到直内铜钺和铜锛等物，玉石器有玉璜、玉玦和摸石等。发掘者认为红营盘墓地的年代在春秋晚期至战国早中期。[②]

6. 贵州赫章可乐乙类墓葬

赫章可乐是黔西北乌蒙山东麓的一个山间坝子，坝子周围分布有一系列相对高度约60~100米的黄土小山，现已发现在这些小山上分布有墓葬十余群。

---

① 刘恩元、熊水富：《普安铜鼓山遗址发掘报告》，贵州省博物馆考古研究所编：《贵州田野考古四十年（1953—1993）》，贵阳：贵州民族出版社，1993年。

② 贵州省文物考古研究所、四川大学历史文化学院考古系、威宁县文物管理所：《贵州威宁县红营盘东周墓地》，《考古》2007年第2期。

→威宁红营盘墓地（春秋—战国早中期）→昭通营盘村甲区墓地（战国中晚期）→赫章可乐墓地（战国中期—汉武帝前期）→威宁中水墓地（战国晚期—东汉初期）。

表二　青铜时代文化遗存的年代

遗址或墓地	殷商时期	西周时期	春秋时期	战国时期	西汉时期	东汉时期
威宁中水鸡公山遗址	√	√				
吴家大坪遗址	√	√				
毕节瓦窑遗址	末期	初期				
普安铜鼓山遗址			√	√	中期	
威宁红营盘墓地			晚期	早中期		
昭通营盘村乙区墓地			√			
昭通营盘村甲区墓地				中晚期	早期	
赫章可乐乙类墓葬				中期	武帝前期	
威宁中水墓地				晚期	√	初期

从这一年代序列显然可见，它们之间的关系存在这样几种情况。

第一，在共时性方面，鸡公山和吴家大坪基本上同时，均为商周时期遗存。普安铜鼓山遗址与威宁红营盘墓地、昭通营盘村乙区墓地、昭通营盘村甲区墓地、赫章可乐乙类墓地、威宁中水墓地等具有一段时间的共时性，但共存的时间不一，其中后几处遗存也有长短不同的共存期。所有遗存中，除鸡公山和吴家大坪外，没有两处遗存是始终完全共时的。仅从形式上看，它们之间就应当是互不统属的区域文化的关系，具有青铜文化演进的地域非连续性特点。

第二，在历时性方面，除鸡公山和吴家大坪外，其他各遗存相互之间在演进的时序上是互不连续的，具有演进的非连续性特点。

可见，夜郎地区青铜文化的演进具有十分明显的时间非连续性和地域非连续性特征。在数处青铜文化遗存之间，既有共时性的遗存，也有历时性变化过程中的共时性遗存，不但在时代上呈交错或平行发展状态，而且在地域上也多是非连续性的。由此不难知道，夜郎地区的青铜文化绝不会是单线性一系相传下来的。既然各地的青铜文化遗存并不属于一系相传的产物，那么当然也就不能认为它们之间具有一脉相承的文化和政治关系。

黔西滇东北地区的青铜文化事实上是由若干区域文化构成的。根据各个区域青铜文化遗存的特点进行分析，该地区的青铜文化有如下几个区域。

1. 鸡公山文化区域

鸡公山文化是目前在夜郎故地地区发现的早期青铜文化，20世纪50年代就曾在滇东北的昭通闸心村、过山洞、黑泥地以及鲁甸马厂和野石发现了文化内涵基本相同的一批古遗址[①]，命名为"闸心村类型"，1970年代在鲁甸马厂又征集到若干陶器和石器，后来在昭通过山洞、黑泥地和鲁甸野石[②]等地又发现文化内涵基本相同的遗址。当时学术界认为这些遗址均属新石器时代晚期，认为是云南新石器时代文化的一种地方类型。[③]随着近年对鸡公山和吴家大坪等遗址的发掘和对同类遗址的深入调查，学术界对该文化的内涵和时代提出了新的看法。

鸡公山文化包括现已发现的遗址20余处，主要分布在黔西北的威宁、毕节和滇东北的昭通、鲁甸、绥江、大关、威信等县。地理范围主要在金沙江下游东部支流牛栏江流域、横江流域上游，中心地区主要是黔西北的中水盆地至滇东北的昭鲁坝子。该文化的主要特征有大量的祭祀坑，长方形竖穴土坑墓。石器以磨制石器为主，有斧、锛、穿孔刀、镰等，以双肩石锛、梯形石锛、弧壁穿孔石刀最具特色；陶器种类较多，有细颈瓶、折沿罐、单耳折沿罐、双耳带流盆、高领罐、单耳带流杯、敞口钵、敛口小罐、碗、大双耳罐、蒜头口小罐、折腹钵，其中细颈瓶、高领罐、折沿罐、单耳折沿罐、单耳带流杯、双耳带流盆、蒜头口小罐、敞口钵为典型器物。因为鸡公山文化属于青铜时代的初期，出土的青铜器只有锛、凿、环等小件器物，器物本身的文化特征不明显，只能作为该文化已经进入青铜时代的标志。张合荣和罗二虎在《试论鸡公山文化》一文中，将鸡公山文化与周边的贵州毕节青场瓦窑遗址、云南元谋大墩子遗址及川西宝墩文化和早期蜀文化进行了比较，认为鸡公山文化是距今3 300—2 700年在贵州西北部至云南东北部的高原山地

① 葛季芳：《云南昭通闸心场新石器时代遗址的发掘》，《考古》1960年第5期；云南省文物工作队：《云南昭通马厂和闸心场遗址调查简报》，《考古》1962年第10期。

② 游有山：《鲁甸野石新石器时代遗址调查报告》，《云南文物》1985年第18期。

③ 李昆生、肖秋：《试论云南新石器时代文化》，《文物集刊》第2集，北京：文物出版社，1980年；阚勇：《试论云南新石器文化》，《云南考古文集》，昆明：云南民族出版社，1998年；王大道：《再论云南新石器文化的类型》，《云南考古文集》，昆明：云南民族出版社，1998年。

中的一支独立发展的地方考古学文化，但与元谋大墩子文化有紧密联系，而与川西同期文化有着十分明显的差异。[1]

鸡公山文化与夜郎故地的其他青铜文化，也有可能如刘旭和孙华所说的那样"很可能保持着鸡公山→野石山遗存→红营盘文化的不间断的发展过程，没有发生传统的中断和转移"[2]，属于时间和地域的非连续性演化关系。不过，由于红营盘较多地接受了蜀文化的影响，更与昭通营盘村乙区墓葬接近。

2. 毕节瓦窑区域

毕节青场瓦窑遗址的时代为商末周初，与鸡公山文化发展稍晚而具有一段时期的共时性关系，也同样属于青铜时代早期文化遗存。但是，正如张合荣、罗二虎所说"瓦窑遗址是鸡公山文化的一个地方类型还是两个不同的文化系统，目前由于资料所限，尚不清楚"[3]，二者虽然有可能具有亲属关系，但在政治上却很难认为属于同一个政治实体。

鸡公山文化和毕节青场瓦窑遗址均属商周时期的青铜文化遗存，它们与其他属于春秋战国至汉代的遗址或墓地在年代上有着相当的距离，其间尚有数百年的缺环。根据目前的考古资料看来，还不能从文化内涵上把这两类不同时代的青铜文化遗存直接联系起来。而《史记·西南夷列传》记载的夜郎国及其周围之小国的活动年代为西汉前后，看来也难以将其历史上溯到商周时期并直接同鸡公山文化和毕节瓦窑遗址相互连接。

3. 普安铜鼓山区域

位于黔西南地区的普安铜鼓山遗址发掘的面积较小，文化面貌尚不是很清楚。出土的铜器中最有特点的是一字格平首剑、三股叉、直銎弧刃钺、直背刀，还有凿、钻、镞、鱼钩等小型铜器。铜鼓山遗址与时代晚于它的可乐墓葬之间存在着一定的文化联系，如铜鼓山出土的青铜戈陶范上的三人牵手图案，在可乐出土的铜戈的内部亦有出现。但从总体上观察，铜鼓山与可乐的文化差异还是比较大。如铜鼓山不见折肩器，无器耳，极少圈足器。铜器中的重要器物——刻有"心"形符号的铜钺、一字格曲刃铜剑、铜三股叉均不见于可乐，而可乐的典型器物镂空卷云纹首铜剑也不见于铜鼓山。另外，铜鼓山的铜锄作尖叶形，而可乐的铜锄却作长条形。值得注意的是铜鼓山

文明的史迹：先秦、巴蜀及南丝路历史研究（南方丝绸之路卷）

① 张合荣、罗二虎：《试论鸡公山文化》，《考古》2006年第8期。
② 刘旭、孙华：《野石山遗存的初步分析》，《考古》2009年第8期。
③ 张合荣、罗二虎：《试论鸡公山文化》，《考古》2006年第8期。

出土了铜戈陶范，虽然时代在其之前的毕节瓦窑遗址也曾出土过铜镞石范，但铜戈在形体上大于铜镞，且有纹饰，说明夜郎故地的青铜文化水平又进了一步。

4. 昭通营盘乙区墓葬和红营盘墓葬区域

昭通营盘乙区墓葬出土的器物基本上为巴蜀文化风格，而红营盘墓葬也出土了属于古蜀文化的青铜柳叶形剑，与可乐和中水的差异极大。昭通和威宁都地近蜀，受古蜀文化的影响是必然之事，但两者之间还是有所差异的，营盘乙区墓葬基本上是蜀文化风格，可能就是古蜀文化在其南疆的一个文化遗存点，而红营盘虽然在铜器上反映出与古蜀文化的密切关系，但在陶器上表现出来的差异却十分大，红营盘墓葬表明只是一种受到古蜀文化较大影响的文化，而非巴蜀文化本身。

5. 赫章可乐乙类墓地区域

目前贵州的大部分学者倾向于认为赫章可乐乙类墓葬就是夜郎族群的主体文化。根据可乐乙类墓葬所反映的文化面貌，并将其与可乐的甲类墓葬、威宁中水墓葬、红营盘墓葬、昭通营盘甲区墓葬及普安铜鼓山遗址相比较，可以认定这是夜郎故地的一种带有鲜明地域文化特征的土著文化"套头葬"为其最为典型的文化特征。由于目前这种文化遗存只发现了可乐一个点，其分布范围尚无法确定，这是否就是曾经拥有"胜兵十万"的夜郎族群的遗存，就目前的材料还不能轻易地将两者确切地对应起来，故这里只能做一定程度的推测。

可乐墓葬与中水墓葬的时代基本相当，且两地直线距离只有约60千米，但两者之间存在着较大的差异。除了两处皆为竖穴土坑墓外，葬式却不同。可乐全为单人葬，特别是有特殊的套头葬。中水除单人葬外，还有二人、三人或多人葬及乱葬，但从未发现套头葬。中水的陶器以镂空高柄豆、盘口瓶、盘口长腹罐、单耳罐为代表性器物群，可乐则以折腹乳钉罐、单耳折腹罐为代表性器物。中水在陶器上常见的刻画符号风格不见于可乐。两者之间在铜器上的差异尤大，可乐出土的用于套头葬的铜鼓、鼓形铜釜、辫索纹耳折沿鼓腹铜釜，及三蹄足鎏金铜鉴、镂空卷云纹首剑、立虎戈秘、合瓦状铃、"U"形发钗、簧形首发钗、虎形挂饰等皆不见于中水；而中水出土的镂孔臂甲、束腰形贮贝器、双管状耳铃、牛头形带钩、鲵鱼形带钩等亦不见于可乐。

6. 威宁中水墓地区域

威宁中水墓葬在青铜文化的发展阶段明显高于鸡公山和铜鼓山，出土的青铜器无论在数量上和种类上都多于前两者。青铜器中的直援无胡戈、蛇头形柄剑、镞、带钩、镯、扣饰、铃、贮贝器等，种类和数量都明显地多于铜鼓山，铜器中的剑、戈、扣饰、镯和贮贝器在器型上却与滇文化的同类器物比较相似，反映出两者之间的联系。但中水的水牛头形带钩、鲛鱼形带钩、双管状耳铃是该文化的典型铜器，结合中水的独具风格的陶器群观察，中水应该是一种具有自身风格和内涵的独立的地方文化。

中水墓地和昭通营盘村甲区墓葬均发现在陶器上刻划单体的原始符号，这是中水陶器最突出的特征。出土的铜器不多，但种类较复杂，典型器物有三角形援无胡戈、蛇头形首无格剑、镂孔剑鞘、双耳矛、短刃矛、镂孔臂甲、束腰形贮贝器、双管状耳铃、牛头形带钩、鲛鱼形带钩、双螺旋纹圆形扣饰等。出土有部分汉式器物，如铜鍪、铜洗、铜带钩、铁剑、铁环首刀、铁矛、五铢和大泉五十钱币等，还出土一方龟纽的"张光私印"，装饰品中的有领石手镯，与蜀式有领璧相似。根据对出土器物的比较与分析，这类墓葬的时代大约在西汉时期，部分墓葬可能早到战国晚期，最晚的则到了东汉初。[①]

经过比较，中水墓葬与可乐墓葬属于两种不同类型的文化。商周至汉代黔西滇东北地区青铜文化区域（表三）如下。

表三　商周至汉代黔西滇东北地区青铜文化区域

时期	青铜文化遗存的系统及其分布地域				
商周时期	威宁中水鸡公山遗址、吴家大坪遗址	毕节瓦窑遗址			
西周时期	营盘山遗址、野石山遗址				
春秋时期	红营盘墓地、昭通营盘村乙区墓地	普安铜鼓山遗址			
战国时期	红营盘墓地	普安铜鼓山遗址	昭通营盘村甲区墓地	赫章可乐乙类墓葬	威宁中水墓地
西汉		普安铜鼓山遗址	昭通营盘村甲区墓地	赫章可乐乙类墓葬	威宁中水墓地
东汉					威宁中水墓地

---

① 贵州省博物馆考古组、威宁县文化局：《威宁中水汉墓》，《考古学报》1981年第2期；贵州省博物馆考古组：《贵州威宁中水第二次发掘》，《文物资料丛刊》1987年第10期。

从上表可以很清楚地看出，从商周时期开始直到汉代，在黔西滇东北地区先后或同时存在六个青铜文化区域，它们分别是：

第一，瓦窑遗址仅存于商末周初，与其他区域的青铜文化没有关系。

第二，鸡公山文化经过非连续性演化，持续发展到战国早期。

第三，普安铜鼓山遗址连续发展较长时期，而且自成一系，与其他区域的青铜文化没有关系。

第四，昭通营盘村甲区墓地从战国发展到西汉。

第五，赫章可乐乙类墓地从战国发展到西汉。

第六，威宁中水墓葬从战国发展到东汉初。

这六个区域的青铜文化，从它们各自的发展和存在时段看，在时代上大体可以划分出商周时期、春秋时期、战国至汉代等三个时期。商周时期有鸡公山文化和毕节瓦窑遗址并存，春秋时期有鸡公山文化在异地发展起来的威宁红营盘墓地、昭通营盘村乙区墓地与普安铜鼓山并存，战国至两汉有普安铜鼓山、昭通营盘村甲区墓地、赫章可乐乙类墓地、威宁中水墓葬等并存。这一时代和地域有异有同的青铜文化分布状况说明，黔西滇东北地区还没有一种分布区域既广又连续性发展并且统率全局的青铜文化。在商周时期、春秋时期、战国至汉代等三个时期内，这个区域内分别或先后存在着不同的多种青铜文化，反映出有多个族群分别或先后在该区域活动生息的历史实际状况。

夜郎地区的青铜时代文化遗存的多样性，与历史文献的记载有相符之处。文献记载，夜郎故地除了夜郎这支大的族群外，还有许多小的族群，即所谓"夜郎旁小邑"。《史记·西南夷列传》云："夜郎旁小邑皆贪汉缯帛，以为汉道险，终不能有也，乃且听（唐）蒙约。"汉成帝河平年间，在夜郎发生了一件事，也反映了当时的夜郎有众多的"邑君"。《汉书·西南夷列传》载，牂牁太守陈立奉命平息夜郎和句町、漏卧的争端，到且同亭召见夜郎王兴，"兴将数千人往至亭，从邑君数十人见立"。由此可见，多"邑君"是当时夜郎地区多族群并存的社会结构形态，而且延续到了西汉时期。这种情况与在夜郎故地出现的基本同时期的多种青铜文化遗存应该存在着一定的对应关系。

夜郎地区青铜文化呈现出的复杂面貌，与贵州的地理生态环境关系比较密切。贵州多山，除了中水盆地和安顺盆地外，很少有较大的盆地和宽敞的河谷，这种环境对早期文明的形成和区域文明的一体化发展具有相当大的障碍，但却为一些小生态中的区域性文化提供了生长的温床。

夜郎地区的青铜文化虽然存在着不同的差异，却也存在着一个最大的共同点，这个共同点突出地反映在墓地的结构上。无论是可乐的乙类墓地，还是中水墓地和营盘的甲区墓地，墓地的结构都十分相似。墓葬分布密集，较多的叠压打破关系表明墓地的长期使用，反映出这是一种以血缘为联系纽带的氏族墓地的特征。墓葬群中很少有大型墓葬，只有赫章可乐实行"套头葬"的墓葬在形制上略大一些，表明除了可乐墓地所代表的族群在社会分层方面发展比较充分一些而外，其他族群的社会分化程度都很低。从总的方面看来，无论生存或活动在夜郎地区的何种族群，他们的社会发展都尚处在"酋邦"或更原始的氏族部落阶段。

战国至西汉时期曾活动在夜郎地区的数支族群，他们之间并没有相互统率的关系，从考古学文化观察，他们之间的文化存在较大的差别，这种现象反映出他们不属于同一个族群。在这片地域的族群集团中，夜郎虽然"最大"，但也只是其中的某一支，因为与汉王朝接触密切而进入了中原王朝的视野，因此被载入了文献。另外，根据《汉书·西南夷列传》所载夜郎王兴能够率领邑君数十人见牂牁太守陈立这一历史事件分析，夜郎王兴的族群应该是夜郎故地上众多邑君中最强的一支，也可能是文化发展水平最高的一支。如果这种推测成立，我们或许能够在对分布在夜郎地区的几种青铜文化的发展水平进行比较分析的过程中，寻找出其中哪一个是夜郎族群的遗存。相比之下，赫章可乐墓葬的出土物较为明显地反映出它所代表的族群在文化发展水平上高于其他族群（有大型墓葬，有用于套头的铜鼓、鼓形铜釜、辫索纹耳折沿鼓腹铜釜，及三蹄足鎏金铜鍪、镂空卷云纹首剑、三角援直内无胡戈、立虎戈柲等大型青铜器和较多的兵器），所以可乐墓葬是夜郎族群的文化遗存的可能性最大由于可乐墓葬目前只发现了一处，所以这一推测还需得到今后更多新的考古学材料的证实。

夜郎地区青铜文化的多元性与文献中夜郎多"邑君"的记载是基本吻合的。通过考古材料观察，夜郎地区的各类墓葬没有发现与滇文化中规模宏大、随葬品丰富的大型墓葬相似的墓葬，反映出夜郎故地青铜时代的古族群与西南夷地区滇等古族群相比较，经济发展水平相对落后一些，这可能与夜郎族群分布地区贵州高原的自然环境较为贫瘠有关。贵州多山多雨，自古民贫地瘠，相对西南夷地区其他族群活动的滇池平原、洱海平原、安宁河谷、盐源盆地、曲靖盆地等区域来讲，确是自然条件最差的生存空间了。科林·伦福儒（Colin Renfren）和保罗·巴恩（Paul Bahn）在《考古学：理论、方法与实践》中写道：相邻地区之间同等政体的竞争性对抗，重要表现形式是，一个政体试图在豪华消费中胜过对手，这样形成的互动结果是不同政体在某一特定时间、特定地点内，拥有共同的表现形式，而其缘起的准确形式不十分清楚，这通常是同等政体互动的结果。在多数情况下，不必要设定一个单独的发明中心，而把其他地区都视为边缘。[①]由鸡公山文化演进到野石山、红营盘遗存，后来又继续演进到赫章可乐等遗存，一方面呈现出青铜文化发生与演化的时间非连续性特点，另一方面又呈现出青铜文化演化的地域非连续性特点，正是这种时间上的非连续性演化和地域上的非连续性演化，使得这个社会系统在时空演变的过程中发生了结构性变异，其结果是不但增强了青铜文化在区域内的文化适应性，而且增大了文化广延性，从而使区域内的青铜文化在演化过程中增强了持续发展的能力。进一步说，所谓时间上的非连续性演化，是从区域的角度而不是从某一个政治实体的角度而言的；所谓地域上的非连续性演化，则是从同一或相似文化背景下的不同政治实体在地域上的不同分布而言的。这就是说，由于时间上的非连续性演化，使得区域内的某一支青铜文化呈现出发展的间断现象，而同一种系的文化（青铜文化）则在另一处或多处地域发展起来，这也就形成了地域上的非连续性演化，同一种系的文化在区域内的不同地域上分别展开各自的演化过程，于是形成同等政体并立的局面。当然，同等政体并立，并不是说在同等政体中没有大小或主次之别，夜郎就是这个区域中同政体的"最大"政治实体。所谓同等政体，是说在这个区域中的各个政治实体之间没有君臣或上下级那样的层级关系，而是族群与族群或酋邦的关系。

三、夜郎酋邦社会

（一）墓葬分析

对古代民族集团或地域性政治集团的政治结构和权力结构的研究，应该而且必须建立在对于地域内或相关族群的规模进行分析的基础之上，在这个基础上确定其间的层次和等级。在古代社会，在民族集团或地域政治集团中拥有较大面积领地、较多人口的较大规模族体，一般说来会占有较多的经济和政治资源，从而拥有较高的政治权威，其首领也会相应地拥有较大的话语权。

夜郎地区各族群的规模和等级的情况，由于文献不足征，必须依靠已有

---

① 科林·伦福儒、保罗·巴恩：《考古学：理论、方法与实践》，中国社会科学院考古研究所译，北京：文物出版社，2004年，第385页。

（一）黔西滇东北区域

黔西滇东北区域的早期青铜时代文化遗存分别发现于位于中水盆地的贵州威宁中水鸡公山和位于昭鲁盆地的云南昭通鲁甸野石山。

2004年，贵州省文物考古研究所等单位在威宁中水鸡公山遗址进行发掘，出土了有段铜锛和铜凿等小件青铜器，形制与出土的同类石器非常相似，并且与中水吴家大坪遗址出土的同类石器具有相同的形制。该遗址的时代为商周时期，绝对年代为距今3 300—2 700年。[①]

滇东北昭通地区的鲁甸早在20世纪50年代就已发现过早期青铜文化的遗存，由于缺乏可以参照对比的资料，故将该遗存定为新石器时代晚期的遗存。1984年在昭通营盘村收集到青铜戈，1986年对营盘村古墓进行发掘，确定为青铜时代遗存，其中的乙区墓地与鲁甸马厂遗址有一定关系，而马厂遗址在当时被认为是新石器时代遗址，这与营盘村乙区墓地在时代上有较大缺环，因而推断营盘村乙区墓地的时代大致在春秋时期。2002年，云南省文物考古研究所等对鲁甸野石山遗址进行发掘，在遗址第三层发现铜锛、铜锥等小件铜器与陶器、石器共存的现象，确定野石山遗址为昭鲁盆地青铜时代早期遗存，碳十四测定年代数据分别为2 985±80年、3 105±105年，推定其年代数据介于公元前1300—前900年之间。[②]

由于鸡公山遗址的文化遗存在中水盆地和昭鲁盆地多处发现，因而有学者提出"鸡公山文化"的概念。罗二虎和张合荣认为，鸡公山文化分为早、晚两期，早期遗存有中水鸡公山遗址部分遗迹、吴家大坪、营盘山遗址下层和昭通过山洞、野猪洞、黑泥土等遗址，晚期遗存有鸡公山部分遗迹、营盘山上层、鲁甸马厂和野石等遗址，并认为鸡公山文化大致反映了云贵高原山地青铜时代早期阶段的发展水平。[③]

鸡公山文化的铜器都是小件器物，数量很少且多属于工具一类器物，而鸡公山文化的最初阶段尚处于新石器时代末期，因此其青铜时代的开端应是直接从当地新石器时代晚期文化的门槛跨入的，处于青铜时代的最初阶段，绝对年代为公元前1300—前900年。

但是，黔西滇东北区域中水盆地鸡公山、吴家大坪的最晚年代约距今3 000年，与营盘山下层年代（距今约2 990年）相衔接，而营盘山遗址与昭

---

① 张合荣、王林、罗二虎：《贵州威宁县鸡公山2004年发掘简报》，《考古》2006年第8期。

② 刘旭：《云南鲁甸县野石山遗址发掘简报》，《考古》2009年第8期。

③ 罗二虎、张合荣：《试论鸡公山文化》，《考古》2008年第2期。

通鲁甸野石山遗存的年代大体相同，两者与鸡公山文化属于同一文化的不同发展时期。这种关系说明，鸡公山文化的早期青铜时代包括了同一文化在不同地域的发生和演进，鸡公山和吴家大坪是发生地，营盘山和野石山等则是发展地。像这一类早期青铜文化发展演进过程中的时空变化，正可谓属于 E.R. 塞维斯（Elman.R.Service）在《文化的演进》（Cultural Evolution：Thoery in Practice）中所总结的"种系发生进化的非连续性原则"和"进化的地域非连续性原则"①那样的情形，这对于黔西滇东北区域青铜文化起源与演变研究来说，具有很重要的意义。

（二）滇池盆地

滇池盆地发现的青铜时代早期文化遗存以昆明西山天子庙为代表。2005年，云南省文物考古研究所对天子庙遗址进行了发掘，目前发掘报告尚未刊布。据发掘者蒋志龙先生的报道，在发掘的 2005XLTT1 中，第 7 层至第 10 层为早期堆积。第 7 层陶器的显著特点是以红色为主，以钵、碗等器类为主，器体较小，基本为素面。从第 8 层开始，无论在器类还是陶系上都有了变化，陶片以灰黑色和褐色为主，同时还有一些红陶类器物，器类以侈口罐和敛口钵为主，平底和圈足器极少见，可能多为小平底和圜底器，陶器虽仍以素面为主，但在陶器肩部和底部新出现了刻划斜线纹、波折纹及叶脉纹等，同时该层还清理出铜条、泥质纺轮以及有肩石钵和玉镯残件等。第 9 层陶片多为灰黑、灰褐的夹砂陶，以敞口高领罐和敛口钵为主，有极少量的平底盘和圈足器，亦出土铜片，陶器器类与第 8 层相似。第 10 层无论在陶质、陶色还是器类组合方面均同于第 9 层，器类以罐类为主。天子庙遗址中层遗存的年代相当于春秋战国时期。②另据报道，天子庙中层出土的铜器还有鱼钩、箭镞等，更晚的上层则在沿袭中层器物群的同时，新出现了豆、尊及大喇叭口旋纹罐等该区域春秋战国时期的典型陶器组合。③

从公布的资料看，从新石器时代晚期到青铜时代早期，西山天子庙中层的最大变化有三点：一是陶器出现变化，以小平底器为主；二是出现有肩石器；三是出现铜器。前两点变化与铜器的出现同时发生，似乎意味着该地一

① E.R.塞维斯：《文化进化论》，黄宝玮等译，北京：华夏出版社，1991 年，第 33-34 页。
② 蒋志龙：《云南昆明天子庙贝丘遗址发掘获重要收获》，《中国文物报》2005 年 9 月 28 日。
③ 刘旭：《追寻先民的脚步·概说》，云南省文物考古研究所：《探寻历史足迹，保护文化遗产——纪念云南省文物考古研究所成立五十周年》，昆明：云南教育出版社，2009 年。

山。但是，在鸡公山文化连续发展的下一个阶段即野石山和营盘山时期，黔西滇东北青铜文化出现了新的变化，而后持续演变直至红营盘时期。

第三，滇池盆地的西山天子庙中层遗存的出土现象，不论新石器晚期的石寨山类型还是青铜时代的石寨山文化（滇文化），在陶质、陶色和器物类型等方面均有所区别，这种变化现象可能意味着当地青铜文化另有来源。但由于目前资料的限制，这一初步认识尚需今后获得翔实资料后加以验证或修正。

第四，大理银梭岛青铜文化遗存始于第三期，而第三期与第二期新石器时代晚期文化之间存在较大缺环①，这一现象可能意味着另一族群及其文化的进入。

以上四类青铜文化起源的情况，从文化演化的角度分析，不论哪一种事实上都是新石器时代晚期文化的结构性变异的结果，但由于其青铜文化起源的情况不同，导致它们在各自青铜文化的发展方式上分道扬镳，产生了极不相同的结果。

从后来的发展过程来看，不论是剑川海门口还是大理银梭岛的早期青铜文化，它们在时间上和地域上均与战国至西汉时期发达的洱海区域青铜文化存在非连续性发展链条，出现了很大差异，这表明战国至西汉时期的洱海区域青铜文化不是从剑川海门口或大理银梭岛发展而来的，而剑川海门口和大理银梭岛的青铜文化差不多在洱海区域青铜文化兴起之前就已消亡不存了。

可是黔西滇东北青铜文化却大不相同。由鸡公山文化演进到野石山、营盘山遗存，后者又继续演进到红营盘等遗存，一方面，从文化性质而言，"其文化很可能保持着鸡公山→野石山遗存→红营盘文化的不间断的发展过程，没有发生传统的中断和转移"②；另一方面，从整个昭鲁盆地来说，早期青铜文化不论在时间上还是空间上都具有非连续性发展演化的特点，这就使得昭鲁盆地的早期青铜文化在时空演变过程中发生了结构性变异，其地域适应性由此得以不断加强，从而增强了该地域青铜文化的持续发展能力。③

上述两种文化演化路径似乎意味着，正是因为不同的演化方式，因而导致出现了两种不同的演化结果：洱海区域最终发展出了以游牧为特征的昆明

---

① 刘旭：《追寻先民的脚步·概说》，云南省文物考古研究所：《探寻历史足迹，保护文化遗产——纪念云南省文物考古研究所成立五十周年》，昆明：云南教育出版社，2009年。
② 刘旭、孙华：《野石山遗存的初步分析》，《考古》2009年第8期。
③ 段渝：《夜郎国与夜郎酋邦社会》，《社会科学战线》2016年第3期。

文化，而黔西滇东北区域发展出了以农耕为特征的夜郎文化。

滇池盆地的西山天子庙早期青铜文化遗存的情况，由于资料太少，目前还不能做出评判，不过从仅有的材料看，其与黔西滇东北的演化情况多少有些类似。

三、青铜时代的文化区域

根据历史文献关于古代藏羌彝走廊川滇黔区域各主要族群分布地域的记载，综合考虑学术界有关西南夷地区考古学谱系的研究成果，我们可以将藏羌彝走廊川滇黔青铜文化划分为 13 个区域，这些区域既具有自身的独立性也互有一定或相当的联系。

（一）黔西滇东北夜郎青铜文化区

这个区域主要是夜郎及其周围小国的分布区域，属于这个文化区域的考古学文化遗存有：贵州威宁中水鸡公山遗址、贵州威宁中水吴家大坪遗址、贵州毕节瓦窑遗址、贵州普安铜鼓山遗址、贵州威宁红营盘墓地、贵州赫章可乐墓地、贵州威宁中水墓地和云南昭通营盘的甲区墓地等，年代约从商代到西汉。在从东周到西汉的墓地内出土了大量青铜器，多为青铜兵器，赫章可乐还出土了作为套头葬用具的铜鼓。

（二）滇东曲靖盆地劳浸、靡莫青铜文化区

按照《史记·西南夷列传》的记载，"其（夜郎）西靡莫之属以什数，滇最大"①，又载"滇王者，其众数万人，其旁东北有劳浸、靡莫，皆同姓相扶"②，这就指明劳浸、靡莫分布在夜郎的西面和滇的东北面。一般认为夜郎在黔西和滇东北之间，滇在滇中的滇池一带。据此，劳浸、靡莫应当在滇东的曲靖盆地一带。

在以滇东曲靖盆地为中心的劳浸、靡莫地区发现的重要青铜时代文化遗存有：曲靖市珠街八塔台墓地、曲靖横大路墓地和曲靖麒麟区潇湘平坡墓地，出土青铜器种类繁多，有兵器、生产工具、生活用具、各种装饰品、扣饰、房屋模型以及各种动物图案、扣饰、杖头、铃、带扣等。

① 司马迁：《史记·西南夷列传》，北京：中华书局，1974 年，第 2991 页。
② 司马迁：《史记·西南夷列传》，北京：中华书局，1974 年，第 2997 页。

（三）滇池区域滇青铜文化区

分布在金沙江中游以南，东至罗平，西迄禄丰、楚雄，南达通海，北止东川的地域内发现滇文化遗存数十处，出土青铜器达 1 万件以上，主要文化遗存有：晋宁石寨山墓地、江川李家山墓地、江川团山墓地、呈贡天子庙墓地、呈贡龙街石碑村墓地、昆明羊甫头墓地、昆明大团山墓地、昆明上马村五台山墓地、安宁太极山墓地、东川普车河墓地、楚雄万家坝墓地、嵩明凤凰窝墓地、晋宁小平山遗址、澄江学山遗址、玉溪刺桐关遗址、西山王家墩遗址和西苑遗址等。该区出土青铜器种类繁多，以兵器、铜鼓及贮贝器为主，尤以表现祭祀、战争、狩猎、纺织、动物的贮贝器著称，年代为春秋晚期至西汉。

（四）安宁河流域邛都青铜文化区

安宁河流域青铜文化区主要是邛都的活动区域。安宁河类型分布在金沙江北岸二级支流安宁河流域及其东部地区，这一区域的青铜时代文化遗存主要是分布在安宁河流域的大石墓，集中在安宁河谷的喜德、冕宁、西昌、德昌和米易五县市。此外，在金沙江北岸的小支流西罗河上游普格县小兴场也有一处大石墓分布点。现已发现大石墓 230 余座[①]，可以确定为大石墓遗址的有 4 处：德昌锦川乡王家田遗址、西昌琅环乡棳木沟遗址上层文化、西昌樟木菁乡咪咪啷遗址、冕宁城关三分屯遗址。此外，与大石墓有关的有西昌大洋堆 3 号土坑墓、西昌市樟木箐乡麻柳村器物坑。安宁河流域青铜文化区出土铜器较少，主要有小型装饰品和小件兵器，出土短刀较多，长兵器极少，其年代约为西周至东汉。

（五）青衣江—大渡河流域徙青铜文化区

以青衣江流域今四川宝兴县为中心并波及大渡河流域今四川石棉县和汉源县等地是徙人的主要分布地域。其中的重要文化遗存有：四川宝兴县城关及城郊墓葬群、四川宝兴县瓦西沟口墓葬群、四川宝兴县陇东石棺葬群、宝兴汉塔山土坑积石墓群；在大渡河流域发现的徙人青铜文化遗存有：四川汉源县大窑石棺葬、四川石棉县永和乡土坑墓。该区出土的青铜器以锥形矛、直内戈、扁茎柳叶形剑、三叉格柄剑等为特点。

---

① 四川省考古研究院、凉山州博物馆、西昌市文管所：《安宁河流域大石墓》，北京：文物出版社，2006 年。

徙人的墓葬有石棺葬和土坑墓两种，土坑墓的数量多于石棺葬，但两种墓葬内出土的器物完全一致。这种现象不但在徙故地存在，在西南地区许多石棺葬分布区也同样存在，如云南巧家县城、剑川鳌凤山、昌宁坟岭岗等处墓葬。徙故地出土的器物以铜器中的三字格剑、曲柄剑、泡钉、短柄镜、轮形饰和马具和陶器中的双耳罐最具地方特点，特别是宝兴陇东出土的带有三短足和牛羊头附加堆纹的双耳罐，不见于其他地区，地方特色最为突出。徙故地这种以三字格剑、曲柄剑、泡钉、短柄镜为主要元素的青铜器组合在川西山地、川西南、滇西北和滇西也普遍存在，反映出在这片广袤的区域内各种青铜文化有着十分密切的联系。

（六）雅砻江下游盐源盆地筰都青铜文化区

根据笔者对古代文献、考古资料的分析，按照时空对照来考虑，雅砻江下游盐源盆地青铜文化区主要是筰都的活动区域。

筰都青铜文化区主要分布在金沙江中游北岸一级支流雅砻江流域盐源盆地及泸沽湖周围，集中分布在云南省宁蒗县、永胜县和四川省盐源县、盐边县。已发掘的遗存有宁蒗大兴镇古墓群、永胜县程海龙潭村古墓群和盐源老龙头古墓群。该区出土了大量青铜器，有三叉格剑、双环耳柄首剑、曲柄剑、双圆饼首剑、曲刃戈、三角形援戈、弧背刃削、双柄刀、双环首短剑等兵器，以及铜鼓、铜钟、铜釜、铜杖、杖首、枝形器等。该区域青铜文化年代约为春秋到西汉。

（七）保山盆地巂青铜文化区

这一区域主要是巂人及其族群的活动区域。在云南保山地区发现的青铜时代文化遗存主要有：昌宁县坟岭岗墓地、昌宁县城近郊的达丙乡和右文乡墓地。青铜器主要有山字格剑、柳叶形矛、圆锥形矛、铜弯刀、铜盒、不对称靴形钺、长柄舌形刃钺镦、臂甲、短柄镜、铃、手镯，片状挂饰等。在白沙坡清理长方形竖穴土坑墓 50 座，出土器物 279 件，其中以三叉格剑、铜镯、有柄铜镜和花形饰件等具特点，年代推测为战国至西汉初期。[1]在保山盆地及相邻的龙陵、施甸、腾冲等县调查采集青铜器地点有 20 余处，发现的青铜器以锚形铜钺、靴形钺、弯刀、编钟、铜盒、铜案、圆刃戚等具特点。

---

① 王大道：《云南昌宁坟岭岗青铜时代墓地》，《文物》2005 年第 8 期。

（八）洱海区域昆明青铜文化区

以洱海为中心的昆明青铜文化主要分布在金沙江以南，洱海以东，禄丰、楚雄以西，哀牢山以北的地域范围内，在云南祥云、弥渡、宾川、剑川、姚安、鹤庆、大理、云龙、永平等县均有发现。主要文化遗存以剑湖为中心，有剑川海门口遗址、祥云大波那木椁铜墓和木椁墓、祥云检讨村石墓群、弥渡苴力石墓群、弥渡合家山青铜器范采集点、剑川鳌凤山墓地、宾川青铜文化遗存、宾川古底石棺墓群、宾川夕照寺墓葬群、鹤庆黄平墓葬群、楚雄万家坝墓群等。该区出土的青铜器达 4 000 余件，主要有山字格剑、曲刃矛、V型銎锄、圆刃钺、铜鼓、禽鸟式杖首等，一般认为属于滇西类型，年代约为战国中叶到西汉。①

（九）岷江上游冉、駹青铜文化区

岷江上游青铜文化区主要是冉、駹等族的活动区域。该区青铜时代文化的重要发现有茂县、理县、汶川的石棺葬群，茂县城关、营盘山、别列、勒石村的石棺葬群，牟托一号石棺墓，理县佳山寨石棺葬群。该区出土的铜器物以山字格剑、曲柄剑、手镯、泡钉为基本组合，年代早晚不等，约为西周到东汉。

（十）川北陇东南氐文化区

川北与陇东南地区的古代文化与文献中记载的白马人群关系最为密切，主要分布于四川北部的九寨沟、平武和甘肃东南部的文县、武都等地，为白马文化区。按照《史记·西南夷列传》所述，白马属于氐系文化区。

2005—2008 年，在九寨沟发现的阿梢脑汉代遗址，出土了 5 件铁器、1 件铜器以及包括 1 片在内的一些陶片、石器。这里出土的凹口锸也见于甘肃文县和四川平武、茂县、理县等地。由于在甘肃武都新石器遗址中存在着彩陶，因此九寨沟地区发现的彩陶可能与陇东南的早期彩陶之间存在联系。2005 年发掘的四川平武水牛家寨汉代遗址，发现了锸、犁铧等铁器，石斧、石杵等石器，罐、壶、盆、钵、瓶、纺轮等陶器。这些发现表明，分布于川北与陇东南地区的古代白马族群处于定居农耕的生活状态。

文明的史迹：先秦、巴蜀及南丝路历史研究（南方丝绸之路卷）

---

① 王大道：《云南青铜文化与新时期晚期文化的关系》，云南省文物考古研究所编：《云南考古文集》，昆明：云南民族出版社，1998 年。

（十一）金沙江上游白狼、槃木、唐菆青铜文化区

根据笔者对古代文献、考古资料的分析，按照时空对照来考虑，金沙江上游文化区的大致空间范围包括今四川西北高原甘孜州一带和云南西北高原迪庆州一带以及川西南的木里县一带，主要应是《华阳国志》所记载的白狼、槃木、唐菆等族群的活动区域。在这一地区发现多处青铜文化遗存，其中的重要发现有：四川巴塘县扎金顶墓群、雅江县呷拉墓群、甘孜县吉里龙墓群、炉霍县卡莎湖墓群。云南德钦县永芝古墓葬、德钦县纳古石棺墓、德钦县石底古墓等，出土青铜器有锥形矛、直内戈、扁茎柳叶形剑、三叉格柄剑等，年代为战国至西汉。在中甸克乡清理的 43 座石墓，出土的青铜器以曲柄铜剑、鹰和鹿杖头、短柄铜镜等为特点，年代为西周时期。①

（十二）红河流域句町青铜文化区

根据笔者对古文献的分析，云南的东南部及广西的西南部属于句町的分布范围。句町区域的青铜文化遗存有：云南元江县洼垤打篙陡墓地，时代"应为春秋晚期至战国晚期"②，元江罗垤白堵克墓地清理墓葬 14 座；个旧石榴坝墓地，发掘者认为其时代"上限可定于战国初期或更早"③；此外还有红河县的小河底流域以及广西西林普驮铜鼓墓葬。该区的主要青铜器有细长銎椭圆刃钺、不对称圆弧刃钺、蛇头形首剑、杖首等。

（十三）滇南漏卧青铜文化区

今云南曲靖地区南部的师宗县和红河州北部的泸西县为漏卧的主要分布区。该区青铜文化遗存目前发现两处：一处为云南泸西县的石洞村墓地，土坑墓 93 座，出土的铜器主要有无胡戈、一字格剑、削、牌、扣饰、镯、弩机等，陶器主要有罐，时代大致在西汉中晚期至东汉初；另一处为泸西县大逸圃墓地，清理长方形竖穴土坑墓 190 座，出土的铜器主要有三角援戈、一字格剑、山字格剑、镞、臂甲、削、锥、凿、镯、扣饰等，铜铁合制器有铜柄铁剑、铜铁矛、铜柄铁削，陶器以平底罐、敞口圜底釜为主。根据出土器物判断，大逸圃墓地的时代与石洞村墓地基本同时或稍早。④

论藏羌彝走廊青铜文化区域的形成

① 王涵：《云南中甸县的石棺墓》，《考古》2005 年第 4 期。
② 王大道、杨帆、马勇昌：《云南元江洼垤打篙陡青铜时代墓地》，《文物》1992 年第 7 期。
③ 黄德荣、戴宗品：《云南个旧石榴坝青铜时代墓葬》，《考古》1992 年第 2 期。
④ 参见云南省文物考古研究所、红河州文物管理所：《泸西石洞村大逸圃墓地》，昆明：云南科技出版社，2009 年。

彩，同时也表现出藏羌彝走廊川滇黔地区青铜文化的开放性特点。而滇池区域丰富的铜锡矿产资源，在商代就北输巴蜀和中原；川滇黔区域特有的铜鼓和巴蜀青铜文化的某些器类南传到东南亚地区；巴蜀地区发现的大量海贝、象牙、琉璃珠以及西北地区发现的海贝，都是经由藏羌彝走廊进行传输转运的。正是在长期保持与外界进行交流互动的过程中，藏羌彝走廊青铜文化才获得了更加充分的发展动力，从而促进了青铜文化的长足发展和演进。

五、青铜时代文化演化的外在动力

总的看来，藏羌彝走廊川滇黔区域的史前文化与青铜文化之间有着长达数百年的缺环，而这期间正是氐羌系族群从北面、濮越系族群从东面相继迁徙进入走廊的时段，所以在多数区域出现的青铜文化与当地史前文化没有前后承袭和发展演变的关系，这是可以理解的。

在藏羌彝走廊川滇黔广大地区发现的文化遗存中，大量存在从新石器时代晚期到青铜时代的有肩、有段石器或青铜器。例如在石寨山类型的王家墩发现有段铜锛和铜斧；在芒怀类型出土的石斧均为有肩石斧，分为钺形和靴形两种，并且与剑川海门口、祥云大波那出土的铜钺以及晋宁石寨山和江川李家山出土的铜钺相似[①]；在小河洞类型出土的有肩石斧，与四川雅安沙溪遗址出土的石斧相同[②]。其他如昭通闸心场类型、通海海东村、景洪曼蚌囡、龙陵大花石等遗存以及昆明天子庙，均出土有肩、有段器物。而在石寨山类型中的有肩、有段石器占出土石器的 33%，芒怀类型出土的双肩斧占出土石斧的 40%。[③]有肩、有段器物在藏羌彝走廊地区的广泛分布，表明长江中下游濮越族群及其文化的大量进入。

藏羌彝走廊石棺葬的分布十分广泛，与石棺葬同时出现的是双耳陶罐，这在岷江上游地区、青衣江上游地区、金沙江中下游地区广泛分布并形成十余种文化类型，其中年代最早的可到商代前后，最晚的相当于西汉后期至东汉前期。[④]这种情形，无疑是氐羌系统的族群及其文化进入藏羌彝走廊地区的

---

① 阚勇：《试论云南新石器文化》，《云南考古文集》，昆明：云南民族出版社，1998 年。
② 黄德荣、戴宗品：《云南个旧石榴坝青铜时代墓葬》，《考古》1992 年第 2 期。
③ 参见王大道：《再论云南新石器文化的类型》，《云南考古文集》，昆明：云南民族出版社，1998 年；蒋志龙：《云南昆明天子庙贝丘遗址发掘获重要收获》，《中国文物报》2005 年 9 月 28 日。
④ 罗二虎：《文化与生态、社会、族群：川滇青藏民族走廊石棺葬研究》，北京：科学出版社，2012 年，第 233-246 页。

物质文化表征。

以上文化元素的出现，正当藏羌彝走廊各族群由新石器时代晚期文化向青铜时代文化演化之际，它们在藏羌彝走廊川滇黔地区大量而广泛地出现，甚至成为当地文化的主流，这一现象非常值得重视。看起来氐羌系族群和濮越系族群在进入藏羌彝走廊各地后，经与当地原生文化充分融合，形成了新的文化类型，并在藏羌彝走廊各族向青铜时代转变的过程中起到了关键的推动作用。所以，就族属而论，青铜时代活跃在藏羌彝走廊川滇黔区域的族群不是氐羌系就是濮越系。虽然如此，我们还必须认识到，不论氐羌系还是濮越系族群，他们一旦进入藏羌彝走廊川滇黔地区，同当地原住民相融合并取得了政治上、经济上的主导地位后，即"其当处立名，则名从方号"①，他们就不再是原先的族类而成为一支支新的族群，并在时间发展的序列中演化为当地土著，于是就有了夜郎、滇、邛都、巂、昆明、筰都、冉、駹、白马等族群称号。

尽管进入藏羌彝走廊川滇黔地区的氐羌系和濮越系族群的来源地并不相同，即他们的"母体"并不一致，但是由于族属相同，文化相近，或许还有一些亲缘关系，所以他们比较容易交流、沟通和互动。藏羌彝走廊地区广泛分布的相同文化因素，正是各族文化广泛交流的遗迹。而藏羌彝走廊川滇黔地区青铜文化在大致相同的一个时间段中发生，也是由于这样的原因，或者说是其中的主要原因之一。

---

① 参见《左传》文公十六年孔颖达疏。

| 21 |

考古所见古代西南地区贵重物品的贸易传统

——兼论贸易转型对汉藏茶叶贸易兴起的影响

　　本文所讨论的主题是古代西南地区贵重物品的贸易，本文所说的贵重物品即指古代西南少数民族贵族所专用的奢侈物品，一般是数量少且商品价值极高，能够体现贵族的身份和地位。自商周时期到战国秦汉古代西南地区的考古墓葬中出土众多种类的贵重物品，它们或是来自域内高级文明的产物，或为来自域外古文化的精品，这些贵重物品的贸易交流可以反映出古代西南地区的贸易传统。这一贸易传统的内在机制亦随着历史的发展，特别是区域政治格局变迁而发生变化。贸易机制的转变也为后来的中央王朝治理边疆民族提供帮助。为了更好地讨论主题，有必要先对古代西南地区的内涵与范围作一定的限定。本文所讨论的西南地区，从民族或族群上说包括西南夷和巴蜀，从地理范围上说则大致包括今川西平原、川西北高原、四川盆地、云贵高原主要地理单元，从行政区划上说主要涉及今甘肃、青海、西藏、四川、云南、贵州等省区。这一区域的地貌单元极为复杂，高山与大河峡谷纵横分布，自古以来就是多民族汇聚之地，不同的民族在不同的地理生态环境中既创造了各具特色的民族文化，相互之间也发生了密切的商品贸易与文化交流。古代西南民族以商品贸易为主的文化交流路线形成既久，如先秦时期以来的南方丝绸之路、唐宋以来的茶马古道都是这一内涵的重要体现。

　　学界对于古代西南地区的商品贸易与道路变迁的研究一直有所关注，特别是对南方丝绸之路和西南茶马古道的研究颇受瞩目。但是，从考古视角对古代西南地区的贵重物品贸易活动和贸易机制变迁作考察的论著还甚为少见。这一问题的提出，无论对南方丝绸之路还是西南茶马古道的深入研究，都有助益。我们不仅要将古代西南地区的贸易路线置于中外古文化交流背景中考察，还要慎重地考虑因历史时期政治变迁而造成的古代西南地区贸易转型、贸易线路变迁等问题。

一、考古所见古代西南地区的丝绸与贸易

丝绸作为古代中国输往域外的重要商品，在古代中外文化交流上产生过重要的影响。实际上，古蜀作为中国丝绸的重要起源地，其所生产的丝绸不仅畅销国内其他地区，还曾远销域外。从考古上看，早在 1909 年日本学者关野贞和谷井济一在朝鲜半岛北部调查古代遗迹，发掘出汉代的乐浪遗迹。20 世纪 60 年代在乐浪古墓中出土一种非本地产的丝织品，布目顺郎认为这一类丝织品在质量和风格都优胜于本地的锦、绮，是传自中国。[①]根据已经披露的消息看，这一类的丝锦多是彩色织出，且纹有汉隶铭文的吉祥语。它与在新疆尼雅遗址出土的"五星出东方利中国"丝锦的特征极似。而"五星出东方利中国"锦，经武敏考证为蜀锦，产自巴蜀地区。[②]这至少说明在汉代古蜀的丝绸制品就远销朝鲜半岛和西北地区，与域外发生了文化交流。实际上，古代四川的丝绸制品和织造技艺非常高超，徐中舒先生曾指出三国蜀汉之时蜀锦以织采为文，较之纱、罗、绫、绢等仅具单色者，尤为繁复。[③]蜀锦的工艺迅速为中原、东吴所好，广为传布；特别是长江下游江浙地区的丝绸织造技艺全类蜀锦，是古蜀锦流传到南方地区的例证。

古蜀丝绸高超的织造技艺来源甚古，最近在三星堆遗址三、四号坑都发现了丝绸痕迹，考古证据表明 3 000 多年前古蜀人已经开始使用丝绸。在此之前，1986 年三星堆二号坑出土的青铜大立人像身着的内外三重衣衫、外长衣，及胸襟和后背异形龙纹和各种花纹。陈显丹就推测这些衣襟服饰的质地就是蜀锦和蜀绣。[④]笔者还曾指出古蜀人沿嘉陵江向北发展到渭水上游一带的一支弻氏墓葬内出土了丝织品痕迹和大量丝织品实物，丝织品有斜纹显花菱形图案的绮，其织造技艺更证实出自巴蜀丝绸。[⑤]这些考古证据表明，商周时期古蜀就是丝绸的重要产地，而且古蜀丝绸的技艺是冠绝当世，成为显赫的商品。它可以向西南夷地区乃至身毒（古印度）输出，成为中外文化交流的重要见证。"支那"一词向来被认为指古代中国，但具体指古代中国哪一地区，则众

---

① 布目顺郎：《养蚕の起源及古代绢》，东京：雄山阁出版社，1979 年，第 271 页；赵丰：《古代中朝丝绸文化的交流》，《海交史研究》1987 年第 2 期。

② 武敏：《吐鲁番出土蜀锦的研究》，《文物》1984 年第 6 期。

③ 徐中舒：《蜀锦》，《说文月刊》1942 年第 7 期。

④ 陈显丹：《论蜀绣蜀锦的起源》，《四川文物》1992 年第 3 期。

⑤ 段渝：《渭水上游的古蜀文化因素》，段渝等主编：《三星堆文化》，成都：四川人民出版社，1993 年。

说纷纭。"支那"（Cina）本是梵文语词，见载最早的文献是公元前 4 世纪古印度孔雀王朝大臣 Kautilya（译考底里亚）的《政事论》。季羡林、方国瑜等先贤认为该书中"cinapattasca cinabhumijah"是"支那产丝与纽带（成捆的丝），贾人常贩至印度"。也就是说"支那"的本义是古印度人用于指代产丝之国的专名。笔者曾撰文梳理先秦时期古蜀与古印度（身毒国）之间存在着广泛的贸易通道，蜀地所产的丝绸、布匹、织皮都可输入古印度，而《政事论》中记载的"支那"正是形容产丝之国——古蜀。此外，从上古音韵看，无论是梵语 Cina 或是由此派生的波斯语 cin、粟特语 Cinastan 都可与"成"的古音近同，因而"支那"乃实指古蜀之成都。①这一观点如今又从三星堆三、四号坑出土的古蜀丝绸遗物得到了很好的补证。

　　古蜀丝绸向西南夷地区的传播一直没有得到实物的印证，但是并不是说缺少实物就不能合理推论。上述三星堆遗址出土丝绸就是很好的例子，如果不是丝蛋白的检测手段高明，恐怕很多人依然不会信从陈显丹、段渝诸先生的合理推断。战国至西汉时期的古代西南夷的青铜文化同样发达，在楚雄万家坝、晋宁石寨山、江川李家山、盐源老龙头都有相当数量的青铜器出土。在江川李家山西汉墓葬中出土的铜储贝器上有七种不同发型的纺织妇女的造像，同样还有持伞女铜俑身着三层外衣，肩臂部有华丽的斜纹菱形图案织纹，可以推测是蜀锦的织造工艺。②另外在江川李家山 69 号墓出土的纺织场面贮贝器上有 10 名女工正在从事纺织活动，其中一名鎏金女贵妇双手抚膝高坐铜鼓之上，女贵妇身着衣服华丽，胸襟处有回形花纹，推测衣服质地应是丝织品③，这些文物图像应是古蜀丝绸及其织造工艺向西南夷传播的遗痕证据。从身份象征意义上说，古蜀丝绸被视作是极为贵重的奢侈品被交易或赏赐到西

---

① 段渝：《支那名称起源之再研究——论支那名称本源于蜀之成都》，四川大学历史系编：《中国西南的古代交通与文化》，成都：四川大学出版社，1994 年。

② 三星堆博物馆、凉山彝族自治州博物馆编：《人与神——古代南方丝绸之路文物精华展》，成都：四川人民出版社，2020 年，第 108 页。在宝鸡附近发掘的西周前期古蜀人弶氏的墓葬内发现大量丝织品，其中有斜纹提花的菱形图案的绮，在俄罗斯阿尔泰山乌拉干河畔的巴泽雷克（Pazyryk）古墓群内（约公元前 5—前 3 世纪）出土不少中国的丝织品，其中有斜纹显花的织锦。笔者曾指出这些斜纹丝织品均为古蜀的织造品，而三星堆新近发现的斜纹丝绸，相当程度上印证了笔者关于斜纹丝织品来自古蜀的看法。见段渝：《渭水上游的古蜀文化因素》，《三星堆文化》，成都：四川人民出版社，1993 年，第 601、602 页；《发现三星堆》，北京：中华书局，2021 年，第 304 页。显然，西南夷地区的斜纹丝织品无疑是来自古蜀。

③ 三星堆博物馆、凉山彝族自治州博物馆编：《人与神——古代南方丝绸之路文物精华展》，成都：四川人民出版社，2020 年，第 120 页。

南夷贵族手中。古蜀丝绸织品往往被用于身份高贵之人，与普通人形成显性的地位差别。而这些文物所体现出来的场面与历史甚与文献记载有相合之处，如《后汉书·南蛮西南夷传》中记载哀牢夷"五谷蚕桑，知染采，文绣、罽毲、帛叠，蓝干细布，织成文章如绫锦"①。

由上所论，从商周时期开始古蜀丝绸制品就被视作是贵族享用的奢侈品，向西南夷及身毒（古印度）地区输出。经《史记·西南夷列传》和《大宛列传》记载，张骞在出使西域大夏时闻得的"蜀物"，即是古蜀民间商人通过民间商道与身毒、大夏之民互市的物品。这条古商道即是"蜀身毒道"，今天被称为"南方丝绸之路"。从考古学上的证据看，南方丝绸之路的西线（"旄牛道—蜀身毒道"）和中线（"五尺道—滇越道"）是古代中国与南亚、东南亚地区的文化交流大通途。

二、考古所见古代西南地区蚀花肉红石髓珠与贸易

蚀花肉红石髓珠，是在天然石髓珠上经过人工涂加二氧化硅胶溶液，表面的图案大致可分为白色圆圈文（眼睛状）或平行几何纹（包括特殊的"卐"字符）。英国考古学家贝克（Horace. C. Beck，1933）曾做过详细的整理和分类，夏鼐先生最早将其论述引入中国学界，并对云南晋宁石寨山出土的两颗蚀花肉红石髓珠进行讨论。②随后，张增祺③和童恩正④二先生都进行过部分讨论，近来赵德云对中国境内出土的汉代以前的蚀花肉红石髓珠有专门分类和研究⑤。根据已有的研究成果，可以得知贝克最早对世界范围内的蚀花肉红石髓珠进行分类、分期研究，他根据蚀花肉红石髓珠的制作工艺不同而分为两个类型，然后再根据考古材料的早晚把两种类型的石髓珠共分为三期。⑥赵德云依据形制和花纹将中国范围内出土的蚀花肉红石髓珠分为四型，然后根据考古遗址的年代分别推论出不同类型石髓珠的起源与传播线路，其中印度河流域、近东和东南亚都是重要的制作中心。⑦两相比较，贝克所划定的类型标

① 范晔：《后汉书》，北京：中华书局，1965年，第2849页。
② 作铭：《我国出土的蚀花的肉红石髓珠》，《考古》1974年第6期。
③ 张增祺：《战国至西汉时期滇池区域发现的西亚文物》，《中华文史论丛》1980年第2期。
④ 童恩正：《古代中国南方与印度交通的考古学研究》，《考古》1999年第4期。
⑤ 赵德云：《中国出土的蚀花肉红石髓珠研究》，《考古》2011年第11期。
⑥ 霍鲁斯·贝克：《蚀花的肉红石髓珠》，凝水译，《文物天地》2018年第1期。
⑦ 赵德云：《中国出土的蚀花肉红石髓珠研究》，《考古》2011年第11期。

准完全取决于石髓珠的自身质地属于纯客观性标准，很难体现蚀花肉红石髓珠人工技艺所形成的形制和花纹内涵。显然赵氏的分类和分期标准合理、值得信赖。在古代西南地区出土的蚀花肉红石髓珠有 5 枚（图一），其中 1~4 分别出土于云南的晋宁石寨山 M13、M23 和江川李家山 M69、M24，5 出土于青海大通上孙家寨乙 M8。赵德云将 1~3 划为 A 型，4~5 划为 C 型。

1—云南的晋宁石寨山 M13　　2—云南的晋宁石寨山 M23　　3—江川李家山 M69

4—江川李家山 M24　　　　　　5—青海大通上孙家寨乙 M8

图一　古代西南地区出土的蚀花肉红石髓珠

　　A 型石髓珠集中于印度北方磨光黑陶文化（公元前 1000 年—公元前 600 年）和巨石文化（公元前 1200 年—公元 100 年）。赵德云认为从时代上说中国云南地区出土的 A 型石髓珠更有可能是从地域更近的东南亚传播而来。实际上，法国学者贝蕾妮丝·贝丽娜已指出东南亚地区的 A 型制作技艺也是受印度传播的影响。因此，中国云南出土的 A 型石髓珠仍然可以视作是古代印度蚀花肉红石髓珠向东南亚传播并进一步流入中国云南。晋宁石寨山 M13 的年代在西汉时期，与印度巨石文化晚期有相当长时间的交集。这也可以证明 A 型石髓珠自印度、东南亚传入古代西南夷地区，正是文化连续性传播的表现。又张增祺已指出晋宁石寨山 M13 的墓葬等级非常高，墓主人身份高贵，拥有域外来的珍稀奢侈品恰好可以显示其身份等级。①

　　江川李家山 M24 出土的 Ca 型石髓珠，其形制渊源更加久远，法国学者贝克认为起源于启什城邦文明早期遗址和乌尔王陵遗址，年代不晚于公元前 2750 年。②赵德云则认为 Ca 型自西亚传入印度的时间约在公元前 5 世纪以

① 张增祺：《战国至西汉时期滇池区域发现的西亚文物》，《中华文史论丛》1980 年第 2 期。
② 霍鲁斯·贝克：《蚀花的肉红石髓珠》，凝水译，《文物天地》2018 年第 1 期。

后。^①因此，综合考古年代和产地因素来看，李家山 M24 出土的 Ca 型石髓珠仍然是传自古印度。同样，江川李家山 M24 也是规格极高的墓葬，Ca 型石髓珠在江川李家山数以万计的玛瑙珠中仅存其一，更显得墓主人身份的高贵。

青海大通孙家寨乙 M8 出土的 Cb 型石髓珠，形制渊源亦久，在近东地区出土最早且数量最多，代表性遗址有乌尔、基什、尼普尔等遗址，年代都在公元前 3000 年—公元前 2000 年。同时在古印度的哈拉巴遗址和巴基斯坦的塔克西拉遗址也有大量出土。考虑到在新疆地区考古出土的蚀花肉红石髓珠的年代最早（和静察吾呼沟口墓地、尼勒克县穷科克墓地）约在公元前 1000年。可以推断，青海大通出土的 Cb 型石髓珠更有可能是从印度河向北途经阿富汗和巴基斯坦东北越帕米尔高原进入新疆，再传入青海。这条文化传播路线，恰可与北方丝绸之路部分相合。

就西南地区考古出土的蚀花肉红石髓珠材料来说，公元前 1000 年至公元100 年范围内的古印度文化向东经东南亚、传入古代西南地区的文化交流路线是客观存在的。看来汉代以前不唯中国向东南亚、南亚地区输出丝绸等大宗贸易品，南亚次大陆及东南亚的古文化同样也向中国西南、内陆地区反馈重要的贸易品。不惟宁是，从青海大通孙家寨乙 M8 出土的 Cb 石髓珠来看，古印度文化也会通过北方丝绸之路向今天的新疆、青海地区输入重要的贸易品。

三、考古所见古代西南地区铁器制品与贸易

冶铁术最早起源于公元前 2500—1500 年的西亚安纳托利亚两河流域古文明，随后向欧洲亚洲、北非传播，于公元前 800 年—公元前 500 年由伊朗传入中国。近年来在中国西北甘肃临潭磨沟遗址出土了齐家向寺洼时期的人工冶铁制品，说明中国地区的冶铁技术起源或早，至公元前 14 世纪由西方传入。^②冶铁术传入中国后，铁器制品成为先秦秦汉时期重要的稀有资源，不仅具有极高的商品价值，还是重要战略资源，从而引起古代族群争相追逐。古代西南地区的考古资料显示不晚于春秋战国之际的贵族墓葬中已出现铁器制品，如川西北岷江流域的石棺葬，云贵高原的李家山、石寨山、羊甫头、石碑村、赫章可乐、中水等战国秦汉墓地，川西平原的冶铁遗迹等等都已证实这一点。

从时间上追溯，古代西南地区考古出土的铁器制品可以分为春秋战国时

---

① 赵德云：《中国出土的蚀花肉红石髓珠研究》，《考古》2011 年第 11 期。
② 刘学堂：《中国冶铁技术起源的发现与研究综述》，《中国文物报》2017 年 9 月 22 日。

期、秦至西汉时期、东汉时期三个阶段。春秋战国时期，古代西南地区出土的铁制品主要以兵器和铁制生产农具，种类多为：铜柄铁剑、铜柄铁刀、铁剑；生产农具种类有：铁削、铁斧、铁锸等。川西北地区的主要考古遗迹有：1992 年茂县牟托 M1 出土 2 件（M1：147、148）三叉格铜柄铁剑①，1978 年茂汶羌族自治县石棺葬出土铜柄铁剑 7 件和铁剑 4 件②，1981 年雅江呷拉石棺墓 M1 出土 1 件铁环③，以上诸器的年代为不晚于战国中晚期。1983 年甘孜吉龙里龙一石棺墓出土 1 件铜柄铁刀（M3：19）④，年代为战国至秦时期。川西平原的主要考古遗迹有：大邑五龙 M3 出土 1 件铁削（M3：24）⑤，荥经曾家沟 M13 出土 1 件铁斧（M13：7）⑥，年代都为战国早期。什邡城关战国秦汉墓地中早期土坑墓出土 2 件铁削、一些铁器、1 件铁锸和 1 件铁锸，年代都为战国中期至晚期。⑦战国晚期还有荥经同心村战国船形棺和土坑墓共出土铁器 25 件，其中铁斧 9 件、削 6 件、刀 5 件、铜首铁刀和铁鍪各 2 件、铜耳铁鍪 1 件。⑧犍为 M3 出土 2 件铁锸⑨，成都金牛区 M1 出土 2 件铁斧⑩，成都北郊 M3 出土 1 件铁斧⑪，新都清镇村 M1 出土 1 件铁锸⑫，蒲江战国船棺墓出土 1 件铁器⑬。成都羊子山 M172 出土 1 件铁三足架⑭，年代为战国时期。云贵高原考古出土铁器早期主要集中在贵州赫章可乐墓地

① 茂县羌族博物馆、成都文物考古研究所、阿坝藏族羌族自治州自文管所：《茂县牟托一号石棺墓》，北京：文物出版社，2012 年，第 46 页。
② 四川省文管会、茂县文化馆：《四川茂汶羌族自治县石棺葬发掘报告》，《文物资料丛刊（7）》，北京：文物出版社，1983 年。
③ 甘孜藏族自治州文化馆、雅江县文化馆：《四川雅江呷拉石棺葬清理简报》，《考古与文物》1983 年第 4 期。
④ 四川省文物管理委员会、甘孜藏族自治州文化馆：《四川甘孜吉里龙古墓葬》，《考古》1986 年第 1 期。
⑤ 四川省文管会、大邑县文化馆：《四川大邑五龙战国巴蜀墓葬》，《文物》1985 年第 5 期。
⑥ 四川省文管会、雅安地区文化馆、荥经县文化馆：《四川荥经曾家沟战国墓群第一、二次发掘》，《考古》1984 年第 12 期。
⑦ 四川省文物考古研究院、德阳市文物考古研究所、什邡市博物馆：《什邡城关战国秦汉墓地》，北京：文物出版社，2006 年，第 22 页。
⑧ 四川省文物考古研究所、荥经严道古城遗址博物馆：《荥经县同心村巴蜀船棺葬发掘报告》，《四川考古报告集》，北京：文物出版社，1998 年。
⑨ 四川省博物馆：《四川犍为县巴蜀土坑墓》，《考古》1983 年第 9 期。
⑩ 成都市文物管理处：《成都市金牛区发现两座战国墓葬》，《文物》1985 年第 5 期。
⑪ 成都市文物考古工作队：《四川成都市北郊战国东汉及宋代墓葬发掘简报》，《考古》2001 年第 5 期。
⑫ 成都市新都区文物管理所：《成都市新都区清镇村土坑墓发掘简报》，《成都考古发现（2005）》，北京：科学出版社，2007 年。
⑬ 成都市文物考古工作队、蒲江县文物管理所：《成都市蒲江县船棺墓发掘简报》，《文物》2002 年第 4 期。
⑭ 四川省文物管理委员会：《成都羊子山第 172 号墓发掘报告》，《考古学报》1956 年第 4 期。

和银子坛墓地，其中赫章可乐战国晚期土著墓共出土铁器 44 件，类别有：铜柄铁剑、铁剑、铁刀、铁削、铁锸、铁釜、铁带钩。[1]贵州威宁银子坛墓地发掘的 82 座战国晚期至西汉初期的墓，共出铁器 61 件，种类有：铁刀、铁釜、铁镞、铁带钩。[2]

秦至西汉时期，川西北地区的主要考古出土铁器的遗迹有：1984 年理县佳山石棺葬早中期（秦至西汉早期）出土铁器 54 件，其中䦆、削各 6 件，剑和三足架各 5 件。[3]1938 年汶川罗葡砦 SLM1 出土 1 件铜柄铁剑，理县龙袍砦残墓采集三叉格铜柄铁剑的铜柄和铁矛各 1 件，时代都为西汉早期。[4]1985 年甘孜新龙谷日西汉时期墓葬出土 1 件残铁镰[5]，2005 年甘孜炉霍城西汉石棺墓出土 1 件铁镰[6]。1979—1980 年茂汶别立和勒石村石棺葬第三期出土铁剑和削刀各 2 件、环首刀 1 件，伴出半两钱，时代为秦汉时期。[7]1988 年理县桃坪石棺墓出土西汉晚期铁削、环首刀等。[8]川西平原考古出土铁器的主要遗迹有：什邡城关战国秦汉墓地中有出土铁制鼎、錾、犁、镰。[9]成都龙泉驿出土木椁墓中，秦时期墓中开始出现铁器，西汉早期的墓中铁器广泛出现，种类有：铁制锸、镰、斧、凿和中原式件。云贵高原考古出土铁器的主要遗迹有：1972年江川李家山滇墓二期出土西汉中晚期铁器 220 件，三期出土西汉晚期到东汉初期铁器 100 余件。1956—1957 年、1960 年、1996 年三次晋宁石寨山滇墓出土西汉中晚期铁器共 163 件。昆明羊甫头墓地第三、四期中 67 座滇墓共出土铁器 296 件，又西汉末至东汉初的汉式墓中出土 21 件铁器。1974 年呈贡石牌村墓地第三期出土西汉中晚期铁器 34 件。1975—1976 年云南天子庙墓地出

① 贵州省博物馆考古组、贵州省赫章县文化馆：《赫章可乐发掘报告》，《考古学报》1986 年第 2 期。

② 李映福、周磊：《云贵高原出土战国秦汉时期铁器研究》，《江汉考古》2014 年第 6 期。

③ 阿坝藏族羌族自治州文物管理所、理县文化馆：《四川理县佳山石棺葬发掘清理报告》，四川大学博物馆、中国古代铜鼓研究学会编：《南方民族考古（第 1 辑）》，成都：四川大学出版社，1987 年。

④ 冯汉骥、童恩正：《岷江上游的石棺葬》，《考古学报》1973 年第 2 期。

⑤ 格勒：《新龙谷日的石棺葬及其族属问题》，《四川文物》1987 年第 3 期。

⑥ 故宫博物院、四川省文物考古研究院：《2005 年度康巴地区考古调查简报》，《四川文物》2005 年第 6 期。

⑦ 茂汶羌族自治县文化馆、蒋宣忠：《四川茂汶别立、勒石村的石棺葬》，《文物资料丛刊（9）》，北京：文物出版社，1985 年。

⑧ 阿坝藏族羌族自治州文管所：《理县桃坪大石墓调查简报》，阿坝藏族羌族自治州文管所、成都文物考古研究所编：《中国西南地区石棺葬文化调查与发现 1938—2008》，成都：四川大学出版，2009 年。

⑨ 四川省文物考古研究院、德阳市文物考古研究所、什邡博物馆：《什邡城关战国秦汉墓地》，北京：文物出版社，2006 年，第 22 页。

土西汉中晚期铁器 4 件。①云南祥云检村 M1 出土西汉中期 2 铁手镯 2 件和一块 40 公斤褐铁矿石②，2003 年祥云红土坡石棺葬出土铁器 50 余件，年代为西汉晚期到东汉初期③。贵州赫章可乐乙墓出土西汉时期（第二、三期墓葬）铁器共 262 件。④

东汉时期，川西北地区考古出土铁器的遗迹有：1979 年宝兴五龙瓦西沟石棺墓中 2 座东汉墓中出土铁刀 2 件、铁镰和钩各 1 件。⑤宝兴陇东东汉石棺墓出土铁带钩、铁饰品各 1 件、铁簧 2 件。⑥川西平原东汉时期的墓葬出土铁器非常多，种类多有铁制刀、矛、剑、斧、凿、削、镰、锸、釜、三脚架等。云贵高原同期铁器制品相较于西汉时期出土迅速减少，如 1972 年江川李家山滇墓第四期出土铁器仅 11 件。昆明羊甫头东汉中期滇墓出土过铁剑。1979 年呈贡石牌村西汉晚期至东汉早期墓中出土铁器 23 件。1975—1976 年云南天子庙一座东汉砖室墓中出土环首铁刀 1 件。⑦

经上梳理，春秋战国至东汉时期古代西南地区的铁器制品出土情况显示出以下几个规律。第一，从年代上说，川西北地区与川西平原地区两地的铁制品出现在春秋战国之际，而云贵高原铁制品最早出现于战国晚期，前者显然早于后者。第二，从文化类型上说，川西北地区早期铁制品以铜柄铁剑、铜柄铁刀、三叉格等特色兵器类为主；川西平原铁制品主要以铁削、铁斧、铁锸等手工用具为主；显示出早期两地铁制品文化风格差异有别，前者更多地受北方草原冶铁风格的影响，而后者则是受到中原冶铁术的影响。至秦、西汉时期，川西北地区开始少量出现川西平原铁制手工具，如�、削、镰、环首刀；与此相应的是在川西平原与川西高原接壤地带也出现了少量的铜首铁刀。这说明战国晚期至西汉，川西北与川西平原两地的铁制品发生了交流，主要表现是川西北部分吸收川西平原的铁制品风格。第三，从贵重物品贸易角度说，云贵高原的铁器制品至迟在战国晚期就受到川西北风格与川西平原

文明的史迹：先秦、巴蜀及南丝路历史研究（南方丝绸之路卷）

---

① 阿坝藏族羌族自治州文物管理所、理县文化馆：《四川理县佳山石棺葬发掘清理报告》，四川大学博物馆、中国古代铜鼓研究学会编：《南方民族考古（第 1 辑）》，成都：四川大学出版社，1987 年。

② 张增祺将原来的报告将 M1 年代定位西汉中期改为战国中晚期，综合云南地区的铁器出土情况看，主要集中出现在西汉中晚期，笔者仍取原报告意见。

③ 大理州文物管理所、祥云县文化馆：《云南祥云检村石椁墓》，《文物》1983 年第 5 期。

④ 贵州省博物馆考古组、贵州省赫章县文化馆：《赫章可乐发掘报告》，《考古学报》1986 年第 2 期。

⑤ 陈显双：《试论宝兴县五龙瓦西沟石棺墓的时代》，《四川文物》1992 年第 6 期。

⑥ 四川省文物保管委员会、宝兴县文化馆：《四川宝兴陇东东汉墓群》，《文物》1987 年第 10 期。

⑦ 李映福、周磊：《云贵高原出土战国秦汉时期铁器研究》，《江汉考古》2014 年第 6 期。

风格的共同的影响，其时已出现铜柄铁剑、环首刀和不少铁制手工用具。西汉时期云贵高原上诸多遗址中的铁器制品进入爆发期，数量繁多、种类齐全。这表明西汉时期古代西南地区的铁器制品贸易活动进入高峰期，这与中原王朝加强对西南夷的控制所产生的刺激因素不无关系。中原王朝为了控制云贵高原铁矿资源，不断向西南夷地区移民并在临邛等地设置冶铁工业制作基地，使得西南夷更加密切地接触到铁器制品技术和丰富的品类，客观上促进了铁器制品的商品价值极大提高，成为西南夷上层贵族追慕的显性贵重物品。

四、古代西南地区贵重物品贸易传统与汉藏市茶的兴起

以上从考古视角梳理了商周至秦汉时期古代西南地区的丝绸品、蚀花肉红石髓珠、铁器制品等贵重物品的贸易交流情况。再进一步讨论，不同历史时期古代西南地区的贵重物品贸易情形有所不同。

秦并巴蜀以前，古代西南地区的诸民族尚处于相对独立的文明演进进程中。古蜀作为古代西南地区的文化中心，自商代晚期始就已进入国家状态，在古蜀以西以南的广大区域内，西南夷整体上多处于酋邦林立的状态。这一时期，以古蜀文明为中心向西南夷地区乃至域外输出重要的贵重物品塑造了古代西南地区贸易线路的基本框架。学界所习称的南方丝绸之路即是古代西南地区早期贸易线路的基本构成，其以古蜀为中心向西南地区延及域外的路线走向可分为东、中、西三条干线，东线就是文献所载的"南夷道"入南越一线（沿五尺道入牂牁江，可前往黔中、南越）；中线就是文献所载"南夷道"入滇一线（沿五尺道入滇后，渡红河进入中南半岛）；西线就是文献所载的"西夷道"入缅、印一线。①需要注意的是，这一贸易路线体系的畅通并不是完全由某一个文化体所控制，它应该说是由古蜀、西南夷诸酋邦等共同维护的。处于酋邦政体下的西南夷诸民族，他们内部早已出现严格的社会分层，酋长是酋邦社会中最具有集中权力的身份代表，其中最显著的权力是酋长拥有优越的财富地位和经济再分配的能力。②因此，是否实际占有并消费高规格的贵重物品可以视为酋邦集中权力的表征。同样，酋长为了维护自身的集中权力，会全力地追慕豪华奢侈品的消费，并以此来调配整个酋邦社会的资源。古蜀

① 段渝：《四川通史》第 1 册，成都：四川大学出版社，1993 年，第 160-161 页；《中国西南早期对外交通——先秦两汉的南方丝绸之路》，《历史研究》2009 年第 1 期；《五尺道的开通及其相关问题》，《四川师范大学学报》2013 年第 4 期。
② 蒂莫西·厄尔：《考古学与民族学视野中的酋邦》，沈辛成、陈淳译，《南方文物》2009 年第 3 期。

星堆二、三期之间，这表明，继三星堆一期以后，三星堆二、三期即三星堆文化也同样在向大渡河流域扩展，而其目的与军事行动有关。

从遗迹分布看，上述背后山类型文化应是古蜀移民从成都平原拓殖而来的结果。因为从生产工具到生活用品的一一具备，是移民的反映，而不仅仅是文化影响所能导致。可见，古蜀文化的南向传播，早在三星堆一期之时已大大超出了四川盆地，有向古代南中深入的发展趋势，到三星堆文化时，更是愈演愈烈。

在青衣江流域的雅安沙溪遗址的下文化层，出土不少陶器。陶质以夹砂灰陶为大宗，约占有陶片总数的 74%。陶片绝大多数素面无纹饰，所见纹饰种类有绳纹、划纹、凸棱纹、凹旋纹等。制法以轮制为主，也有手制。陶片大多碎小，复原器较少；以小平底器为主，约占器底总数 60%，尖底器次之，约占器底总数 34%，圈足器、大平底器极少，不见三足器。可辨器形有罐、杯、盏、豆、盆、钵、缸、器盖、器座和纺轮等。从陶器器底的分期看，早期多为小平底，尖底较少，晚期则以尖底为主，小平底较少。

沙溪遗址的年代，下文化层的早期约在商代后期偏早，下文化层的晚期约为商代后期偏晚。

沙溪遗址下文化层的陶器，无论就陶质、陶色、纹饰、制法，还是就器类和同类器器形而言，均与成都平原的三星堆遗址、成都十二桥、新繁水观音、成都指挥街、岷山饭店、抚琴小区、方池街等遗址的陶器有许多相似或相同之处，属于同一文化系统，具有早期蜀文化面貌的陶器群是沙溪遗址下文化层的主导文化因素。[①]

以三星堆文化的生活用具为特色和主导的沙溪遗址下文化层，无疑是古代蜀人南下发展的驻足点之一，并且在此经历了长期的发展。陶器从小平底为主到尖底为主的演变，正是同三星堆文化的发展演变一致的。

沙溪遗址下文化层的文化面貌还反映出一个重要史实，即是：当成都平原的三星堆文明刚刚确立不久，便开始了向青衣江流域的移民和扩张。而沙溪陶器的演化所保持的与三星堆陶器演化的同步关系，又表明它并不是古蜀文化外向发展的一个孤立无援的点，证明它同古蜀文明的中心保持着密切的联系，常有往返，因而是三星堆文明中心有组织地派遣而出的南下发展小分队，是古蜀王国扩张战略的有机组成部分之一。

---

① 四川省文物管理委员会、四川省文物考古研究所等：《雅安沙溪遗址发掘及调查报告》，《南方民族考古·第三辑》，成都：四川科学技术出版社，1990 年。

川西南青衣江流域和大渡河流域，新石器文化面貌复杂，内涵不一。在这些区域内发现的古蜀文化遗址、遗存，年代均属青铜时代，是外来文化的楔入，即是由三星堆文明的南向扩张所造成的。

从迄今为止的考古材料分析，大流河流域汉源的蜀文化遗存和青衣江流域雅安沙溪的蜀文化遗存，有着同时抵进，相互依托、捍卫的作用，但它们与成都平原蜀文化尚未形成连续性空间分布关系。在汉源，出土了蜀文化的青铜兵器，表明曾经在此建立过军事据点，可能充任着三星堆文明南下扩张的前哨。汉源和雅安，仅一大相岭所隔，一南一北，两地扼守着古蜀文化中心与南中交通的要道；再往南，就深入古代的"濮越之地"[①]。从古蜀文化的对外扩张和文化交流看，这条道路是南中金锡之道和"南方丝绸之路"的要道之一，也是古蜀文明与南亚、东南亚交流的必经之路。因此，大渡河和青衣江流域的古蜀文化据点和军事据点，肩负着开道与保驾护航的双重责任，极为重要。

为什么在远悬于古蜀文明本土之外的崇山峻岭中艰难创业、筚路蓝缕的蜀先民的这几处文化遗存中竟会保持着与三星堆文化同步演进发展的痕迹？可以想见，若没有经常性的密切联系，没有绵延不绝的人员往返、信息往来和多种补给，那么，在长达数百年的历史岁月中，这几处孤悬在外而又远离古蜀文明中心的前出点或孤军深入据点，就不仅不可能始终保持蜀文化特色并与三星堆文明中心保持文化形态演变的一致，相反只能较快发生异化。或像后来庄蹻王滇那样，"变服，从其俗以长之"[②]，至多只能保持不太鲜明的古蜀文化的某些基调，而绝不至于依旧是完整的蜀文化。

由此看来，大渡河、青衣江流域的蜀文化，完全是古蜀王国精心策划，有计划、有步骤安排的其战略规划的一部分。而这些据点前后存在数百年之久，目的也并不仅仅在于占领几处小小的地盘（这样做对于古蜀王国来说，并无重大意义和实际价值）。如果我们将这些战略措施同古蜀王国控制南中资源、开辟南方商道和文化交流孔道的战略意图联系起来，将南中富足的青铜原料资源同三星堆西南夷青铜人头像以及蜀、商的资源贸易联系起来，将南方商道同三星堆文明中出现的若干南亚以至西亚文化因素集结的情况联系起来，立即就能看出，这些古蜀文化据点之在大渡河、青衣江流域建立并巩固数百年，几乎与三星堆文明相始终，绝不是偶然的。明确地说，它们起着相

---

① 常璩著，刘琳校注：《华阳国志校注·南中志》，成都：巴蜀书社，1984年。
② 司马迁：《史记·西南夷列传》，北京：中华书局，1959年。

当于后来"兵站"的作用，其实际战略目的在于控制南中资源、维护南方商道的通达和安全。

三、蜀文化在金沙江、安宁河流域的传播和扩张

翻过大相岭，越过大渡河，由登都而南，便进入邛都地区，这是以金沙江支流安宁河流域为居息范围的邛人各部之地，其活动中心在今凉山州西昌市。

安宁河流域的古代文化面貌极为复杂，从考古学的角度看，除了可以确定为邛人文化的大石墓而外，还有多种不明族别的文化遗存。如西昌市大洋堆祭祀遗址，其不同地层就显示出不同民族的文化遗存，最早期与西北马家窑有关，后几期则族属不明。又如会理县鹿厂畲箕湾墓地，墓坑狭长而窄，有独特的埋葬习俗，年代约在春秋，却找不到可资比较的材料，也是族属不明。这类现象表明，古代安宁河流域是多种民族的南北迁徙栖息之地，一般居留时期不太长久。只有邛人，自商周在此定居以后，就一直在此从事辛勤开发，发展起当地的土著文化。

在安宁河流域的复杂文化中，可以看出蜀文化的渗透、影响和扩张之迹。近年来，在凉山州的西昌、盐源、会理等地，发现大量青铜器。这些青铜器大多出土于墓葬，但因盗掘或采集，其具体出土地点多数不能确知，妨碍了对这些青铜器及其共生物的综合研究，因而很难判断它们的来源、原因以及各种相关情况。从这些青铜器看，种类比较丰富，有兵器、礼（容）器、宗教用器、杂器等，它们年代不一，估计最早的可早到商周，最晚的可晚到汉代，大量的则属春秋战国之间。[①]

从这些青铜器种类看，兵器数量较多，其中既有典型的蜀式兵器如三角形援无胡方内戈，又有典型的滇式兵器，似未发现因两支青铜文化之间互受影响而产生发展出的变体形制。宗教用器的数量也很多，大量的是摇钱树枝叶，而且不少叶片是单个成片的，表明是单个插入使用而不是组装使用的。另有一些宗教用器形制十分特殊，为考古学所罕见。在一件杖的顶端有一立鸟，形似杜鹃，其体态与三星堆立鸟酷似。礼（容）器中的铜鼓则是滇式的。其他杂器，则有许多不知用途，也叫不出名称。

上述青铜器似乎可以说明如下三种情况。

第一，一般说来，宗教用器最能体现一个民族的特色，它在一个民族中

---

① 资料分别藏于凉山州博物馆、盐源县文化馆、会理县文管所。

会长久流传，承为传统。安宁河流域青铜器中极具特色的亲教用器，既不与蜀相同，又不与滇相同，表明由它所代表的这支青铜文化是属于当地民族自身的创造，自有其渊源，自有其传统。

第二，青铜兵器中的蜀式三角形援无胡方内戈，属于蜀戈的第Ⅲ型，这种戈型在蜀国本土的流行年代是从商代中期到战国晚期[①]，时间跨度极长，因而很难断定是在什么时期流入安宁河流域的。但如果考虑到在汉源原属邛都地界出土的蜀式青铜器窖藏来看，其间的联系应当说是一清二楚的。即是说，两地均属古邛都之地（汉源原为邛人所居，筰都居此是汉初的事），两地分别发现的蜀式青铜兵器不论在年代上还是意义上都是相互关联的，汉源发现的蜀国窖藏青铜兵器的年代为商代中叶或更早，那么盐源等地发现的蜀戈也不致太晚，至少应在商代中叶。汉源蜀戈的意义在于可以说明蜀文化对南中资源的控临，盐源蜀戈也应当可以说明同样意义。并且，正是在商中叶，蜀文化的大本营三星堆出现了南中各族首领的青铜人头雕像，不论在年代上、意义上都恰与两地蜀戈相吻合，这不是偶然的。因此，安宁河流域蜀式青铜器的发现，表明了蜀文化在南中传播和扩张的事实。

第三，滇式青铜器的发现，说明了战国秦汉之际滇文化的北进。滇池区域青铜文化产生较晚，西汉是它的极盛时期。从安宁河流域发现的滇器看，大多制作精美，纹饰华丽繁缛，当为极盛时期的产品。这表明，战国晚期蜀灭于秦后，蜀的政治军事势力很快从南中消失，而秦国曾在西南夷地区"尝通为郡县"[②]，"诸此国颇置吏焉"[③]，但政治经济军事力量却并未深入这一地区[④]，使这个地区出现统治真空，从而引致了当时尚不属秦王管辖的滇人的北进。因此，尽管在安宁河流域发现了滇式兵器，也发现了蜀式兵器，但二者之间却并无共生关系，即是说，先秦时代并没有在南中地区出现蜀、滇军队直接交锋的情形，因为它们出现在南中的时期不同，有先后之别，并不同时。

在安宁河注入雅砻江处之南，雅砻江与金沙江交汇之处，紧临滇文化区的攀枝花市，近年也发现多种蜀式兵器。把蜀、滇之间多处发现的蜀式青铜器联系起来看，主要是兵器，表明了蜀文化对南中的军事控临关系。这种军事控临关系，从商代中叶三星堆文化开始，到西周时代蜀王杜宇"以南中为

① 段渝：《巴蜀青铜文化的演进》，《文物》1996 年第 3 期。
② 司马迁：《史记·司马相如列传》，北京：中华书局，1959 年。
③ 司马迁：《史记·西南夷列传》，北京：中华书局，1959 年。
④ 段渝：《支那名称起源之再研究》，《中国西南的古代交通与文化》，成都：四川大学出版社，1994 年。

园苑"①，把南中诸族作为附庸②，确有文献和考古材料可资证实。

四、蜀文化在滇文化区的传播和扩张

滇文化是分布在云南东部以滇池区域为中心的一支地方文化，其创造者为古代滇人。滇池地区青铜文化的时代，据近年来的考古发掘及碳–14测年数据，上限约为公元前5世纪，下限约为公元前1世纪，相当于春秋末战国初到西汉，前后相续达400余年。

滇文化是一支灿烂的青铜时代文化，具有极为发达的青铜器农业、进步的青铜器手工业，各种青铜器不仅制作精美，而且富有鲜明的民族特色，在中国青铜文化中具有不可低估的地位，也足以和世界上任何一种青铜文化相媲美。

比较而言，古蜀青铜文化诞生年代比滇文化更加古远，连续发展的时代也比滇文化长久。固然这两种青铜文化各有优长之处，也互有影响，但成都平原古蜀青铜文化较早渗入和影响了滇文化，却是考古学上的事实。

在云南晋宁石寨山③、江川李家山④古墓群出土的青铜器中，包含有古蜀早、中期青铜文化的某些因素。晋宁在汉代为滇池县，是古滇国故都之所在。这里出土的青铜器上，铸有若干人物和动物的立雕像。这种风格完全不同于华北诸夏文化和长江中下游楚文化，却与三星堆青铜文化有着相近似之处，造型艺术也较接近，仅有体量大小的不同。青铜雕像人物，有椎髻辫发、穿耳等型式，与三星堆青铜人物雕像群不乏某些共同点。一件长方形铜片上刻划的文字符号中，有一柄短杖图像，无杖首，杖身上刻4个人头纹。从滇文化发现大量各式杖首来看，应有发达的用杖制度。滇文化以杖而不以鼎来标志宗教权力和政治权力，与古蜀文化颇为一致，其间关系的确发人深思。

滇文化的青铜兵器也含有蜀文化色彩。江川李家山和晋宁石寨山墓地，均发现了无格式青铜剑。与蜀式扁茎无格柳叶形青铜剑相比较，其间区别仅在于，滇式无格剑为圆茎，而蜀式无格剑为扁茎，两种剑实际属于同一风格，没有本质性区别，显然存在文化交流和传播的关系。滇文化的青铜戈，最大特点是以无胡式戈为主，占总数3/4以上。其基本形制有4种，除前锋平齐的

① 常璩著，刘琳校注：《华阳国志校注·蜀志》，成都：巴蜀书社，1984年。
② 方国瑜：《中国西南历史地理考释（上册）》，北京：中华书局，1987年，第9页。
③ 云南省博物馆：《云南晋宁石寨山古墓群发掘报告》，北京：文物出版社，1969年。
④ 云南省博物馆：《云南江川李家山古墓群发掘报告》，《考古学报》1975年第2期。

一种外，都是戈援呈三角形，这正是蜀式戈的最具特色之处。滇文化青铜戈上的太阳纹或人形纹，在蜀戈上也是早已有之。固然，滇式无胡戈具有自身的特点，也都制作于当地，但它在发展演变中显然曾经受到过蜀式戈的重要影响，却是没有疑问的。

滇文化青铜器大量模仿蜀式兵器，显然是长期积习所致，意味着滇池地区曾被长期置于蜀的军事控临之下。滇文化青铜爱贝器上的人物雕像，在造型和风格上模仿三星堆青铜雕像，滇文化的用杖制度模仿蜀制，也都意味着滇池地区曾经长期为蜀王所控临。滇文化青铜兵器当然具有自己的特色，如靴形青铜钺等，这种钺的钺身多刻铸有繁缛精美的纹饰，似非实战兵器，而与礼仪有关，当为礼器。滇文化青铜戈中有一种巨型戈，内部满刻精美花纹，也属礼仪性质，不是实战兵器，实战用戈则多仿蜀戈。这表明，滇文化对蜀文化的吸收，多在军事方面，恰与上文所述蜀对南中的军事控制相符合。《华阳国志·蜀志》说蜀王杜宇以"南中为园苑"，的确是有大量史实根据的。

云南自古富产铜、锡矿石。早在商代，中原王朝就大量从云南输入铜、锡，作为制作青铜器的原料。中国科技大学运用铅同位素比值法对殷墟 5 号墓所出部分青铜器进行测定，发现这些青铜器的矿料不是来自中原，而是来自云南。蜀、滇近邻，蜀地固然有其铜矿，但商代开采的记载极少，锡料却必须仰给于云南。据四川省文物考古研究所测定，三星堆青铜器中的铅，就是取之于云南的。大概其铜、锡原料也离不开这条供应途径，蜀、滇青铜器合金成分比较接近，足以说明这个问题。而这正是蜀文化向滇文化区大力扩张的主要目的之所在。

应当特别指出的是，蜀文化在滇池地区的扩张，并不是也没有把它纳入自己的直接版图之中，正如方国瑜先生所论，南中是蜀的附庸。蜀仅是南中各族之长，而非南中各族之君，正如《华阳国志·蜀志》所说蜀王开明氏"雄长僚僰"一样，有控制力量但却不是实施直接统治。其控制方式，大概与文献所记匈奴对西域的控制相似。

滇文化对蜀文化的影响，从青铜文化上看，战国末叶以前几乎完全谈不上，仅在成都发现 1 件滇式尖叶锄，余皆不及，可见是微乎其微的。

当滇池区域青铜文化成长到极盛期时，蜀地青铜文化早已衰落，发展成为西南冶铁业的中心。这个时候，在蜀地早已衰落的青铜文化，却以变体的方式在滇文化中急剧发展，是令人深思的，它恰好体现了塞维斯（E. R.

Service）所总结的种系发生演化的时间非连续性原则和地域非连续性原则。[1]关于此点，除了前文对三星堆文化和蜀王杜宇控制南中的若干分析以外，还有若干材料可供进一步分析说明。

西汉元、成间博士褚少孙补《史记·三代世表》载："蜀王，黄帝后世也，至今在汉西南五千里，常来朝降，输献于汉。"正义引《谱记》称："蜀之先，肇于人皇之际。……历虞、夏、商、周。衰，先称王者蚕丛国破，子孙居姚、嶲等处。"唐时姚州治今云南姚安，嶲州治今四川西昌，均为南中重地所在，蚕丛国破，年代约当夏商之际，正是三星堆文化兴起之时。蜀王蚕丛后代南下南中姚、嶲之间，世代在那里活动居息，对于古蜀文化在南中立稳足跟，世代传承起了重要作用，同时也对蜀文化对南中发生持续影响起了重要作用。《史记·三代世表》既然记载西汉时南中蜀王后代能够常至京师朝降输献，那就说明蜀王后代必为当地邑君，这也正是《史记·三代世表》褚先生对所谓黄帝后世"王天下之久远"的举证，是当时的实录。这说明，从夏商以来到西汉之世，蜀王后世在南中地区一直保有相当的影响。

公元前316年秦灭蜀以后，蜀王子安阳王将兵3万经南中远征交趾（今越南红河地区）。据诸史所载，在秦伐蜀之战中，蜀王亲率大军迎战，蜀王太子协同指挥，蜀王和太子先后败死于秦军之手，不久秦军平蜀。在这次战役中，没有安阳王率领所部兵将参战的记载。因而，安阳王南迁时所将3万兵力，应是他的完整之师，是完师南迁，而非溃败之师。由此可以知道，安阳王本是蜀王的统兵大将，他统率的3万精兵原来就部署在蜀境南边而不是北边（否则，在秦大军的打击下，绝不可能完师而南），而这3万雄师驻扎在蜀境以南的目的，正是镇抚南中，控临南中，历代蜀王之所以能够以"南中为园苑"，而"僰道有蜀王兵栏（武库）"[2]，就在于部署有重兵驻防镇抚。由此，我们便解答了为什么在蜀、滇之间会有那么多的蜀式兵器，为什么蜀国能够控临南中资源、贸易和交通线等问题，也解答了蜀、滇青铜文化之间的时间差和地域差问题。当然，如此看来，过去把南中地区发现的全部蜀人器物统统看成安阳王南迁所遗，这个论点就有重新研究的必要了。

① E. R. Sevice, Cultral Evolutionism: Theory in Practice, 1971.

② 常璩著，刘琳校注：《华阳国志校注·蜀志》，成都：巴蜀书社，1984年。

对外交流

古代巴蜀与南亚和近东的经济文化交流

　　早在夏商时代，在富饶的巴蜀大地上，就已诞生了古代文明。近年来四川广汉市三星堆遗址的发掘，早商时期城址的发现，中晚商时期大型青铜雕像群、金杖、金面罩的出土，正是巴蜀文明形成的几个重要表征。古代巴蜀不但曾经产生过辉煌灿烂的青铜文明和城市文明，是中华文明的重要组成部分之一，而且至少从商代起，就发展了与南亚和近东文明的关系，成为中国西南的国际文化交流枢纽。有关这一问题的深入研究，将有助于中西文化交流史、中西交通史等研究；特别将使人们清楚地认识到，公元前二千年代中叶到公元前一千年代末的一千多年之间，欧亚几大主要古文明频繁的接触和往来，对于世界文明联为一体的最初萌芽所起到的巨大作用。

一、巴蜀文化与南亚文明

　　南亚文明史有先后两个时代。第一个时代是印度河文明，以巴基斯坦的摩亨佐·达罗和印度的哈拉巴城市文明著称于世，时间为公元前 2500—前 1750 年（ M. 惠勒将其下限断为前 1500 年）。第二个时代是印度河文明衰落之后，北方操雅利安语的印—欧人进入印度北部所创造的印度古代文明。这个文明的最初发展，并无翔实可靠的资料传世，直到公元前六世纪初，随着印度奴隶制国家的兴起，才有系统可靠的历史记载。

　　中国西南与印巴次大陆之间，早有道路可通。由蜀入滇，经缅甸达于印度、巴基斯坦的"蜀身毒道"（或称"滇缅道"），是沟通其间各种联系的主要通道。这条线路固然不是坦途，但古代的远程文化交流和传播几乎都不存在坦途。所谓坦途，是随着国际经济文化交流加快发展的步伐逐步走出来的。

　　早在印度河文明时代，巴蜀便与南亚文明发生了若干联系，只因年湮代远，没有历史文献传世。这一时代两者的联系，只有用考古学材料来说明。印度古代奴隶制时期，巴蜀同印巴次大陆的文化联系日益加强，中印的历史文献对此均略有记载。虽然见于文献的仅仅是点滴事例，却足以揭示两大文明交流的盛况。

（一）海洋文明因素之谜

1986 年夏季四川广汉三星堆遗址一、二号祭祀坑相继发掘出土的大批青铜器群、黄金制品、海贝、象牙、玉石器，使人们惊异地注意到，以三星堆文化为代表的早期巴蜀文明，原来是以它自身高度发展的新石器文化为基础，而又具有多元文化来源的复合型文明。它所展现出来的世界文明的若干特征，使人们不能不用崭新的眼光来重新评价这一充满了开放精神的古代文明。

在三星堆文明的非土著因素中，海洋文明因素颇为引人注目。这里，出土了虎斑宝贝、货贝、环纹货贝等大量海贝。其中的环纹货贝与云南省历年发现的环纹货贝基本相同。环纹货贝，即日本学者所说的子安贝，俗称齿贝。这种海贝只产于印度洋深水水域。地处内陆盆地的广汉三星堆出土如此之多的环纹货贝，表明巴蜀文明与南亚印度洋文化有着某种直接或间接的关系。

三星堆海贝的用途，是充当货币。海贝部分出土于祭祀坑坑底，部分发现于青铜尊、罍等礼（容）器中，与云南滇池区域青铜时代海贝的出土现象一致，均非装饰品。云南汉晋时期、南诏大理时期和元明清时期，凡商道附近几乎都使用过贝币，近世亦然。《马可波罗游记》说，昆明一带"用白贝作钱币，这白贝就是在海中找到的贝壳"，又说大理"也用白贝壳做钱币"。马可波罗认为，"这些贝壳不产在这个地方，它们全从印度来的"。近人彭信威《中国货币史》也认为，云南古代使用贝币是受印度的影响，方国瑜亦主此说。三星堆出土的海贝，环纹货贝数量最多，且大多数背部磨平，形成穿孔，这正是贝币成串计数的重要特征。华北商文化的"朋贝"和云南环纹货贝也是如此，都在背部穿孔以便串系。而印度古代也是"以齿贝为货（币）"（《旧唐书·天竺传》），云南用齿贝充当货币，就是从印度传播而来的。可以看出，既然齿贝特产于印度洋，而印度以齿贝为货币的习俗曾深深地播染于中国西南，那么就没有理由不认为三星堆文明的大量齿贝正是从印度输入的。所以，环纹货贝实实在在是一种海洋文明因素。

如果三星堆出土的印度洋齿贝仅仅单独存在的话，那当然可以认为齿贝的出现只是出于某种偶然原因，还不足以证明三星堆文明同海洋文明有什么必然联系。可是，无独有偶，恰恰就在三星堆祭祀坑中，又与齿贝同出了大量海生动物的青铜小雕像，它们与齿贝一道构成了海洋文化因素的集结，证实了三星堆文明与海洋文明之间直接的文化联系的可靠性，可谓信而有征。

经本文作者数次仔细观察，这些海洋生物青铜制品，全部采用平雕方法制成，即翻模铸造成各种各样的海生动物形象。这些青铜雕像，有的像海龟，有的像甲鱼，有的像墨鱼，还有的像其他鱼鳖之类，其数量不下于几十成百只。其中一部分，尚存头部、两只前足和后足，有的还有短小而尖的尾。不过，多数雕像的头、足及尾已经蚀毁不存了。这一惊人的发现，与三星堆齿贝的发现交互印证补充，在文化史上具有不可低估的意义。

事实说明，早在三千多年前，巴蜀文明就曾以朝气蓬勃的姿态，迎接了来自印度洋的文明因素的碰撞。至少从那个时代起，中国西南同南亚次大陆古文明之间，便建立起了颇具规模的经济文化联系。这比起史书上的记载来，足足早了一千多年。

（二）城市文明与热带丛林文化

三星堆文化给我们展示出一幅古代城市文明的恢宏图景：高耸的城墙，深陷的壕沟，密集的生活区和作坊区，错落有致的房舍，中轴线上的宫殿、祭祀坑、玉石器窖藏，面积达 2.6 平方公里的城圈，城圈以外连续分布方圆10 公里的乡村。考古文化遗迹雄辩地揭示出：人口集中的大规模化、人口结构中非直接生产者的大批产生、剩余财富的集中化、商业贸易的广泛建立、社会分层的复杂化以及神权与王权的形成和统治机构的专职化，等等。所有这些物质的和非物质的因素，正是一座古代早期城市崛起的最主要标志。即令仅从经济进步的角度来认识，作为城市化机制的核心，三星堆城址也明显地表现出多种产业生长点和地区增长中心的特征，呈现出一座典型的古代中心城市即都市的卓著风采。

城市文明是东方古代文明最重要的特征之一。印度河文明的两座典型城市摩亨佐·达罗和哈拉巴，是南亚古文明的表征。这两座古城都规划有序。摩亨佐·达罗古城布局井然，城市面积大约 2.5 平方公里。摩亨佐·达罗考古出土的青铜器，既有将手放在腰际的舞女雕像，又有男子铜像和头像，还有动物雕像和青铜车，青铜器制作工艺上运用了铜焊法、锻打法。陶器中有各种工艺陶塑。城市建筑物多以土坯为材料。这些，均与三星堆青铜文明不乏相似之处。

另一引人注目的现象是，三星堆二号祭祀坑所出大型青铜立人的左右手腕各戴三圈手镯，两小腿近足踝处各戴一圈方格形纹脚镯。这种手足戴镯的习俗既不是古代巴蜀也不是西南夷和中原民族的装饰风格，但在南亚从古至今的文化传统中却比比皆见，在其早期的雕像艺术中也有明确反映，其间的联系当非偶然。看来，这与上述城市文明因素的近似一样，均为文化交流和传播所致。

国际学术界一般认为，印度河文明中有若干因素同近东文明有密切关系，譬如冶金术、青铜雕像等，大都是近东文明因素向南亚传播并与当地古文化融合的结果。中国西南腹地的巴蜀文明，地处南亚之东，出土的大量青铜雕像与近东文明极为类似，其年代又晚于近东文明和南亚印度河文明，因而极有可能是通过南亚文明区吸收了近东文明的相关因素发展起来的。

与此相映成趣的是，在三星堆辉煌的城市文明中还蕴藏着浓厚的热带丛林文化因素。一号祭祀坑内出土了 13 支象牙，二号祭祀坑内出土了 60 余支象牙。一号坑内还堆积着 3 立方米左右较大型动物打碎燔燎过的骨渣，很可能就是大象骨骼。二号坑所出青铜大立人雕像基座的中层，也是由四个长有长鼻的象头联结而成。以此看来，蜀人是用整象充作祭祀礼仪牺牲的，否则就无法解释大象白骨为什么与象牙瘗埋一处的现象。

根据史籍记载，巴蜀地区曾产象。《国语·楚语》载："巴浦之犀、犛、兕、象，其可尽乎？"《山海经·海内南经》云："巴蛇吞象，三岁而出其骨。"《中山经》亦云："岷山，江水出焉，……其兽多犀、象，多夔牛。"巴蜀之东的荆楚之地也有象。《诗经·鲁颂·泮水》："憬彼淮夷，来献其琛，元龟、象齿，大赂南金。"《左传》也提到楚地产"象齿"（定公四年，僖公十三年）。《尚书·禹贡》亦称荆州、扬州贡"（象）齿"。这些记载，是否意味着三星堆"象群"取之于蜀地本土或相邻地区呢？

虽然"巴浦""岷山"有象，然而巴浦显然是指靠近荆州的鄂西乃至荆南之地，岷山也是指江水所出的岷江上游之地，其地均非蜀本土。而史籍中从未见有成都平原产象的记载。可见三星堆"象群"必定不是原产于蜀，乃是从外引入。此其一也。

固然，新石器时代以三星堆文化为代表的早期蜀文化曾远播于川东鄂西之地，岷江上游也是构成早期蜀文化的渊源之一。不过，无论在川东、鄂西还是在岷江上游地区，数十年来的考古调查和发掘都未曾发现过象牙，其毗邻区域亦然。这似乎表明这些地区不是文献所记载的产象之地，因而也谈不上由土著部落向蜀王进贡象牙的问题。至于段成式《酉阳杂俎》所记"今荆地象，色黑，两牙，江猪也"，则不仅晚出，而且也是指荆南之地。这些地区的文化因素在三星堆祭祀坑中全无反映。可见三星堆"象群"也不是来自于川东鄂西、岷江上游和荆南闽粤之地。此其二也。

此外，古地学资料表明，新石器时代成都平原虽然森林繁茂，但却沼泽甚多，其自然地理环境并不适合大象群的生存。至今为止的考古学资料还表明，史前至商周时代成都平原固然有许许多多的各种兽类，但是诸多遗址所发现的兽骨，除家猪占很大比重外，主要是鹿、羊、狗、鸡、牛、马的骨骼，没有一处遗址发现过大象的遗骸遗骨。可见三星堆象群的来源必定不在内地。此其三也。

商代的华北曾经盛产大象，河南被称为"豫州"，即与象有关。据《吕氏春秋·古乐》记载：商末时，"商人服象，为虐于东夷"。又据《孟子·滕文公下》记载：西周初年，"周公驱虎、豹、犀、象而远之，天下大悦"。从《尚书·禹贡》及《诗经》《左传》、诸史《地理志》等看来，周公率师将服象的商人逐于"江南"，远离中原，则象群是南迁到了荆南、闽、粤等地，秦代所置"象郡"大约便与此相关。无论史籍还是考古资料，均不曾有殷民逃往或迁往蜀中的任何痕迹；何况，蜀为《牧誓》"西土八国"之一，参预伐纣翦商，服象的殷民也绝不会逃往其域中。而商王武丁之时，即相当于三星堆祭祀坑年代的时期，商蜀之间在汉中之地有严格的军事壁垒，时常交恶，商王朝自不可能赐象与蜀，何遑乎卜辞、史籍亦全无赐象的记载。此其四也。

云南自古盛产大象，自《史记》以降，历代史书多有记载。但是从汉唐时期的文献看来，云南出产的象，均分布在其西南边陲，即所谓"哀牢"地区，向中原王朝进贡的象，均来源于此。云南东部、东北部，即古代滇文化区域，以及云南西部，即滇西文化区域，却并无产象的记载。考古发掘中，无论在滇池区域还是滇西文化中，都没有发现数十支象牙瘗埋一处的情形。而古代巴蜀与云南的关系，主要是与滇文化的关系，至今为止的各种材料，尚无与古哀牢夷有何关联者。由此看来，三星堆祭祀坑内的象牙、象骨，亦似与滇文化无关。此其五也。

上述五端表明，商代三星堆遗址的象群遗骸、遗骨，既不来自巴蜀本土，也不来自与巴蜀有关的中国各古文化区。显然，它们是从其他地区引进而来。通观文献记载，象群应当来自南亚。

《史记·大宛列传》载张骞西行报告说："然闻其西（按：此指'嶲、昆明'即今大理之西）可千余里，有乘象国，名曰滇越。"据考证，"滇越"实即印度古代的迦摩缕波国，地在今东印度阿萨姆邦。《大唐西域记》卷十《迦摩缕波国》载："迦摩缕波国，周万余里……国之东南，野象群暴，故此国中象军特盛。"《后汉书·西域传》亦云："天竺国，一名身毒，……其国临大水，乘象以战。"文中所称"大水"，即今巴基斯坦境内的印度河。诸种文献极言南亚产象之多，表明即令在汉武帝开西南夷，永昌郡归属中央王朝以后，南亚象群的数量仍然令中国刮目相看，使得历代史官大书特书。

"大水"正是印度河古代文明的兴起之地。考古发掘中，在"死亡之城"摩亨佐·达罗废墟内，也正好有发达的象牙加工工业，还发现不少有待加工的象牙。以此并联系南亚盛产象群的情况来综合考察，三星堆祭祀坑中的大批象群遗骨，完全有可能是来源于南亚地区的。如果我们再将这种文化现象同前文所述城市文明、海洋文化因素等结合起来看，同一时期如此众多丰富的南亚文明因素所构成的文化集结，已经并非偶然，证明了早在商代巴蜀地区便同南亚地区发生了文化往来的事实。

（三）蜀物南亚传

巴蜀文化中南亚文明因素的出现，绝非偶然现象。它是与巴蜀文化传播于南亚相互交织进行的，表现出文化交流传播的互动原则。

中国史籍关于中印文化交流的最早记载是《史记》，其来源于张骞出使西域归汉后的西行报告："臣在大夏时，见邛竹杖、蜀布。问曰：'安得此？'大夏国人曰：'吾贾人往市之身毒。……'以骞度之，大夏去汉万二千里，居汉西南。今身毒又居大夏东南数千里，有蜀物，此其去蜀不远矣。"又云："然闻其西可千余里有乘象国，名曰滇越，而蜀贾奸出物者或至焉。"《三国志》卷三十裴松之注引鱼豢《魏略·西戎传》载："盘越国，一名汉越王，在天竺东南数千里，与盆部相近，其人大小与中国人等，蜀贾人似至焉。"表明蜀贾人不但远出东印度阿萨姆地区，而且深入了印度及巴基斯坦，同南亚地区建立了稳定的商业贸易关系。

二、巴蜀文化与近东和欧洲古文明

近东文明包括西亚、中亚、埃及古代文明。欧洲文明，这里指的是古希腊、罗马文明，即所谓欧洲古典文明。这几种文明，不少学者是将其作为整个西方文明一并加以论述的。从最近的考古新发现分析，中国西南的巴蜀文化与近东文明有某些联系。关于这些，这里提供的只是初步的研究成果。

和下眼眶来表现其深目，这也是近东雕像习用的艺术手法。对于人物雕像的现实主义表现和对于神祇雕像（如眼球成圆柱突出于眼眶十余厘米，和像戈一般大而尖的耳朵等）的夸张表现，亦与近东早、中期的艺术特点类似。对于神树的崇拜，则反映了这种文化形式从近东向南连续分布的情形。（顺便指出，商代中国并无神树崇拜传统，古籍中以神树为天梯的记载仅有"建木"一处，见《山海经·海内经》及《淮南子·坠形》)，这种神树崇拜，与商代的所谓"社树"完全不同，不能混为一谈

在功能体系上，无论西亚、埃及还是爱琴文明的青铜雕像群，大多出于神庙和王陵，具有祭祀和纪念的功能及意义。三星堆青铜雕像群全部出于祭祀坑，无一不具宗教祭祀礼仪功能，它们显然与华北殷墟等地出土的仅充作挂饰一类的小型雕像不能同日而语。至于用权杖作为国家权力、神权和财富垄断之权的最高象征，就更与中原三代用"九鼎"来表示这些权力的传统相去甚远，而与近东文明完全一致。

综上所述，三星堆青铜雕像、神树、金杖、金面罩等文化丛与近东文明的相似性，表明商代的巴蜀文明是一个善于开放、容纳、改造和多元、多方位地对待世界优秀文化的古文明，是一个富于世界文明特征的古文明。

应该指出的是，巴蜀文明是在自身新石器文化高度发达的基础上诞生的，在其文明形成的过程中，受到了中原文化较强的影响，这是无可非议的。至于它与近东文明的关系，则完全是一种采借，其间绝对没有发生文化取代那样的事实。而这种采借，也在于强化蜀国的王权与神权，巴蜀文化也并未因此而出现结构性演变。

（二）"瑟瑟"来路觅踪

西周以后，如像大型青铜雕像群、神树、金杖、金面罩类文化特质，在巴蜀地区消失无存了，意味着这类文化传承的中断。这个现象，恰与史籍和考古材料所反映的蜀国王政的更替一致，也与殷末周初中原政局的大变化一致，表明商代的蜀王政权已分崩离析，它所代表的文化特质也随着它的消失而一去不复返了。但是，以巴蜀文明为重心的中国西南文化，却并没有因此而失去同近东文明的悠悠历史联系，而是由于时代背景的变换采取了新的文化特质作为交流内容。这些新特质，便是"瑟瑟"和肉红石髓珠、琉璃珠等物质文化。

东周时代，蜀国王公卿相乃至一般富贵之民流行佩戴一种称为"瑟瑟"

的宝石串饰，后世屡有出土。唐代诗圣杜甫寓居成都时，曾写过《石笋行》一诗，提到这种情况："君不见益州城西门陌上，石笋双高蹲。古来相传是海眼，苔藓蚀尽波涛痕。雨多往往得瑟瑟，此事恍惚难明论。是恐昔时卿相墓，立石为表今尚存。……"成都西门一带，确是蜀王国时期的墓区所在，近年来不断发现大批墓葬，均属东周时期的蜀墓。据杜工部所云，既然唐时瑟瑟往往出于成都西门地面之下，可见随葬之多，蜀人生前佩戴之普遍。

瑟瑟，是古代西亚至中亚的波斯帝国对宝石的称呼，是乐格南语或阿拉伯语的汉语音译。中外学者关于瑟瑟的性质，向有不同说法。据 B.劳费尔研究，当主要指宝石，明代以后则主要指人工制造的有色玻璃珠和烧料珠之类。成都西门多出瑟瑟，从其时代看，当是宝石等类串珠。杜甫既称其为瑟瑟，显然他认为是来自于西亚之物。唐代中西交流昌盛，杜工部所见所识又极广，他的判断不会有误，表明东周成都确有大量来源于西亚的宝石。

宋人吴曾对杜甫所说瑟瑟出土于石笋之下表示怀疑，他在《能改斋漫录》卷七《杜〈石笋行〉》中写道："杜《石笋行》：'雨多往往得瑟瑟。'按：《成都记》开明氏造七宝楼，以真珠结成帘。汉武帝时，蜀郡遭火，烧数千家，楼亦以烬。今人往往于砂土上获真珠。又赵清献《蜀郡故事》，石笋在衙西门外，二株双蹲，云真珠楼基也。昔有胡人，于此立寺，为大秦寺，其门楼十间，皆以真珠翠碧，贯之为帘，后摧毁坠地。至今基脚在。每有大雨，其前后人多拾得真珠瑟瑟金翠异物。今谓石笋非为楼设，而楼之建，适当石笋附近耳。盖大秦国多璆琳琅玕、明珠夜光碧，水通益州、永昌郡，多出异物。则此寺大秦国人所建也。"按照吴曾之见，常璩《华阳国志》、李膺《成都记》所说开明氏以珍珠相贯而成的七宝楼之帘，珍珠写作真珠，非中国所产，来之乎近东，这是不错的。但他认为杜甫所说瑟瑟为大秦寺门楼珠帘坠地所遗，虽有一定根据，却与杜甫之说南辕北辙，实为两事。

据李膺《成都记》："开明氏造七宝楼，以珍珠为帘。其后蜀郡火，民家数千与七宝楼俱毁。"《通志》："双石笋在兴义门内，即真珍楼基也。"曹学佺《蜀中名胜记》卷二："西门，王建武成谓之兴义门矣。"据此，真珠楼与石笋不在一地（成都石笋原本不止一处，既为开明氏墓志，必有数处），真珠楼在西门内，杜甫所说石笋则在西门外。况且，石笋既为历代开明王墓志，开明氏又如何可能以之为楼基？足见吴曾乃是"以其昏昏，令人昭昭"，其说绝不可从。

不过，大秦国胡人曾在成都西门内真珠楼故址立寺，倒确为事实，《蜀中名胜记》即提及其事，然未详。中国古代称罗马帝国为大秦，其国多出真珠、琉璃、璆琳、琅玕等宝物，"又有水道通益州"（《三国志》卷三十裴注引《魏略·西戎传》），早与巴蜀地区有文化往来。至于成都出土古罗马瑟瑟、真珠、金翠异物，则非先秦，事在汉唐而已。

除瑟瑟而外，古代巴蜀还从近东地区输入琉璃珠和蚀花肉红石髓珠。1954年在四川巴县冬笋坝船棺葬中发现蚀花琉璃珠2颗，圆形有穿孔，球面蓝色，蚀黄、白色眼形纹。1978年在重庆南岸区马鞍山汉墓出土蚀花琉璃珠2颗，其中一颗球面有白色圆圈纹，另一颗蚀白色圆点纹构成的菱形方块，方块内为白蓝色眼形纹。20世纪30年代或稍早，英国人还在四川理塘县购得2颗大型的蚀圆圈纹花的玛瑙珠，据云也有用肉红石髓蚀花，或用琉璃仿制者。

蚀花石髓珠原产于西亚、中亚和印度河文明，具有悠远的历史。据H.培克研究，蚀花石珠的生产和流行大致分为三期，早期为公元前2000年以前，中期为公元前300年至公元200年，晚期为公元600年至1000年。早期的蚀花石珠，以圆圈纹为特征，仅见于西亚伊拉克和印度河流域的文化遗存中，其他地方所见，均由这两地制造后输出。古代巴蜀地区出土的蚀花石珠，均为圆圈纹花，即H.培克所说早期蚀花石珠，均非本地或中国内地所产，应从西亚引进而来。

在成都西北岷江上游早期石棺葬内，曾出土过琉璃珠，据测定不含钡。而中国战国时代自制的琉璃，均属铅钡琉璃。其时不含钡的钠钙琉璃，均是从西亚或中亚引入。可见，古代巴蜀的钠钙玻璃（琉璃）和蚀花石珠，都是从西亚经中亚、南亚长途引进的。从早期蚀花石珠的制作流行年代可知，其输入中国西南巴蜀地区，应在公元前一千年左右。

由此可见，商代巴蜀文化特有的西亚文明因素（青铜雕像群、神树、金杖、金面罩）中断后，西周以降巴蜀文化中又出现了西亚文化新的文化集结，一方面表明巴蜀文化扬弃了神权政治而更加追求艺术和生活中美的享受，另一方面则表明巴蜀地区与西亚的经济文化联系未曾中断，一直在持续发展。

（三）巴蜀丝绸文化的西传

巴蜀丝绸织锦，自古称奇，品种繁多，数量亦大。谯周《益州记》："成都织锦既成，濯于江水，其文分明，胜于初成。"足见成都织锦量多而质优。巴蜀织锦的历史十分悠久，商代三星堆二号祭祀坑出土青铜大立人长袍上所饰各种花纹，表明其时已有织锦。另外还在一件手镯上发现缠有方格纱，纱极细，呈白色，经纬明显。墓中还出土两枚铜针，一圆一扁，圆针长 6.5 厘米，扁针残长 5.5 厘米。从文献所记其时"锦绣千束""文绣万束"《史记·张仪列传》看来，巴蜀的织锦刺绣都是极为发达的，达到了成熟的阶段。

西方地中海的古希腊、罗马，最早知道并使用的中国丝，便是古代蜀地生产的丝。在公元前四世纪脱烈美的《地志》中，记有一产丝之国，名为"赛力丝"，其南有北印度和古代蜀国。这个记载应当是古蜀的丝绸织锦远销地中海文明区后，在那里所留下的深刻痕迹。如此说来，巴蜀文化远播西方文明的腹心之地，年代还在公元前四世纪以前。考古学家曾于 1936 年在阿富汗喀布尔以北约 60 公里处发掘亚历山大城时，在一座城堡中发现许多中国丝绸。这些丝绸，就有可能是蜀地经滇缅道运到印巴次大陆，再转到中亚的巴蜀丝绸。

其实，古代出西域西行中亚、西亚的丝绸之路，其国际贸易物品中便有大量巴蜀织锦。不久前在新疆吐鲁番发现的大批丝织品，其中许多品种就是蜀锦，从南北朝到唐代的均有，表明蜀锦确是西域丝绸贸易的重要品种。因此，唐时吐鲁番文书中有"益州半臂""梓州小练"等蜀锦名目，不是偶然的。联系到湖南长沙、湖北江陵战国时代的楚墓中出土织锦实为蜀锦，以及公元前四世纪以前蜀国丝绸即已远销欧洲等情况分析，西汉时内地与西域的丝绸贸易中，巴蜀织锦当是其中的佼佼者。

古代巴蜀丝绸文化的西传，丰富了南亚、中亚、西亚和欧洲地中海文明的内容，并使中西文化纽带和交通大动脉向欧洲大陆延伸。从这个意义上不能不认为，巴蜀文化自古就是一个外向型的文化体系，对于世界文明的繁荣和西方古典文明的发展，做出了积极的卓越的贡献。

物。①云南大理、楚雄、禄丰、昆明、曲靖珠街八塔台和四川凉山州西昌的火葬墓中，也出土海贝。②这些地区，没有一处出产海贝，都是从印度地区引入的。将这些出土海贝的地点连接起来，正是中国西南与印度地区的古代交通线路——蜀身毒道。

不过，三星堆出土的海贝，却并非由云南各处间接转递而来，不是这种间接的、有如接力一般的关系。纵观从云南至四川的蜀身毒道上出土海贝的年代，除三星堆外，最早的也仅为春秋时期，而三星堆的年代早在商代中、晚期，要早上千年。再从商代、西周到春秋早期的这1 000年间看，云南还没有发现这一时期的海贝。不难看出，三星堆的海贝，应是古蜀人直接与印度地区进行经济文化交流的结果。而这类未经中转的直接的远距离文化传播，通常很难在双方之间的间隔地区留下传播痕迹，通常是直接送达目的地。因为无论对于传播一方还是引入一方来说，这些文化因素都是十分珍贵的，否则远距离传播便失去了意义。正如经由印巴次大陆传入古蜀地区的青铜雕像和金杖等文化因素，也未在云南境内留下任何痕迹，而是直接达于成都平原一样。这种现象，文化人类学上称之为"文化飞地"。

三星堆出土的海贝，大多数背部磨平，形成穿孔，以便将若干海贝串系起来。这种情形，与云南历年出土海贝的情形相同。三星堆海贝，出土时一部分发现于祭祀坑坑底，一部分发现于青铜尊、罍等容器中，这也与云南滇池区域青铜时代将贝币盛装于青铜贮贝器里的现象一致。云南汉晋时期、南诏时期、大理时期、元明清时期，几乎商道附近均使用贝币，如《新唐书·南诏传》记载："以缯帛及贝市易，贝之大若指，十六枚为一觅。"《马可·波罗游记》说昆明一带"用白贝作钱币，这白贝就是在海中找到的贝壳"，又说大理"也用白贝壳作钱币"，"但这些贝壳不产在这个地方，它们全从印度来的"。马可·波罗所说白贝壳，其实就是白色齿贝。云南历史上长期用齿贝做货币，是受印度的影响所致，彭信威、方国瑜、张增祺等先生③，都主张这种意见。成都平原深处内陆盆地的底部，从来不产齿贝，因此齿贝为货币，必然是受

① 四川省文物管理委员会：《四川文物考古工作三十年》，《文物考古工作三十年》，北京：文物出版社，1979年。

② 云南省博物馆：《云南古代文化的发掘与研究》，《文物考古工作三十年》；王大道：《云南出土货币初探》，《云南文物》1987年第12期；四川省博物馆等：《四川西昌市郊小山火葬墓群试探记》，《考古与文物》1981年第1期。

③ 彭信威：《中国货币史·前言》，上海：上海人民出版社，1958年；方国瑜：《云南用贝作货币的年代及贝的来源》，《云南大学学报》1957年第12期；张增祺：《战国至西汉时期滇池区域发现的西亚文物》，《思想战线》1982年第2期。

其他文化的影响所致，而这种影响，必然也同齿贝的来源地区密切相关，这就是印度。需要指出的是，齿贝对于商代的古蜀人来说，主要是充当对外贸易的手段，可以说是古蜀王国最高神权政体的"外汇储备"。古蜀人与南亚、东南亚地区的商品贸易以齿贝为媒介的情形，恰与三星堆文化所包含的其他南亚文化因素的现象一致，绝非偶然。不仅如此，从中原商文化使用贝币，而商、蜀之间存在经济文化往来尤其青铜原料交易的情况^①，以及三星堆古蜀王国从云南输入青铜原料等情况分析^②，古蜀与中原和云南的某些经济交往，也是以贝币为媒介的。

二、商周时期成都平原象牙的来源

在三星堆一号祭祀坑内，出土了 13 支象牙；在二号祭祀坑内，出土了 60 余支象牙，纵横交错地覆盖在坑内最上层。一号祭祀坑里，还堆积着 3 立方米上下的较大型动物的骨渣，全部被打碎，经过烟火燔燎。这些较大型动物的骨渣，有可能是大象骨骼之遗。三星堆青铜制品中最具权威、高大无双的二号坑青铜大立人——古蜀神权政体的最高统治者蜀王的形象，其立足的青铜祭坛（基座）的中层，也是用四个大象头形象勾连而成的。更加令人不可思议的是，成都金沙遗址出土象牙的重量，竟然超过 1 吨。

据有关史籍记载，中国南方地区历来产象。《国语·楚语上》记载说道："巴浦之犀、牦、兕、象，其可尽乎？"《山海经·海内南经》记载道："巴蛇食象，三岁而出其骨，君子服之，无心腹之疾。"《山海经·中山经》也说："岷山，江水出焉……其兽多犀、象，多夔牛。"《诗·鲁颂·泮水》记载说："憬彼淮夷，来献其琛，元龟、象齿，大赂南金。"《左传》定公四年、僖公十三年，也提到楚地有"象齿"。《尚书·禹贡》则称荆州和扬州贡"（象）齿"。这些文献记载的产象之地，多为长江中下游以南地区，唯"巴浦"与"岷山"，有的学者以为是指巴蜀地区，故认为古巴蜀产象。巴浦在何处呢？《国语·楚语上》"巴浦之犀、牦、兕、象，其可尽乎"句下韦昭注云："今象出徼外，其三兽则荆、交有焉。巴浦，地名。或曰：巴，巴郡。浦，合浦。"巴浦，应如韦昭自己的解释，是一个地名，而不是巴郡与合浦的连称。巴郡地在嘉陵江以东地区，合浦地在今广西南部沿北部湾的合浦县东北，两地相隔万里，

① 段渝：《政治结构与文化模式——巴蜀古代文明研究》，上海：学林出版社，1999 年，第 395-409 页。

② 金正耀等：《广汉三星堆遗物坑青铜器的铅同位素比值研究》，《文物》1995 年第 2 期。

何以能够连称！况且，《国语》此言出自楚灵王之口，时当公元前529年，为春秋中叶。可是巴郡之设，时当秦灭巴以后，为战国晚期，而合浦之纳于汉家版图，是在汉武帝元鼎六年（前111年）。早在春秋中叶的楚灵王，哪能知道晚于他数百年以后的巴郡、合浦等地名？显然可见，巴浦绝不是指巴郡和合浦郡。而且韦昭自己也明言"今象出微外"，分明不是说巴郡产象，当然更不是指蜀地产象。联系到《尚书·禹贡》荆、扬二州产象齿的记载，以及《左传》所说楚地多象齿等情况来看，巴浦这个地方，大概是指靠近古荆州的荆南之地，这也与楚灵王所指相合。《山海经·中山经》提到岷山多象，按《汉书·地理志》，岷山是指今岷江上游地区，但是考古资料却并没有显示出岷江上游产象的任何迹象。《华阳国志·蜀志》说岷山有"犀、象"，不少人以这条材料作为岷山产象的证据。但是，犀产于会无金沙江谷地，象则未闻[1]，二者均非岷江上游所产。我们从岷山山区的气候条件而论，岷山为高山峡谷的干寒地区，根本不适应大象生存，要说那里产象尤其是富产群象，无论如何是没有道理的。何况，在岷山山区的考古发掘中并没有发现象牙、象骨和象牙制品。所以，岷山产象的说法，当属向壁之论。至于《山海经·海内南经》所说"巴蛇食象"，据《离骚》《淮南子》等来看，也是指古荆州之地，与古梁州的巴蜀之巴无关。[2]由此可见，关于古代成都平原产象的说法是缺乏根据的，三星堆和金沙的大批象齿不是原产于当地的大象牙齿。事实上，发现象牙和象牙制品的地点，同大象生存的地区，二者之间不一定具有必然的联系，并不必然就是同一地点，正如青铜器的出土地点未必就是青铜原料的产地一样。

　　古地学资料表明，新石器时代成都平原固然森林茂密，长林丰草，然而沼泽甚多，自然地理环境并不适合象群的生存。至今为止的考古学材料还表明，史前至商周时代成都平原虽有许许多多的各种兽类，然而诸多考古遗址中所发现的动物遗骨遗骸，除家猪占很大比重外，主要还有野猪、鹿、羊、牛、狗、鸡等骨骼，除三星堆祭祀坑和金沙遗址外，没有一处发现大象的遗骸、遗骨，更谈不上数十成百支象牙瘗埋一处。足见三星堆和金沙遗址的象牙必定不是原产于成都平原蜀之本土。

　　诚然，新石器时代至商周时代以三星堆文化和金沙遗址为代表的古蜀文明曾经远播于渝东鄂西之地，岷江上游也是构成早期蜀文化的渊源之一。但

　　① 常璩著，刘琳校注：《华阳国志校注》，成都：巴蜀书社，1984年，第179页。
　　② 关于"巴蛇食象"传说与古代巴人的关系问题，可参考段渝：《巴人来源的传说与史实》，《历史研究》2006年第6期。

是，无论在渝东鄂西还是岷江上游地区，数十年来的考古调查和发掘都未曾发现盛产大象的情况，其周邻地区亦然。这种情况表明，这些地区还不是文献所记载的产象之地，因而也谈不上由当地土著部落向蜀王进献象牙或整象的问题。至于段成式《酉阳杂俎》前集卷十六所谈到的"今荆地象，色黑，两牙，江猪也"，则不仅文献晚出，而且也是指荆南之地，几乎与闽粤之地相接。不难看出，三星堆和金沙的巨量象牙也不可能来自所谓渝东鄂西、岷江上游之地，更与荆南闽粤之地无关。

商代的华北曾经盛产大象，河南古称"豫州"，即与"服象"有关。据《吕氏春秋·古乐》的记载，商末周初，东方江淮之地象群众多，后被驱赶到江南。文中这样说道："（周）成王立，殷民反。……商人服象，为虐于东夷。周公遂以师逐之，至于江南。"所谓"服象"，即驯服大象，使其服役，犹如今之印度、缅甸服象。《孟子·滕文公下》也载有周公驱逐服象的商人的史迹。文中说道："周公相武王，诛纣伐奄，三年讨其君，驱飞廉于海隅而戮之，灭国者五十，驱虎、豹、犀、象而远之，天下大悦。"从《尚书·禹贡》《诗经》《左传》及诸史《地理志》等分析，周公率师将服象的商人远逐于"江南"，远离黄河流域，则象群是南迁到了荆南、闽、粤之地，秦代所置"象郡"大约便与此有一定关系。《汉书·西域传·赞》说汉武帝通西域后，外域的各种珍奇宝物充盈府库，其中，"钜象、师子、猛犬、大雀之群，食于外囿，殊方异物，四面而至"，表明大象来源于外域，属于"殊方异物"之类。先秦黄河流域有象，殷墟甲骨文有象字，河南为豫州，文献里有象牙及象牙制品，考古也发现有象牙制品。关于此点，徐中舒先生和郭沫若先生均早已有过精深考证和论述。[①]但在周初，周成王"驱虎、豹、犀、象而远之，天下大悦"，至汉代而视象为"殊方异物"，由外域进贡中华朝廷。据竺可桢先生研究，汉代气候业已转冷[②]，黄河流域的气候已不适应大象生存。

无论史籍还是考古资料，均不曾有成批殷民逃往或迁往蜀中的任何蛛丝马迹，更不曾有服象的殷民移徙蜀中的丝毫痕迹。何况殷末时，蜀为《尚书·牧誓》所载参加周武王的诸侯大军，在商郊牧野誓师灭商的"西土八国"之首，协助武王灭纣翦商，而后受封为"蜀侯"，与殷民不共戴天。服象的殷民逃往任何地方，也绝不会自投罗网，投往其域中。而商王武丁时期，即在相当于

---

① 郭沫若：《中国古代社会研究》（1930），北京：人民出版社，1964 年，第 179-180 页；徐中舒：《殷人服象及象之南迁》，《中央研究院历史语言研究所集刊》1930 年，2 本 1 分。

② 竺可桢：《中国近五千年来气候变迁的初步研究》，《考古学报》1972 年第 1 期。

三星堆祭祀坑的年代上下，甲骨文记载商王"登人征蜀"，商、蜀之间还在汉中地区相互置有森严的军事壁垒。[①]此情此景之下，商王朝自不可能赐象与蜀，何况卜辞和史籍中也全然没有这方面的片言只语之载。可以知道，三星堆的象牙，也同样不曾来源于中原商王朝。

云南西南部以及以西的缅甸、印度地区，自古为大象的原产地。不少人以为云南各地均产大象，其实是莫大的误会。汉唐时期的文献对于云南产象的记载，仅限于其西南边陲，即古哀牢以南的地区，这在常璩《华阳国志·南中志》和樊绰《蛮书》里有着清楚的记载。而在云南东部、东北部，即古代滇文化的区域中，以及在云南西部，即滇西文化的区域中，古今均无产象的记载。考古发掘中，无论在滇文化区域还是滇西文化区域中，也都未曾发现数十支象牙瘗埋一处的情形。而古蜀文化与云南的关系，主要是与滇文化和滇西文化的关系，与云南西南部并无何种关联。由此可知，三星堆和金沙遗址的象牙，也与滇池文化区域和滇西文化区域无甚关系。

以上分析表明，商代三星堆遗址的象群遗骨遗骸，以及三星堆和金沙的象牙，既不是成都平原自身的产物，也不来自与古蜀国有关的中国其他古文化区。揆诸历史文献，这些象群和象牙是从象的原产地印度地区引进的。

《史记·大宛列传》记载张骞西行报告说："然闻其西（按：此指'昆明'，在今云南大理之西）可千余里，有乘象国，名曰滇越。"滇越即印度古代史上的迦摩缕波国，故地在今东印度阿萨姆邦。[②]《大唐西域记》卷十《迦摩缕波国》记载道："迦摩缕波国，周万余里。……国之东南，野象群暴，故此国中象军特盛。"《史记·大宛列传》还说："身毒……其人民乘象以战。"《后汉书·西域传》也说："天竺国，一名身毒……其国临大水，乘象以战。……土出象、犀……"大水即今巴基斯坦境内的印度河。[③]根据古希腊文献的记载，古印度难陀王朝（前362年—前321年）建立的军队中，有2万骑兵、20万步兵、2000辆战车、3000头大象，孔雀王朝（前321年—前185年）的创建者月护王拥有一支由9000头战象、3万骑兵、60万步兵组成的强大军队[④]，这和中国古文献的记载相当一致。汉唐之间中国古文献极言印度产象之盛，说明即使从

---

① 段渝：《四川通史》第1册，成都：四川大学出版社，1993年，第45页。

② 汶江：《滇越考》，《中华文史论丛》1980年第2辑。

③ 夏鼐：《中巴友谊的历史》，《考古》1965年第7期。

④ 引自（印）R. 塔帕尔（Romila Thapar）《印度古代文明》，林太译，杭州：浙江人民出版社，1990年，第50页；刘建、朱明忠、葛维钧：《印度文明》，北京：中国社会科学出版社，2004年，第74页。

汉武帝开西南夷到东汉永平年间永昌郡归属中央王朝后，印度象群的数量之多，仍然令中国刮目相看。《史记》和《后汉书》等文献所数称的"大水"（印度河），正是辉煌的印度河文明的兴起之地。考古发掘中，在印度河文明著名的"死亡之城"摩亨佐·达罗废墟内，发现了曾有过象牙加工工业的繁荣景象，还出土不少有待加工的象牙，以此并联系东印度盛产大象的情况，以及三星堆祭祀坑内成千枚来自印度洋北部地区的海贝，可以说明三星堆和金沙遗址出土的大批象牙是从印度地区引进的，而其间的交流媒介，正是与象牙一同埋藏在三星堆祭祀坑中的大量贝币。

成都平原为中心的四川盆地和渝东长江干流及其周围地区。很明显，在西南地区巴蜀文化区，成都平原是柳叶形青铜剑的使用和传播源所在。

关于成都平原的巴蜀式柳叶形青铜短剑的起源问题，长期以来学术界看法颇不一致，或认为起源于中原，或认为起源于陕南。这些认识，主要是基于过去柳叶形青铜剑在巴蜀地区发现的年代不早于春秋，而同样或类似的剑型在陕西宝鸡茹家庄、竹园沟，长安张家坡，甘肃灵台白草坡，以及北京琉璃河等西周早、中期墓葬内有一定数量的发现。[①]但是，由于近年考古发掘的新进展和新材料的不断出现，使这种认识已有重新研究的必要。

1986 年春，在四川广汉三星堆遗址相当于商末周初的地层中，出土 1 件柳叶形青铜剑，长 24 厘米。[②]同年夏在三星堆一号祭祀坑内出土 1 件柳叶形玉剑，扁茎、无格、茎上一圆穿，残长 28 厘米[③]，年代相当于殷墟一期。1985—1989 年在成都市十二桥商代建筑遗址发掘中，在第 12 层出土 1 件青铜剑，剑身呈柳叶形，中起脊，扁茎、无格、茎无穿，残长 20.2 厘米，年代为晚商。1990 年在成都市十二桥新一村晚商地层内又出土 1 件柳叶形青铜剑，残长 20.9 厘米。[④]这几件柳叶形青铜剑，不仅年代早，而且形制原始，尤其是成都十二桥和新一村所出，茎上无穿，应是这种剑的早期型式。这表明，无论从年代还是从形制上看，成都平原出土的柳叶形青铜剑，均早于宝鸡、长安等地所出同类剑。由此可见，柳叶形青铜剑的最早使用地应在成都平原古蜀地区，其年代为商代晚期或更早。

在古蜀文明辐射圈内的西南夷道上的四川西昌大洋堆，出土 1 件时代相当于商代的匕首式柳叶形青铜短剑。[⑤]这种形制的青铜剑，不论在西亚还是小亚细亚地区，都是青铜剑比较早期的形制。在云南滇池区域的青铜文化中，青铜剑亦是仿自古蜀柳叶形青铜剑，其不同点仅在于滇式剑的剑茎呈扁圆形，而蜀式剑是扁茎。[⑥]贵州赫章可乐战国墓葬以及威宁中水汉墓内出土的

---

① 宝鸡茹家庄西周墓发掘队：《陕西省宝鸡市茹家庄西周墓发掘简报》，《文物》1976 年第 4 期；宝鸡市博物馆、渭滨区文化馆：《宝鸡竹园沟等地西周墓》，《考古》1978 年第 5 期；宝鸡市博物馆：《宝鸡竹园沟西周墓地发掘简报》，《文物》1983 年第 2 期；中国科学考古研究所：《沣西发掘报告》，北京：文物出版社，1962 年。

② 林向：《三星堆考古发掘琐记》，《文物天地》1987 年第 5 期。

③ 陈德安、陈显丹：《广汉三星堆遗址一号祭祀坑发掘简报》，《文物》1987 年第 10 期。

④ 江章华：《巴蜀柳叶形剑渊源试探》，《四川文物》1992 年"三星堆古蜀文化研究专辑"。

⑤ 资料现藏四川省凉山彝族自治州西昌市文物管理所。

⑥ 童恩正：《我国西南地区青铜剑的研究》，《考古学报》1977 年第 2 期。

青铜剑①，则完全是对古蜀柳叶形青铜剑的改装。

古蜀文明区内柳叶形青铜剑的发现，年代既早，数量亦多，分布也很集中。从时序上看，在商代晚期，柳叶形青铜剑主要是集中分布在成都平原；商周之际和西周时代，柳叶形青铜剑主要是向北发展，延伸到陕西南部；春秋战国至西汉早期，柳叶形青铜剑陆续而且呈连续性地向四川盆地东部地区以及四川西南地区和云南、贵州等西南夷地区辐射，成为西南地区最主要的青铜剑剑型。

三

四川盆地青铜兵器的组合，常常是戈、矛、剑、钺配套使用，这在考古发现的巴蜀墓葬里是十分普遍的现象。其中的剑为柳叶形，钺为銎内。蜀式青铜钺可约略分为直内和銎内两类，直内钺刃部外突近半圆，銎内钺圆刃，身近斧形，这两类青铜钺均不见于商文化，它们在成都平原古蜀地区出现的年代均为商代晚期，两者之间不大可能具有演变关系，但銎内钺的演变脉络较明显。西周以后，蜀式青铜钺均为銎内钺，直内钺已不见使用。

商代考古中，在黄河流域中下游地区发现的青铜扁内斧（钺）不与青铜剑形成兵器组合。这个现象说明，中国北方黄河流域地区所发现的青铜扁内钺和柳叶形剑，不是一同（成组合配套）在当地发生、发展并配合使用的，二者应分别发生在不同地区，并且不是作为作战武器功能的系统配置来使用的。黄河流域中原地区车战使用长兵器，短兵器并不适用，所以夏商时代黄河流域几乎不见青铜剑，这是与当时的战争形势和环境相适应的。河南偃师二里头出土的铜钺为直内，有的学者认为是经过改装的近东战斧。②二里头的直内钺不与剑同出，这是因为当时黄河流域中下游地区还没有青铜剑的使用，说明斧与剑在黄河流域的开始行用，不论在时间还是空间上都不具有共时性，仍然表明斧、剑二者的来源不同。

西南地区古蜀柳叶形青铜剑与銎内钺组合配套使用，銎内钺为砍劈武器，

① 贵州省博物馆考古组、贵州省赫章县文化馆：《赫章可乐发掘报告》，《考古学报》1986 年第 2 期；贵州省博物馆考古组、威宁县文化局：《威宁中水汉墓》，《考古学报》1981 年第 2 期。

② 见卢连成：《草原丝绸之路——中国同域外青铜文化的交流》，上宫鸿南、朱士光编《史念海先生八十寿辰学术文集》，西安：陕西师范大学出版社，1996 年。据笔者在近东、小亚细亚和希腊等地博物馆所见，不论在两河流域、小亚细亚还是在希腊等古文明里，青铜斧除銎内类型的而外，直内类型的亦复不少。但中国黄河流域地区的斧钺自有起源，不必勉强去同近东起源说挂钩。

于这一点，林梅村先生的看法是不错的。①但这条从中亚到阿尔泰山区的青铜文化传播带，是否在阿尔泰地区就折而向南，将这条线路向南延伸到中国西南方向了呢？

如果要从阿尔泰线路转向中国西南地区，那么就必然要通过甘青高原南下，这就是后来的丝绸之路河南道。从考古学文化上看，中国西南古蜀地区与西北高原甘青地区早在新石器时代就发生了文化交往，四川西部高原历年所发现的彩陶显然与马家窑文化有关②，而从川西高原一直向南分布到云南的大量石棺葬等文化因素也来源于西北甘青高原。从民族文化角度看，古代中国西南地区的两大主要民族集团中，氐羌民族是其中之一（另一个民族集团是来自于长江流域的濮越），他们与发源于黄河上源湟水析支（一作赐支）之地的古羌族在族源上有着不可分割的关系，古蜀王国的统治者也多与氐羌民族集团有关。③从交通上看，四川西部高原岷山山脉从来就是联系中国西部民族南北往还的重要走廊。在交通线方面，古蜀西部地区主要有岷江河谷与川西北高原沟通，有岷江支流南河达于临邛、青衣（今芦山县），入西夷各地。又有"秦道岷山青衣水"④，入青衣河谷，折转岷山谷地，北至秦陇地区。史籍所载黄帝后代在此活动，便是明证。《山海经·海内东经》记载"白水出蜀（山名，今西倾山）而东南流注江"，白水（今甘南白水江）即是联系蜀与武都（今甘肃西和县南）的重要通道。《尚书·禹贡》记载说"西倾因桓是来，浮于潜，逾于沔，入于渭，乱于河"，即指此而言。由甘青入若水（今雅砻江），再转渽水（今大渡河），又可入岷江下游，进抵蜀之腹心成都平原，亦可由若水达于绳水（今金沙江），再转入西南夷地区。这表明，在古蜀的西部地区，确实存在通往西北高原的交通线，这同时也是古代中国西部地区的民族走廊。

然而，我们是否能够根据这些交通和民族等方面的情况，就判定西南地区的柳叶形青铜剑是经由西北方面，从阿尔泰地区传入的呢？这还需要进行分析才能得出相关结论。

考古材料说明，来源于西北甘青地区的彩陶，虽然在四川西部高原岷江

文明的史迹：先秦、巴蜀及南丝路历史研究（南方丝绸之路卷）

---

① 林梅村：《商周青铜剑渊源考》，《汉唐西域与中国文明》，北京：文物出版社，1998 年，第 39-63 页，插图 3，61 页注释 32。
② 石兴邦：《有关马家窑文化的一些问题》，《考古》1962 年第 2 期。
③ 段渝：《四川通史》第 1 册，第 31-36，260-273 页。
④《古本竹书纪年·梁惠成王十年》，上海：上海古籍出版社，1981 年，第 115 页。

上游的汶川、茂县、理县等地有着点状分布①，但是既没有成为川西北高原文化的主流，也没有循着岷山余脉进入四川盆地。西北高原的石棺葬、陶双耳罐等典型文化因素，同样也是沿着四川西部山地南下分布，直达西南夷地区的。它们都没有能够进入到四川盆地，更没有进入到成都平原。其中的原因究竟何在呢？笔者认为，这至少可以从以下两个方面给以解释。

第一，西北高原的古代民族长期适应干寒气候下的高原畜牧业和粗耕农业生产方式，温暖、潮湿而多雨的平原气候对于他们来说，不论在生产方式还是生活方式上都是极不适应的。

第二，以四川盆地西部的成都平原为中心，早在新石器时代晚期就已开始了城市文明起源的历史进程，到夏代已经初步进入文明社会，到夏商之际形成了灿烂的古蜀三星堆文明，成为中国西部长江上游的古代文明中心，并以其强势文化向周边地区作强劲辐射。而在这个时期，不论在四川西部高原还是在甘青高原的民族或族群社会里，都还没有诞生出文明，他们在古蜀文明强烈的文化与政治扩张面前，既不可能针锋相对，更不可能逆流而动，给古蜀文明以更加强劲的反向辐射，并强制性地进入四川盆地。

在这两方面因素的作用下，西部民族及其文化就只能沿着四川西部山地，从西北甘青高原南下西南夷地区。所以，反映在考古学文化上，我们所看到的就是西部民族及其文化因素从甘青地区向南一直到横断山地区的连续分布，而在四川盆地内自然也就很难发现它们的踪迹。因此，阿尔泰文化因素不可能从西北甘青高原经川西北高原岷江上游地区进入成都平原。何况在从四川西部高原到横断山地区的早期文化中，也没有发现来自阿尔泰地区的文化因素。至于西南夷地区的青铜剑，则不论在形制上还是在产生年代上，更与阿尔泰地区的文化因素谈不上任何关系，无法把它们与"北来说"联系起来。

从柳叶形青铜剑出现的年代及其形制方面，将古蜀与北方系青铜剑进行比较分析，我们可以得出完全相同的结论。前面已经说明，古蜀青铜剑的形制是扁茎、无格，剑身呈柳叶形，茎与身同时铸成。在成都市十二桥商代建

---

① 林名均：《四川威州彩陶发现记》，《说文月刊》1944年第4期；郑德坤：《四川古代文化史》，华西大学博物馆，1947年；四川大学历史系：《四川理县汶川县考古调查简报》，《考古》1965年第12期；蒋成、陈剑：《岷江上游考古新发现述析》，《中华文化论坛》2001年第3期；成都市文物考古研究所：《四川茂县营盘山遗址试掘报告》，《成都考古发现（2000）》，北京：科学出版社，2002年；王鲁茂、黄家祥：《四川姜维城遗址》，《中国文物报》2000年11月26日；石兴邦：《有关马家窑文化的一些问题》，《考古》1962年第2期。

筑遗址内出土的蜀式柳叶形青铜剑，茎上无穿，是这种剑型的早期形制，在四川广汉三星堆一号祭祀坑内出土的 1 件残长 28.2 厘米的柳叶形玉剑，形制与十二桥青铜剑几乎完全相同，只是三星堆玉剑的茎上有一圆穿，这从短剑的发展演化顺序上说，应是晚于十二桥青铜剑的形制。这种情况还进一步意味着，柳叶形青铜剑之在古蜀地区的出现年代还应提前，即早于成都十二桥商代建筑遗址的年代。我们知道，成都十二桥建筑遗址的年代为商代晚期。[①]那么，按照上面的讨论分析，柳叶形青铜剑之在古蜀地区的出现年代应当上溯到中商时期，与三角形青铜戈在古蜀地区的出现年代大致相当。[②]而北方地区所发现的中亚式青铜剑，年代一般在商末到西周初期。商代北方系青铜文化中的剑，剑身亦多呈柳叶形，但它们大多数或是曲柄剑，或是翼格剑，或是匕首式短剑，而且多在剑首处铸有动物形雕像。这几种剑型，都只是在呈柳叶形的剑身方面与古蜀青铜剑有某些相似之处，而在剑基、剑茎以及剑首等方面存在很大区别。从这些方面分析，二者的来源并不相同，这可以说是十分明显的。

至于阿尔泰地区的青铜剑，从现已公布的资料看，只能看到近年在新疆阿勒泰地区征集到的 1 件的摹本。[③]据介绍，这件青铜柳叶形剑，全长 22 厘米、茎长 142 厘米、最宽处 3.9 厘米，把长 7.8 厘米。整个器形细长、轻薄，塔城市出土，现藏塔城市文管所。据分析，塔城是安德罗诺沃文化的分布区，这件青铜剑的形制与安德罗诺沃文化的柳叶形剑雷同。但是，仔细观察这件青铜剑的线描摹本，却无法断定它是一把剑，它的形制更接近青铜矛，而与青铜剑相去甚远。这种形制的青铜兵器，在西亚和小亚细亚地区的青铜文化中常常可以见到，均定名为矛（spear head），而不是剑（swod）或短剑（dagger）。至于 20 世纪 60 和 70 年代先后在阿尔泰地区发现的其他几件"柳叶剑"，其实也很难确认是剑。据易浸白《新疆克尔木齐古墓群发掘简报》，在该墓出土的随葬品中，有 4 件铜镞，"有三棱或扁平棱形等式，后一种较大而又薄如铜片，极为罕见，可能不是镞"。[④]遗憾的是，该简报没有发表文物附图。有学

---

① 四川省文管会、成都市博物馆：《成都十二桥商代建筑遗址发掘简报》，《文物》1987 年第 12 期。

② 段渝：《巴蜀青铜文化的演进》，《文物》1996 年第 3 期。

③ 林梅村：《商周青铜剑渊源考》，《汉唐西域与中国文明》，北京：文物出版社，1998 年，第 39-63 页，插图 3，61 页注释 32。

④ 易浸白：《新疆克尔木齐古墓群发掘简报》，《文物》1981 年第 1 期。

者根据简报所描述的后一件铜镞的形制，判定它是"柳叶剑残片"[①]，其实这是没有多少根据的。这样看来，阿尔泰山区是否出土柳叶形青铜剑的问题，还需要根据实物加以重新认识，尚不能给以明确判定。据此，我们可以初步断定，不论阿尔泰地区还是北方草原地区的柳叶形青铜剑，在形制方面均与西南地区的古蜀青铜剑存在较大差别，所以很难把古蜀柳叶形青铜剑的来源同阿尔泰或北方草原青铜文化联系起来。

在西南夷地区，近年来确曾发现不少与北方草原青铜文化有关的器物，如鄂尔多斯式青铜弧背刀、环首刀等。这些器物的年代，一般是战国至汉代，几乎没有春秋时期以前的器物。所以，根据在西南夷地区所发现的战国至汉代这些北方草原青铜文化因素，不可能把这些地方从史前至商周时期的文化同北方草原青铜文化和阿尔泰青铜文化联系起来。

由上可见，柳叶形青铜剑在中国西南地区的出现，是成都平原古蜀人通过印度地区吸收采借的中亚、西亚文明的因素。它从一个重要侧面反映出古代中国西南文明的开放性，而这与三星堆文化所包含的近东文明因素是完全一致的。

---

① 林梅村：《商周青铜剑渊源考》，《汉唐西域与中国文明》，北京：文物出版社，1998 年，第 39-63 页，插图 3，61 页注释 32。

论商代长江上游川西平原青铜文化与华北和
世界古文明的关系

在殷商时代，长江流域各区段分布着若干面貌不尽相同的灿烂的青铜文化。尽管它们与华北中原王朝的青铜文化有异有同，有亲有疏，但作为中国古代文明的共同缔造者，它们都是中国文明的重要组成部分。商代长江上游青铜文化以川西平原为卓越代表，不仅在长江流域，而且在整个中国范围内都占有独特而显著的地位。

一、川西平原冶金术与华北的比较

如果从科学技术史进而从展示人类文明进程的角度去衡量古代青铜文化的发展水平，一项至关重要的工作，就是必须对青铜合金术的发展水平进行科学分析。当前世界上一般的做法，是将青铜合金术的历史划分成若干逐渐进化的阶段。在国内，北京钢铁学院的冶金史专家提出了一个三阶段发展阶段模式：用铜矿石加锡矿石或铅矿石，或用多种元素的铜矿石冶炼青铜，先炼出铜，再加锡、铅矿冶炼青铜→先分别炼出铜、锡、铅或铅锡合金，再根据不同器物的要求按一定配比混合熔炼。[1]美国冶金史专家 L.艾奇逊（Lesile Aitchison）则把从最初的青铜合金术到成熟的青铜合金术具体分为四个发展阶段：铜矿砂加锡矿砂，铜锭加锡矿砂，铜矿砂加锡锭，铜锭加锡锭。[2]这两种划分法，没有实质性区别，都为学术界所普遍采用。

关于华北商文化的冶金术发展阶段，在属于早商时期的河南偃师二里头文化遗址中，曾出土刀、锥、镞、鱼钩、铃等小件铜器。[3]1973 年在该遗址又

---

① 北京钢铁学院《中国冶金简史》编写小组：《中国冶金简史》，北京：科学出版社，1978 年，第23 页。
② Aitchison, L, A History of Metals, 1960.
③ 中国科学院考古研究所洛阳发掘队：《河南偃师二里头遗址发掘简报》，《考古》1965 年第 5 期。

出土一件被认为是我国迄今所知最早的青铜密器（爵）。[①]该器含铜 92%，锡 7%。同遗址发现的一件铜锛，含铜 98%，锡 1%，几乎接近纯铜。这些铜器具有早期铜器的显著特点。[②]二里头遗址发现的铸铜作坊遗迹中，虽未发现任何铜、锡金属矿石或金属块，难以判断这个时期的青铜合金术属于哪一发展阶段[③]，但从其铜、锡含量分析，显然还不是有意识地按照一定的铜、锡配比冶炼合金，然后铸造成器的。这表明，二里头时期早商合金术还处在青铜冶炼史上的初级阶段。

属于中商时期的郑州二里岗遗址，在铸铜遗址中发现了铜矿石。[④]同时期的湖北黄陂盘龙城遗址内发现的铸铜遗址中[⑤]，出土了孔雀石和木炭[⑥]，铜矿石、孔雀石是冶炼青铜最重要的原材料，必须与锡、铅等矿石或金属同炉而冶，才能炼出青铜。二里岗时期的遗址内未发现锡矿石或金属锡，似可说明当时的冶金术处于铜矿砂加金属锡（锡锭）的发展阶段，即 L.艾奇逊所说的第三阶段。

晚商时期的安阳殷墟发现较多的孔雀石，其中最重的一块达 18.8 公斤。[⑦]殷墟铸铜遗址内发现过重约 3 公斤的长方形锡锭。[⑧]而在年代相当于从中商二里岗期一直延续到晚商的湖南石门皂市遗址内，发现过不少铜块。[⑨]根据小屯东南苗圃北地发掘的大型铸铜遗址内未发现任何铜矿石的情况，学术界推测，当时是先在铜矿附近冶炼成铜块再运到这里加工。[⑩]这表明，晚商时期华北冶金术已达到铜锭加锡锭的高级发展阶段。[⑪]不过，在殷墟时常发现的显然是作为冶铜原料的孔雀石，似乎还表明青铜合金术在当时仍带着相当的不平衡性，尚未达到高度稳定的发展状态。

到了西周，青铜冶铸术的情况已大大改观。根据对开采年代上限可达西

① 中国科学院考古研究所洛阳发掘队：《河南偃师二里头遗址 3-8 区发掘简报》，《考古》1965 年第 5 期。
② 中国社会科学院考古研究所：《新中国的考古发现和研究》，北京：文物出版社，1984 年，第 323、324 页。
③ 夏湘蓉等：《中国古代矿业开发史》，北京：地质出版社，1980 年，第 200 页。
④ 方新民：《郑州发现的一处商代居住与铸造铜器遗址简介》，《文物》1957 年第 6 期。
⑤ 湖北省博物馆：《盘龙城商代二里冈期的青铜器》，《文物》1976 年第 2 期。
⑥ 北京钢铁学院《中国古代冶金》编写组：《中国古代冶金》，北京：文物出版社，1978 年。
⑦ 刘屿霞：《殷代冶铜术之研究》，《安阳发掘报告》1933 年第 4 期。
⑧ 万家保：《殷商的青铜工业及其发展》，《大陆杂志》1970 年第 4 期。
⑨ 高至喜、熊传新：《湖南商周考古的新发现》，《光明日报》1979 年 1 月 24 日。
⑩ 中国科学院考古所安阳发掘队：《1958—1959 年殷墟发掘简报》，《考古》1961 年第 2 期。
⑪ 童恩正、魏启鹏、范勇：《〈中原找锡论〉质疑》，《四川大学学报》(哲社版) 1984 年第 4 期。

周的湖北大冶铜绿山古铜矿的勘察和采集到铜锭的情况，考古界推定，"铜绿山生产的红铜一般并不在当地铸造青铜器，而是分运各地的"①。据此可以推测，西周首先在铜、锡矿产地分别炼出金属铜、锡，然后分运至各铸铜作坊，按一定配比熔炼出青铜，达到了高度成熟的发展阶段。

那么，作为中国古代文明中心区域之一的川西平原，它的冶金术在商代达到哪一发展阶段了呢？

位于川西平原中的广汉市南兴镇三星乡，1986年相继发掘了两个"祭祀坑"，出土大批青铜器。②这批青铜器中的大型青铜雕像群，以及黄金杖、黄金面罩等，在华北商周考古中是从未见过的。从其气势宏大的造型和工艺上看，丝毫也不亚于商代中晚期华北青铜器的制作水平。在这两个祭祀坑中，"出土了大量翻模铸造用的泥芯（内范）及青铜熔渣结核和成块的金料"，"遗址内出土大量的厚胎夹砂坩埚"。③证明这里曾经建有大型青铜器制造中心，两坑所出青铜器群就是在当地生产出来的。

根据祭祀坑内烧骨和填土中发现铜渣、泥芯，以及遗址内发现大量厚胎夹砂坩埚等情况分析，青铜器作坊应在遗址以内。由青铜熔渣重量远远低于青铜器重量这一事实，又可以推定当地不存在炼铜作坊。因为炼铜作坊应遗留下大量矿石尤其是炼渣，渣的数量应多于铜几倍到十几倍④，这就说明，三星堆青铜器所使用的铜、锡等原料，是首先在其他地方分别冶炼出金属铜、锡后，再运送到这里熔成青铜，制作成器的。由此可见，三星堆青铜合金术早已脱离直接从矿石混合冶炼中获取青铜的初级阶段，进入了高级阶段。再说，川西平原本土比较缺乏铜、锡等自然资源。但川西、川西南的青衣江和金沙江流域，以及川西平原边缘地区的一些地方，如邛都（今西昌）、灵关（今芦山）、徙（今天全）、严道（今荥经）、青衣（今雅安）、朱提（今宜宾西南）等地，自古富产铜⑤，为川西平原提供了丰富的铜矿原料。《史记·佞幸列传》记载汉文帝"赐邓通严道铜山，得自铸钱，邓氏钱布天下"。汉道为今四川荥经，其地出产以黄铜为主要成分的富矿石。⑥严道铜矿在汉初大量开采，必有

① 夏鼐、殷玮璋：《湖北铜绿山古铜矿》，《考古学报》1982年第1期。
② 四川省文物管理委员会等：《广汉三星堆一号祭祀坑发掘简报》，《文物》1987年第10期；《广汉三星堆二号祭祀坑发掘简报》，《文物》1989年第5期。
③ 陈显丹：《论广汉三星堆遗址的性质》，《四川文物》1988年第4期。
④ 中国科学院考古所安阳发掘队：《1958—1959年殷墟发掘简报》，《考古》1961年第2期。
⑤ 参见《汉书·地理志》《续汉书·郡国志》。
⑥ 北京钢铁学院：《土法炼钢》第一辑，北京：冶金工业出版社，1958年，第79、80页。

其悠远的历史渊源。《管子·山权数》记载："汤以庄山之铜铸币。"庄、严同义，庄山之铜即指严道铜山。尽管成汤人不可能直接在川西地区采冶铜矿，但若考虑到殷墟 5 号墓出土铜器的部分铜料来源于云南[1]，那么殷人从川西地区获取一定量的铜料也不是不可能的。这至少表明，早在商代，川西地区的一些铜矿就已得到开发利用。至于金属锡，则有可能采冶于云南等地，或从其他地区交易而来。

以上几点，足以证明川西平原冶金所达到的水平。三星堆祭祀坑的年代，1 号坑相当于殷墟 1 期[2]，2 号坑约当殷墟晚期。[3]如将其与大体同时的华北二里岗上层和殷墟 1 期的冶金术进行比较，可以说是丝毫也不逊色。

进一步分析，商代二里岗期仍处在青铜冶炼史的第三阶段，到殷墟时期，其间历年并不长久。这就是说，后时期铜锭加锡锭的冶金术，诞生时间还不是十分久远。而川西平原冶金术的发展水平，也不是一蹴而就的，亦应有较长时期的积累。两者在大体相同的时期达到大体接近的发展水平，这一点似乎很难说明川西平原冶金术直接来源于华北，倒更使人倾向于承认它的区域性发展。

再从青铜器铸造技术和工艺上加以比较，我们对上述看法还可获得更深一层的认识。

铜器最初的出现，在形制上几乎无不模仿陶、石、竹、木、角等实用器物。早期青铜时代的情况与此大致相仿。到了青铜时代高级阶段，青铜器形制才最终脱离模仿其他器物的传统模式，真正成体系地发展出各种器形。二里头遗址中发现的青铜器证明，早商时代的铸铜工艺还保留着相当的原始性，距离开始掌握这种新技术还不是太久。中商二里岗期（其上层相当于殷墟 1 期）和殷墟 1、2 期，铜器纹饰结构简单，饮食器中多数器类，也还是直接仿自陶器。从殷墟 2 期以后，青铜器铸造技术才开始呈现出明显的进步。

从这个视角观察三星堆出土的大型青铜雕像群，不难发现，无论在同一时期还是年代更早的川西平原陶、石等器物中，都不存在它们所由以模仿的形式。就其技术和工艺而言，各种青铜全身人物雕像、人头像、人面像、兽面像、爬龙柱形器、高达 3 公尺以上的布满飞禽走兽的铜神树等，工艺都十分复杂，远远超过当时以任何其他原料所做的任何其他器物。整个器物群展示出一派辉煌灿烂的气势，不能不认为它们是青铜时代全盛期的产物。

---

① 中国科技大学科研处：《科研情况简报》第 6 期，1983 年 5 月 14 日。
② 四川省文物管理委员会等：《广汉三星堆一号祭祀坑发掘简报》，《文物》1987 年第 10 期。
③ 四川省文物管理委员会等：《广汉三星堆二号祭祀坑发掘简报》，《文物》1989 年第 5 期。

不仅如此，三星堆青铜器的制作技术还有两点特别引人注目。一是大量运用了先铸法[①]，而商周时期华北青铜器的分铸法，是以榫卯式后铸法为主流，到春秋时期才转变为先铸法为主。[②]二是运用了铜焊技术[③]，而冶金史学界认为，华北的铸焊工艺约起源于西周春秋之际。到春秋中叶才较多使用，是当时中原青铜工艺转变期的一种重要的新兴金属工艺。[④]商代川西平原蜀人对先铸法和铜焊工艺的熟练掌握和应用，充分说明其青铜文化的进步性和自成体系的发展性质。

最后，从青铜器合金成分分析。经取样进行科学的测试分析，三星堆祭祀坑出土铜器可分为红铜、铜铅、铜锡、铜铅锡和铜锡铅之类，二元合金和三元合金占绝大多数。[⑤]殷墟出土铜器，经陈梦家先生分析，也可分为如上五类[⑥]，但铅、锡含量的波动幅度与蜀不同，绝大多数也是青铜。商、蜀铜器合金成分的科学测试结果表明，两者都在相似的程度上掌握了二元和三元合金的熔炼技术，其合金术各有特色，难分轩轾。

商代川西平原青铜器与华北相比，在合金技术上有如下显著特点。

第一，川西平原礼器的锡含量一般较低，实用器如青器罍（K2-88）、尊（K2-135）的锡含量则较高。如将《考工记》"六齐"中的"锡"理解为锡、铅含量的总和，其实用器的铜、锡配比就正好符合甚至高于《考工记》"钟鼎之齐"的合金配比。殷墟出土的青铜器、兵器绝大多数是铅青铜，只有少量优质兵器使用锡青铜[⑦]，大量的锡青铜被用于制作礼器。[⑧]这表明两者对不同合金的使用对象有着不同的标准。

第二，川西平原青铜礼器的铅含量较高，实用器的铅含量则很低，甚至有的完全不含铅。礼器大量含铅，除锡料来源有限外，主要在于礼器仅为一次性使用之物，重在追求其形制的华美和工艺的精良，而不是其硬度和耐久性。殷墟出土的兵器，含铅量较高，多数大于含锡量。礼器的含铅量则大低于兵器，如司母戊大方鼎，含锡 11.64%，含铅仅 2.79%。[⑨]殷墟 5 号墓所出司

① 曾中懋：《广汉三星堆一、二号祭祀坑出土铜器成分分析》，《四川文物》1989 年专辑。
② 华觉明：《中国古代金属技术》，北京：科学技术文献出版社，1985 年，第 493 页。
③ 陈显丹：《广汉三星堆青铜器研究》，《四川文物》1990 年第 6 期。
④ 华觉明：《中国古代金属技术》，第 504 页。《中国古代冶金》，第 40 页。
⑤ 曾中懋：《广汉三星堆二号祭祀坑出土铜器成分的分析》，《四川文物》1991 年第 1 期。
⑥ 陈梦家：《殷代铜器》，《考古学报》第 7 册，1954 年。
⑦ 闻广：《青铜与锡矿》附表 1，"商周青铜器合金成分表"，1963 年。
⑧ 夏湘蓉等：《中国古代矿业开发史》，第 305 页。
⑨ 杨根、丁家盈：《司母戊大鼎的合金成分及其铸造技术的初步研究》，《文物》1959 年第 12 期。

母辛大方鼎，含锡 12.62%，含铅仅 0.50%。^①其间的区别表明两者的观念不同。

第三，川西平原青铜器，无论礼器还是实用器，都不含锌。华北商文化的青铜器则往往含有微量锌。这种区别，可能是由于青铜原料产地不同，共生矿石原料有异等缘故所致。不过，若是联系到战国时代蜀国青铜器往往含有微量锌来考虑，此点还需加以进一步研究。

第四，三星堆出土的铜锡类和铜锡铅类青铜器，多数含有微量磷元素。这可以增强锡青铜的流动性，提高强度、硬度和弹性。^②在历年来对殷墟出土青铜器的测试分析中，却都未发现含有磷元素。这不仅说明川西平原青铜合金术极富特色，而且表明蜀人在掌握青铜合金的技术方面，达到了当时最先进的水平。即令在与中原文化交流日益密切的战国时代，蜀国青铜合金术仍然保留了这一古老的优秀传统，突出反映了其青铜文化的独特性，充分显示出它自身的发展源流，演进脉络和自成一系的文化传统。

第五，三星堆出土的一件青铜神树底座的中心部位，合金成分中含有微量钙元素（K2-215）。根据冶金学，铜合金中钙与铅形成难熔化合物，可起到细化晶体、抑制重结晶并消除铅对铜合金力学强度所产生的有害作用，使铜合金具有较高的强度。这件样品的维氏硬度值为 HV = 60，强度较高。它的发现，还是冶金史上的首例。^③究竟是人为的还是矿料杂质所致，目前还难以做出确切的论断。

上述各点表明，商代川西平原蜀文化的青铜合金术，无论其选料、配比、熔炼技术还是合金类别的用途，都自成体系，与华北商文化有相当区别。它充分说明，川西平原冶金术的起源和发展具有强烈的区域性色彩，它应是古代中国若干个冶金术起源地的中心之一。

二、川西平原青铜文化的区域性

三星堆祭祀坑出土青铜器的最大特点是它那浓厚的礼仪性色彩，表现为大型青铜雕像群、青铜戈、瑗、尊、罍、盘等器物组合。青铜尊、罍、盘为殷商文化风格，无疑是文化交流、传播或文化移入的结果。三角形锯齿援青铜戈，厚重而无刃，是从实战用蜀式戈的第Ⅲ式演化而成的礼仪用戈。^④出土

---

① 中国社会科学院考古研究所：《殷墟妇好墓》，北京：文物出版社，1980 年，第 16 页。

② 重有色金属材料加工手册编写组：《重有色金属材料加工手册》第 1 分册，北京：冶金工业出版社，1979 年，第 155 页。

③ 曾中懋：《广汉三星堆遗址二号祭祀坑出土铜器成分的分析》，《四川文物》1991 年第 1 期。

④ 段渝：《商代蜀国青铜雕像文化来源和功能之再探讨》，《四川大学学报》（哲社版）1991 年第 2 期。

具，然后是日常生活用器，最后是繁缛的礼仪性非实用器。中国华北的情况也不例外。在青铜时代的早期以至铜石并用时代，铜制品绝大多数是武器和工具。也有少量装饰品，但绝无大型礼器，甚至中、小型礼器也难以见到。商代礼器，就其祖型而言，大多数来源于实用器。这是青铜器功能体系演变的典型范例，达到这样的发展水平，表明青铜文化已进入到全盛时期。商代川西平原的青铜文化，从晚商殷墟 1 期前后开始较多出现，如蜀式青铜戈和大型青铜雕像群以及尊、罍等，为数相当可观。所有这些器物中，正如前文所论，蜀式戈出现的年代最早，柳叶形扁茎无格的蜀式剑最近也发现于属于商代的地层内[1]，早于其他礼仪性器物的年代。因此很清楚，川西平原青铜文化的发展程序，也是与世界各大古文明中心和华北商文明相一致的。商代晚期，川西蜀青铜文化也进入了全盛时期，成为中国大地上一个灿烂的地方文明。

如果说，蜀戈从实用器发展到礼器的程序已经明确，并由此找到了它空间分布连续性的发源地和中心位置所在，那么相比之下，青铜雕像群这一纯粹的礼仪性制品的情况却大不一样。

我们先看三星堆祭祀坑所出雕像群的面貌。

这批青铜雕像以其宏构巨制、雄伟气势和非凡艺术，全面展示出商代川西平原青铜文化的辉煌成就。无论其文化形式，艺术形式还是象征意义，在商周考古学上都是前所未有的。这批青铜雕像群可以分作两大类，每一大类以下又包括若干小类和不同型式。[2]

第一类为人物造型，包括全身人物雕像、人头雕像、人面像，共计 82 尊（图一）。

这类雕像中，全身人物像计有 10 尊。最大的一尊立人雕像通高为 260 厘米，冠高 17.7 厘米，冠下至足底人高 163.5 厘米，座高 78.8 厘米（图五）。最小的全身人物雕像仅高 3 厘米左右。这类雕像有站立、双膝跪坐、单膝下跪等各种造型。大立人雕像头戴五齿花状高冠，着鸡心领左衽长襟衣，后摆呈燕尾形，正与《蜀王本纪》所记载的蜀人“椎髻左衽”和《后汉书、南西南夷列传》所记“衣服制裁，皆有尾形”相一致。大立人粗眉大眼，鼻棱突出，嘴角下勾，两耳垂各穿一孔；右臂上举至面侧，左臂平伸，双手作握物状；双手腕各戴 3 只手镯，两足踝各戴 1 方格纹脚镯，赤足立于方座上。座分 3 层，上层为方座，中层为倒置的象头支架，下层为梯形座，根据这尊大立人

① 北京钢铁学院冶金史组：《中国早期铜器的初步研究》，《考古学报》1981 年第 3 期。
② 周尔太：《十二桥商代建筑遗址有新发现》，《成都晚报》1990 年 4 月 9 日。

雕像的造型、形态、衣冠发式以及它在全部人物雕像群中高于一切的显著地位，可以断定它是蜀王亦即蜀国大巫师的形象。方座象征祭台，其性质与商代晚期成都羊子山的三级四方形祭坛一致[①]，前者正是后者的缩影。其他全身人物雕像，一般高 10 余厘米，有的着对襟长袍，有的着右衽短衣和犊鼻裤，有的着铠甲立于方座上。它们或高髻无冠，或戴平顶冠，或戴双角冠。手臂的位置，多下垂至腹两侧，或双手着膝，或将双手抬至胸前作握物状。整个神态和动作都表现出诚惶诚恐的形态。

图五　青铜立人全身雕像

人头雕像计有数 10 尊，其中 2 号坑出土 41 尊，多与真人大小相接近。它们可以分为 8 型[②]，从冠式或发式进行观察，分别是：

Ⅰ型：头上部为子母口形，原应套接顶饰或冠。圆眼外突，高鼻梁，耳垂穿孔。

---

① 四川省文物管理委员会等：《广汉三星堆一号祭祀坑发掘简报》，《文物》1987 年第 10 期；《广汉三星堆二号祭祀坑发掘简报》，《文物》1989 年第 5 期。

② 四川省文管会：《成都羊子山土台遗址清理报告》，《考古学报》1957 年第 4 期。

Ⅱ型：头戴双角形盔，后脑勺处有一插笄凹痕。三角形立眼，棱形鼻梁，高鼻尖，耳垂穿孔。

Ⅲ型：头戴平顶帽，脑后编发，有插笄凹痕。粗眉大眼，高鼻梁，耳垂穿孔。

Ⅳ型：头戴冠，冠式不明。鼻棱高突似鹰钩鼻，耳垂穿孔。

Ⅴ型：头戴平顶帽，耳部有鬓发，长发后梳至脑后成长辫，辫上端束扎、插笄。杏叶大眼，高鼻梁，耳垂穿孔。

Ⅵ型：头戴回字形纹平顶帽，短发至脑后齐平。粗眉大眼，鼻梁高直，耳垂穿孔。

Ⅶ型：无帽，发向后梳，后脑发上着一蝴蝶结形笄。粗眉大眼，细鼻梁，耳垂穿孔。

Ⅷ型：辫发盘于头顶一周，发际线至耳根齐平。粗眉大眼，高鼻梁，双耳各穿三孔。

上述人头雕像，冠式、发式各异，显然不是同一民族，形象地反映了蜀文化共同体内广泛的民族来源和构成，具有极高的研究价值。

青铜人面像有以下 4 型。

Ⅰ型：宽脸圆颔，粗眉大眼，尖鼻大嘴，耳垂穿孔。高 6.5、宽 9.2、厚 0.4 厘米（K1：20）。

Ⅱ型：造型又可分两种，一种（K2②：148），阔眉大眼，眼球成圆柱凸出眶 16.5 厘米，直径 13.5 厘米。鹰钩鼻。大嘴上翘至耳根。双耳尖斜上伸出，极大，耳轮内收成桃尖状。通高 65、宽 138、厚 0.5~0.8 厘米。另一种（K2②：100），长眉，棱形纵目，眼球外突成圆柱，长 9、径 10 厘米。低鼻梁，上饰一通高 77.5、厚 0.3~0.6 厘米的变龙。翘鼻阔嘴，嘴角上翘至耳根。边高 32.7、宽 44.2 厘米。

Ⅲ型：方颐宽面，粗眉大眼，鼻棱突出，阔嘴下勾。眉部和眼睑曾用黑色颜料勾划。通耳宽 52、前高 25.8、厚 0.3 厘米（K2②：60）。

Ⅳ型：面较瘦长，宽额杏眼。鼻棱尖突出。嘴角上翘，下颌较窄。长直耳，耳垂一穿。通耳宽 21.8、前高 15、厚 0.3 厘米（K2②：119）。

各型人面像的脸型和面部特征可与上述各型全身人物像和人头像比较参考。其中的 Ⅰ 型人面像极富权威和神秘感，当是商代蜀人心目中古老祖先的神像，在商周谓之"神主"。这类人面像从一个侧面透露出上古蜀人的神话和传说，在神话学上具有文献史料所不可企及的价值。

青铜雕像群的第二类是动植物造型，包括龙、蛇、虎、鸡、鸟、怪兽、蝉和树等种类。其中值得一提的是兽面具和神树。

兽面具头上出两卷云纹角，双眉斜出向外，眼细长，双眼浑圆，鼻梁细窄，大嘴、嘴角下勾，上下两排牙齿紧咬。双眉尖处和两嘴角的下方各有一小圆孔。标本 K2③：229（图六）宽 27、高 12.2、厚 0.2 厘米。①这类面具显然是祭祀者进行礼仪活动时所戴。

图六　广汉三星堆 2 号坑出土的青铜兽面具

青铜神树共有 3 株，残高 3 米以上，最高一株达 3.5 米。在 K2②：194 基座上还有两个面向外下跪的全身人物雕像。树有枝叶、花果、飞禽走兽、铃等挂饰，堂皇而神秘。参照《山海经》《淮南子》等史籍的有关记载，可知青铜神树乃是文献中屡见不鲜的所谓"建木"的形象，在川西平原"都广之地"充当"众帝所自上下"的天梯。而以树为登天之梯，又与同一时期中国其他地区以山为登天之梯决然不同，由此展示出蜀文化宗教崇拜系统的独特风貌。

然而，以上青铜雕像群的文化内涵，在川西蜀文化考古中却找不到发展演化的丝毫痕迹。在非金属制品方面，三星堆遗址内曾发现过 2 件双手反缚跽坐的石雕人像②，不过却不是青铜雕像的祖型。这就意味着，这批青铜雕像的文化内涵不是川西平原所固有。换言之，用青铜材料制作大型人像、人头像和人面像群，不是川西平原蜀人固有的文化传统，而是通过某种途径从其他文明区移入而来。

华北商文化中并无以青铜铸造大型青铜雕像群的文化传统。尽管在商代考古中也偶尔发现过铜人面像，如 1935 年秋出土于安阳西北岗东区大墓 1400

① 陈显丹：《广汉三星堆青铜器研究》，《四川文物》1990 年第 6 期。
② 四川省文物管理委员会等：《广汉三星堆二号祭祀坑发掘简报》，《文物》1989 年第 5 期。

墓道西口台阶的一件铜人面像①，1977 年在北京平谷县刘家河一座商代中期墓葬内发现的 5 件铜人面形饰②等。但不仅数量少，体量小，而且在头型、面容、风格和功能体系诸方面，均与三星堆所出大型青铜雕像群有异。西北岗铜人面像头顶上方有一供悬系或手握的"提手"，刘家河铜人面形饰在头部穿有二孔，也是供悬系之用的。三星堆大型雕像群展现的是一座大型礼仪中心与王权结构相结合的内容③，具有深刻的民族和文化内涵以及波澜壮阔的社会背景，与华北铜人面像之间没有共通之处，不可能属于同一文化系统。毫无疑问，川西平原青铜雕像文化不可能来自华北商文化。

作为商代川西平原青铜文化连续性分布空间以内的汉中城固铜器群，其中有 23 件铜人面具（铜脸壳）和 25 件铜兽面（铜辅首）。④从形制上观察，这批铜人面具与三星堆雕像有不少共同之处。比如，城固铜人面具和铜鲁面的双耳均有穿孔；其铜人面具（76：147）张口露牙之形，与三星堆跪坐铜人像（K1：293）完全相同；其鼻型和圆眼外突的形状，亦与三星堆人头像（K1：2）近似。这就暗示着二者间所存在的某种源与流的关系。如果考虑到城固铜器群的年代较三星堆为晚，而城固铜人面和铜兽面均无来自商文化的可能（它们与商文化青铜器无共同之处）⑤，也不是城固自身的创制品，并且在城固铜器群中占全部青铜戈总数高达 84% 的三角形援直内无胡戈是来源于蜀文化，那么我们就有较充分的理由认为城固铜人面具和铜兽面也来源于川西平原蜀文化。

除中原和陕南城固以外，在北方草原地区的夏家店上层文化中，历年来也发现过不少青铜雕像⑥，大量的是各种动物造型，也有人形雕像，但大多不是独立的个体，而是一些器物如刀、剑等柄部的艺术化形式，并且体量很小。在内容和形式上，两者不可能属于同一文化体系。

商代中晚期还发现青铜雕像的，最引人注目的是新近出土于长江中下游之交的江西新干大洋洲吴城文化第 2 期墓葬中的几件制品⑦，如双面人头形神器、立鸟双尾虎、羊角兽面器等。这些雕像十分明显地具有宗教礼仪性质，

文明的史迹：先秦、巴蜀及南丝路历史研究（南方丝绸之路卷）

① 林向：《蜀酒探原》，《南方民族考古》第 1 辑，成都：四川大学出版社，1987 年。
② 陈梦家：《殷代铜器》，《考古学报》第 7 册，1954 年，图版七。
③ 北京市文物管理处：《北京市平谷县发现商代墓葬》，《文物》1977 年第 11 期。
④ 段渝：《商代蜀国青铜雕像文化来源和功能之再探讨》，《四川大学学报》1991 年第 2 期。
⑤ 中国社会科学院考古研究所：《新中国的考古发现和研究》，北京：文物出版社，1984 年，第 243、244 页。
⑥ 辽宁省昭乌达盟文物工作站等：《南山根石椁墓》，《考古学报》1973 年第 2 期；《南山根 102 号石椁墓》，《考古》1981 年第 4 期；《昭盟出土的铜器调查》，《考古》1959 年第 6 期。
⑦ 江西省文物考古研究所、江西省新干县博物馆：《江西新干大洋洲商墓发掘简报》，《文物》1991 年第 10 期。

但其风格与三星堆不同。双面人头形神像也不是圆雕或立雕（图七），从其大小（通高 53 厘米、角距 38.5 厘米）和形状可以知道，此器原先是插于棍棒之类长柄上的，既非面具，亦非真实人物雕像。并且整个器物群及其组合都与三星堆有显著区别，因而两者不可能具有同一的文化来源。不过，在年代相差并不太多的长江上游和中下游所出现的这种一定的文化相似性，却应引起充分关注。

图七　新干大洋洲商墓出土的青铜双面人头形神器

　　再看川西平原以西、以东和以南地区。西边是绵亘的横断山脉，那里的青铜文化发生年代较晚，并且受川西平原青铜文化的影响较多，可置而不论。东方是后来的巴国地，其青铜文化只能上推到春秋时代，并且是随巴国文明的移入发展起来的。[1]巴地以东的江汉平原，有一个博大精深、高度成熟的楚文化体系。[2]但它那无与伦比的辉煌时代是春秋战国年间，商代尚无楚文化[3]，那时江汉之间的盘龙城青铜器群是商王朝的文化向其直辖南土移植的结果。[4]南

① 段渝：《试论宗姬巴国与廪君蛮夷的关系》，《四川历史研究文集》，成都：四川省社会科学院出版社，1987 年。
② 张正明：《楚文化史》，上海：上海人民出版社，1987 年。
③ 段渝：《荆楚国名问题》，《江汉论坛》1984 年第 8 期。
④ 江鸿：《盘龙城与商朝的南土》，《文物》1976 年第 2 期。

面的滇池区域，虽在滇西剑川海门口①发现过 14 件公元前 12 世纪的铜器②，但它在云南青铜文化分期中尚属滇西青铜文化的早期③，远远低于同一时代川西平原青铜文化的发展水平。由此可以充分确认，在川西平原本土以外的其他地区，都没有与三星堆风格类同的大型青铜雕像群，都无法成为探究三星堆雕像文化来源的着眼点。

需要特别指出，东周时代云南滇池区域青铜文化中，有较为浓厚的川西平原早、中期青铜文化的色彩。晋宁石寨山大量青铜器上铸造人物和动物立雕像④，与三星堆雕像群的文化传统有惊人的相似之处，造型艺术也较接近，仅体量趋小。石寨山雕像人物有穿耳与辫发者，亦与三星堆雕像具有某些共同点。石寨山出土的一件长方形铜片（M13：67）上所刻符号，其中有一图像为一柄短杖，杖身有 4 个人首纹。此杖虽无实物发现，但这类杖首铜饰物在墓葬中却出土不少，有一种作鼓形，与此符号所绘杖首全同，林声先生认为，此杖可能是某种宗教用物或代表权力的节杖。⑤它虽与三星堆出土的金杖有些区别，但杖上绘人首之形以及用杖来标志宗教神权和世俗王权，却与三星堆颇为相同。石寨山出土的一件铜鼓（M13：3）上所刻伎乐图中，刻画了人、鱼、鸟的形象，似乎也与三星堆金杖图案有某些内在联系。此外，晋宁石寨山、江川李家山⑥均发现无格式青铜剑，童恩正先生认为这与巴蜀的文化交流有一定关系⑦，张增祺先生亦持此见。⑧川西平原的三角形援无胡蜀戈，也对滇文化的青铜戈产生了明显影响。⑨

总而言之，位居长江上游南北两岸的滇文化与蜀文化，其联系是多方面的。虽然滇池区域青铜文化的发生年代较迟，其上限的碳 14 数据为距今 2 500±105 年，即公元前 550 年，一般断在春秋晚期，与商代川西平原文明不同时。但是，时间乃是文化传播不可缺少的因素。西汉元、成间博士褚少孙补《史记·三代世表》说："蜀王，黄帝后世也，至今在汉西南五千里，常来朝降，输献于汉。"张守节正义引《谱记》曰："蜀之先，肇于人皇之……历

---

① 云南省博物馆筹备处：《云南剑川海门口古文化遗址清理简报》，《考古通讯》1958 年第 6 期。
② 中国科学院考古研究所实验室：《放射性碳素测定年代报告》，《考古》1972 年第 1 期。
③ 张增祺：《滇西青铜文化初探》，《云南青铜器论丛》，北京：文物出版社，1981 年。
④ 云南省博物馆：《云南晋宁石寨山古墓群发掘报告》，北京：文物出版社，1959 年。
⑤ 林声：《试释云南晋宁石寨山出土铜片上的图画文字》，《云南青铜器论丛》，第 72 页。
⑥ 云南省博物馆：《云南江川李家山古墓群发掘报告》，《考古学报》1975 年第 2 期。
⑦ 童恩正：《我国西南地区青铜剑的研究》，《云南青铜器论丛》，第 168 页。
⑧ 张增祺：《滇西青铜文化初探》，《云南青铜器论丛》，第 94 页。
⑨ 崔巍、黄伟：《试论无胡蜀式戈的几个问题》，《考古》1989 年第 3 期。

夏、商、周衰，先称王者蚕丛国破，子孙居姚、嶲等处。"唐代姚、嶲二州分别治今云南姚安和四川西昌，均属古代南中范围。据成汉东晋间史学家常璩所著《华阳国志·蜀志》记载："七国称王，（蜀王）杜宇称帝……以汶山为畜牧，南中为园苑。"似乎早在西周春秋时代，南中已受到川西平原蜀文化濡染。而到战国之末，蜀王后代选择南中为其避难生息之地，看来也与其先王同南中的文化联系有关。《水经·叶榆水注》所引《交州外域记》关于蜀王子安阳王南迁的史迹①，对此亦不失为一很好的说明。而滇文化中上述文化传统，不论文化面貌还是其年代，均与川西平原文化以及有关蜀史的文献记载基本吻合，也证明了云南青铜文化的某些因素来源于川西平原青铜文化这一史实。不过应当指出，滇文化对于蜀文化的吸收，重在某些要素，它的主体部分表现出显著而鲜明的云南地域文化色彩，也含有华北、广西以至西亚的某些文化因素，绝非全盘输入。

以上我们以三角形援无胡铜戈和青铜雕像为主要线索，分析了它们在以川西平原为中心的空间内连续分布的情况，由此说明了蜀文化向北、向南连续分布的大致范围及其年代关系。以上分析说明，川西平原青铜雕像的文化渊源，在包括它自身在内的整个中国范围内都无法寻找。鉴于这些情形，要追根溯源，探寻这一特殊文化因素的来历，看来必须放开视野，将其置于整个世界古文明的大范围内去进行比较分析。

三、川西平原青铜文化的世界性

我们知道，上古时代的西亚、埃及、爱琴海区域以及印度，都是文明先进地区或国度，都产生过高度繁荣的青铜文明。从冶金史的角度看，一般认为西亚的安那托里亚（Anatolia）是冶金术的发源地②，由此向埃及、希腊、巴尔干、东南欧、印度等方向传播。③到公元前五千年代，上述地区很快就有了铜制品，不久都先后跨入早期青铜时代，使人们第一次有可能铸造矛头和斧之类的青铜锋刃器，这一新兴技术的最初产品是武器，也有一些用以作为显赫身份的标志和祭祀用品④，后来逐渐出现专供宗教和礼仪仪式所用的大型

---

① 参阅徐中舒：《〈交州外域记〉蜀王子安阳王史迹笺证》，《论巴蜀文化》，成都：四川人民出版社，1982 年；蒙文通：《安阳王杂考》《越史丛考》，北京：人民出版社，1983 年，第 63-81 页；蒙文通：《巴蜀古史论述》，成都：四川人民出版社，1981 年，第 36、37 页。
② J. Mellaart, Catal Hu yük, 1967. G. Barracloughod, The Times Atlas of World History. 1978, P. 40.
③ R. F. Tyiccote, A History of Metallurgy, 1976.
④ G. Barraclough ed. The Times Atas Of World History, 1976. P. 40.

礼仪制品。雕像的产生，在各个文明中心都比武器和工具晚得多。

关于古代文明中的青铜雕像，在西亚、埃及、爱琴文明、东南欧文明和印度文明中均有发现，并明显地构成一种文化传统。至迟在公元前三千年代初叶，美索不达米亚就开始制作青铜雕像。在乌尔（Ur），发现了公元前三千年代初的青铜人头像。[①]在尼尼微（Nineveh），发现了著名的阿卡德·萨尔贡一世（Sargon I of Akkad，公元前 2800 年）的宏大的青铜头像。[②]美索不达米亚还发现了小型工人全身青铜雕像[③]，也出土了各种青铜人物和动物雕像。[④]这些青铜雕像，显然根源于自史前时代以来就一直在当地盛行不衰的陶塑像和大型石雕像，有十分悠久的历史文化传统。在埃及，1896 年发现了古王国第六王朝第二位法老佩比一世（Pepi，约公元前 2200 年）及其王子的大小两件一组的全身站立青铜雕像群，大者高 175 厘米，小者高 70 余厘米。[⑤]在古代埃及文献里，这种大型青铜雕像的制作年代还可早到公元前 2900 年。[⑥]中王国以后，埃及利用青铜制作雕像日益广泛，在卡纳克遗址（Site of Karnak）曾发现大量青铜雕像残片。古代爱琴文明中也有大量雕像，不过它最引人注目的还不是青铜雕像，而是用纯金制成的覆盖在死去的国王脸上的面罩。[⑦]至于印度河文明，虽然出土青铜雕像不多，但在最早进入青铜时代的哈拉巴文化摩亨佐·达罗城地（Citysite of Mohenjo-daro，公元前 2500 年—前 2000 或前 1750 年）出土的一件青铜舞女雕像，却展示出高超精湛的青铜工艺水平。

从这些青铜雕像年代先后和艺术特点来看，埃及和迈锡尼文明显然受到西亚的影响，这与它们分别受到西亚冶金术的影响从而产生人工金属器一致；印度河文明无论在冶金术还是艺术上都与西亚文化的传播息息相关。[⑧]因此，青铜雕像的制作毫无疑问也具有传播学的意义。从近东到印度河流域这一年代发展顺序，也许能够告诉我们这种青铜雕像的传播年代和方向。从这个大背景分析，中国西南川西平原大型青铜雕像群的文化内涵，由于

① 尼·伊·阿拉姆：《中东艺术史》，上海：上海人民美术出版社，1985 年。
② R.Willis, Western Civilization; An Urban Perspective, 1981, vol.1, p.18.
③ R.Willis, Western Civilization, 1981, Vol.1, P16.
④ 尼·伊·阿拉姆：《中东艺术史》。
⑤ Quibell, Iiierakonpulis, Ⅱ, pl.1: Musso, Duwn of Moditerranean Civiliz ation, p.56. I1.R. IIall. The Ancient History of the Near East, 1947.P.136.
⑥ G.Mokh Tar od, General History of Africa, vol.Ⅱ, 1981, p.158.
⑦ 兹拉特科夫斯卡雅：《欧洲文化的起源》，北京：生活·读书·新知三联书店，1984 年，第 121 页。
⑧ 雷·Ⅱ·肯拜尔：《世界雕塑史》，杭州：浙江美术学院出版社，1989 年。

它同世界古文明青铜雕像文化因素的发展方向相符，风格一致，功能相同，并且在年代序列中也恰恰居于南亚之后，因此就有从近东中经南亚地区传播而来的可能。

从形制分析，三星堆青铜雕像群中除了那些人为熟知的西南夷形象外，还有一种高鼻深目人的形象。它们所代表的族类，显然既非川西平原和西南地区的土著居民，亦非古代中原民族。此类形象的面部特征是：阔眉，大眼，颧骨低平，高鼻，大嘴，嘴角下勾，下颌蓄短须，直达耳后（图八）。这种头像在 1 号坑（K1：11，数量不详）和 2 号坑（A 型 36 件，B 型 1 件）均有出土。2 号坑所出大型青铜立人雕像，从其面部特征观察，亦属此类。它们与同出的各型西南夷形象以及河南安阳西北岗所出铜人面像、平谷刘家河商墓所出铜人面形饰和新近发现的北京琉璃河 1193 号西周墓所出铜人面饰①（图九）等形象均有显著差异。将其与成都指挥街周代遗址所出人头骨鉴定结果比较，成都指挥街发现的普遍为长颅型，上面低矮，鼻型扁宽，齿槽突颌较明显，与华南地区古代居民的体质形态接近②，均非校型挺直的鼻梁和高鼻尖，与三星堆所出的上述雕像面型不同。其族属究竟如何，尚待进一步研究。

根据冯汉骥先生关于利用考古发掘所得人物图像来探索其族属，准确性不下于文字的研究心得③，以及 C. A 迪奥普教授（Pro.Cheikh Amta Diop）从雕刻人物图像研究古代埃及人种肤色的方法④，我们以上关于三星堆某些雕像人物族属的比较分析和推论，在方法上应当说是可以成立的，若能从人类学上进一步证明此类，那么就有更充分的理由可以相信，川西平原青铜器雕像的文化来源，与古代近东有着千丝万缕的联系。

从艺术风格上看，三星堆人物雕像群中，每一类型的面部结构几乎雷同，神态庄严肃穆，缺乏动感和变化，尤其是阔眉入鬓，眼睛大睁，在面孔上给予突出表现等特点，与西亚雕像艺术十分接近。⑤眼睛的艺术处理，多在脸孔平面上铸成较浅的浮雕，无眼球，而以突起的双眉和下眼眶来表示其深目。

① 中国社会科学院考古研究所、北京市文物研究所琉璃河考古队：《北京琉璃河 1193 号大墓发掘简报》，《考古》1990 年第 1 期，图九：2，图版三：10。
② 四川大学博物馆、成都市博物馆：《成都指挥街周代遗址发掘报告》，《南方民族考古》1977 年第 1 期。
③ 冯汉骥：《云南晋宁石寨山出土文物的族属问题试探》，《考古》1961 年第 9 期。
④ G.Mokh Tar od, General History of Africa, vol. Ⅱ, 1981, p. 74-75.
⑤ 尼·伊·阿拉姆：《中东艺术史》。

只有少量雕像有眼球，2 号坑出土的 A 型人面像的眼球则突出眼眶 16.5 厘米。这些对于人物雕像的现实主义和对神祇雕像的夸张表现手法，与西亚和埃及早、中期的艺术特点均有相似之处。三星堆出土的多数青铜容器表面曾经涂朱，出土头像和人面像中，有的在眼眶、眉间和嘴唇涂以蓝黑色或朱色，蓝黑色主要涂在眉部和眼眶，朱色主要涂在口唇。这一现象也与近东的艺术风格相似。

图八　蜀文化青铜人头雕像

图九　琉璃河 1193 号西周大墓出土的铜人面饰

从其他文化要素分析，三星堆 2 号坑出土 3 棵高达 3 公尺以上的青铜神树，树上有许多枝叶、花卉、果实、飞禽走兽和人首鸟身异人等挂饰。在安那托利亚出土的公元前 2200 年的神树上，也有各种人物和动物像。在西亚乌尔王陵出土的殉葬品中，有一黄金制成的神树，上有带翅的山羊。[①]埃及古王国的浮雕上，也刻有此类满是奇珍异果、飞禽走兽的大树。[②]爱琴文明克里特人则以神圣的树、树枝和鸟作为女神的标志，在克诺索斯壁画上对此就有真实的描绘。[③]饶有兴味的是，在连接近东与中国西南的中间环节印度，其深受西亚美术影响的纪念性雕塑中，也有不少反映神树的作品，其中最典型的例子就是药师女与神树的结合。[④]神树这一文化形式从近东到南亚再到川西平原的连续分布现象，与其出现年代的早晚序列基本一致，确是耐人寻味的，而这些神树的形式，尤其其上布满果实和飞禽走兽，又与商文化中的"桑林"决然不同。

至于三星堆所出眼鼻镂空的黄金面罩，也与近东文明不乏共同之处。迈锡尼王陵多见黄金面罩，覆盖在死者面部。这批黄金面罩在艺术特点上均非克里特固有的文化形式，是受埃及的影响而采用的。[⑤]埃及的黄金面罩，最有价值的是图坦哈蒙王陵内发现的纯金打制而成的葬殓面具。西亚乌鲁克（Uruk）文化时期娜娜女神庙中出土的大理石头像，据说原先曾复以金箔或铜箔。叙利亚毕布勒神庙地面下发现的一尊青铜雕像，亦覆以金箔。[⑥]西亚艺术中的许多雕像都是饰以金箔的，如乌尔王陵出土的牛头竖琴，牛头即以金箔包卷而成[⑦]，出土的另外两尊公牛雕像亦以 0.5~2 毫米的金箔包卷。[⑧]

在功能体系上，无论西亚、埃及还是爱琴文明中的青铜雕像群，由于大多数出土于神庙和王陵内，因此普遍属于礼器，起着祭祀和纪念的作用。三星堆雕像群出于祭祀坑，故无一不是礼器，无一不具宗教礼仪功能，与近东雕像的意义完全相同，而与华北所出雕像所具的衣饰、挂饰等装饰功能相去甚远。由此可见，川西平原青铜雕像与近东诸文化形式间确实存在某种内在联系，这种联系当非偶然，应是文化交流所致。

① C. L. Woulley, The Regal Cemetery, 1934.
② R. Willis, Western Civilization, Vol.1, 1982.p.42.
③ 兹拉特夫科斯卡雅：《欧洲文化的起源》，1984 年，第 108 页，图 28。
④ 查尔斯·法布里：《印度雕刻》，王镛等译，北京：文化艺术出版社，1987 年。
⑤ 雷 D·II·肯拜尔：《世界雕塑史》，第 23、24 页。
⑥ 尼·伊·阿拉姆：《中东艺术史》。
⑦ R. Willis, Western Civilization, vol.1, p19.
⑧ R. F. Tyiccote, A History of Metallurgy, 1976.

另一必须引起重视的是，三星堆 2 号坑所出大型青铜立人的左右手腕各戴三圈手镯，两小腿近足踝处各戴一圈方格形脚镯，同出的一块石边璋图案上，也刻有 2 至 3 人足戴脚镯。这种手足皆饰镯的风格在本地找不到先例，而在非洲青铜文化特别是南亚从古至今的文化中，手足戴镯是普遍的传统习俗，在其早期雕像艺术和绘画作品中有着明确反映。以此再联系三星堆祭祀坑内出土的数十支象牙可能来源于南亚，所出齿贝完全是印度洋的产品，而大量"铜瑗"其实是各种海生动物的形象[①]，以及不见于商文化而普遍见于近东文化的由 5 根轮辐组成的车轮形器等因素来看，三星堆青铜雕像文化因素渊源于近东，辗转经南亚传播而入，是并非没有可能的。

上述所有文化因素，如果仅就个别的复合而言，完全可以说是巧合，但这里已绝非个别文化因素的复合，而已经构成了文化集结的复合，这就很难再用偶然的巧合来解释了。文化人类学界曾经认为，由多种文化因素的并存关系所构成的文化集结（文化丛）的复合，如果是分布在连续性空间，那么就可以确定其间所具有的某种文化谱系的关系。如果分布地域被切断或隔开很远，则某些文化因素的发源地和现在分布地之间就必然会有传播痕迹。[②]事实上，从冶金术由西亚向埃及、东南欧、南亚传播这一确信无疑的史事中，我们已经清楚地看到了某些文化因素能够穿越浩瀚的连续或不连续空间的情况。冶铁术的起源和传播[③]也是一个有相当代表性的文化传播范例，两轮马车的情形也是如此，佛教、伊斯兰教、基督教等宗教文化亦然。此外还有大量据可以对此给予坚强证明。因此，文化传播是一种世界性现象。同样，青铜雕像这种文化因素也并非不能穿越浩瀚的空间进行交流和传播。何况我们已经指出，它并不仅仅是单一文化因素的巧合，而是文化集结的复合。因此，在没有任何有力的证据表明它们发生在川西平原本土或相邻地区的情形下，我们也就没有理由否认三星堆青铜雕像群的文化源头可能出自近东西亚的可能。

为了进一步阐明川西平原青铜文化的世界性，还有必要进行一些相关因素的分析。这里仅对三星堆 1 号祭祀坑出土的一件金杖进行源流分析。

这件金杖是用纯金皮包卷木杖而制成，出土时，金皮内侧仍存碳化木痕。

---

① 此承三星堆祭祀坑发掘主持人，四川省文物考古研究所陈德安同志见示，我亦亲眼观察，甚信。

② 绫部恒雄编：《文化人类学的十五种理论》，庄锡昌等：《文化人类学的理论构架》，许金生译，杭州：浙江人民出版社，1988 年，第 21、22 页。

③ R. F. Tyiccote, A History of Metallurgy, 1976.

全长 142 厘米，直径 2.3 厘米①，重 500 克。②在距杖头约 20 厘米处，发现一穿孔的铜龙头饰件，发掘者据此认为它原是一柄金皮木芯铜龙头杖。

川西平原考古证明，这柄金杖不仅年代最早，而且是首次发现，在川西平原还找不到它发展演变的何痕迹。这表明它不是川西平原文化的固有产物。进一步扩大视野看，还可以说它同样不是华北商文化以至夏文化的产物。

根据古代文献记载，夏、商、周三代政治和经济权力的最高象征物是所谓"九鼎"。用九鼎标志国家政权，在三代已形成一脉相承的文化传统。反映在考古学文化上，商周确有形制众多的铜鼎，并已形成鼎、簋相配的用鼎制度。③郑德坤先生称它们"是王朝正统性的象征，它们表示着实际的政治权力"。④

可是，在关于商代川西平原的所有文献材料中，丝毫也见不到用鼎的记载。相反，考古学资料却说明，商代川西平原文化的陶器，是以小平底罐、尖底罐、高柄豆、鸟头柄勺等为基本组合，明显地区别于以鼎、鬲、甗等三足器为基本特征的华北商文化。在三星堆出土器物中，虽可见到一些中原文化因素，但绝无鼎出土。这充分表明，无论在蜀人的观念还是实际社会政治生活中，都没有鼎的地位，更谈不上将其视作权力与财富的象征。

纵观三星堆出土器物，能够全面代表王权（政治权力）、神权（宗教权力）、自然资源和社会财富（经济权力）的，是金杖。金杖杖首为青铜龙头，有特殊的意义。龙是古代中国自新石器时代以来神话的主体内容之一。在红山文化就已是权力的标志⑤，在中原很早就成为传递天地人神之间信息的神圣使者。⑥青铜龙头杖首应是蜀巫用以沟通天地人神的工具。三星堆 2 号坑所出作为蜀王和蜀巫相结合形象的大型青铜立人，衣饰的主体部分是龙纹，也很能说明问题。《淮南子·坠形篇》记载："建木在都广，众帝所自上下。"《山海经·海内经》称都广为"都广之野"。郭璞注为"在广都之野"，《史记·周本纪》集解、张衡《思玄赋》等均引为"广都"，可知都广实为广都的倒文。⑦广都，汉武帝元朔二年置，唐、宋以后改双流县，今为成都市双流区，距广汉

---

① 四川省文物管理委员会等：《广汉三星堆二号祭祀坑发掘简报》，《文物》1989 年第 5 期。
② 陈德安：《三星堆遗址》，《四川文物》1991 年第 1 期。
③ 俞伟超、高明：《周代用鼎制度研究》，《北京大学学报》1978 年第 1、2 期，1979 年第 1 期。
④ 郑德坤：《中国青铜器的起源》，原载《香港中文大学中国文化研究所学报》第 16 卷，1985 年。此据《文博》1987 年第 2 期，白先勇译。
⑤ 孙守道、郭大顺：《论辽河流域的原始文明与龙的起源》，《文物》1984 年第 6 期。
⑥ 张光直：《美术、神话与祭祀》，郭净译，沈阳：辽宁教育出版社，1988 年，第 51 页。
⑦ 参阅蒙文通：《略论〈山海经〉的写作时代及其产生地域》，《中华文史论丛》1962 年第 1 期。

极近。既然广都是"众帝所自上下"之处，而青铜龙头金杖出自广汉的大型礼仪中心，同时又有 3 株青铜神树——建木——为众帝登天之梯，那么龙头杖首被赋予的神圣意义也就明白无疑了。

金杖杖身所刻三组相同的人首、鸟、鱼平雕图案，也有重要意义，与龙头杖首紧密扣合，是了解川西平原蜀人国家政权性质的一把钥匙。鱼能潜渊，鸟能登天，两者所具备的恰恰是龙的神化功能。至于何以用不同的形象来表现同一的功能，则在于龙的神话来自北方文化，鸟、鱼则是本地通神之物（蜀王鱼凫、杜宇当为鸟、鱼的人格化，或鸟、鱼是蜀王鱼凫、杜宇的神化），是不同文化的复合。而杖身图案人首戴冠双耳垂环，与 2 号坑所出青铜立人相似，当是蜀巫形象的刻画。足见杖身所说明的，正是由鸟、鱼充当蜀巫交通天地人神工具的事实。再联系到两坑所出全部器物均属礼器的性质，这一点就更加明白无误了。不仅如此，两坑同出的大型青铜器群、金器和大量玉石器，又都是极为宝贵的财富。对它们的独占，就是对自然资源的控制和对社会财富的垄断，其所有者非王莫属。因此它们无疑同时也是国家政权的象征。所以，金杖就不仅仅是巫师的神杖，也不仅仅是蜀王的王杖，而是神权、王权和经济特权合为一体的权杖。可以说，商代川西平原的蜀人，就是用金杖来表示神权、王权和经济特权三者合一的国家权力的。此三者的同时具备，也标志着蜀王占有最高统治地位。由此可见，川西平原的权杖与华北的九鼎在文化系统上是根本两样的。

华北用杖的记载始于周代。《礼记》《吕氏春秋》和《续汉书·礼仪志》中提到"几杖""王杖""王权"实为"玉杖"，由王朝授予大夫以上年届七十的致仕者，虽有尊荣，却毫无权力价值。杖首多为鸠形，亦称"鸠杖"。鸠杖的实物资料，迄今所见年代最早者为春秋晚期，主要分布在长江下游的吴越之地。[①]它的上源，大概与文明初期的玉钺有关。但究竟是如何演变的，还没有具体材料可以说明。不管怎样，无论长江下游还是华北，杖的出现都比川西平原晚得多，其间是否有关系，尚需进一步研究。

以上说明，权杖在川西平原的出现，一方面与川西平原的固有文化无关，另一方面也不是华北文化的产物。我们认为，从世界文明史上权杖的起源和传播进行分析，就有可能解决川西平原权杖的来源问题，同时阐明青铜雕像的文化来源，并再次揭示出川西平原青铜文化所包含的广泛的世界意义。

---

① 商志醇：《"鸠杖"新考》，《中国文物报》1991 年 2 月 10 日。

世界上出现的第一具杖，是西亚欧贝德文化第 4 期（Ubaid Ⅳ，约公元前四千年代前期）埃利都（Eridu）神庙地面下第 7-6 层的墓中所发现的一件男子泥雕像手中所握的杖。①杖式为短杖，无权首，约当雕像一肘之长。学术界认为，这具小杖显然是后世王杖或权标的起源。②西亚近东地区由这种小杖发展而来的权杖出土不少。在比尔谢巴发现了公元前 3300 年的砷青铜杖首，在恩格迪一个洞穴窖藏中出土砷青铜权杖首 240 枚，杖首 80 枚。③著名的汉穆拉比法典石碑上半部浮雕上的太阳神像，左手也握着一柄无杖首的短杖。

埃及在格尔塞文化（Gerzean Culture 约公元前 3500—3100 年）末期始出现圆盘形、梨头形等形式的权标头（macehead），早王朝初期埃及文字中的□形，便是权标的象形。④在埃及考古中，曾于举世闻名的希拉康坡里遗址（Site of Hierakonpolis）神庙地面下发现埋有大量古代文物的所谓"大宝藏"中，出土了数十件标志王权的权标头，其中最为著名并为埃及学家们引以为豪的，有美尼斯的蝎王权标头（Macehead of King "Scorpio"）、那尔迈权标头（Macehead of king Narmer）。希拉康坡里第 100 号墓（画墓）西墙的彩绘壁画上，最引人注目的是一位高举权标头的大人物。⑤这一时期埃及的权标，从那尔迈调色板（King Narmer's Palette）⑥和登王时期一块象牙图刻上看，均属短杖一类，与西亚一样，不过杖首是梨头形。这一时期，埃及文化受到西亚的明显影响，包括希拉康坡里第 100 号墓的壁画，相当多的衣冠服式都无可非议地来自西亚。同时，冶金术也是在此期间或其前不久从西亚穿越西奈半岛进入埃及的，埃及铸造业所需的大量铜料也仰给于西亚地区尤其是叙利亚的铜矿。因此，我们说埃及权标的文化因素源于西亚，是有根据的。这也是文化传播连续性的显著例证。

然而，在文化传播过程中会出现若干变异，以使传播而来的文化适应新的社会和文化环境。埃及权杖形制的变化就是如此，至少从第四王朝第三位法老凯夫伦（Chefren）开始，法老手握的权杖不再只是短小而带梨头形杖首

① Strommenger, 500Years of the Art of Mcsupotamia, 1964，p.12.
②《世界上古史纲》编写组：《世界上古史纲》上册，北京：人民出版社，1979 年，第 121 页。
③ R. F. Tyiccote, A History of Metallurgy, 1976.
④ A. Gardiner, Egyption Grammar, 1957, p. 510.
⑤ 1. Frankfort, The Birth of Civilization in the Near East, 1954. H. R. Hall, The Ancient History of the Near East, 1947.
⑥ 1. Frankfort, The Birth of Civilization in the Near East, 1954. H. R. Hall, The Ancient History of the Near East, 1947.

的式样，多数成为细长无首的长杖。①第六王朝法老佩比一世宏大的青铜雕像手中所握的，就是这种身细长、高齐肩、无杖首的权杖。②在新王国第十八王朝法老图坦哈蒙（Tutankhamen）陵墓中，发现了众多不同形制的权杖。③王朝时代埃及法老的权杖，从形制上分类，有曲柄杖（长、短两种）、短杖（有杖首、无杖首两种）、长杖。从那一时期遗留下来的各种实物、雕塑品和绘画品中所表现的内容分析，最显赫的是那种高度齐肩的权杖。杖式演变的原因可能是复杂的，至少说来，长杖的出现可能意味着法老们由于环境和地位的变化而对政权象征物进行了适时的改进。因为王朝时代以前各种带权标头的短杖，除了标志统治权力的象征意义外，也是作为打击敌人的实用武器。那尔迈调色板和登王象牙图刻上，都明确表现了那尔迈和登王高举权标狠狠打击敌人的场面。很有可能，进入王朝时代以后不久，法老们无须再像他们的先辈那样亲临前线，血战沙场，或者由于政权的巩固，权威的确立，从而对权杖加以改制。杖式从短变长并取消了权标头，其含义正是最高统治者对战场的脱离，并意味着统治权力的提高。而后来的短杖以及其他形式的杖，都不过是为适应不同的仪式和宴会而设计的。

至于古代爱琴文明中，以及希腊、罗马文明中贵族手握权杖的情形，已为人们所熟知，大概也与近东文明通过小亚细亚，安托里亚跨海传播有关。这里就不再多作论述。

早期权杖的形制演变表明，它是从普通的实用器物发展而来的。有的认为起源于农具，有的认为起源于武器，也有的认为起源于男性生殖器。不管怎样，形制简单的杖之所以能够成为至高无上的权力标志，应与文明初期军事首长权力的极大提高有关，使它最终发展成为王权杖。由于早期国家几乎毫无例外地都是宗教神权国家④，因而权杖也就同时被赋予了宗教的神圣性质。于是，权杖也就成为国家政权的最高表现形式。

以上说明，用权杖这种本来并不尊崇的器物去象征特殊的政治、军事、经济、宗教等权力以及对于财富的独占权力，原是西亚的一种地方性文化传统。随着西亚文明之风的四向吹拂，主要是冶金术向埃及和欧洲大陆的传播，这种用杖标志权力的风气也被带至世界其他一些文明地区。古代埃及、爱琴

① 1. Frankfort, The Birth of Civilization in the Near East, H. R. Hall, The Ancient History of the Near East, 1947.
② 1. K-Zerbo od, General History of Africa, Vol.1, 1981, p.729, pl.28.3.
③ A. T. White, Lost Worlds, 1956.
④ V. G. Childe, Man Makes Himself, 1936. Leslie white, The Evolution of Civilization: The Process of Cultural Evolution, 1975.

文明和希腊、罗马文明无不深受此风影响。后来的历史还证明，世界上许多地区、许多国度，都先后用杖代表至高无上的统治权。可见其影响多么深刻，多么广泛，足足影响了全世界许多地区和国家包括奴隶制到封建制在内的若干历史时代，至今在一些地方仍盛行不衰。

据上所论，从权杖起源和传播的文化轨迹来看，川西平原权杖极有可能是从近东地区经过南亚辗转传播而来的。其途径有可能是沿后来所称的"南方丝绸之路"，亦即历史上的"滇缅道"①，经由四川、云南、缅甸、巴基斯坦、印度经过中亚地区，进而与西亚地区相联系的。由于传播路线长，空间跨度大，因而文化因素的变异也相对较大一些。三星堆金杖细长而有青铜龙头杖首，与西亚、埃及权杖均有一些相异之处，正表明了它的文化变异性。因此可以说，川西平原金杖所反映的文化因素是多方面的，杖式反映了近东文化因素，杖首反映的却是由中国东北而华北而川西平原的中国文化因素。可见，三星堆文化的内涵绝非单一的，而有着多元文化来源的性质。称其为一种来源广泛的复合型文明，似乎是应有的结论。

综上所论，我们无论从川西平原青铜雕像文化本身，还是从与之密切相关的权杖出发，着眼于同包括华北商文明在内的世界各主要古文明中心进行文化因素以至文化集结源流的比较研究，都证明了川西平原青铜文化中的某些风格来源于近东文明的设想②，它可以说是多元、多方位文化移入并加以整合的结果。另一方面，有必要强调指出的是，川西平原青铜文化虽然包含了古代近东文化的某些因素，但其主体部分却毫无疑问是它自身的传统文化，并且有不少华北商文化因素，亦有与北方草原文化相似的一些因素。因此总括而论，商代川西平原青铜文化，是在其自身文明诸要素不断产生的基础上，吸收了较多的华北文化因素，同时兼收并容了某些近东文化的因素，从而最终形成的高度发展的古代文明。川西平原之所以会在商代产生如此辉煌的文明成就，也正是因为它本身拥有冶金术、城市③、文字④、大型礼仪中心、国家，以及远程贸易能力等物质的、技术的、社会政治组织的和观念形态等方面坚实而雄厚的基础，通过与华北和世界其他文明地区长期而持续的接触和交流，并将其有利自身发展的方面加以吸收、消化以至改进、发展的结果。

论商代长江上游川西平原青铜文化与华北和世界古文明的关系

---

① 藤泽毅美：《古代东南亚的文化交流——以滇缅路为中心》，《南亚与东南亚资料》第 5 辑，1984 年。

② 本文所指近东，按习惯包括西亚、埃及以及爱琴海诸岛，参见 H. R. Hall, The Ancient History of the Near East.

③ 方宜：《古中国城市比较说》，《社会科学报》1990 年 1 月 25 日。

④ 段渝：《巴蜀古文字的两系及其起源》，《成都文物》1991 年第 3 期。

它体现了一个善于开放、容纳、改造和多元、多方位地对待世界文化的文明民族由此进步的光辉道路。在这个意义上，我们不能不说，川西平原青铜文化是一个富于世界性特征的青铜文明。

四、结语

在本文行将结束之际，作者认为非常有必要指出，正如摩尔根（L.H.Morgan）在其名著《古代社会》中说过的一段享有盛誉的名言那样："人类出于同源，因此具有同一的智力原理，同一的物质形式，所以，在相同文化状况中的人类经验的成果，在一切时代与地域中都是基本相同的。人类的智力原理，虽然由于能力有不同而有细微的差别，但对理想标准的追求则始终是一致的。因此，它的活动在人类进步的一切阶段都是同一的。人类智力原理的一致性，实在是说明人类同源的最好的证据。我们在蒙昧人、野蛮人和文明人身上所看到的是一种共同的智力原理，正因如此，人类才能够在类似的条件下创造出相同的工具和器具，由相同的原始思想萌芽中发展出类似的制度。"①由于人类同一的智力原理，世界各文明区的各文明要素，主要地是在本区内历史地产生出来的，这完全正确。然而，人类同一的智力原理虽然证明了相似条件下创造出相似的工具和器具，却并没有证明在同一条件下所有工具和器具的形态完全相同。事实上，为一切人类学家、历史学家和考古学家所熟知的是，人类工具和器具尽管在宏观上趋于相似，如石器、陶器、青铜器、铁器等，但这仅仅是就器种、技术和功能体系的总体概念而言的。而各种工具和器具在各个不同的文化区域甚至在同一个文化区域内都可以有形制等方面的重要区别，每一技术在各个不同的文化区域甚至同一个文化区域内也都可以有工艺上的显著差异。正因如此，人类学家和考古学家才能根据不同的器物外貌和制作工艺区分其文化内涵，划分文化系统。也正因如此，才可能产生范围极为广泛的文化传播，以及多边的、互动的文化交流和移入，否则，文化交流就会成为不必要。何况，如果我们承认世界各地区的文化发展自古以来处于不平衡状态，以致有必要从历史分期的角度对它们进行考察和比较研究，那么同一时期内进步与进步、进步与落后、落后与落后等诸种文化之间的传播和交流（自然也少不了排斥），就不仅是可能的，而且是不可

---

① 亨利·摩尔根：《古代社会》下册，杨东莼等译，北京：商务印书馆，1977 年，第 556-557 页。

避免的。毫无疑问，这同样也是人类同一的智力原理所起的作用。

由此可见，我们对古代川西平原青铜文化富于世界性色彩的分析论述，与历史上曾经显赫一时的所谓"文明起源一元传播论"和"中国文化西来说"，在本质上是根本不同的。但是应当指出，包括川西平原在内的中国古代各区域文明，对于中国以外的各种文化因素并非采取一律拒之于门外的态度，而是有选择地加以吸收。古代川西平原蜀人吸收了世界文明的优秀成果，把它融入自身的土著文明之中，从而光大了古代长江上游的文明，使得它在那一时代大放异彩，这又有什么不好呢？它仅仅说明蜀人从很早的古代起，就是一个善于吸收各种进步文化并使之为自己服务的开放的民族，一个具有世界眼光的民族。也仅仅说明古代川西平原蜀人根本不知封闭为何物，根本不知"盆地意识"为何物。恰恰相反，它是一个勇于接受世界文化浪潮冲击的民族。后来所谓落后的"内陆文化"与先进的"海洋文化"的上下之分，所谓落后"农耕民族"与先进的"游牧民族"的高低之别，在这里丝毫也见不到。那种以中国大陆为内陆文化，而农耕民族必然封闭、落后之说，在古代川西平原那里根本站不住脚。因此，本文的必然结论是：只有那些具有宽阔的胸怀，包容的气度，善于文化开放从而不断更新其社会适应机制的民族，才能在世界走向一体化的必然历史进程中，充满生机，走向强大和幸福。

| 28 |

中国西南早期对外交通

——先秦两汉的南方丝绸之路

在古代中国的早期对外交通系统里，西南地区是一个不容忽视的区域，这在《史记·西南夷列传》《大宛列传》和《汉书》《后汉书》《西南夷传》以及《魏略·西戎传》等文献中，有着比较详细的记述。近世以来，中外学者对中国西南早期的对外交通问题颇有兴趣，不少名家曾对此进行过专门研究。梁启超在 20 世纪 20 年代发表《中国印度之交通》一文，论述中印之间有六条交通线，其中第六条是滇缅路。夏光南于 1940 年出版《中印缅道交通史》，对早期中印缅交通多有考证。方国瑜在 1941 年发表的《云南与印度缅甸之古代交通》中认为，"中印文化之最初交通，当由滇蜀道"[1]。张星烺、冯承钧、丁山、岑仲勉、季羡林、饶宗颐、桑秀云、严耕望、杨宪益、陈炎等先生均对中印缅古代交通进行过研究。国外学者对古代中印缅交通问题向来十分关注，法国汉学家伯希和（P.Pelliot）的《交广印度两道考》可谓这一领域的名作。[2]美国东方学者劳费尔（B.Laufer），法国汉学家亨利·玉尔（Henry Yule）、沙畹（Chavannes）[3]，日本学者藤田丰八等，先后对此有过专门研究。英国学者哈维的《缅甸史》、缅甸学者波巴信的《缅甸史》，亦对中印缅早期交通进行过阐述，英国学者霍尔的《东南亚史》对此也有涉及。[4]但"诸家所引证

---

① 参见梁启超：《佛学研究十八篇》，北京：中华书局，1989 年，第 132、133 页；夏光南：《中印缅道交通史》，北京：中华书局，1940 年；方国瑜：《云南与印度缅甸之古代交通》，《西南边疆》（昆明版）1941 年第 12 期。

② 伯希和：《交广印度两道考》，冯承钧译，北京：中华书局，1955 年。

③ 国外学者的有关论文，多收入冯承钧编译：《西域南海史地考证译丛》，北京：商务印书馆，1962 年。

④ 参见藤田丰八：《中国南海古代交通丛考》，何健民译，北京：商务印书馆，1936 年；G.E.哈维：《缅甸史》，北京：商务印书馆，1957 年；波巴信：《缅甸史》，陈炎译，北京：商务印书馆，1965 年；D. G.E. 霍尔：《东南亚史》上册，中山大学东南亚历史研究所译，北京：商务印书馆，1982 年。

的资料未必尽确，且有任意比附之嫌"①，许多结论未获学术界认同。

20世纪80年代以来，学术界提出古代从成都出发经云南至缅甸、印度和中亚、西亚的交通线，亦即"南方丝绸之路"的概念和课题，引起中外学术界的高度关注和浓厚兴趣。但学者多从《史记》等文献出发进行探讨，缺乏对中国西南古文化和古蜀文明的系统分析，尤其缺乏对中外古文献与考古资料的综合研究，所以在南方丝绸之路的开通时代及其作用等问题上存在歧见，不少学者仍然坚持南方丝绸之路开通于汉武帝时期的看法，而主张开通于先秦时期的学者或认为始于战国，或认为始于商周。由于中国西南的早期对外交通以古蜀为重心，因而对这个问题的研究，必须从对中外古文献与西南考古尤其是古蜀文明相结合的角度出发，才有可能获得新的认识，推进南方丝绸之路的进一步深入研究。

一、古希腊罗马文献所载中国西南的早期对外交通

（一）关于赛里斯（Seres）的再研究

根据古代希腊罗马文献的记载，在东方极远的地方，有一地域叫Seres。大多数西方文献以Seres为中国的代称。中文一般根据其读音译为赛里斯，也有一些论著直接译为中国。

但是，Seres的内涵究竟是指什么？或它究竟是指中国的哪一地域？对于这些问题，国内外学术界向来存在争议，诸家说法不一。

不少学者认同亨利·玉尔所提出的对Seres的解释。玉尔认为：Seres、Serica，出于希腊罗马称中国缯绢的Sericon、Sericum，又由阿尔泰语讹传。中国的丝绢，早为西方欧洲社会所喜爱，自古经索格德拉（Sogodiana）、安息（Parthia）商人输往西方，为希腊罗马女士所珍爱，以至因缯绢而称呼其产地。Sin、Sinai系统的字，胚胎于秦始皇统一六国后的秦帝国名称，后百余年随汉武帝远征匈奴而传至边远之地。他认为，Seres名称的起源，仅能上溯到公元前221年，但缯绢贸易的存在则可上溯到远古。②另有一些学者认为Sin为蚕

---

① 方国瑜：《中国西南历史地理考释》，北京：中华书局，1987年，第6-7页。
② Henry Yule, Cathay and the Way Thither. Vol.1: Preliminary Essayonthe Intercourse between China and the Western Nations Previousto the Discoveryo he Cape Route (NewEditionbyH. Cordier), London, 1915. 参见莫东寅：《汉学发达史》，上海：上海书店，1989年，根据北平文化出版社1949年1月版影印，第7页。

之译音。①虽然，蚕字上古音为侵部从纽，读若 Cin，与 Cina 读音相近。但是，Sin 系统的字既然源出阿尔泰语，起源较晚，那么它与起源较早的梵语 Cina 系统就不具有同等的关系，应当是来源于梵语，其间关系恰好与中国丝绸从古蜀经印度西传的途径相一致。玉尔以为 Seres 名称为陆路西传，Cina 名称为海路西传，其实并没有坚实可信的证据。伯希和坚持认为 Seres、Sin 均出 Cina②，劳费尔亦赞同这一看法。③应当说在这一点上，伯希和与劳费尔的看法是正确的。

至于赛里斯究竟是指整个中国，还是指古代中国的某个地域，这个问题在国内外学术界同样存在不同意见。一些学者认为赛里斯是指中国西北地区，而杨宪益先生则认为赛里斯是蜀的译音，主要证据有两个：一是根据脱烈美《地志》所记载道里的方向和距离；二是认为"蜀国的蜀本为织丝的蚕的原字，此亦与 Seres 产丝的西方记载相符"。④

蜀，上古音为屋部禅纽，南方话无卷舌音，读为 Su，是古蜀人的自称，黄河流域中原地区的人们则根据古蜀人善养蚕的特征，把 Su 的读音音译写作蜀。蜀，在甲骨文里为桑虫的象形字，如《说文》所释。此义正符合自称为 Su 的族群之经济特征，所以中原地区的人们即以蜀字来写定 Su 这个族群的名称。在殷墟甲骨文中的蜀字，从目、从虫类躯体，而不从虫，以目和虫体两个字会以蜀字。但在周原甲骨文里，蜀字则从目、从虫类躯体、从虫，以目、虫体和虫三个字会以蜀字。有学者以为殷周对蜀字的两种写法，是分别表示两个不同的蜀族。其实，两种蜀字完全是一样的，它们都表示同一个自称为 Su 的族群，这就是四川盆地的蜀。殷墟甲骨文中从目、从虫类躯体的蜀字，应当是省形字，即是省去了所从的虫，而周原甲骨文的蜀字则是完全写法。可见，蜀字的下半部从虫或不从虫，其含义完全是一样的，毫无二致。不论是殷墟甲骨文还是周原甲骨文里的蜀字，都不与蚕字相同。蜀，即是《尔雅》释文所谓的"桑中蚕"，《诗经》毛传所谓的"桑虫"，即桑蚕，它是"蚕之类多"中的一种⑤，只有这种桑蚕才能演化为家蚕，而其他种类的蚕均不能

① 姚宝猷：《中国丝绢西传史》，北京：商务印书馆，1944 年，第 37、38 页。
② 伯希和：《支那名称之起源》，《西域南海史地考证译丛》第 1 编，冯承钧译，北京：商务印书馆，1962 年。
③ 劳费尔：《中国伊朗编》，林筠因译，北京：商务印书馆，1964 年，第 404 页。
④ 杨宪益：《释支那》，《译余偶拾》，济南：山东画报出版社，2006 年。
⑤ 郑樵：《通志略·昆虫草木略二》，上海：上海古籍出版社，1990 年影印本，第 803 页。

演化为家蚕。①可见，以蚕字来代替蜀字是不妥的。

其实，虽然从内涵来看，Seres 与 Su 有一定的相关性；但是从字音上分析，Seres 与 Su，二字的字根不同。问题的关键在于，阿尔泰语的 Seres 来源于梵语的 Cina，而梵语的 Cina 来源于丝绸的原产地地名成都②，读若 Sindu，而不是读若 Su。

赛里斯（Seres）和后来产生的秦尼（Thinai）名称，都是公元前后西方人对中国的称呼。赛里斯一名初见于公元前 4 世纪欧洲克尼德（Cnide）的克泰夏斯（Ctesias）关于远东有人居住地区珍异物的记载，秦尼一名初见于公元 1 世纪末亚历山大城某商人的《厄立特里亚航海记》，公元 530 年希腊教士科斯麻斯的《基督教世界风土记》，则称为 Tzinitza 及 Tzinista，实与拉丁文出自一源。③而据法国著名东方学家戈岱司（George Cades）的看法，西语里的秦尼扎（Tzinitza）或秦尼斯坦（Tzinista），"显然就是梵文 Cinathana（震旦）的一种希腊文译法"④。可见，不论是赛里斯还是秦尼，或是秦尼扎、秦尼斯坦，它们的语源都是支那（Cina），而支那就是成都的梵语译法。⑤

公元 1 世纪末亚历山大城某商人的《厄立特里亚航海记》，是分析希腊时代关于东方地理知识的一份十分重要的文献。⑥《厄立特里亚航海记》谈到，经过印度东海岸以后，向东行驶，到达位于恒河口以东的"金洲"后，再经过一些地区，到达赛里斯，一直到达一座名叫秦尼（Thinai）的内陆大城市的地方，该地通过两条不同的道路向印度出口生丝、丝线和丝绸。第一条道路经过大夏到达婆卢羯车（Barygaza，即今之布罗奇）大商业中心，另一条道路沿恒河到达南印度。赛里斯国与印度之间居住着称为贝萨特人（Besatai）的野蛮人，他们每年都要流窜到赛里斯国首都与印度之间，随身携带大量的芦

① 参见段渝：《政治结构与文化模式——巴蜀古代文明研究》，上海：学林出版社，1999 年，第 352-355 页。
② 参见段渝：《支那名称起源之再研究》，四川大学历史系编：《中国西南的古代交通与文化》，成都：四川大学出版社，1994 年。
③ 参见方豪：《中西交通史》上册，长沙：岳麓书社，1987 年影印本，第 66 页。
④ 戈岱司编：《希腊拉丁作家远东古文献辑录》，耿昇译，北京：中华书局，1987 年，"导论"，第 17-19 页。
⑤ 参见段渝：《支那名称起源之再研究》，《中国西南的古代交通与文化》。
⑥ 戈岱司编：《希腊拉丁作家远东古文献辑录》，"导论"，第 16-18 页，正文第 17-19 页。长期以来，《厄立特里亚航海记》被认为是公元 2 世纪前半叶希腊史家阿瑞安（Arrien）的作品，实则是公元 1 世纪末的作品。参见戈岱司为《希腊拉丁作家远东古文献辑录》所写的"导论"第 16 页。

苇，芦苇可用来制作香叶（肉桂），这种东西也向印度出口。据德国学者李希霍芬（F.von Richthofen）研究，贝萨特人的位置是介于阿萨姆和四川之间，《希腊拉丁作家远东古文献辑录》的编者戈岱司完全同意李希霍芬的看法。[①]这一研究结论意味着，中印之间的交通线是从四川经云南和缅甸到达东印度、北印度、西北印度和中亚的。

亨利·玉尔《古代中国闻见录》第 1 卷记载了 10 世纪时阿拉伯人麦哈黑尔东游写的《游记》，其中说到中国的都城名为新达比尔（Sindabil）。玉尔分析说："中国都城曰新达比尔（Sindabil），此名似阿拉伯人讹传之印度城名，如康达比尔（Kandabil）、山达伯尔（Sandabur）等。中国无如斯之城名也，其最近之音为成都府，《马可波罗游记》作新的府（Sindifu），乃四川省之首府，五代时，为蜀国之都城。"[②]这条材料十分重要。10 世纪时的中国，最初 7 年是唐末，多半时间属于五代十国时期，960 年以后是北宋，这些政权的首府和唐、宋都城名称的读音，除蜀之成都外，没有一座的发音接近 Sindabil 和 Sindifu，可见当时阿拉伯人是用 Sindabil 这个名称来指称中国都城的。从语音上分析，不论 Sindabil 还是 Sindifu 的词根，都与古希腊语 Sina、Seres 的词根完全一样，均为 sin，而 Seres、Sin 均源出古印度梵语 Cina，其他音节都是词尾，可见 Sindabil、Sindifu 的语源是从 Sina、Seres 演变而来的，而 Sina、Seres 又是从 Cina 演变而来的。这种演变关系的原因在于，由于最初经印度传播到阿拉伯人手中的丝绸是成都生产的丝绸，而成都是蜀之都城，所以都城生产的丝绸这一概念在阿拉伯人心目中留下了极为深刻的印象，以至到 10 世纪时还不但保留着成都（Sindabil）这一称呼，而且更用这个名称来指称阿拉伯人所认为的中国都城。玉尔说，阿拉伯人《麦哈黑尔游记》"谓中国都城曰新达比尔（Sindabil），此名似阿拉伯人讹传之印度城名"，恰好揭示出了丝绸产地成都（Sindabil）与丝绸中转地印度和丝绸到达地阿拉伯之间的历史和路线关系，这是很有意义的。如像此类因缺乏直接接触和交流而误解异国历史和现实情况的史例不少，正如有的中国古文献把 Sind（印度河）当作五天竺（五印度），而以条支指称阿拉伯，却不知那些地域由于不同历史时期的政权变化已引起多次版图变化和名称变化的情况一样。

---

① 戈岱司编：《希腊拉丁作家远东古文献辑录》，"导论"，第 30 页。

② 张星烺：《中西交通史料汇编》第 2 册，北京：中华书局，2003 年，第 781 页。参见莫东寅：《汉学发达史》，上海：上海书店，1989 年影印本，第 15 页。

印度学者谭中指出，欧洲人称中亚为 Serindia，这个词的 Ser 是 Seres 或 Serica 的缩写，意思是"丝国"，是古代欧洲人对中国的称呼，Serindia 的意思是"中印"。这与人们把东南亚半岛称为"印度支那"（Indochina）如出一辙。Serindia 和 Indochina 这两个概念，是指中印文明相互交流、相互激荡的大舞台。欧洲人到了 Serindia 和 Indochina（中亚和东南亚半岛），就有中亚文明相互交叉影响的感觉，所以这样取名。而印度人自己的"印度"名称，来源于 Sindhu 这个名称，Sind 是河流的名称，即是印度河，Sindhu 一地现在位于巴基斯坦①，是著名的印度河文明的发祥地。根据这个认识来看，Seres 这个名称，显然是与 Sindhu（Sindhu，在波斯人那里讹变为 Hindu，传入希腊后，希腊人又讹变为 Indus，此即 India 名称的由来）这个名称一道，从印度西传到中亚地区的，欧洲人早在公元前 4 世纪就已知道 Cina 这个名称，而且把梵语的 Cina 一词，按照欧洲人的语言，音转成了西语的 Seres。由此看来，Seres 名称和 Sindhu 名称同传中亚，应该是从今印度经由巴基斯坦西传的。张骞所说蜀人商贾在身毒进行贸易活动，身毒即是 Sindhu 的汉语音译，指印度西北部印度河流域地区。②可以知道，从中国西南到印度，再从印度经巴基斯坦至中亚阿富汗，由此再西去伊朗和西亚地中海，这条路线正是南方丝绸之路西线所途经的对外交通线。这与中国古文献《魏略·西戎传》所记载的蜀人商贾在"滇越"（今东印度阿萨姆）进行贸易活动、《史记·大宛列传》所记载的蜀人商贾在身毒（西北印度）进行贸易活动的路线是恰相一致的。

（二）关于赛里斯之长寿者的传说

在戈岱司所编辑的《希腊拉丁作家远东古文献辑录》中，著录了公元前 4 世纪欧洲克尼德（Cnide）的克泰夏斯（Ctesias）关于远东有人居住地区珍异物的记载："据传闻，赛里斯人和北印度人身材高大，甚至可以发现一些身高

① 谭中、耿引曾：《印度与中国——两大文明的交往和激荡》，北京：商务印书馆，2006 年，第 83、84、88 页。

② 本文所使用的印度这个概念，除特别指出外，多数情况下是指"地理印度"而不是"印度国家"。"地理印度"大致上相当于印度文明的地理范畴，包括今印度和巴基斯坦以及其他一些地区在内。中国古文献对印度的指称，有着多种译名，如：身毒、天竺、贤豆、欣都思、捐毒，等等，而不同时期的译名所指称的地域范围有所差异，例如迦腻色迦创建的贵霜王朝在中国古文献里并不称身毒，而是初称大月氏，后称罽宾。参见谭中、耿引曾：《印度与中国——两大文明的交往和激荡》，第 80-81 页。

达十三肘尺（Coudee，法国古代长度单位，指从肘部到中指长，约等于半米——译者注）的人。他们可以寿逾二百岁。"①莫东寅《汉学发达史》的引述与此稍异："希罗多德（Herodotos）之后，记述东方之希腊人，有克泰夏斯（Ktesias），据云为欧洲人士最先记述中国者。克氏之作，约在纪元前四百年（周安王时），谓赛里斯（Seres）人及北印度人身体高大，达十三骨尺（Cubits，每骨尺，由肘至中指之末端），寿命达二百岁。"②希腊地理学家斯特拉波（Strabon，约公元前58年—公元21年之间）《地理书》XV，Ⅰ，34记载："然而，有人声称赛里斯人比能活一百三十岁的穆西加尼人还要长寿。"《地理书》XV，Ⅰ，37还记载说："人称赛里斯人可长寿，甚至超过二百岁。"③克泰夏斯和斯特拉波的说法虽然不免荒诞，不过仔细考察分析，却有着几分中国古史传说的真实素地。

在中国先秦秦汉史中，长期流传着关于长寿的传说，流传最广泛的要数有关彭祖长寿的传说。相传彭祖为殷守藏史、周柱下史，寿八百余岁④，较早的记载盖为孔子所说"窃比于我老彭"⑤，老彭即彭祖。屈原也说："彭铿斟雉帝何飨，受寿永多，夫何久长？"⑥汉晋间人对此亦颇多习知。⑦先秦秦汉的史籍上有两个有关彭祖的记录，历史上曾把两个不同的彭祖混为一谈，以为是同一人，其实不然。考之史籍，不难知道这两个彭祖及其所在，其中一个是为孔子所提到的彭祖，以长寿闻名；而另一个彭祖，则不仅长寿，而且还以长于仙术闻名于世。关于彭祖仙术之迹，《庄子·刻意》记载："吹呴呼吸，吐故纳新，熊经鸟申，为寿而已矣。此道引之士，养形之人，彭祖寿考者之所好也。"⑧从《庄子》所述来看，彭祖长寿之术应属当时所谓的"方仙道"⑨，与蜀人王乔的仙术，均以行气吐纳为特点，属于同一仙道派别。

---

① 戈岱司编：《希腊拉丁作家远东古文献辑录》，第1页。

② 莫东寅：《汉学发达史》，第2页。

③ 戈岱司编：《希腊拉丁作家远东古文献辑录》，第6页。

④ 《世本》雷学淇辑本，见《世本八种》，北京：北京图书馆出版社，2008年影印本，第712页；并见刘向《列仙传》卷上。

⑤ 《论语·述而》，北京：中华书局，1980年影印本，第2481页。

⑥ 《楚辞·天问》，洪兴祖：《楚辞补注》，北京：中华书局，1983年，第116页。

⑦ 如刘向《列仙传》，应劭《风俗通》（逸文），常璩《华阳国志》，干宝《搜神记》，葛洪《神仙传》《抱朴子》等，均极而言之。

⑧ 王先谦：《庄子集解》卷4《刻意》，北京：中华书局，1987年，第132页。

⑨ 方仙道之称，始见于《史记·封禅书》，但"依于鬼神之事"的方仙道，自不始于汉初，先秦即有之。屈原《远游》即称王乔之术为"道"，则方仙道至少在战国时即已有所流传。

据《国语·郑语》《史记·楚世家》，彭祖为祝融陆终氏之子，又称"大彭"，"自尧时举用，历夏殷，封于大彭"。①《汉书·地理志》以为"彭城，古彭祖国"，其地在今江苏省徐州市。但蜀中也有彭祖遗迹，《华阳国志·蜀志》于犍为郡武阳县（今四川彭山）下记载"郡治，有王乔、彭祖祠"，又载："王桥（乔）升其北山，彭祖家其彭蒙。"彭蒙之蒙，与望音近相通，《续汉书·郡国志五》犍为郡武阳县下载有"彭望山"，刘昭注引《南中志》云"县南二十里彭望山"，又引李膺《益州记》曰："县……下有彭祖家，上有彭祖祠。"《元和郡县图志》卷 32 亦载："彭亡城亦曰平无城，彭祖家于此而死，故曰彭亡。"②蜀地这个彭祖渊源有自，应与《尚书·牧誓》所载西土八国"庸、蜀、羌、髳、微、卢、彭、濮人"中的彭人有关，不必勉强去同陆终氏之后的大彭相比附。从三国时张鲁之子叫彭祖的情况看③，西蜀有为子取名彭祖之习。再从仙人彭祖行迹看，他以"吹呴呼吸，吐故纳新"为特征，恰与其同乡仙人王乔相同④，所以《庄子》所说的仙人彭祖，实为西蜀犍为郡武阳县的彭祖，而非东方彭城的彭祖。此彭祖与王乔并为一派，蒙文通先生考证其为南方之仙道，与燕、齐有殊，而吴、越的行气一派也是源于西蜀王乔、彭祖的。⑤至于《华阳国志·序志》所说"彭祖本生蜀，为殷太史"，则混淆了东方的彭祖和西方的彭祖，而两个彭祖又是各有渊源的，正如三个王乔各不相同一样。⑥

克泰夏斯与斯特拉波把长寿者和赛里斯联系在一起加以讲述，这显然是对于人物和人物所在地的描述。正如我们以上的分析，赛里斯是指蜀之成都，而赛里斯之长寿者则是指蜀人彭祖。可见，希腊罗马古文献关于赛里斯与长寿者的记载，虽然其中含有一些荒诞不经的成分，但其内核却并非捉风捕影之说。剔除那些荒诞成分，我们便可看到赛里斯和长寿者的故事与先秦秦汉的蜀地所具有的内在关系。由此可知，希腊罗马古文献关于赛里斯与长寿者

---

① 《史记》卷 1《五帝本纪》正义，北京：中华书局，1959 年，第 38 页。

② 李吉甫：《元和郡县图志》卷 32《剑南道中》，北京：中华书局，1983 年，第 807 页。

③ 参见《三国志·魏志·张鲁传》，北京：中华书局，1959 年，第 265 页。

④ 《淮南子·齐俗训》说："今夫王乔、赤诵子，吹呕呼吸，吐故纳新，遗形去智，抱素反真，以游玄眇，上通云天。今欲学其道，不得其养气处神，而放其一吐一吸，时诎时伸，其不能乘云升假亦明矣。"《淮南子·泰族训》也讲到王乔之道术，与《齐俗训》所述大体相同。王乔，蜀人，《淮南子·齐俗训》高诱注："王乔，蜀武阳人也，为柏人令，得道而仙。"（刘文典：《淮南鸿烈集解》，冯逸、乔华点校，北京：中华书局，1989 年，第 361 页）

⑤ 参见蒙文通：《晚周仙道分三派考》，《古学甄微》，成都：巴蜀书社，1987 年。

⑥ 参见段渝：《巴蜀文化与汉晋学术和宗教》，《中华文化论坛》1999 年第 3 期。

的记载，来源于中国西南古蜀地区传说的流传，它们曲折地反映了古代蜀人传说的西传，应是古希腊作家根据他们在中亚和印度时的耳闻所做的记述，表明当时已有从中国西南至印度和中亚的交通存在。

　　克泰夏斯的生活时代是公元前 4 世纪，此时关于支那（Cina）的名称已经远播于印度。[1]古蜀人经云南、缅甸进入印度，一条主要的通道是从今东印度阿萨姆经北印度进入西北印度（身毒），这正与克泰夏斯把 Seres 和北印度联系在一起的记述相吻合，也与古蜀丝绸西传印度的年代、地域和路线相吻合。应该说，这绝不是偶然的巧合。

二、中国古文献所载西南地区的早期对外交通

　　贾谊《新书》卷9《修政语上》记载："尧教化及雕题、蜀、越，抚交趾，身涉流沙，封独山，西见王母，训及大夏、渠搜、北中国幽都及狗国与人身鸟面及僬侥。"[2]其中几个地名和古国、古族名，颇与古蜀和西南地区的内外交通线有关。

　　独山，即蜀山，独字上古音屋部定纽，与渎字音同相通，《史记·封禅书》即作"渎山"，指岷山，即是蜀山。[3]狗国，先秦岷江上游有白狗羌，称为"阿巴白构"，为牦牛羌之筰都，即《史记·大宛列传》正义所说："筰，白狗羌也。"筰都在战国至汉初渐次南迁至今四川汉源大渡河南北，汉武帝末叶以后逐渐南迁至雅砻江流域今四川凉山州西南部之盐源等地区。[4]"人身鸟面"，似与古蜀三星堆青铜雕像的人面鸟身有一定关系。[5]而狗国与人面鸟身相联系，则可能暗示着三星堆古蜀人与白狗羌在族群上的某种联系。

　　僬侥，或作焦侥，始见于《国语·鲁语》，其后《史记》《后汉书》《山海

①　季羡林：《中国蚕丝输入印度问题的初步研究》，《中印文化关系史论文集》，北京：生活·读书·新知三联书店，1982 年。
②　阎振益、钟夏：《新书校注》卷9《修政语上》，北京：中华书局，2000 年，第 360 页。
③　《史记》卷 28《封禅书》："渎山，蜀之汶山。"《索隐》云："《地理志》蜀郡湔氐道，崏山在西。郭璞注云：'山在汶阳郡广阳县，一名渎山也。'"崏、岷古今字。（第 1372 页）
④　参见段渝：《四川通史》第 1 册，成都：四川大学出版社，1993 年，第 270、271 页。
⑤　四川广汉三星堆出土的青铜雕像中有 1 件鸟脚人身像，腰部以上断裂，损毁不存。这件雕像腰至大腿、小腿为人身，脚为鸟爪，踩在一只作飞翔状的青铜鸟的头上。根据这件雕像的形态和意境，联系到三星堆出土的 1 件青铜神坛的上层所铸有高踞四周的青铜鸟头，再联系到三星堆出土的大量青铜鸟头像和陶制鸟头勺柄等情况分析，这件鸟脚人身青铜雕像的头部很可能是鸟头。

经》《列子》《括地志》诸书中有所记载，说其人身高不过三尺。《山海经·大荒南经》记载："有小人名曰僬侥之国。"《海外南经》所记略同。《史记·大宛列传》正义引《括地志》云："小人国在大秦南，人才三尺……即焦侥国。"方国瑜先生引证李长传《南洋史纲》说："小黑人，后印度（中印半岛）之原住民，人种学家名曰小黑人，属尼格罗系（Negritos）。身躯短小，肤色黝黑，在有史以前，居住半岛，自他族徙入，遂见式微。"方先生认为，永昌徼外僬侥夷，当即古之小黑人，惟不详其地理。①夏光南和波巴信认为焦侥可能就是缅甸的原始居民小黑人，即尼格黎多人。②其实，就印度历史看，所谓小黑人，即是尼格罗种系的达罗毗荼人（Dravidian），他们是印度河文明时代的主要居民，在印度河文明衰亡后，当北方操雅利安语的印欧人从欧亚草原进入印度北方时，达罗毗荼人迁移到恒河流域、印度南部和印度东北等地，今天在南印度西海岸的卡拉拉邦、东印度的曼尼普尔邦和库奇山区的安加米那人身上，还可以见到达罗毗荼人的体质特征。③印度河文明衰亡于公元前 1500 年左右，此后，达罗毗荼人从印度河流域逐步向东印度和南印度迁徙。这个时期，正是古蜀三星堆文明兴起并走向繁荣的时期，也是古蜀文明与印度文明接触交流的时期，三星堆遗址出土的来源于印度洋的大量齿贝，古蜀的柳叶形青铜短剑形制④，以及三星堆和金沙遗址出土的巨量象牙，都出现在这个时期不是偶然的。李学勤先生曾在英国剑桥大学见到该校收藏的一片武丁卜甲，经不列颠博物院研究，龟的产地是在缅甸以南；YH127 坑武丁卜甲碎片黏附的一些织物痕迹，经台湾学者检验是木棉。⑤木棉即《华阳国志·南中志》《蛮书》《新唐书·骠国传》等所说的"帛迭"，也就是所谓橦华布，主要产于缅甸。这些文化因素的直接来源，颇与印度洋沿岸地区、东印度阿萨姆和上缅甸有关，它们之间的接触、交流和交通，应是通过这些地区进行的。这表明，中、印、缅之间的交通、交流和互动，不但在商代确已存在，而且缅、印地区的

① 参见方国瑜：《中国西南历史地理考释》上册，第 216 页。
② 参见夏光南：《中印缅道交通史》，第 23 页；波巴信：《缅甸史》，第 10 页。
③ 参见刘建、朱明忠、葛维钧：《印度文明》，北京：中国社会科学出版社，2004 年，第 10-14 页；R. 塔帕尔（RomilaThapar）：《印度古代文明》，林太译，杭州：浙江人民出版社，1990 年。按，实际上，达罗毗荼人包括尼格罗人和地中海人两部分，一般认为，辉煌的印度河文明即是由达罗毗荼人创造的。
④ 参见段渝：《试论商周时期柳叶形青铜短剑的来源》，《巴蜀文化研究动态》2008 年第 1 期。
⑤ 参见李学勤：《〈三星堆与南方丝绸之路青铜文化研讨会论文集〉序》，《三星堆研究》第 2 辑，北京：文物出版社，2007 年；《商代通向东南亚的道路》，《学术集林》卷 1，上海：上海远东出版社，1994 年。

一些文化因素还通过古蜀地区输往中原商王朝。①

古代东印度阿萨姆有一著名的迦摩缕波国,中国史籍记为盘越国,或滇越,滇越的东南即是上缅甸。公元前 3 世纪以前,上缅甸不曾存在任何国家,而印度早在阿育王时代(约公元前 273—前 232 年),孔雀王朝的势力已扩张到东印度布拉马普特拉河流域。②鱼豢《魏略·西戎传》记载:"盘越国,一曰汉越王,在天竺东南数千里,与益部相近,其人小与中国人等,蜀人贾似至焉。"盘越,《后汉书》误作"盘起"。③据沙畹研究,盘越地在东印度阿萨姆与上缅甸之间。④据汶江先生研究,盘越即滇越,即东印度阿萨姆的迦摩缕波。⑤《史记·大宛列传》记载:"昆明之属无君长⋯⋯然闻其西可数千里,有乘象国,名曰滇越,而蜀贾奸出物者或至焉。"直到汉魏,蜀人商贾仍在东印度进行经商活动。《大唐西域记》卷 10《迦摩缕波国》记载:"迦摩缕波国,周万余里,国大都城,周三十余里⋯⋯人形卑小,容貌黧黑,语言少异中印度。"⑥这里所说迦摩缕波国"人形卑小,容貌黧黑,语言少异中印度",就是《魏略·西戎传》所说的"其人小与中国人等",其实就是分布在东印度阿萨姆地区与雅利安人语言有异的达罗毗荼人,亦即所谓僬侥。从《华阳国志·南中志》和《后汉书·哀牢传》的记载来看,西南夷的空间范围包括了后来缅甸的许多地区,直接毗邻东印度阿萨姆地区的。⑦《后汉书·陈禅传》记载说"永宁元年,西南夷掸国王献乐及幻人",掸国在今缅甸,时称西南夷。《后汉书·明帝纪》更是明确记载说"西南夷哀牢、儋耳、僬侥、盘木、白狼、动黏诸种,前后慕义贡献",直接把僬侥之地纳于西南夷地域范围。《大唐西域记》卷 10《迦摩缕波国》还记载:"此国(按,指迦摩缕

---

① 商王朝与古蜀国之间,既有战争的对抗,又有和平的交往,双方还存在微妙的贸易关系。参见段渝:《略论古蜀与商文明的关系》,《史学月刊》2008 年第 5 期。

② B. M. Barua, Asoka and His Inscriptions, Calcutta: New Age Publishers, Ltd., 1955, pp.64-69. 转引自汶江:《滇越考》,《中华文史论丛》1980 年第 2 辑。

③《三国志·魏志·乌丸鲜卑东夷传》裴松之注引,第 860 页;《后汉书》卷 88《西域列传》,北京:中华书局,1965 年,第 2921 页。

④ 沙畹:《魏略·西戎传笺注》,冯承钧译:《西域南海史地考证译丛》第 7 编,北京:商务印书馆,1962 年。

⑤ 汶江:《滇越考》,《中华文史论丛》1980 年第 2 辑。

⑥ 季羡林等校注:《大唐西域记校注》下册,北京:中华书局,2000 年,第 794 页。

⑦《华阳国志·南中志》记载:"(哀牢)其地东西三千里,南北四千六百里。"(刘琳:《华阳国志校注》,成都:巴蜀书社,1984 年,第 428 页)《后汉书·哀牢传》记载:"(哀牢夷)其称邑王者七十七人,户五万一千八百九十,口五十五万三千七百一十一。"(第 2849 页)方国瑜先生认为,据此可见,哀牢地广人众,包有今之保山、德宏地区,及缅甸伊洛瓦底江上游地带。(《中国西南历史地理考释》上册,第 22、24 页)方先生之说,符合古文献记载。

波）东，山皁连接，无大国都。壤接西南夷，故其人类蛮獠矣。详问土俗，可两月行，入蜀之西南之境。"这些记载说明，出蜀之西南境即西南夷，其境地是与东印度阿萨姆地区相连接的，这一线就是古蜀人出云南到东印度进行商业活动的线路。由此不难知道，古蜀三星堆文化和中国西南文化中出现的印度河文明的因素，其来源的主要途径之一，就是由蜀商通过当时已从印度河流域东迁至阿萨姆的原印度河文明的创造者达罗毗荼人那里了解，并往来传递信息的。

考古资料说明，早在旧石器时代，印度北部、中国、东南亚的旧石器就具有某种共同特征，即所谓砍砸器之盛行。而后来在中、印、缅广泛分布的细石器说明，在新石器时代，中国西南与缅、印就有文化传播和互动关系。在印度东北的阿萨姆、梅加拉亚、那加兰、曼尼普尔、孟加拉国、比哈尔、奥里萨、乔达·那格浦尔等地，多处发现有肩石斧、石锛、长方形石斧、八字形石斧、长方形有孔石刀等，是中国云南考古中常见的形制。[1]在东印度阿萨姆发现一种圭形石凿，刃部磨在两窄边，这在四川西南部凉山州西昌市等地区是常见之物。[2]饶宗颐先生也认为印度地区所发现的有肩石斧和有段石锛，是沿陆路从中国进入东印度阿萨姆地区和沿海路进入盘福加（孟加拉国）的，印度河文明哈拉巴文化发现的束丝符号，与理塘和四川汉墓所见相同，据此可确认丝织品传至域外，而竹王的神话，则与西南夷的信仰同出一源。[3]阿萨姆石器原料所用的翡翠，产在离中国云南边境仅 150 公里的缅甸猛拱地区，这个地区当属东汉永平十二年设置的永昌郡内外。阿萨姆地区新石器时代的房屋建筑是干栏式[4]，这同样是中国西南云南和四川常见的建筑形式，成都十二桥商代建筑遗址就是典型的干栏式建筑。[5]根据陈炎先生在《中缅文化交流两千年》中所引证的中外学术观点，印度以东缅甸的现住民，不是当

---

① 参见阚勇：《试论云南新石器文化》，《云南省博物馆建馆三十周年纪念文集》，昆明：云南省博物馆，1981 年；杨甫旺：《云南和东南亚新石器文化的比较研究》，《云南文物》第 37 期，1994 年。

② 礼州遗址联合考古队：《四川西昌礼州新石器遗址》，《考古学报》1980 年第 4 期。

③ 参见饶宗颐：《梵学集》，上海：上海古籍出版社，1997 年，第 353、355、356 页。

④ 印度石器时代的考古资料，见 H. L. Movius, Early Man and Pleistocene Stratigraphy in Southern and Eastern Asia, Paperso of the Peabody Museum of Archaeology and Ethnology, vol. 19, 1944. Shshi Asthana, History and Archaeology of Indias Contacts with Other Countries-From Earliest Times to 300B. C., Delhi: B. R. Publishing Corporation, 1976, p. 154. 参见童恩正：《古代中国南方与印度交通的考古学研究》，《考古》1999 年第 4 期。

⑤ 四川省文管会、成都市博物馆：《成都十二桥商代建筑遗址发掘简报》，《文物》1987 年第 12 期。

地的原住土著民族。他们当中的大多数是在史前时期从中国云贵高原和青藏高原迁入，其中的孟高棉语族是最先从云贵高原移居到缅甸的[①]，这显然同有肩石器从中国西南云贵高原向缅印地区的次第分布所显示的族群移动有关。

《新书·修政语上》还提到"西见王母，训及大夏、渠搜"，西王母的所在，众说纷纭，莫衷一是，总之在中国的西方。近年有学者认为，"王母"是古印度语 Uma 通过古突厥语演变而来的，是印度神话中喜马拉雅山神之妻 Uma 的化身。[②]葛剑雄先生认为，先秦至张骞通西域以前昆仑山、西王母所在的"西方"，实际上指的是西南，不仅包括今四川、云南，甚至包括境外的南亚次大陆和中亚[③]，确实是有道理的。大夏，即巴克特里亚（Bactria），地在今阿富汗。渠搜，最早见于《尚书·禹贡》，称西戎中有"渠搜"，《汉书·地理志》将"搜"改作"叟"。《汉书·武帝纪》诏云"北伐渠搜，氐羌来服"，可知叟是从氐羌中分化出来的。叟人是古代氐羌的一支，也是今藏缅语族彝语支各族的一支先民，这不仅从现今四川凉山彝族传说他们的祖先原居北方，以及古侯和曲涅两支人在唐代从云南昭通渡江进入凉山的事实中得以说明[④]，而且从在云南昭通发掘出的晋代霍承嗣墓葬的壁画中也可获得叟人与彝族关系的实证。[⑤]该壁画绘有当时夷汉部曲的形象，其中的夷人即当地的叟人，他们的装束与现今凉山彝族有着许多相似之处，如披毡、赤足、椎结等。晋时朱提郡（今云南昭通地区一带）和越西郡（今四川凉山一带）境内的叟人属于同一民族，习俗相同，形象相似，得以古今印证。[⑥]贾谊既将僬侥与狗国和人面鸟身联系在一起，又将它们与西王母、大夏和渠搜联系在一起，意味着这些古国古族之间有着往来交流的关系，而这一联系交流和往还线路，恰恰是古蜀文明从岷江流域经西南夷之牦牛种白狗羌地区（即南方丝绸之路西线之牦牛道）至上缅甸再至东印度西行至阿富汗的南方丝绸之路交通线，这就是《史记·大宛列传》和《西南夷列传》中张骞所谓的蜀身毒道。《新书》关

① 参见陈炎：《中缅文化交流两千年》，周一良主编：《中外文化交流史》，郑州：河南人民出版社，1987 年。关于缅甸的古代民族的来源问题，参见李绍明：《西南丝绸之路与藏彝走廊》，《中国西南的古代交通与文化》；贺圣达：《缅甸藏缅语各民族的由来和发展——兼论其与中国藏缅诸民族的关系》，方铁主编：《西南边疆民族研究》3，昆明：云南大学出版社，2003 年。关于孟高棉语的问题，可参见何平：《中南半岛北部孟高棉语诸民族的形成》，方铁主编：《西南边疆民族研究》3。
② 库尔班·外力：《西王母新考》，《新疆社会科学》1982 年第 3 期。
③ 参见葛剑雄：《关于古代西南交通的几个问题》，《中国西南的古代交通与文化》。
④ 参见李绍明：《关于凉山彝族的来源问题》，《思想战线》1978 年第 5 期。
⑤ 云南省文物工作队：《云南省昭通后海子东晋壁画墓清理简报》，《文物》1963 年第 12 期。
⑥ 李绍明：《邛都夷与大石墓的族属问题》，《西南民族学院学报》1981 年第 2 期。

于这些古国古族交流往来的记载恐怕不是出于偶然，应是贾谊对西汉初年关于古代南方丝绸之路传闻的记录。

据《后汉书·西南夷传·哀牢传》记载："永初元年，（永昌）徼外僬侥种夷陆类等三千余口举种内附，献象牙、水牛、封牛。"[1]东汉时僬侥进献封牛，所谓封牛，即牛脊梁凸起成峰的峰牛，这种牛的青铜雕像在云南大理地区的战国秦汉考古中有大量发现。峰牛产于印度，为中国所不产，云南大理考古发现的大量战国秦汉时期的峰牛青铜雕像，即与印度僬侥有关。这说明，中印之间通过中国西南地区进行的经济文化交流，早在先秦时期已经达到相当频繁的程度。东汉时，"永昌徼外夷"多次遣使从永昌（今云南保山）通过西南夷地区进入中原京师进献方物[2]，其中除僬侥外，还有敦忍乙、掸国等。据学者考证，这些族群和古国多在今缅甸境内。夏光南认为敦忍乙即下缅甸的得楞族（孟族）[3]，方国瑜先生认为敦忍乙是"都卢"的对音，似在上缅甸的太公。[4]掸国，学术界一般认为即是今缅甸境内的掸邦。《后汉书·西南夷传》记载"掸国西南通大秦"，大秦即罗马帝国。从成都平原经云南出缅甸、印度，经巴基斯坦、阿富汗至西亚的安息（伊朗），再至地中海、罗马帝国，这正是南方丝绸之路西线的全部行程。

贾谊《新书·修政语》还将蜀、越、交趾联系在一起，越为长江下游和华南地区古族，先秦秦汉时期的南中地区亦有相当多的越人，《华阳国志·南中志》称"南中在昔盖夷越之地"，古文献亦称南中有"濮越""滇越"等；交趾在中印半岛北部，有雒田、雒王、雒侯、雒将。[5]联系到越南北部红河流域发现的形制与三星堆文化相同的歧锋牙璋，越南北部永福省义立遗址发掘出土的与三星堆文化相似的多边形有领玉璧形器、石璧形器、A类灰坑等[6]，以及在四川凉山州、云南以及越南青铜时代东山文化发现的大量蜀式三角形援青铜戈[7]，云南和中印半岛出土的大量铜鼓，和《水经·叶榆水注》所引《交

① 《后汉书》卷86《西南夷传·哀牢传》，第2851页。亦见《后汉书》卷5《安帝纪》，第207页。
② 见《后汉书》卷4《和帝纪》，《后汉书》卷5《安帝纪》，《后汉书》卷51《陈禅传》，《后汉书》卷86《西南夷传》，第177、183、231、258、1685、2851页。
③ 夏光南：《中印缅道交通史》，第23页。
④ 方国瑜：《十三世纪前中国与缅甸的友好关系》，《人民日报》1965年7月27日。
⑤ 王国维：《水经注校》卷37《叶榆水》注引《交州外域记》，上海：上海古籍出版社，1984年，第1156页。
⑥ 四川省文物考古研究院、陕西省考古研究院：《中越两国首次合作：越南义立遗址2006年度考古发掘的收获》，《中国文物报》2007年4月6日。
⑦ 参见王有鹏：《犍为巴蜀墓的发掘与蜀人的南迁》，《考古》1984年第12期；霍巍、黄伟：《试论无胡蜀式戈的几个问题》，《考古》1989年第3期。

州外域记》以及越籍《大越史记》《安南志略》等文献所载蜀王子安阳王南迁交趾建立"蜀朝"的历史来看，先秦时期从四川经云南至中印半岛的交通线是畅通的①，这不仅与战国晚期蜀王子安阳王从蜀地南迁交趾有关，而且同从商代以来中越文化的早期交流互动有关。

王嘉《拾遗记》卷 2 记载，周成王即政三年，泥离之国来朝。法国学者鲍梯氏认为"泥离国即埃及国泥罗河之转音"，久良认为是"印度拿拉镇之转音"，拉克伯里认为是缅甸伊洛瓦底江西岸之奴莱。《拾遗记》卷 2 还记载，周成王四年，"旃涂国献凤雏，载以瑶华之车，饰以五色之玉，驾以赤象"。从献玉和赤象来看，旃涂国有可能是缅印地区之国。五年，"有因祇之国，去王都九万里，献女工一人。体貌轻洁。被纤罗杂绣之衣，长袖修裾。风至则结其衿带，恐飘飘不能自止也。其人善织，以五色丝纳于口中，手引而结之，则成文锦"。"六年，燃邱之国献比翼鸟，雌雄各一，以玉为樊。其国使者皆豢头尖鼻，衣云霞之布，如今朝霞也。"张星烺认为："豢头尖鼻，或者即欧洲之白人也。"②

过去学者在对《拾遗记》所述故事进行解释性研究时，或没有凭借可靠的参考资料，或其解释缺乏依据，多有比附之嫌。当笔者在系统研究古代巴蜀和西南地区的文化与文明后，再来分析《拾遗记》所述故事，可以发现其中值得注意的一些问题，如：一是"五"这个数字，与古蜀人的尚五习俗是否有关？古代蜀人尚五，在社会组织、文物制度等方面均以五为纪，秦始皇在蜀整修道路，亦以五尺道命名。③二是丝，五色丝，当为织锦，是否与蜀锦有关？三是五色之玉和赤象，五色之玉当为翡翠之类，象则是缅甸和印度的

① 古代中越交通线的主要线路是步头道和进桑道。严耕望先生在《汉晋时代滇越道》中认为，进桑约在今河江县（E105°，N22°50′）境，此道行程，北由贲古县东南行，沿叶榆水（今盘龙江）而下，经西随县（约今开化、文山，E104°15′，N21°25′地区），达交趾郡（今河内地区）。（《"中央研究院"历史语言研究所专刊》第 82，台北："中研院"历史语言研究所，1986年）方国瑜先生在《南诏通安南道》中认为，进桑道为滇越通途，进桑的方位在今云南的河口、马关二县间，系在红河流域，步头道在红河之元江经河口以至河内一线（《中国西南历史地理考释》上册，第 521-530、566-586 页）。关于步头道和进桑道在中越交通史上的作用，严耕望先生认为步头道在唐以前不如进桑道重要。笔者认为，步头是出云南至越南的水陆分程地点，以下即沿红河下航，这条线路是沟通云南和中南半岛交通的最古老的一条水道；另一条即是严耕望考证的进桑道。（《四川通史》第 1 册，1993 年，第 86、160、161 页）李绍明先生《南方丝绸之路滇越交通探讨》一文认为，进桑道系沿盘龙江而下，而步头道系沿红河而下，二者走向是不相同的，不可仅视为一途以概之；红河一途即古步头道当是古代蜀人由滇进入越南最为便捷之最佳路径。（《三星堆研究》第 2 辑，第 4-7 页）

② 分见张星烺：《中西交通史料汇编》第 1 册"上古时代之中外交通"，北京：中华书局，2003年，第 51-53 页。

③ 参见段渝：《先秦巴蜀文化的尚五观念》，《四川文物》1997 年第 5 期。

特产。由此可以认为，《拾遗记》记载的这几个古国应该都在西南方向，当在印度支那半岛或南亚次大陆，与中国西南相毗邻。四是拳头尖鼻，这种形象与三星堆青铜人头像极为近似，二者之间是否有某种关系？三星堆文化族群的主体属于古代氐羌民族系统，而古羌人的种属与中亚或西亚有关。五是献比翼鸟，《逸周书·王会篇》记载巴人献比翼鸟，二者是否有关？

以上五点，可以说已经形成了一个文化丛（文化集结），似乎已非偶然。但要进一步确定其间的关系，还需做深入的比较研究。

三、中国西南地区海贝和象牙的来源

从中外古文献的研究中，我们发现先秦时期中国西南与缅甸、印度和中亚就已存在以商业活动为主要内容的交通线。事实上，从对考古新资料进行分析的角度看，商周时代中国西南与印度的交通就已经明确存在了，并且通过印度至中亚、伊朗和西亚的交通线，吸收采借了近东文明的若干因素。[①]

（一）商代三星堆海贝的来源

1986 年夏，四川广汉三星堆遗址一、二号祭祀坑出土大批青铜人物雕像群、动植物雕像群、黄金制品、玉石器、海贝和象牙。三星堆出土的海贝中，有一种环纹货贝（Monetri-aannulus），日本学者称为"子安贝"，大小约为虎斑贝的三分之一，中间有齿形沟槽，与云南省历年来发现的环纹货贝相同。这种环纹货贝，只产于印度洋深海水域[②]，既不产于近海地区，更不产于江河湖泊。地处内陆盆地的三星堆出现如此之多的齿贝，显然是从印度洋北部地区（主要指孟加拉湾和阿拉伯海之间的地区）引入的。

诚然，中国古文献中多见贝的记载，如《逸周书·王会篇》讲到"具区文唇，共人玄贝，海阳大蟹"，在《左传》等文献里，也可见到楚国富有贝的记载。不过，《左传》等文献里虽然记载江、淮产贝，但是江、淮所出贝，乃是蚌壳，而非海贝，不可混为一谈。我们是否可以根据文献的记载，就判定

---

① 关于中国西南古蜀文明通过缅印至中亚、西亚的交通线，吸收采借近东文明因素的问题，参见段渝：《商代蜀国青铜雕像文化来源和功能之再探讨》，《四川大学学报》1991 年第 2 期；《论商代长江上游川西平原青铜文化与华北和世界古文明的关系》，《东南文化》1993 年第 2 期。本文不再赘述。

② 熊永忠：《云南古代用贝试探》，《四川文物》1988 年第 5 期；王大道：《云南出土货币概述》，《四川文物》1988 年第 5 期。笔者曾在伦敦就环纹货贝的产地问题请教这种贝壳的印度销售商，他们都说产于印度洋。

三星堆祭祀坑出土的海贝原产于南中国？对此，不少学者持审慎态度，也有学者断然说产自中国，认为海贝原产于华南。对此，仔细参订文献，并非没有疑义。海贝，多是深海产物，尤其白色的齿贝产于印度洋深海水域，乃是不争的事实。中国古籍里确实讲到南海附近产贝，但对产贝说要具体分析。殷墟甲骨文和一些史册中所谓产贝之地，其实多是中原的贝从那里输入，而那里本身并不产贝，只是从那里进口引入，并由此输往中原，故中原人以为是那里所产。在公元9—10世纪阿拉伯人所著《中国印度见闻录》[①]中，说到广州是从海上引进海贝的输入点，是从海岛或沿海国家、地区进口海贝的集散地，说明大批海贝有赖进口，可是中国史籍却多误以为广州一带产贝，可见是将海贝的进口地和集散地误为原产地。也有另一种情况，古代中国视周边一些地区为属国，以附属国视之，故将其所产物品视为中国所产。比如"交广"连称，便把交趾（今越南北部）纳入中国领土的范围之中。而交趾、日南相近，多见海贝，通过交趾入广州，海贝便被视为产于交广，这样也就混淆了其原产地与集散地的区别。

在印度洋北部地区，一直流行以齿贝为货币的传统。《通典》卷九三"天竺"条记载说："西与大秦、安息交市海中，或至扶南、交趾贸易，多珊瑚、珠玑、琅玕。俗无簿籍，以齿贝为货（币）。"《旧唐书·天竺传》也说道："（天竺）以齿贝为货（币）。"元人汪大渊《岛夷志略》"朋加喇"条记载道："铸银钱为唐加，每个钱八分重，流通使用，互易贝子一万五百二十有余，以权小便民，良有益也。"所谓"朋加喇"，即孟加拉国的对音。此书还谈到，许多地方如"罗斛""暹罗""大乌爹""放拜"等，都以海贝为货币。这些地方，虽不能确指，但均在印度洋地区，属于南亚次大陆或东南亚靠海的某些地方。根据《岛夷志略》，印度洋面上的马尔代夫也是以海贝为货币的。此书"北溜"条说道："地产贝子，海商每将一舶贝子下乌爹、朋加喇，必互易米一船余，盖彼番以贝子权钱用，亦久远之食法也。"北溜，故地在今马尔代夫群岛的马累（Male）。北溜国以贝为货币，还见于明人马欢《瀛涯胜览》，此书"溜山国"条记道："海贝，彼人采积如山，罨烂其肉，转卖暹罗、榜葛喇等国，当钱使用。"明人巩珍《西洋番国志》"溜山国"条也说："出海贝，土人采积如山堆，罨待肉烂，取壳转卖暹罗、榜葛剌等国代钱使。"暹罗，为今泰国。榜葛喇，即《诸蕃志》所述的鹏茄罗国，求之声类，当即孟加拉国，亦即《岛

①《中国印度见闻录》，穆根来等译，北京：中华书局，1983年，第15页。

夷志略》所述的朋加喇。英国人哈维所著的《缅甸史》，引用唐大中五年（851年）波斯旅行家至下缅甸的记载，说道："居民市易，常用海肥（Cowries）以为货币。"海肥，即是海贝[①]，今云南仍然称海贝为海肥（𧵋）。

东印度和缅甸亦富齿贝。唐人樊绰《蛮书》卷十《南蛮疆界接连诸番夷国名》记载："小婆罗门，与骠国及弥臣国接界，在永昌北七十四日程，俗不食牛肉，预知身后事。出齿贝、白虫葛、越诺布。"文中"出齿贝"一句，今本作"出见齿"，四库馆臣不知"见齿"为何物，所以在校注时说："按此句未详。"吴承志《唐贾耽记边州入四夷道里考实》卷四则说："《南夷志》云：'小婆罗门国出具齿、白蜡、越诺。'出具齿、白蜡，当作'出瑱玉、象齿、珀蜡'。《明一统志》：'孟养土产琥珀、碧瑱。'《缅甸国志》云：'孟拱产宝石、碧玉、翡翠、琥珀，又出国象、鹿茸。'《滇南杂志》云：'琥珀以火珀及杏红为上，血珀、金珀次之，蜡珀最下。'瑱玉、象齿、珀蜡，谓碧玉、象牙、火珀、杏红、血珀、金珀及蜡珀。"究竟什么是"见齿"？实则所谓"见齿"，乃是今本《蛮书》在转抄过程中出现的讹误，"见"字是"贝"字之讹。而"具"字也是"贝"字之讹。"贝齿"这个名称，见于杜佑《通典》卷一九三《天竺国传》，《本草纲目》卷四六引《别录》，百衲本《太平御览》亦写作"贝齿"。足证"见""具""贝"三字形近而讹，而以"贝"字为确。可见所谓"贝齿"，其实是"齿贝"的倒文。至于小婆罗门国的所在之地，历来多有歧议，陈序经《骠国考》认为在骠国西北，当今印度的曼尼普尔一带，岑仲勉亦主此说，向达《蛮书校注》则以为在今东印度阿萨姆南部一带。[②]不管其间分歧如何，总之，小婆罗门国属于在东印度和缅甸地区内的古国，则无歧义。

中国西南地区出土来源于印度地区的白色海贝，并非只有四川广汉三星堆一处，其他地方还多有所出。如，云南大理地区剑川鳌凤山的 3 座早期墓葬中出土有海贝，其中 M81 出土海贝 43 枚，M155 出土海贝 1 枚，M159 出土海贝 3 枚。这 3 座早期墓的碳-14 年代为距今 2 450±90 年（树轮校正），约当春秋中期至战国初期。[③]昆明市文物管理委员会在 1979 年底至 1980 年初发掘的呈贡天子庙战国中期的 41 号墓中，出土海贝 1 500 枚。[④]云南省博物馆

① 李家瑞：《古代云南用贝币的大概情形》，《历史研究》1956 年第 9 期。
② 赵吕甫：《云南志校注》，北京：中国社会科学出版社，1985 年，第 323-324 页。按，唐樊绰所作《云南志》，自名《蛮志》，宋以后则多称《蛮书》《云南志》《云南记》《南夷志》等。
③ 云南省博物馆：《剑川鳌凤山古墓发掘报告》，《考古学报》1990 年第 2 期。
④ 昆明市文物管理委员会：《呈贡天子庙滇墓》，《考古学报》1988 年第 4 期。

1955—1960 年发掘晋宁石寨山古墓群（年代从战国末至西汉中叶），有 17 座墓出土海贝，总数达 149 000 枚。[①]四川地区，最早出现海产品是巫山大溪遗址，但其来源不得而知。岷江上游茂县石棺葬内，亦出土海贝、蚌饰等海产物。[②]云南大理、楚雄、禄丰、昆明、曲靖珠街八塔台和四川凉山州西昌的火葬墓中，也出土海贝。[③]这些地区，没有一处出产海贝，都是从印度地区引入的。将这些出土海贝的地点连接起来，正是中国西南与印度地区的古代交通线路——蜀身毒道。

不过，三星堆出土的海贝，却并非由云南各处间接转递而来，不是这种间接的、有如接力一般的关系。纵观从云南至四川的蜀身毒道上出土海贝的年代，除三星堆外，最早的也仅为春秋时期，而三星堆的年代早在商代中、晚期，要早上千年。再从商代、西周到春秋早期的这 1 000 年间看，云南还没有发现这一时期的海贝。不难看出，三星堆的海贝，应是古蜀人直接与印度地区进行经济文化交流的结果。而这类未经中转的直接的远距离文化传播，通常很难在双方之间的间隔地区留下传播痕迹，通常是直接送达目的地。因为无论对于传播一方还是引入一方来说，这些文化因素都是十分珍贵的，否则远距离传播便失去了意义。正如经由印巴次大陆传入古蜀地区的青铜雕像和金杖等文化因素，也未在云南境内留下任何痕迹，而是直接达于成都平原一样。这种现象，文化人类学上称之为"文化飞地"。

三星堆出土的海贝，大多数背部磨平，形成穿孔，以便将若干海贝串系起来。这种情形，与云南历年出土海贝的情形相同。三星堆海贝，出土时一部分发现于祭祀坑坑底，一部分发现于青铜尊、罍等容器中，这也与云南滇池区域青铜时代将贝币盛装于青铜贮贝器里的现象一致。云南汉晋时期、南诏时期、大理时期、元明清时期，几乎商道附近均使用贝币，如《新唐书·南诏传》记载："以缯帛及贝市易，贝之大若指，十六枚为一觅。"《马可·波罗游记》说昆明一带"用白贝作钱币，这白贝就是在海中找到的贝壳"，又说大理"也用白贝壳作钱币"，"但这些贝壳不产在这个地方，它们全从印度来的"。

① 云南省博物馆：《云南晋宁石寨山古墓群发掘报告》，北京：文物出版社，1959 年；《云南晋宁石寨山第三次发掘简报》，《考古》1959 年第 9 期；《云南晋宁石寨山第四次发掘简报》，《考古》1963 年第 9 期。

② 四川省文物管理委员会：《四川文物考古工作三十年》，《文物考古工作三十年》，北京：文物出版社，1979 年。

③ 云南省博物馆：《云南古代文化的发掘与研究》，《文物考古工作三十年》；王大道：《云南出土货币初探》，《云南文物》1987 年第 12 期；四川省博物馆等：《四川西昌市郊小山火葬墓群试探记》，《考古与文物》1981 年第 1 期。

马可·波罗所说白贝壳，其实就是白色齿贝。云南历史上长期用齿贝做货币，是受印度的影响所致，彭信威、方国瑜、张增祺等先生[①]，都主张这种意见。成都平原深处内陆盆地的底部，从来不产齿贝，因此齿贝为货币，必然是受其他文化的影响所致，而这种影响，必然也同齿贝的来源地区密切相关，这就是印度。需要指出的是，齿贝对于商代的古蜀人来说，主要是充当对外贸易的手段，可以说是古蜀王国最高神权政体的"外汇储备"。古蜀人与南亚、东南亚地区的商品贸易以齿贝为媒介的情形，恰与三星堆文化所包含的其他南亚文化因素的现象一致，绝非偶然。不仅如此，从中原商文化使用贝币，而商、蜀之间存在经济文化往来尤其青铜原料交易的情况[②]，以及三星堆古蜀王国从云南输入青铜原料等情况分析[③]，古蜀与中原和云南的某些经济交往，也是以贝币为媒介的。

（二）商周时期成都平原象牙的来源

在三星堆一号祭祀坑内，出土了 13 支象牙；在二号祭祀坑内，出土了 60 余支象牙，纵横交错地覆盖在坑内最上层。一号祭祀坑里，还堆积着 3 立方米上下的较大型动物的骨渣，全部被打碎，经过烟火燔燎。这些较大型动物的骨渣，有可能是大象骨骼之遗。三星堆青铜制品中最具权威、高大无双的二号坑青铜大立人——古蜀神权政体的最高统治者蜀王的形象，其立足的青铜祭坛（基座）的中层，也是用四个大象头形象勾连而成的。更加令人不可思议的是，成都金沙遗址出土象牙的重量，竟然超过 1 吨。

据有关史籍记载，中国南方地区历来产象。《国语·楚语上》记载说道："巴浦之犀、牦、兕、象，其可尽乎？"《山海经·海内南经》记载道："巴蛇食象，三岁而出其骨，君子服之，无心腹之疾。"《山海经·中山经》也说："岷山，江水出焉……其兽多犀、象，多夔牛。"《诗·鲁颂·泮水》记载说："憬彼淮夷，来献其琛，元龟、象齿，大赂南金。"《左传》定公四年、僖公十三年，也提到楚地有"象齿"。《尚书·禹贡》则称荆州和扬州贡"（象）齿"。这些文献记载的产象之地，多为长江中下游以南地区，唯"巴浦"与"岷山"，有的学者以为是指巴蜀地区，故认为古巴蜀产象。巴浦在何处呢？《国语·楚

① 参见彭信威：《中国货币史·前言》，上海：上海人民出版社，1958 年；方国瑜：《云南用贝作货币的年代及贝的来源》，《云南大学学报》1957 年第 12 期；张增祺：《战国至西汉时期滇池区域发现的西亚文物》，《思想战线》1982 年第 2 期。
② 参见段渝：《政治结构与文化模式——巴蜀古代文明研究》，第 395-409 页。
③ 参见金正耀等：《广汉三星堆遗物坑青铜器的铅同位素比值研究》，《文物》1995 年第 2 期。

语上》"巴浦之犀、牦、兕、象，其可尽乎"句下韦昭注云："今象出徼外，其三兽则荆、交有焉。巴浦，地名。或曰：巴，巴郡。浦，合浦。"巴浦，应如韦昭自己的解释，是一个地名，而不是巴郡与合浦的连称。巴郡地在嘉陵江以东地区，合浦地在今广西南部沿北部湾的合浦县东北，两地相隔万里，何以能够连称！况且，《国语》此言出自楚灵王之口，时当公元前529年，为春秋中叶。可是巴郡之设，时当秦灭巴以后，为战国晚期，而合浦之纳于汉家版图，是在汉武帝元鼎六年（前111年）。早在春秋中叶的楚灵王，哪能知道晚于他数百年以后的巴郡、合浦等地名？显然可见，巴浦绝不是指巴郡和合浦郡。而且韦昭自己也明言"今象出徼外"，分明不是说巴郡产象，当然更不是指蜀地产象。联系到《尚书·禹贡》荆、扬二州产象齿的记载，以及《左传》所说楚地多象齿等情况来看，巴浦这个地方，大概是指靠近古荆州的荆南之地，这也与楚灵王所指相合。《山海经·中山经》提到岷山多象，按《汉书·地理志》，岷山是指今岷江上游地区，但是考古资料却并没有显示出岷江上游产象的任何迹象。《华阳国志·蜀志》说岷山有"犀、象"，不少人以这条材料作为岷山产象的证据。但是，犀产于会无金沙江谷地，象则未闻[1]，二者均非岷江上游所产。我们从岷山山区的气候条件而论，岷山为高山峡谷的干寒地区，根本不适应大象生存，要说那里产象尤其是富产群象，无论如何是没有道理的。何况，在岷山山区的考古发掘中并没有发现象牙、象骨和象牙制品。所以，岷山产象的说法，当属向壁之论。至于《山海经·海内南经》所说"巴蛇食象"，据《离骚》《淮南子》等来看，也是指古荆州之地，与古梁州的巴蜀之巴无关。[2]由此可见，关于古代成都平原产象的说法是缺乏根据的，三星堆和金沙的大批象齿不是原产于当地的大象牙齿。事实上，发现象牙和象牙制品的地点，同大象生存的地区，二者之间不一定具有必然的联系，并不必然就是同一地点，正如青铜器的出土地点未必就是青铜原料的产地一样。

古地学资料表明，新石器时代成都平原固然森林茂密，长林丰草，然而沼泽甚多，自然地理环境并不适合象群的生存。至今为止的考古学材料还表明，史前至商周时代成都平原虽有许许多多的各种兽类，然而诸多考古遗址中所发现的动物遗骨遗骸，除家猪占很大比重外，主要还有野猪、鹿、羊、牛、狗、鸡等骨骼，除三星堆祭祀坑和金沙遗址外，没有一处发现大象的遗

① 常璩著，刘琳校注：《华阳国志校注·蜀志》，成都：巴蜀书社，1984年。
② 关于"巴蛇食象"传说与古代巴人的关系问题，参见段渝：《巴人来源的传说与史实》，《历史研究》2006年第6期。

骸、遗骨，更谈不上数十成百支象牙瘗埋一处。足见三星堆和金沙遗址的象牙必定不是原产于成都平原蜀之本土。

诚然，新石器时代至商周时代以三星堆文化和金沙遗址为代表的古蜀文明曾经远播于渝东鄂西之地，岷江上游也是构成早期蜀文化的渊源之一。但是，无论在渝东鄂西还是岷江上游地区，数十年来的考古调查和发掘都未曾发现盛产大象的情况，其周邻地区亦然。这种情况表明，这些地区还不是文献所记载的产象之地，因而也谈不上由当地土著部落向蜀王进献象牙或整象的问题。至于段成式《酉阳杂俎》前集卷十六所谈到的"今荆地象，色黑，两牙，江猪也"，则不仅文献晚出，而且也是指荆南之地，几乎与闽粤之地相接。不难看出，三星堆和金沙的巨量象牙也不可能来自所谓渝东鄂西、岷江上游之地，更与荆南闽粤之地无关。

商代的华北曾经盛产大象，河南古称"豫州"，即与"服象"有关。据《吕氏春秋·古乐》的记载，商末周初，东方江淮之地象群众多，后被驱赶到江南。文中这样说道："（周）成王立，殷民反。……商人服象，为虐于东夷。周公遂以师逐之，至于江南。"所谓"服象"，即驯服大象，使其服役，犹如今之印度、缅甸服象。《孟子·滕文公下》也载有周公驱逐服象的商人的史迹。文中说道："周公相武王，诛纣伐奄，三年讨其君，驱飞廉于海隅而戮之，灭国者五十，驱虎、豹、犀、象而远之，天下大悦。"从《尚书·禹贡》《诗经》《左传》及诸史《地理志》等分析，周公率师将服象的商人远逐于"江南"，远离黄河流域，则象群是南迁到了荆南、闽、粤之地，秦代所置"象郡"大约便与此有一定关系。《汉书·西域传·赞》说汉武帝通西域后，外域的各种珍奇宝物充盈府库，其中，"钜象、师子、猛犬、大雀之群，食于外囿，殊方异物，四面而至"，表明大象来源于外域，属于"殊方异物"之类。先秦黄河流域有象，殷墟甲骨文有象字，河南为豫州，文献里有象牙及象牙制品，考古也发现有象牙制品。关于此点，徐中舒先生和郭沫若先生均早已有过精深考证和论述。[①]但在周初，周成王"驱虎、豹、犀、象而远之，天下大悦"，至汉代而视象为"殊方异物"，由外域进贡中华朝廷。据竺可桢先生研究，汉代气候业已转冷[②]，黄河流域的气候已不适应大象生存。

---

① 参见郭沫若：《中国古代社会研究》（1930），北京：人民出版社，1964年，第179-180页；徐中舒：《殷人服象及象之南迁》，《中央研究院历史语言研究所集刊》第2本第1分，1930年。

② 参见竺可桢：《中国近五千年来气候变迁的初步研究》，《考古学报》1972年第1期。

无论史籍还是考古资料，均不曾有成批殷民逃往或迁往蜀中的任何蛛丝马迹，更不曾有服象的殷民移徙蜀中的丝毫痕迹。何况殷末时，蜀为《尚书·牧誓》所载参加周武王的诸侯大军，在商郊牧野誓师灭商的"西土八国"之首，协助武王灭纣翦商，而后受封为"蜀侯"，与殷民不共戴天。服象的殷民逃往任何地方，也绝不会自投罗网，投往其域中。而商王武丁时期，即在相当于三星堆祭祀坑的年代上下，甲骨文记载商王"登人征蜀"，商、蜀之间还在汉中地区相互置有森严的军事壁垒。[①]此情此景之下，商王朝自不可能赐象与蜀，何况卜辞和史籍中也全然没有这方面的片言只语之载。可以知道，三星堆的象牙，也同样不曾来源于中原商王朝。

云南西南部以及以西的缅甸、印度地区，自古为大象的原产地。不少人以为云南各地均产大象，其实是莫大的误会。汉唐时期的文献对于云南产象的记载，仅限于其西南边陲，即古哀牢以南的地区，这在常璩《华阳国志·南中志》和樊绰《蛮书》里有着清楚的记载。而在云南东部、东北部，即古代滇文化的区域中，以及在云南西部，即滇西文化的区域中，古今均无产象的记载。考古发掘中，无论在滇文化区域还是滇西文化区域中，也都未曾发现数十支象牙瘗埋一处的情形。而古蜀文化与云南的关系，主要是与滇文化和滇西文化的关系，与云南西南部并无何种关联。由此可知，三星堆和金沙遗址的象牙，也与滇池文化区域和滇西文化区域无甚关系。

以上分析表明，商代三星堆遗址的象群遗骨遗骸，以及三星堆和金沙的象牙，既不是成都平原自身的产物，也不来自与古蜀国有关的中国其他古文化区。揆诸历史文献，这些象群和象牙是从象的原产地印度地区引进的。

《史记·大宛列传》记载张骞西行报告说："然闻其西（按：此指'昆明'，在今云南大理之西）可千余里，有乘象国，名曰滇越。"滇越即印度古代史上的迦摩缕波国，故地在今东印度阿萨姆邦。[②]《大唐西域记》卷十《迦摩缕波国》记载道："迦摩缕波国，周万余里。……国之东南，野象群暴，故此国中象军特盛。"《史记·大宛列传》还说："身毒……其人民乘象以战。"《后汉书·西域传》也说："天竺国，一名身毒……其国临大水，乘象以战。……土出象、犀……"大水即今巴基斯坦境内的印度河。[③]根据古希腊文献的记载，古印度难陀王朝（前362—前321年）建立的军队中，有2万骑兵、20万步兵、2 000

---

① 参见段渝：《四川通史》第1册，第45页。

② 汶江：《滇越考》，《中华文史论丛》1980年第2辑。

③ 参见夏鼐：《中巴友谊的历史》，《考古》1965年第7期。

辆战车、3 000 头大象，孔雀王朝（前 321—前 185 年）的创建者月护王拥有一支由 9 000 头战象、3 万骑兵、60 万步兵组成的强大军队[1]，这和中国古文献的记载相当一致。汉唐之间中国古文献极言印度产象之盛，说明即使从汉武帝开西南夷到东汉永平年间永昌郡归属中央王朝后，印度象群的数量之多，仍然令中国刮目相看。《史记》和《后汉书》等文献所数称的"大水"（印度河），正是辉煌的印度河文明的兴起之地。考古发掘中，在印度河文明著名的"死亡之城"摩亨佐·达罗废墟内，发现了曾有过象牙加工业的繁荣景象，还出土不少有待加工的象牙，以此并联系东印度盛产大象的情况，以及三星堆祭祀坑内成千枚来自印度洋北部地区的海贝，可以说明三星堆和金沙遗址出土的大批象牙是从印度地区引进的，而其间的交流媒介，正是与象牙一同埋藏在三星堆祭祀坑中的大量贝币。

四、古蜀丝绸与南方丝绸之路

由海贝和象牙及其他文化因素的引入可见，早在商周时期，中国西南地区便初步发展了与印度和东南亚大陆的陆上交通。而西方考古资料也说明，中国丝绸至少在公元前 600 年就已传至欧洲，希腊雅典 Kerameikos 一处公元前 5 世纪的公墓里发现五种不同的中国平纹丝织品，而中国丝绸早在公元前 11 世纪已传至埃及[2]，到公元前四五世纪时，中国丝绸已在欧洲流行。这两种情况，在早期中西交通的开通年代上是吻合的。可是如果仅仅根据中国古文献的记载，至公元前 2 世纪末期汉武帝时，汉王朝才开通西域丝绸之路，远远晚于考古发现所真实反映的中国丝绸西传欧洲的年代。

中国是丝绸的原产地，早在商周时期丝绸织造就已达到相当水平[3]，而四川是中国丝绸的原产地之一，丝织素称发达，到商周时期，蜀地的丝绸业已有相当发展。[4]广汉三星堆二号祭祀坑内出土的青铜大立人像头戴的兽首花冠和身着的长襟衣服上所饰的有起有伏的各种花纹，显示出蜀锦和蜀绣的特征。[5]西周前期，渭水上游宝鸡附近分布着一支弜氏族类[6]，是古蜀人沿嘉陵

---

① 引自 R. 塔帕尔：《印度古代文明》，第 50 页；刘建、朱明忠、葛维钧：《印度文明》，第 74 页。
② 参见《新华文摘》1993 年第 11 期关于奥地利考古队在埃及发掘中发现中国丝绸品遗迹的报导。Philippa Scott, The Book of Silk, London: Thames & Hudson, 1993, p.78.
③ 夏鼐：《我国古代蚕、桑、丝、绸的历史》，《考古》1972 年第 2 期。
④ 段渝：《黄帝嫘祖与中国丝绸的起源时代》，《中华文化论坛》1996 年第 4 期。
⑤ 陈显丹：《论蜀绣蜀锦的起源》，《四川文物》1992 年第 3 期。
⑥ 卢连成、胡智生：《宝鸡弜国墓地》，北京：文物出版社，1988 年。

江向北发展到渭水上游的一个拓殖点。在氐墓葬内，发现丝织品辫痕和大量丝织品实物，丝织品有斜纹显花的菱形图案的绮，有用辫绣针法织成的刺绣，这些丝织品其实就是古蜀丝绸和蜀绣[①]，它们出土于以丝织著称的蜀人墓中，不是偶然的。

　　春秋战国时代，蜀地的丝绸业已达到很高的水平，湖南长沙和湖北江陵出土的战国织锦和刺绣，即是古代蜀国的产品[②]，与四川炉霍卡莎石棺葬内发现的织品相似。[③]不少学者认为，张骞在大夏看见的"蜀布"，其实就是蜀地生产的丝绸。扬雄《蜀都赋》说蜀地"黄润细布，一筒数金"[④]，意思是蜀地的丝绸以黄色的品质尤佳。印度前任考古所所长乔希（M.C.Joshi）先生曾指出，古梵文文献中印度教大神都喜欢穿中国丝绸，湿婆神尤其喜欢黄色蚕茧的丝织品。[⑤]这种黄色的丝织品，应该就是扬雄所说的"黄润细布"。[⑥]印度教里湿婆神的出现年代相当早，早在印度河文明时期已有了湿婆神的原型，后来印度教文明中的湿婆神就是从印度河文明居民那里学来的。[⑦]从印度古文献来看，湿婆神的出现至少也是在公元前500年以前，相当于中国的两周时期，那时中原尚不知九州以外有印度的存在，而古蜀经由西南夷已与印度有了丝绸贸易关系。公元前4世纪印度古书里提到"支那产丝和纽带"，又提到"出产在支那的成捆的丝"[⑧]，即是指成都出产的丝和丝织品。季羡林先生指出："古代西南，特别是成都，丝业的茂盛，这一带与缅甸接壤，一向有交通，中国输入缅甸，通过缅甸又输入印度的丝的来源地不是别的地方，就正是这一带。"[⑨]由此看来，先秦时期中国丝绸的西传，应当或主要是从蜀身毒道西行的。阿富汗喀布尔附近发掘的亚历山大城的一座堡垒内曾出土大量中国丝绸，据研究，这批丝绸是经南方丝绸之路，由蜀身毒道转运到中亚的蜀国丝绸。[⑩]喀布尔正当南方丝绸之路要道[⑪]，这批丝绸出现在那里不是偶然的。

文明的史迹：先秦、巴蜀及南丝路历史研究（南方丝绸之路卷）

①　段渝：《渭水上游的古蜀文化因素》，《三星堆文化》，成都：四川人民出版社，1993年。

②　武敏：《吐鲁番出土蜀锦的研究》，《文物》1984年第6期。

③　四川省文物考古研究所等：《四川炉霍卡莎湖石棺墓》，《考古学报》1991年第2期。

④　扬雄：《蜀都赋》，丛书集成初编本。

⑤　转引自谭中、耿引曾：《印度与中国——两大文明的交往和激荡》，第71、72页。

⑥　事实上，至今四川出产的生丝，仍略带黄色。

⑦　刘建、朱明忠、葛维钧：《印度文明》，第48、50页。

⑧　《国事论》，或译《政事论》第11章第81节，转引自季羡林：《中国蚕丝输入印度问题的初步研究》，《中印文化关系史论文集》。

⑨　季羡林：《中国蚕丝输入印度问题的初步研究》，《中印文化关系史论文集》。

⑩　童恩正：《略谈秦汉时代成都地区的对外贸易》，《成都文物》1989年第2期。

⑪　哈维：《缅甸史》，姚楠译，北京：商务印书馆，1957年，第51页。

先秦和汉初，从四川经云南至缅、印、中亚的南方丝绸之路在中西文化的早期交流中已扮演着重要角色。春秋以前，由中国西北方面民族的迁徙所带动的一些民族群团的大规模西迁还未发生。据西史的记载，欧亚民族的大迁徙发生在公元前七八世纪。当公元前七八世纪之际，欧亚大陆间的民族分布大致是：西梅瑞安人在今南俄一带，斯基泰人（Scythian，或译西徐亚）在西梅瑞安人稍东之地，索罗马太人（Sauromathae）在里海之北，马萨及太人（Massagetae）自黠嘎斯（Kirghiz）草原至锡尔河（SirDaria）下游，阿尔其贝衣人（Argippaei）在准噶尔及其西一带，伊塞顿人（Issedones）在塔里木盆地以东，阿里马斯比亚人（Arismaspea）在河西一带。①这一时期经中国西北方面以及经北方草原方面的对外文化交流尚存困难。至秦穆公时（前659—前621年在位），用由余之谋，"伐戎王，益国十二，开地千里，遂霸西戎"。②但秦在西北地区获取最终胜利是在公元前3世纪初，此后西戎也才远居秦陇之西。而秦穆公固然武功勋烈，独霸西戎，但却得而复失。《汉书·韩安国传》所以说"秦穆公都雍，地方三百里"，其原因正在于此。诚如蒙文通先生所说："秦陇西之得而复失屡也，则穆公都雍地方三百里，疆土之蹙，事可互证。非秦之支柱其间，是诸戎者胥相率而东也。"③

战国至汉初，由于匈奴和西羌分别封锁了河西走廊和北方草原地带，致使西北和北方的中西交通仍受阻隔，张骞所说"今使大夏，从羌中，险，羌人恶之；少北，则为匈奴所得"④，反映的正是这种实际情况。而在中国西南方面，古蜀文化的空间分布十分广阔，《华阳国志·蜀志》记述道"其地东接于巴，南接于越，北与秦分，西奄峨嶓"，其西南方向与永昌、滇越等夷越直接相连，这正是蒙文通先生所论证的包括汉之益州、永昌、越巂等在内的蜀之南中。⑤由于西南夷很早就已是蜀的附庸⑥，商周时期古蜀王作为西南夷诸族之长，长期控制着西南夷地区，"以汶山为畜牧，南中为园苑"，"僰道有故蜀王兵栏"⑦，古蜀与西南夷诸族之间的关徼常常开放，因此出西南夷道至缅、印而达阿富汗、中亚再至西亚和地中海，实比从西北和北方草原西行更容易。

---

① 参见方豪：《中西交通史》上册，第47、48页。

②《史记》卷5《秦本纪》，第194页。

③ 蒙文通：《周秦少数民族研究》，《古族甄微》，成都：巴蜀书社，1993年。

④《史记》卷123《大宛列传》，第3166页。

⑤ 蒙文通：《巴蜀史的问题》，《四川大学学报》1959年第4期。

⑥ 方国瑜：《中国西南历史地理考释》上册，第15页。

⑦《华阳国志·蜀志》。徐中舒先生认为"兵栏"即驻兵的营寨，见《巴蜀文化续论》，《四川大学学报》1960年第1期。

张骞西行报告说明，通过他的实地考察，得知不论从西北还是从北方草原地区出中国去中亚，都不但路途遥远，而且沿途环境险恶，民族不通，极为困难，只有从蜀经西南地区去印度到中亚，才是一条既便捷又安全的道路。而古蜀在西南地区的文化辐射和影响，基本上就是沿着南方丝绸之路展开的。张骞，汉中城固人，亦即蜀人①，深知西南夷道上蜀与南中诸族的历史关系，所以说"从蜀宜径，又无寇"，可以由此打通中国与外域的关系。把张骞在中亚所见"蜀物""蜀贾"，同蜀贾在次大陆身毒和在东印度阿萨姆滇越从事商业活动等情况联系起来分析，可以清楚地看出，先秦和汉初蜀人商贾在印度与中亚从事丝绸、"蜀物"等长途贸易，必然是通过蜀身毒道进行的。

南方丝绸之路，是中国丝绸输往南亚、中亚并进一步输往西方的最早线路。早在商代中晚期，南方丝绸之路已初步开通，产于印度洋北部地区的齿贝与印度地区的象牙即在这个时期见于广汉三星堆和成都金沙遗址，三星堆青铜雕像文化因素和古蜀柳叶形青铜短剑形制等也由此而来，产于印度和西亚的"瑟瑟"也不仅见于四川考古，而且见于文献记载。②印度所最早知道的中国，梵语名称作 Cina，中译为支那，或脂那、至那等，就是古代成都的对音或转生语，其出现年代至迟在公元前 4 世纪，或更早。Cina 这个名称从印度转播中亚、西亚和欧洲大陆后，又形成其转生语 Seres、Thinai 等，如今西文里对中国名称的称呼，其来源即与此直接相关。而 Cina 名称的西传，是随丝绸的西传进行的③，说明古蜀丝绸在中西交流中发挥了积极作用。

南方丝绸之路以巴蜀为重心。正如苏秉琦先生在《中国文明起源新探》一书所说："四川的古文化与汉中、关中、江汉以至南亚次大陆都有关系，就中国与南亚的关系看，四川可以说是'龙头'。"④南方丝绸之路以成都平原为起点，向南分为东、西两路，西路沿牦牛道南下至大理，东路从成都平原南行经五尺道至大理，两道在大理汇为一道继续西行，经保山、腾冲，抵达缅甸密支那，或从保山出瑞丽进抵缅甸八莫，跨入外域。南方丝绸之路国外段

① 汉中城固先秦时"属蜀"，见《华阳国志·汉中志》，第 103 页。考古学上，汉中城固亦曾发现大量商代中晚期的蜀式青铜兵器和陶尖底器，见唐金裕等：《陕西省城固县出土殷商铜器整理简报》，《考古》1980 年第 3 期，可证实《华阳国志·汉中志》之说。直到东汉，汉中仍"与巴蜀同俗"，见《汉书》卷 28 下《地理志下》，北京：中华书局，1962 年，第 1666 页。

② 段渝：《古蜀瑟瑟探源》，《三星堆文化》；王滨蜀：《试论"菱形"网纹蜻蜓眼古代玻璃在四川地区存在的情况》，干福熹主编：《丝绸之路上的古代玻璃研究》，上海：复旦大学出版社，2007 年。

③ 参见段渝：《支那名称起源之再研究》，《中国西南的古代交通与文化》。

④ 苏秉琦：《中国文明起源新探》，北京：生活·读书·新知三联书店，1999 年，第 85 页。

有西线和东线两条。西线即"蜀身毒道"，从成都平原出云南至缅甸，西行至印度、巴基斯坦、阿富汗至中亚、西亚，这条纵贯亚洲的交通线，是古代欧亚大陆最长、历史最悠久的对外交通大动脉之一。南方丝绸之路国外段东线包括从四川经云南元江下红河至越南的红河道，和从蜀经夜郎至番禺（今广州）的牂柯道，经由此道发展了西南与东南沿海地区的关系。《逸周书·王会篇》记载商代初年成汤令伊尹为四方献令之词，其中有位于"正南"的"产里、百濮"，即分布在东南沿海至南海一带的族群。香港南丫岛曾出土典型的三星堆文化牙璋，三星堆祭祀坑里的部分海贝也来自南海，表明早在商代，古蜀文明就已经与南海地区发生了文化联系和交流。

由此看来，中国西南与东南亚濮系民族之间的联系，其交通应沿红河步头道和盘江进桑道等线路往还进行。而东南亚、南海与中国西南地区的海贝、牙璋等文化交流，也是通过红河道、盘江道和蜀、黔、桂、粤牂柯道相互往返联系的。中国东南沿海地区的有肩石斧、有段石锛等文化因素西渐进入缅印，则经由西南地区西行而去。可见，南方丝绸之路在古代文明初期确曾发挥了重要作用，不愧为古代亚洲以至欧亚大陆的文化交流大纽带。

| 29 |

古代中印交通与中国丝绸西传

从四川成都经云南至缅甸、印度的"蜀、身毒道"①，是史籍所载最早的中西交通线路。这条中西交通线路，历史上称之为"蜀身毒道"，学术界又称之为"南方丝绸之路"。经由南方丝绸之路，古代四川所产的蜀布、丝绸及邛竹杖等"蜀物"，西输印度，播至中亚，因而使成（都）之名得以在印度出现并广为流传。本文对此略做论述，就教于海内外博学通人。

一、蜀身毒道的开通

蜀人商贾从事长途贸易直至印度的情况，历代文献都有记载。《史记》中的《西南夷列传》和《大宛列传》详细记载了张骞出使西域归来后向汉武帝做的西行报告，其中明确指出："臣（张骞）居大夏时，见蜀布、邛竹杖，使问所从来，曰：'从东南身毒国，可数千里，得蜀贾人市。'"大夏（今阿富汗）商人所得蜀布、邛竹杖，是他们在身毒"得蜀贾人市"，而这些"蜀物"是由蜀人商贾"往市之身毒"。这些史料显然说明，蜀身毒道贸易是由蜀人商贾直接从蜀地前往印度从事的远程贸易，而不是所谓间接的转手买卖。

《史记·大宛列传》记载："然闻其西（指昆明族之西——引者）可千余里，有乘象国，名曰滇越，而蜀贾奸出物者或至焉。"《三国志》卷30裴松之注引鱼豢《魏略·西戎传》亦载："盘越国，一名汉越王，在天竺东南数千里，与益部近，其大小与中国人等，蜀人贾似至焉。"滇越（即盘越）的所在，张星烺以为是孟加拉；向达以为是剽越，即《广志》所谓剽越，地在今缅甸；法国学者沙畹（E. Chavannes）②、饶宗颐等以为应在阿萨姆与缅甸之间；汶江《滇越考》则认为在今东印度阿萨姆，即迦摩缕波③。考之史实，汶江的意见应是符合文献记载的。可见，蜀人商贾是通过东印度陆路通道从阿萨姆进入

---

① 见《史记》中的《西南夷列传》和《大宛列传》，《汉书》亦有相同记载，可参看。
② 沙畹：《魏略·西戎传笺注》，冯承钧编译：《西域南海史地考证译丛七编》，商务印书馆，1962年。
③ 汶江：《滇越考》，《中华文史论丛》1980年第2期。

印度地区的，这也是蜀、印之间进行直接贸易的重要证据。

《史记·货殖列传》记载，"巴蜀亦沃野，地饶卮、薑、丹沙、石、铜、铁、竹、木之器，南御滇僰、僰僮，西近邛笮，笮马，旄牛"。《汉书·地理志下》记载："巴、蜀、广汉本南夷，秦并以为郡，土地肥美，有江水沃野，山林竹木疏食果实之饶，南贾滇、僰僮，西近邛、笮马旄牛。"滇是蜀出西南夷地区西贾印度的必经之地，位于云南中部。僰即汉之僰道，在四川南部的宜宾与云南东北昭通之间，这是先秦、秦汉时期五尺道的所在。邛在今四川凉山，笮在四川雅安、汉源、盐源等地，为古代牦牛道（或称灵关道）的所在。五尺道和牦牛道是从成都南行进入西南夷地区的两条重要通道。《史记·司马相如列传》说："邛、笮、冉、駹者近蜀，道亦易通。"其间早有交通存在。这些史籍不仅说明了蜀人在西南夷地区进行商业活动的史迹，而且还清楚地记载了从蜀地进入西南夷地区的路线，即通过牦牛道（西路）和五尺道（东路）分别南下至滇，殊途而同归。

西南夷地区自古富产铜、锡矿石，不仅中原王朝需要从云南输入铜、锡矿料，而且蜀地青铜器原料也须部分仰给于云南，如三星堆青铜器中的铜，即取之于云南[1]，其锡、铅原料的供应也离不开这条途径。蜀、滇青铜器合金成分比较接近，也可以证实这个问题。

云南、四川西南和广汉三星堆等地都出土大量贝币，表明两地均有以海贝作为商品交换媒介的习俗。将川、滇古道上所出贝币的地点连接起来，正是由四川进入云南的西南夷道和蜀身毒道。[2]可见蜀与西南夷的深厚历史关系，从政治影响到商品交易和文化交流诸方面，几乎无处不在。

把上述诸证结合起来，清楚地反映了蜀人商贾经西南夷地区进入缅、印进行远程贸易的斑斑史迹。从蜀人南贾滇僰（即《华阳国志·南中志》所说"滇濮"）、僰僮，西近邛、笮，"取其笮马、僰僮、髦牛"[3]，到蜀人商贾出没于东印度阿萨姆之滇越，再到中亚阿富汗北部大夏商人所卖蜀布、邛竹杖，乃是"往市之身毒"，"得蜀贾人市"，而张骞在中央亚细亚之大夏（今阿富汗）所见唯一的中国产品便是蜀布等"蜀物"。这一系列史实，一方面表明最早进入印度地区从事商业活动的是蜀人，另一方面也表明印度地区最早所认识的

---

① 金正耀等：《广汉三星堆遗物坑青铜器的铅同位素比值研究》，《文物》1995 年第 2 期。
② 段渝：《论商代长江上游川西平原青铜文化与华北和世界古文明的关系》，《东南文化》1993 年第 2 期。
③《史记·西南夷列传》四库全书本。

中国是蜀。对此，还可以从"支那"名称的内涵得到具体说明。

"支那"（Cina）是古代印度地区对中国的称呼，最初见于梵文，出现年代最迟在公元前4世纪或更早。但支那名称指的是中国哪个地域，并不明确，历来译者只是将支那翻译为中国，但并没有对支那名称所指的具体地域予以还原。研究成果表明，关于"支那"的确切地域指向，不应为秦国、楚国，而应该是成都。印度孔雀王朝月护王（Can-dragupta，320—315B. C.在位）大臣Kautilya（Visnuqupta，Canakya憍胝厘耶）在《政事论》中提到Cinapatta，意思是"支那生产的成捆的丝"。既然梵语Cina这个词还原为成都，那么Ci-napatta显然就是指产自成都的成捆的丝绸，而被蜀人商贾贩运至印度。[①]

古蜀文明从商代以来就同印度地区存在经济文化交流，这就为古蜀名称远播于印度提供了条件。据《史记》和《汉书》，蜀人商贾很早就"南贾滇、僰僮"，并进一步到达"滇越"从事贸易，远至身毒销售蜀布、邛竹杖等蜀物。滇越，即今印度阿萨姆地区，身毒即印度。成书于公元前4世纪的印度古籍《政事论》也提到"支那产丝与纽带，贾人常贩至印度"，所说蚕丝和织皮纽带恰是蜀地的特产。表明了战国时期蜀人在印度频繁的贸易活动，而这又是同商代以来三星堆文化与印度文化的交流一脉相承的。在这种长期的交往中，印度必然会对古蜀产生较之中国其他地区更多的印象和认识。

成都这个名称产生很早，已见于《山海经》，春秋时期的四川荥经曾家沟漆器上还刻有"成造"（成都制造）的烙印戳记。"成"这个字，过去学者按中原中心论模式，用北方话来复原它的古音，以为是耕部禅纽字。但是，从南方语音来考虑，它却是真部从纽字，读音正是"支"。按照西方语言的双音节来读，也就读作"支那"。这表明，支那其实是成都的对音。

梵语里的Cina，在古伊朗语、波斯语、粟特语以及古希腊语里的相对字，均与"成"的古音相同，证实Cina的确是成都的对音或转生语，其他地区的相对字则均与成都的转生语Cina同源。而其他诸种语言里支那一词的相对字都从梵语Ci-na转生而去，也恰同成都丝绸经印度播至其他西方文明区的传播方向一致。由此可知，支那一词源出成都，是应有的结论。支那名称本源于蜀之成都，揭示出成都平原在早期中西交通史上不容忽视的地位和作用，证明了古蜀丝绸的西传史实。把这一事实同印度憍胝厘耶《政事论》所载"支那产丝与纽带，贾人常贩至印度"相联系，可以清楚地看出，所谓支那，即

----

① 段渝：《支那名称起源之再研究——论支那名称本源于蜀之成都》，四川大学历史系：《中国西南的古代交通与文化》，成都：四川大学出版社，1994年。

指成都；所谓 cinapatta，即是成都生产的丝绸，中、印的记载原来都是出自一源的。丝绸、布匹、织皮、邛竹杖都是蜀地原产[①]，不论张骞在大夏所见从印度转手贩运的蜀布、邛竹杖，还是印度《政事论》所记支那的丝和织皮，都是由蜀贾人贩至印度出售的。因此，印度得以称成都为支那，并非偶然。

进一步看，印度最早所认识的支那，必然是印、支之间有路可通，有丝可贾的地方。而在中国，在公元前 4 世纪以前，符合这几个条件的地区只有蜀，而且支那这个词汇主要流行的地域是印度和东南亚，至若西方载籍中的seres 等，则是由 ci-na 一词派生转译而来[②]，也表明它与中国西南有关，与西南文化之重心所在的蜀之成都有关。

以此再联系印度洋北部地区和东南亚自古存在以贝币为交易媒介的传统习俗，而云南各地和三星堆所出海贝中的环纹货币大多数产于印度洋，以及三星堆文化中明显的印度洋和南亚文化因素集结等来看，蜀与南中、蜀与印度的文化交流关系很早以来就已发生，其滥觞至少在商代中晚期，约公元前13、14 世纪上下[③]，延至支那名称初见于印度载籍的时候，其间关系已经存在了千年之久。所以，印度称成都为支那，并不是偶然的。《华阳国志·南中志》记载永昌有"身毒之民"，又说"身毒国，蜀之西国，今永昌是也"，后一句固属有误，然而也可见到蜀与印度（身毒）确实具有悠久的历史关系，而居于西南夷永昌地区的身毒之民，自然也会是将蜀之物产及声名播于印度的另一条渠道。可见，由蜀经云南至印度的蜀身毒道，从商代以来迄于汉世一直是开通的，张骞在中亚所闻，仅是其中的某些片段而已。

古蜀文化在西南地区的空间分布十分广阔，《华阳国志·蜀志》记述道："其地东接于巴，南接于越，北与秦分，西奄峨嶓。"在蜀的西南外即汉代所谓西南夷之地，古称南中，"南中在昔盖夷越之地"[④]，分布着大量濮越人的群落。《史记·大宛列传》正义说："昆、郎等州皆滇国也。其西南滇越、越嶲则通号越，细分则有嶲、滇等名也。"可见蜀地"南接于越"，即与南中之地包括永昌以西南滇越等夷越直接相连。这正是蒙文通先生所说包括汉之益州、永昌、越嶲等在内的蜀之南中。在这种政治、经济、文化和地理条件下，通过蜀人商贾直接贩运蜀丝、蜀布等蜀物到印度的同时，关于这些物品的产

---

① 蜀产织皮，见《禹贡》"梁州"，参考《说文》"纰""絣"等条。
② 段渝：《中国西南早期对外交通——先秦两汉的南方丝绸之路》，《历史研究》2009 年第 1 期。
③ 段渝：《古代巴蜀与南亚和近东的经济文化交流》，《社会科学研究》1993 年第 3 期。
④ 常璩著，刘琳校注：《华阳国志校注·南中志》，成都：巴蜀书社，1984 年，第 333 页。

地之名必然也会随之流布于印度。换言之，印度在接触到蜀丝、蜀布等物品时，对这些物品来源地的认识和了解，只可能是蜀，而不会是其他任何地方。

西南夷长期受蜀文化播染以及蜀身毒道贸易长期为蜀所控制的情况，充分证明印度古文献所最早记载的支那是指古代成都，这也与西方学者关于"支那是一个若干世纪以前的王国名称，这个王国控制着大陆与印度的商道和丝绸贸易"的看法[①]，不谋而合。

二、古蜀丝绸与汉通西域前的南方丝绸之路

中国丝绸早在公元前 11 世纪已传至埃及[②]，公元前四五世纪时，丝绸在欧洲尤其罗马帝国盛行。至汉武帝时，汉王朝才开通西域丝绸之路（公元前 2 世纪末），远远晚于中国丝绸西传欧洲的年代。

先秦时，位于西方的秦国不产丝绸，秦人一向被蜀人笑讽为"东方牧犊儿"[③]，就是说秦人主要从事畜牧，工商不多。秦国历史上向来重农抑商，商鞅变法后，更是变本加厉。虽然，战国晚期秦惠王为拉拢义渠，曾以"文绣千纯，妇女百人，遗义渠君"[④]，但这"文绣千纯"应是蜀国所产的蜀绣。秦、蜀早在春秋时期就已经"隙陇蜀之货物而多贾"[⑤]，其中必然包括原产于蜀国而声名远扬的蜀绣。严峻的秦法绝不允许商人大批买卖丝绸和丝织品，史籍中也未见秦国大规模地从其他地区进口丝绸，再经由西北边疆民族转手卖给西方的记载。考古学上，至今并没有出土秦国丝绸的事实，也是一个明确的证据。根据《史记·大宛列传》的记载，张骞出西域西行，沿途在西域各国均有所见闻，知道西域各国国君"贪汉缯絮"，却并没有提到和听说过秦国出产的丝绸。这说明在汉王朝通西域以前，西域各国即使知道中国丝绸，他们能够得到的丝绸也少得可怜，所以张骞特别强调说西域各国国君"贪汉缯絮"。可见当时中国丝绸的西传，在西域沿线并不多，丝绸主要不是经由西域传往中亚和西亚地区的。

文明的史迹：先秦、巴蜀及南丝路历史研究（南方丝绸之路卷）

---

① D. D. Kosambi, An Introduction to the Study of Indian History, P.202，此据饶宗颐《蜀布与 cinapatta——论早期中、印、缅交通》所引原著（英文），《"中央研究院"历史语言研究所集刊》45 本 4 分，1974 年。

② Philippa Scott, The Book of Silk, London: Thames & Hudson, 1993, p.78。又见《新华文摘》1993 年第 11 期关于奥地利考古队在埃及发掘中发现中国丝织品遗物的报道。

③ 常璩著，刘琳校注：《华阳国志校注·蜀志》，成都：巴蜀书社，1984 年，第 188 页。

④《史记·犀首传》文渊阁四库全书本。

⑤《史记·货殖列传》文渊阁四库全书本。

由此看来，公元前 2 世纪汉武帝开通西域道以前，中国丝绸的西传，其线路应当是沿蜀身毒道西行而去。考古学家曾在阿富汗喀布尔附近发掘的亚历山大城的一座堡垒内发现大量中国丝绸，据研究，这批丝绸是经南方丝绸之路，由蜀身毒道转运到中亚的蜀国丝绸。[①]喀布尔正当南方丝绸之路要道，这批丝绸出现在那里不是偶然的。联系到史籍关于张骞在大夏（今阿富汗）见到蜀布、邛竹杖等"蜀物"，是大夏人"往市之身毒（印度）"，并在身毒"得蜀贾人市"等记载，足证很早就有蜀人商贾前往印度从事长途贸易的史实，而丝绸的西传，自然也离不开这条古道和往来活跃在这条古道上的蜀人商贾。

　　古蜀丝绸素称发达，从它的蚕桑起源之早这个角度便足可见其一斑。蜀王蚕丛氏在虞夏之际南迁成都平原，"教民养蚕"，引起了巴蜀丝绸的兴起。到商周时代，蜀地的丝绸业已达到相当的水平。广汉三星堆 2 号祭祀坑内出土的一尊青铜大立人像，身着内外三重衣衫，外衣长及小腿，胸襟和后背有异形龙纹和各种花纹。学术界认为，青铜大立人像头戴的花冠，身着的长襟衣服上所饰的有起有伏的各种花纹，表明其冠、服为蜀锦和蜀绣[②]，这是有道理的。西周前期，渭水上游宝鸡附近分布着一支弢氏族类，其大量遗物已被发掘出来。[③]从各种文化现象分析，弢氏文化是古蜀人沿嘉陵江向北发展的一支，是古蜀国在渭水上游的一个拓殖点。[④]在弢氏墓葬内，发现丝织品辫痕和大量丝织品实物，丝织品有斜纹显花的菱形图案的绮，有用辫绣针法织成的刺绣，这些丝织品其实就是古蜀丝绸和蜀绣，它们出土于以丝织著称的蜀人墓中，不是偶然的。

　　春秋战国时代，蜀地的丝绸业持续发展，达到相当高的水平。湖南长沙和湖北江陵出土的战国织锦和刺绣，据专家研究，均属古代蜀国的产品[⑤]，并与四川炉霍卡莎石棺葬内发现的织品相似[⑥]，均为 1：2 经二重夹纬（含心纬）1/1 平纹，或 1：1 经重夹纬 1/1 平纹，经密 36×3 根/厘米，或 56×2 根/厘米。蜀锦色彩丰富，图案纹饰优美绮丽，多数可见于元人费著《蜀锦谱》，足见源远流长。蜀绣品种较多，图案多以神话为主题，花纹单位较大，呈二方或四方连续，绣法以辫绣为主，这些也都是后来蜀绣的特点，亦足见其源远流长。

①　童恩正：《略谈秦汉时代成都地区的对外贸易》，《成都文物》1989 年第 2 期。
②　陈显丹：《论蜀绣蜀锦的起源》，《四川文物》1992 年第 3 期。
③　卢连成、胡智生：《宝鸡弢国墓地》，北京：文物出版社，1988 年。
④　屈小强、李殿元、段渝：《三星堆文化》，成都：四川人民出版社，1993 年，第 601-602 页。
⑤　武敏：《吐鲁番出土蜀锦的研究》，《文物》1984 年第 6 期。
⑥　四川省文物考古研究所等：《四川炉霍卡莎湖石棺墓》，《考古学报》1991 年第 2 期。

西汉扬雄《蜀都赋》所谓"尔乃其人，自造奇锦"，对蜀锦极尽赞美之词，是有充分根据的，一点也不过分。

由于巴蜀丝绸质量优良，产量亦大，所以从很早起就充当了中国人民的友好使者，沿丝绸之路输送到印度和西方，对印度和西方文明的繁荣起到了推波助澜、锦上添花的作用，为世界文明的发展做出了重要贡献。

南方丝绸之路是巴蜀丝绸输往南亚、中亚并进一步输往西方的最早线路。早在商代中晚期，南方丝绸之路已初步开通[①]，产于印度洋北部地区的齿贝即在这个时期见于广汉三星堆蜀文化。三星堆出土的大量仿海洋生物青铜雕像也由此而来。[②]印度所最早知道的中国，梵语名称作 Cina，中译为支那，或脂那、至那等，就是古代成都的对音或转生语，其出现年代至迟在公元前 4 世纪，或更早。[③]印度古书里提到"支那产丝和纽带"，又提到"出产在支那的成捆的丝"，即是指成都出产的丝和丝织品，Cina 这个名称从印度转播中亚、西亚和欧洲大陆后，又形成其转生语 Seres、Thinai 等，如今西文里对中国名称的称呼，其来源即与此直接相关。而 Cina 名称的西传，是随丝绸的西传进行的，说明了古蜀丝绸对西方的巨大影响，和古蜀丝绸在中西交流中的积极作用。

汉代和以后出西域西行中亚、西亚并抵东罗马安都奥克（Antioch，当即《魏略·西戎传》中的安谷城）的西域丝绸之路，其国际贸易中的物品相当多数是丝绸，而丝绸中的主要品种，便是出产于蜀的丝绸，其中大量的是蜀锦。在新疆吐鲁番阿斯塔那——哈拉和卓古墓群中，先后出土大批织锦[④]，均为蜀锦[⑤]，其年代从南北朝到唐代均有，确切表明蜀锦是西域丝绸贸易中的重要商品，也是经由北方丝绸之路输往西方的主要中国丝绸。因此，唐代吐鲁番文书中有"益州半臂""梓州小练"等蜀锦名目，并标有上、中、下三等价格[⑥]，就不是偶然的，充分表明了蜀锦在中西经济文化交流中所占有的重要地位和发挥的重要作用。

蜀锦、蜀绣不但分别沿南、北丝绸之路传播到南亚、中亚、西亚和欧洲

---

① 段渝：《略谈南方丝绸之路》，《光明日报》1993 年 5 月 24 日。
② 段渝：《古代巴蜀与南亚和近东的经济文化交流》，《社会科学研究》1993 年第 3 期。
③ 段渝：《支那名称起源之再研究——论支那名称本源于蜀之成都》，四川大学历史系：《中国西南的古代交通与文化》，成都：四川大学出版社，1994 年。
④《新疆出土文物图录》，北京：文物出版社，1975 年。
⑤ 武敏：《吐鲁番出土蜀锦的研究》，《文物》1984 年第 6 期。
⑥ 日本龙谷大学图书馆：《大谷文书》3097、3066 号。

地中海文明区，而且还在战国时代向北通过北方草原地区传播到北亚，这条线路便是草原丝绸之路。考古学上，在俄罗斯阿尔泰山乌拉干河畔的巴泽雷克（Pazyryk）古墓群内（约公元前5—前3世纪）[①]，出土不少西伯利亚斯基泰文化的织物和中国的丝织品，丝织品中有用大量的捻股细线织成的普通的平纹织物，还有以红绿两种纬线斜纹显花的织锦，和一块绣着凤凰连蜷图案的刺绣。刺绣图案与长沙楚墓出土的刺绣图案极为相似，有学者据此认为是楚国刺绣。其实，楚地织锦和刺绣素不发达，战国和汉代楚地的丝织品均仰给于蜀，长沙楚墓出土的织锦和刺绣均为蜀地所产，并非楚地的产品。因此，巴泽雷克墓内出土的织锦和刺绣，必定就是蜀锦和蜀绣。由此可见，最早经由草原丝绸之路输送到北亚地区的中国丝绸，是蜀地所产丝绸，而草原丝绸之路也是由此命名的，表明古蜀丝绸在中国北方草原地区与北亚地区文化交流中所居的重要地位和所发挥的积极作用。

古蜀丝绸在欧亚大陆的传播，丰富了南亚、中亚、西亚、北亚和欧洲文明的内容，并由丝绸的传播而引起了丝绸之路的开通，从一个重要方面沟通了中国与欧亚各古代文明的交流和互动，不仅对于中国认识世界和世界认识中国，而且对于世界文明的繁荣和西方古典文明的发展，都做出了积极而卓越的贡献。

---

① 鲁金科：《论中国与阿尔泰部落的古代关系》，《考古学报》1957年第2期。

| 30 |

南方丝绸之路：中—印交通与文化走廊

古代中—印文化走廊，是指从成都平原向南，经四川西南、云南、缅甸，到达印度东部、中部和北部以及孟加拉，并进一步延伸到南亚、中亚、西亚和欧洲的国际交通线。中—印之间的交通线路曾是古代南方丝绸之路的主干线，《史记·西南夷列传》称之为"蜀身毒道"，它曾经在古代中外文明交流与互动方面发挥了重要作用。本文从南方丝绸之路概况、古代中—印文化交通与交流、中—印文化走廊等方面加以论述。

一、南方丝绸之路

古代中国与印度之间的交通线路，最早是从四川、云南经过缅甸北部通往东印度、北印度和今巴基斯坦的蜀身毒道。这条道路在中国古文献如《史记》《汉书》和《三国志》裴松之注引三国时人鱼豢所著的《魏略·西戎传》里，有一些简略的记载，在古希腊、罗马记述东方地理人文的一些文献中，也对中—印交通有所述及，但多数记载间接而模糊。近世以来，一些中外学者对此进行了研究，取得若干成果，但由于缺乏必要的资料和其他一些条件，在若干方面难以深入探讨，许多结论也未能获得学术界认同。20 世纪 80 年代，在全国改革开放大潮的促动下，四川省和云南省的历史学、考古学、人类学界提出古代南方丝绸之路研究，取得相当可观的成果。随着研究的深入和广泛，到 21 世纪初，学术界初步完成了南方丝绸之路的基础性研究，主要包括以下三个方面。

首先是南方丝绸之路的线路走向。南方丝绸之路的起点是成都，远在公元前 2000 年前，成都已开始形成一座工商业城市，公元前 700 年以后，成都逐步发展成为长江上游以至中国西南的古代文明中心，并以其强劲的吸引力和辐射力，成为中国西南国际交通线的起点和国际贸易中心。①

以古代成都为起点的南方丝绸之路中—印国际交通线，有西路、中路和

---

① 参见段渝：《四川通史》第 1 册，成都：四川大学出版社，1993 年；《中国西南早期对外交通—先秦两汉的南方丝绸之路》，《历史研究》2009 年第 1 期。

东路 3 条，分别通往印度、中南半岛和南海，其中最主要的一条是通往印度的蜀身毒道。其走向为：从成都出发，向南分为东、西两路：西路为灵关道（又称为牦牛道），从成都—雅安—汉源—西昌—大姚—大理；东路为五尺道，从成都—乐山—宜宾—昭通—曲靖—昆明—楚雄—大理。两道在大理会合后，继续向西，经博南道至保山，而后经永昌道出腾冲抵缅甸密支那，去印度阿萨姆；或出瑞丽抵缅甸八莫，经密支那去阿萨姆。这条线路最长，也是南方丝绸之路最重要的一条线路，堪称古代亚洲的交通大动脉。

其次是南方丝绸之路开通的时代。过去学术界认为，南方丝绸之路的开通始于秦并巴蜀之后，而五尺道为秦灭巴蜀后始凿。近年来的考古发现和研究成果表明，五尺道早在商周之际即已开凿[①]，而四川、云南与印度之间的交通线也早在商代即已存在。[②]

最后是南方丝绸之路的性质。南方丝绸之路至少承载着对外贸易、民族迁徙、文化交流 3 种功能。对外贸易是南方丝绸之路的主要功能，对外贸易的主要货物有丝绸、蜀布、邛竹杖、蜀枸酱、盐、香料、宝石、象牙、琉璃、铜矿、锡矿等，使用的货币通常是一种出产于印度洋的海贝。贸易性质有官方控制的贸易和民间自由贸易，贸易形式有直接贩运和转口贸易两种形式。南方丝绸之路同时是一条民族迁徙线路，它同中国西部南北向的藏彝走廊相互结合并进一步通向国外。[③]由于商业贸易和民族迁徙在数千年的历史演进中往来不绝，因而使南方丝绸之路成为一条跨地区、跨民族、跨国家、跨洲的国际交通线，一条在史前时代就已开拓而在历史时期更加兴盛的国际文化走廊。

二、古代中—印交通与交流

南方丝绸之路连接了欧亚大陆腹地最古老而灿烂的文明，而在蜀身毒道上，古蜀文明、滇文化、蒲甘文化、印度文明以及一些次级文化，在长期的贸易及民族迁徙往来中，产生了广泛的文化交流和互动。经由这条国际文化走廊，中国西南古代文明与印度古代文明相互吸收借鉴，促进了古代文明的繁荣与进步。

---

① 段渝：《五尺道的开通及其相关问题》，《四川师范大学学报》（社会科学版）2013 年第 4 期。
② 段渝：《论商代长江上游川西平原青铜文化与华北和世界古文明的关系》，《东南文化》1993 年第 2 期。
③ 段渝：《藏彝走廊与丝绸之路》，《西南民族大学学报》（人文社会科学版）2010 年第 2 期。

（一）古蜀文化与滇文化

滇文化是分布在云南东部以滇池区域为中心的一支地方文化，其创造者为古代滇人。滇池地区青铜文化的上限约为公元前 5 世纪，下限约为公元前 1 世纪，相当于春秋末战国初到西汉，前后相续达 400 余年。

比较而言，古蜀青铜文化诞生年代比滇文化更加古远，连续发展的时代也比滇文化长久。固然这两种青铜文化各有优长之处，也互有影响，但成都平原古蜀青铜文化较早渗入和影响了滇文化，却是考古学上的事实。

在云南晋宁石寨山①、江川李家山②古墓群出土的青铜器中，包含有古蜀早、中期青铜文化的某些因素。晋宁在汉代为滇池县，是古滇国故都之所在。在这里出土的青铜器上，铸有若干人物和动物的立雕像，这种风格与三星堆青铜文化有着相近似之处，造型艺术也较接近，仅有体量大小的不同。青铜雕像人物，有椎髻、辫发、穿耳等形式，与三星堆青铜人物雕像群不乏某些共同点。在一件长方形铜片上刻画的文字符号中，有一柄短杖图像，无杖首，杖身上刻 4 个人头纹。从滇文化发现大量各式杖首来看，其应有发达的用杖制度。滇文化以杖而不以鼎来标志宗教权力和政治权力，与古蜀文化颇为一致，应是受到古蜀文化的影响所致。

滇文化的青铜兵器也含有蜀文化色彩。江川李家山和晋宁石寨山墓地均出土了无格式青铜剑，它们与蜀式扁茎无格柳叶形青铜剑属于同一风格，没有本质性区别，显然存在文化交流和传播的关系。③滇文化的青铜兵器形制也有蜀文化的特征，青铜戈上的太阳纹或人形纹在蜀戈上也是早已有之，表明它在发展演变中显然曾经受到过蜀式戈的重要影响。④

滇文化青铜贮贝器上的人物雕像，在造型和风格上模仿三星堆青铜雕像，滇文化的用杖制度模仿蜀制，都意味着滇文化长期受到蜀文化的影响，这其实就是《华阳国志·蜀志》所说蜀王杜宇以"南中为园苑"所表达的历史事实。

云南自古富产铜、锡矿石。早在商代，中原王朝就大量从云南输入铜、锡，作为制作青铜器的原料。用铅同位素比值法对殷墟 5 号墓以及三星堆和成都市金沙遗址所出部分青铜器进行的测定结果表明，这些青铜器的矿料来

① 参见云南省博物馆编：《云南晋宁石寨山古墓群发掘报告》，北京：文物出版社，1959 年。
② 张增祺，王大道：《云南江川李家山古墓群发掘报告》，《考古学报》1975 年第 2 期。
③ 童恩正：《我国西南地区青铜剑的研究》，《云南青铜器论丛》，北京：文物出版社，1981 年；张增祺：《滇西青铜文化初探》，《云南青铜器论丛》，北京：文物出版社，1981 年。
④ 霍巍，黄伟：《试论无胡蜀式戈的几个问题》，《考古》1989 年第 3 期。

自云南。[1]而古蜀青铜器的锡料必须仰给于云南，三星堆青铜器中的铅也是取之于云南。蜀、滇青铜器合金成分比较接近，也足以说明这个问题。而蜀、滇都曾使用来自印度洋的海贝为货币，为二者间的金锡交易提供了可能。[2]这说明，滇文化对古蜀青铜文化的发展做出了积极而重要的贡献。

（二）印度、中国西南对蒲甘文化的影响

早在 5 000 年前，纵贯缅甸南北的伊洛瓦底江边的村庄已有人类居住。公元前 200 年左右，骠人进入伊洛瓦底江的上游地区。公元 2 世纪之后，孟族进入锡唐河流域。后来，逐渐强大起来的缅族控制了骠河流域，建立起缅甸最早的城市——蒲甘。缅族、骠族和孟族成为对缅甸历史文化贡献最大的 3 个民族。1044 年，蒲甘阿努律陀国王基本上统一了缅甸，开创了蒲甘王朝。蒲甘王朝以蒲甘城为都城，先后征服掸族和孟族，并不断扩展领土，大力推行南传上座部佛教。到 12 世纪时，南传上座部佛教已经成为缅甸的主流文化，并在 13 世纪初期达到鼎盛。在蒲甘城周围，陆续建造起 400 余万座寺庙，至今尚保存有 2 000 余座，为世界三大佛教遗迹之一。

蒲甘文化以有缅甸风格的南传上座部佛教为主体，以形制、意蕴、雕刻、色彩、装饰等独具韵味与特色的佛塔建筑为最显著的标志，以神像、碑文、寺庙建筑、灵兽、宗教故事、神话、民居故事与传说等为主要内容。从古至今，这些文化内容和现象在缅甸几乎无处不在，以各种形态体现于人们日常的精神与物质生活中。

蒲甘地处缅北，东与中国西南、西与印度东北接壤，受到了来自这两大文明区域的很大影响。首先是民族迁徙带来的文化交融，缅甸的缅族、克伦族、克钦族等民族，与中国西南的羌族、景颇族、哈尼族、傣族等民族有族源关系。其次是宗教文化影响。大乘佛教经缅北传入中国西南，缅北先是信奉大乘佛教，传入中国西南的也首先是大乘佛教。到了 12 世纪时，南传上座部佛教才成为缅甸的主流文化，中国西南的云南南部以傣族为主的少数民族也逐渐改信南传上座部佛教。而四川的道教传入印度，也是经过缅北地区，密宗的形成之地迦摩缕波国，正是紧邻缅北的印度东部阿萨姆地区。

---

① 金正耀，马渊久夫等：《广汉三星堆遗物坑青铜器的铅同位素比值研究》，《文物》1995 年第 2 期。
② 段渝：《四川通史》第 1 册，成都：四川大学出版社，1993 年，第 146 页。

（三）中国西南与印度的文化交流与互动

至少在距今 3 000 年前的殷商时期，由四川进入云南，经上缅甸达于东印度、西印度、巴基斯坦和阿富汗的蜀身毒道已经初步开通，由此开辟了中国西南走向南亚并进一步通往西方世界的交通，沟通了中国与缅、印地区的经济文化交流。魏晋南北朝时期，北方大乱，黄河流域和河西地区先后被十六国和北魏占领，经河西走廊出西域的中西交通线因此阻断，西域也陷于乱局之中。在这种形势下，中西交通线路便移至南方，除南海道外，以成都为起点的南方丝绸之路便承担起中西经济文化交流的主要任务。这一时期的滇蜀道基本上沿袭汉代的蜀身毒道，从成都出发，中经云南，西通缅、印。这条线路在永昌郡又分为海路和陆路。海路出永昌郡，沿伊洛瓦底江至下缅甸出海，航行于孟加拉湾，在金洲（Khersonese）登陆，这是成都与罗马进行丝绸、黄金和宝石异物贸易的主要商业线路。《后汉书·南蛮西南夷传》说"掸国（缅甸）西南通大秦（罗马）"，《三国志·魏志·乌丸鲜卑东夷传》裴松之注引三国时人鱼豢《魏略·西戎传》说："（大秦）又有水道通益州、永昌，故永昌出异物。"又记载说："（大秦）又常得中国丝，解以为胡绫，故数与安息（古波斯，今伊朗）诸国交市于海中。"①罗马人在孟加拉湾金洲登陆，获得中国丝绸后，又加工为"胡绫"，再出口于安息诸国。陆路在永昌又分为二道：一条循弥诺江（Chindwan）至东印度曼尼普尔，再经北印度达于阿富汗，进行丝绸、黄金贸易；一条经上缅甸至东印度的阿萨姆地区，再抵孟加拉，进行丝绸、黄金、宝石贸易。通过海陆两路，成都丝绸大量运往西方，成都则从西方获得黄金、宝石以及香料等物品。

除大量官方贸易外，蜀地商人亦踏着先秦至汉代的蜀身毒道，出云南至东印度阿萨姆地区进行贸易。《魏略·西戎传》记载说："盘越国（按《后汉书·西域传》作'磐起国'），一名汉越王，在天竺（印度）东南数千里，与益部近。其人小，与中国人等。蜀人贾似至焉。"②盘越国，或以为是孟加拉（Bengal），以其古音相近③，但从道里、风俗等分析，应为东印度的阿萨姆地区，即迦摩缕波国（Kāmarūpa），也即《史记·大宛列传》所记"蜀贾奸出物者或至"的"滇越"。④这条道路是蜀中商人同西方进行各种贸易的传统商道

---

① 陈寿：《三国志·乌丸鲜卑东夷传》，北京：中华书局，1964 年，第 861 页。
② 陈寿：《三国志·乌丸鲜卑东夷传》，北京：中华书局，1964 年，第 860 页。
③ 张星烺：《中西交通史料汇编》第 6 册，北京：中华书局，1979 年，第 42 页。
④ 汶江：《滇越考》，《中华文史论丛》1980 年第 2 辑。

之一，在魏晋南北朝时依然发挥着重要作用。

隋唐时期，南方丝绸之路的政治功能逐渐强化，更多地承担了境内外的进贡回赐和盐、绢丝交易等经济贸易功能。南诏建国后，大力发展佛教，与缅甸建立了密切的交往关系，保持了通往缅甸道路的畅通。南诏南接骠国，北连唐王朝，贞元年间，骠国使团献乐队伍前来中国的路线，就是沿着唐代宰相贾耽记载的中缅印路线进入大理的[1]，"自羊苴咩城西至永昌故郡……西渡怒江……至诸葛亮城（龙陵）……南至乐城……入骠国境，经万公等八部落，至犀利城七百里。……至骠国(指都城)……西度黑山，至东天竺迦摩波国……又西北渡迦罗都河至奔那伐檀那国……又西南至中天竺国东境恒河南岸羯朱嗢罗国……西至摩羯陀国"。[2]献乐使团到达大理后，经成都到达唐都长安。这条线路正是唐代从蜀身毒道的起点成都经滇、缅入印度的通道。

至明清，南方丝绸之路的国际贸易走向低谷，尤其到了清代，原经南方丝绸之路进行的官方贸易多数转向广州和上海，但南方丝绸之路民间贸易仍在进行。

关于古代中国西南与印度文明经蜀身毒道所进行的文化交流，这里列举以下几点加以说明。

1. 三星堆文化与古印度文明

在三星堆遗址的外来文化因素中，来自印度的因素十分明显，尤其是海贝、象牙，其来源均为古印度。

1）从海贝看中—印交通

三星堆一、二号祭祀坑中出土了大量来自印度洋的白色齿贝，这种来自印度洋的海贝在云南、四川的多处考古遗址中被大量发现，如云南昆明、晋宁、楚雄、禄丰、大理、曲靖，四川广汉、凉山、茂县等地，均有发现。把这些出土这种海贝的地点连接起来，恰好就是南方丝绸之路蜀身毒道的走向。

据《史记·大宛列传》记载，汉武帝为打通汉王朝与大月氏的联系，派遣使者 10 余批，"乃令骞因蜀犍为发间使，四道并出：出駹，出冉，出徙，出邛、僰，皆各行一二千里。其北方闭氐、筰，南方闭嶲、昆明"。[3]张骞在蜀郡和犍为郡发间使经由 4 条道路前往大月氏所在地区（其时大月氏已迁徙

---

① 吴耶生：《公元 802 年骠国使团访华考》，朱杰勤译，《中外关系史译丛》第 1 辑，上海：上海译文出版社，1984 年。

② 欧阳修等：《新唐书·岭南道》，北京：中华书局，1975 年，第 1152 页。

③ 司马迁：《史记·大宛列传》，北京：中华书局，1959 年，第 3166 页。

到乌浒水地区，即今阿富汗地区），4条道路中，除冉、駹在岷江上游地区外，徙、邛、僰均位于犍为郡以南。这说明张骞是明确了解并且知道从蜀经由西南夷徙、邛、僰等地区，可以通往大月氏所在地。徙位于今四川汉源，邛位于今四川凉山西昌，僰位于今四川宜宾，这3地恰好是蜀身毒道东西两线的要冲。《史记·西南夷列传》还记载："于是天子乃令王然于、柏始昌、吕越人等，使间出西夷西，指求身毒国。至滇，滇王尝羌乃留，为求道西十余辈。岁余，皆闭昆明，莫能通身毒国。"[①]汉武帝派出的使者到滇池地区后，"皆闭昆明"，"其北方闭氐、筰，南方闭巂、昆明"，遮挡了汉王朝使者前往身毒和大月氏的道路。巂、昆明的所在，巂位于今云南保山，昆明位于今云南大理一带。巂、昆明遮挡了汉王朝使者的道路，可见汉王朝使者的意图，是要通过大理和保山西去身毒和大月氏，他们所选择的这条早已存在的交通线路，就是蜀身毒道。《华阳国志·南中志》记载永昌有"身毒之民"，说明从永昌到身毒的道路是畅通的。将蜀、犍为、邛、僰、巂、昆明与永昌和身毒连接起来，正是从蜀、滇通往印度的蜀身毒道线路的全程。

2）从象牙看中—印交通

在四川盆地的考古发掘中，迄今出土了不少大象的门齿、臼齿等，这些大象的遗骸集中发现于广汉三星堆和成都金沙遗址。除象牙外，在出土青铜器的造型方面，三星堆青铜大立人像座为4个象头，三星堆出土的一件夔龙凸目青铜面具实为凸目青铜人像面具（鼻作上卷的象鼻状），还有一件戴象冠的立人像。[②]除此而外，在彭州竹瓦街发现的商周之际的青铜器窖藏中出土了一件青铜罍亦有大象的造型。迄今的考古发现似乎说明，从商周之际以后，成都平原没有发现完整的象牙，在青铜器或其他器物的纹饰里也没有发现大象的图形。成都百花潭战国墓出土的一件水陆攻战铜壶，盖和身下部铸有各种动物图像，有牛、羊、猪、狗等，应是当时成都平原所见的动物，其中没有大象，似可说明大象并非成都平原的原产动物。

如果说成都平原产象，那么为什么仅在商代和商周之际成都平原出现大象（整只，或象牙），而西周以后却没有了呢？金沙遗址的象牙出土数量，从地层关系看，商周之际以后大大减少，充分表明了供应不足的情况，这与西周以后大象图像的消失是一致的。从成都平原的气候条件和物产来看，不可能是由于西周以后气候变冷致使大象南迁。宝墩文化时期成都平原的谷物以

---

① 司马迁：《史记·西南夷列传》，北京：中华书局，1959年，第2996页。
② 段渝：《古蜀象牙祭祀考》，《中华文化论坛》2007年第1期。

小米为主，三星堆文化时期小米和水稻并存，金沙遗址则以水稻为主，这从农业气象的角度说明了先秦成都平原的气候，即是新石器时代较冷，商代稍暖和，西周以后是温暖气候。既然在商代的气候条件下大象可以生存，那么西周以后更能够生存发展。但从考古发现来看，情况却恰恰相反，这说明大象并不是成都平原的原产动物。①

印度自古盛产大象，中国历代史册对此多有记载。在印度河文明著名的摩亨佐·达罗遗址里，就发现了象牙加工工业的繁荣景象，还出土不少有待加工的象牙。

把成都平原出土的大量象牙，同三星堆遗址出土的成千枚来自印度洋地区的海贝，以及古蜀青铜剑形制的来源②等加以联系，不难看出，成都平原大批象牙的来源地不是别的地方，正是古印度。而在三星堆祭祀坑中埋藏的大量贝币，也应是二者象牙贸易的媒介。③

2. 佛教传入中国西南

佛教传入中国西南的途径，学术界认为主要有南、北两条线路。北路由印度经西域和甘、青地区传入，南路由印度经缅甸、云南传入。由于四川据有形胜之利，既有长江沟通东西交通，又有横断山脉连接南北往来，于是成为江南和西域僧人往来传教的必经之地，并由此深受南北佛教的推动和影响。任继愈先生认为，四川地区广泛分布的早期佛教造像，最大的可能是通过云南输入。④东汉时佛教造像南传，从印、缅经云南传入四川的情况，不但有近年在滇蜀道上发现的大量佛教造像予以证实⑤，而且也与《华阳国志·南中志》关于永昌郡居住有佛教来源地的"身毒之民"等记载相吻合，其间关系绝非偶然。

魏晋南北朝时期，南方丝绸之路滇缅道仍是长江流域与印度联系的主要通道，南朝僧侣同西域和印度佛教往来，都要在蜀地中转或暂住。大量高僧南来北往，东进西上，给蜀中佛教的风行增添了很大的激励力量。

佛教艺术自东汉经南方丝绸之路滇缅道传入四川后，又继续向长江中下游传播，从而形成了早期佛教的南传线路。

① 参见段渝：《中国西南地区海贝和象牙的来源》，段渝主编：《巴蜀文化研究集刊》第 5 卷，成都：巴蜀书社，2009 年。
② 段渝：《商代中国西南青铜剑的来源》，《社会科学研究》2009 年第 2 期。
③ 参见段渝：《中国西南地区海贝和象牙的来源》，段渝主编：《巴蜀文化研究集刊》第 5 卷，成都：巴蜀书社，2009 年。
④ 任继愈：《中国佛教史》第 1 卷，北京：中国社会科学出版社，1985 年，第 187 页。
⑤ 阮荣春：《早期佛教造像的南传系统》，《东南文化》1990 年第 1 期。

3. 道教传入印度

中国西南的道教传入印度，对印度的宗教思想产生了很大影响，构成了印度密宗最主要的思想根基之一。中国道教起源于蜀，兴盛于蜀，而蜀地的道教也最早南传至印度。

道家的哲学思想自先秦以来就在巴蜀地区长期传播，在蜀中的深厚土壤中长期生长，不断发展，到西汉之世，蜀中大学者如严君平、扬雄等，均以精通道学，耽于《老》《庄》而饮誉中华。宋人所说"《易》学在蜀耳"①，真切反映了蜀中道学思想的丰富多彩和源远流长。到东汉时，中国最重要的本土宗教——道教在巴蜀地区诞生。至东晋，道教在四川地区已经相当兴盛，产生了鹤鸣山、青城山、峨眉山等著名的道家圣地，并且还向四面八方传播，向南即传入印度。

道教对印度宗教的影响，集中体现在印度密宗与炼金术上。就如达斯古普塔所说，密宗既非来自印度，也非来自佛教，而是来自远古与玄妙的哲理无关的宗教暗流，这股暗流应该就是中国的道教。道教传向印度是非常自然的事。佛教传入中国，曾长期和道教混杂不清，为了争取大众的接受，顺利传教，佛教僧侣也自觉地学习当地的宗教思想，将其融合进佛教。并且随着印度僧侣回国，以及中国道士赴印，将道教思想传到印度。②印度的迦摩缕波国是密宗的形成之地，位于印度东部阿萨姆地区，迦摩缕波国即是中国史籍中所称的滇越，历史文献记载的商旅、僧人在中国西南与滇越间往来不绝，表明其间正是道教传入印度的主要线路。

三、中—印历史文化走廊

早在古代就已形成并日益繁荣的南方丝绸之路，是一条呈带状分布的经济文化带或经济文化走廊。这条丝绸之路经济带，以其长期不绝的经济贸易、民族迁徙而形成广泛的文化交流，使得整个走廊的各区域文化显示出多种多样的特性，既有鲜明的地域特色，又有互鉴、交融、创新的文化风貌，大大提升了地域文化的品位。这是整个古道上各区域共有的文化资源，也是将其整体开发、建设、利用的有利条件。中—印文化走廊由历史上形成的 9 条走廊重合而成。

---

① 脱脱等：《宋史·谯定传》，北京：中华书局，1977 年，第 13461 页。
② 汉江：《试论道教对印度的影响》，伍加伦、江玉祥主编：《古代西南丝绸之路研究》，成都：四川大学出版社，1990 年。

（一）古代文明走廊

在南方丝绸之路经济带文化走廊中，曾诞生了辉煌灿烂的古代文明，它们是：印度文明、古蜀文明、滇文化、蒲甘文化，以及一些次级文化如爨文化、南诏文化等。这些都是人类最宝贵的文化遗产，具体表现物为文明遗址、出土文物。

（二）中国丝绸西传走廊

早在商周时期，古蜀地区便初步发展了与印度的陆上交通，成都丝绸通过上缅甸、东印度阿萨姆地区传播到印度和中亚、西亚以至地中海地区，这条国际贸易线路便是蜀身毒道，亦即南方丝绸之路，由此引起了丝绸之路的开通。

成都平原销往南亚的代表性商品是丝绸。根据《史记·大宛列传》和《史记·西南夷列传》以及《魏略·西戎传》等的记载，蜀地商贾曾前往印度从事长途贸易，贩运"蜀物"。大夏（今阿富汗）人专门"往市之身毒"，在身毒"得蜀贾人市"，购进蜀布和邛竹杖。如果不是因为蜀物在身毒的畅销，就不可能吸引大夏人到身毒购买蜀物。这说明，蜀身毒道贸易是畅通无阻的直接的远程贸易。

印度学者 Haraprasad Ray 教授在他的《从中国至印度的南方丝绸之路——一篇来自印度的探讨》一文中说道，在印度诗人迦梨陀娑（Kali-dasa）那个时代以前，中国纺织品的名字已频繁出现。Haraprasad Ray 教授指出，Cinapatta 在 Kali-dasa 时代（在公元前 1 世纪至公元 400 年之间），通称为 Cinangsuka。在公元前 4—公元前 3 世纪的早期阶段，它通称为 Cinapatta，印度人对它的织质是不清楚的，因此他们称之为"中国布"（China-cloth）。Patta 很可能是用亚麻或黄麻制成，因为整个东印度（inBhojpuriPatua）Pat-ta 的现在形式 Pat 意谓"黄麻"。从织质和外观来看，它类似丝。同样的词 Pat，阿萨姆语意指"丝"，这是由于阿萨姆的丝极其普遍的缘故。这种丝可能从中国传入，替换了亚麻丝或亚麻布，Patta 这个词便用来专指由蚕茧制造成的中国或阿萨姆的丝绸，Patta（Pat，黄麻）在阿萨姆失去了其原始意义。早在公元前 5 世纪，丝绸一定已从中国传到阿萨姆。[1]这也可说明，《史记》记载张骞在大夏所见贩自蜀人在印度销售的"蜀布"，梵语称为 Cinapatta，这个名称应该就是四川

---

[1] 参见 Haraprasad Ray：《从中国至印度的南方丝绸之路——一篇来自印度的探讨》，江玉祥译，曾媛媛校，江玉祥主编：《右代西南丝绸之路研究》第 2 辑，成都：四川大学出版社，1990 年。

丝绸从阿萨姆传播到印度广大地区后，为印度所接受的阿萨姆语言对丝绸的称呼。

（三）佛教文化走廊

南方丝绸之路经济带文化走廊，最显眼的文化遗产是佛教文化遗产。有佛教发源地、南传上座部佛教和大乘佛教，其内容之全面、分布之紧凑，在佛教传播路线上具有唯一性，"印度东部—缅甸北部—中国云南—中国四川"就是佛教南传的线路。

在佛教的发源地印度，有当时世界上最大的佛教寺庙（学校）那烂陀寺遗址、灵鹫山释迦牟尼开坛讲经遗址、释迦牟尼在菩提树下成佛的菩提伽耶等佛教圣地遗址。中国古代的高僧法显、玄奘、义净都到这些地方参拜和居住过。缅甸北部、云南南部，是南传上座部佛教盛行之地，有世界三大佛教建筑遗址之一的蒲甘佛塔：2 000 余座样式各异、高低不一的佛塔散落在蒲甘平原；而云南的南传上座部佛教寺庙建筑，则具有自身的特点，小巧精致，富于装饰。

自云南保山向北，又见大乘佛教寺庙建筑，最著名的是大理鸡足山、成都平原峨眉山。

鸡足山的佛教文化，融合了大乘佛教、南传上座部佛教、印度密教、儒家的文化元素，甚至大理地区本土文化的传统信仰元素，也以其深厚的、难以动摇的民族心理因素，融合到大理佛教中。大理佛教文化的这种特色，充分反映出大理在南方丝绸之路经济带文化走廊中所处的重要枢纽位置。

（四）古城镇文化走廊

南方丝绸之路经济带文化走廊分布着许多古城镇。由于地域、民族、历史等原因，呈现出各不相同的特色，散发出迷人的魅力，具有很高的旅游开发价值。

成都平原的古城有成都、大邑、崇州、邛崃等，具有浓郁的川西平原风格。川西南的雅安、荥经、汉源、西昌，尤具古道雄关的风范。云南昆明、楚雄、大理、保山、腾冲、瑞丽，展现滇西风采，文化独特，是为要道枢纽。缅北有皇城曼德勒，第一古都蒲甘，印度东北地区文化发祥地古瓦哈蒂，圣河恒河的入海口加尔各答，印度教最重要的朝圣地之一因帕尔，印度历史上第一个奴隶制国家——孔雀王朝的都城帕塔娜等，都是古道上最重要的交通、经济、文化的枢纽和中心。

南方丝绸之路经济带文化走廊的古镇以四川的平乐、上里、新场、黄龙溪古镇，云南的巍山、和顺古镇等为典型，代表了川西农耕文化、水乡文化，大理南诏文化，边疆侨乡文化。

（五）茶文化走廊

南方丝绸之路经济带文化走廊是世界茶文化的发祥地，茶文化源远流长。南方丝绸之路的成都—雅安段、滇—藏道，还一度承担了汉藏茶马贸易的使命，被后人称之为茶马古道。在蜀身毒道上，印度红茶享誉全球；深受藏民喜爱的云南普洱茶，如今焕发出新的生机；四川绿茶被白居易盛赞为"茶中故旧是蒙山"，产品全面，质量上乘，是茶产品的最高代表。

各地各族创造的茶文化丰富多彩，有广为流传的诗歌、传说，传承至今的饮茶、食茶礼仪和习俗，加之茶马古道文化，构成了蜀身毒道风韵独具的茶文化。

（六）玉文化走廊

南方丝绸之路经济带文化走廊拥有全世界独一无二的玉文化。玉文化发源于中国，也是东方最古老、最神秘和最具人文品格的文化。云南、缅甸出产的翡翠，以及近年来新涌现出的黄石和其他新产品，与北方的和田玉及其他玉石分庭抗礼，撑起玉产品的半壁江山。以玉为重要元素的玉文化带，极大地丰富了南方丝绸之路经济带文化走廊建设的文化内容，提升了人文品格和艺术品质。

（七）黄金文化走廊

中国、缅甸、印度，是世界上最大的黄金文化走廊，人们对黄金的喜好甚至崇拜的习性，不仅源远流长，而且根深蒂固。四川的蜀文化、金沙文化以及云南香格里拉、滇池区域，都有着悠久的黄金文化传统。在印度、缅甸的宗教文化中，黄金文化登峰造极，体现得淋漓尽致，缅甸有世界上最大的金佛塔；缅甸吉谛佑金石头佛塔位于一座巨大的砾石上，而巨砾则坐落在陡峭的山崖边缘，据说与山崖并无接触，是前来祭祀的男子都往上贴金箔，逐渐形成金石头佛塔。缅甸曼德勒还有一座金佛像，前来祭祀的男子也都往佛像上贴金箔，以至于佛像上的黄金日益增加，大大超过建设落成之时的重量。

在民众生活中，黄金也是不可或缺的重要物资，因此，在南方丝绸之路经济带文化走廊的旅游文化开发中，黄金文化开发具有非同寻常的价值。

（八）民族民俗文化走廊

南方丝绸之路经济带文化走廊的民族民俗文化，既是其非物质文化遗产最重要的组成部分，也具有很高的旅游开发价值。在这条民族走廊中，迄今有中国的汉、藏、羌、彝、白、纳西、傈僳、普米、独龙、怒、阿昌、景颇、拉祜、哈尼、基诺、傣、佤、布朗、德昂、苗、瑶等民族聚居其间。缅甸有缅族、克伦族、克钦族等 42 个民族，135 个支系。其中克钦族跨中、缅、印而居，是缅北的主要居民，而布岛族以女性长颈为美，超长脖颈的习俗举世闻名。据不完全统计，印度东北部地区，共有分属于 5 个不同种族集团的 160 个表列部族及 400 多个部落和亚部落群。各地各民族都创造了与众不同的历史文化，展示出各自独特的风格和魅力。

（九）抗战文化走廊

在南方丝绸之路经济带文化走廊建设中，抗击日本侵略的抗战文化具有十分鲜明的特色，而且保留有很多纪念场所、实物。如史迪威公路、滇缅公路、密支那大捷和保山抗日烈士纪念陵园、畹町抗日烈士纪念陵园等；保山市博物馆中有关滇西抗战之中国远征军事迹、松山战役、腾冲战役、龙陵战役的资料及文物，以及松山战役遗址等内容。

中印史迪威公路长 1 222 公里（从雷多到腾冲 600 公里），始建于 1942年，1945 年初正式通车，其起点正是印度阿萨姆。它与滇缅公路一道，为抗日战争的胜利做出了重大贡献。

滇西抗战是中国人民抗日战争的重要组成部分，有着十分重要的地位。滇西至今还保存了一些战争遗址、遗迹，是宣传抗战文化的好资源，它们与博物馆展出的文物一道，构成了抗战文化的主体实物。既是不忘国耻，开展爱国主义教育的好教材，也是世界人民反法西斯主义战争胜利的好教材。

以史迪威公路、滇缅公路为纽带，把中国远征军事迹、滇西抗战、密支那大捷、腾冲战役、龙陵战役、松山战役，以及保山抗日烈士纪念陵园、腾冲国殇园、畹町抗日烈士纪念陵园等相连接，形成中缅印抗战文化带，将在中一印国际文化走廊的建设中具有鲜明特色。

四、余论：中一印历史文化走廊建设

中一印之间相互重合、多线一体的 9 条走廊说明，中一印文化走廊的各种历史文化要素，已经形成了独具特色且内涵深厚的线性文化遗产，完全符合国际古迹遗址理事会（ICOMOS）2008 年 11 月制定通过的《文化线路宪章》（Charter on Cultural Routes）的有关定义。这是至今一份历史上形成、仍然存在于南方丝绸之路经济带中的十分珍贵的文化遗产，是一条从历史走进现实，从现实走向未来的国际文化长廊，应引起中、缅、印、孟 4 国政府的高度重视和积极建设。

中一印文化走廊的建设模式，应在保护、开发、利用的原则框架内，以南方丝绸之路为载体，中、印、缅、孟 4 国通力合作，线性研究，全线开发，共同建设，利益共享。其建设目标，是将南方丝绸之路蜀身毒道作为中国西北—中亚丝绸之路"申遗"的延伸，申报世界文化遗产，从而提升南方丝绸之路蜀身毒道即中一印文化走廊的品牌地位，以便进行更加深入广泛的开发建设。再进一步，开展全面的经济文化交流，建设和谐互动共荣的互惠共进型经济文化走廊。

由南方丝绸之路蜀身毒道延续而来的中一印文化走廊即南方丝绸之路经济带文化走廊，是有着数千年深厚历史积淀的国际文化走廊，是中、印、缅、孟 4 国共有的十分珍贵的文化遗产资源和巨大的历史文化财富。在建设丝绸之路经济带和 21 世纪海上丝绸之路的大背景下，在建设和谐友好邻国关系、促进共同发展的认识已经日渐被各国人民广泛接受的形势下继往开来，建设南方丝绸之路经济带文化走廊，具有非常重要的战略价值和现实意义。

| 31 |

巴蜀丝绸对世界古代文明的贡献

一

在古代，巴蜀丝绸曾给中原以重要影响，为中国丝绸事业的发展做出了巨大而不朽的贡献。而巴蜀丝绸对世界古代文明的重要贡献，则体现在以丝绸之路为形式的中外经济文化交流上。

丝绸之路（The Silk Road）这一名称，是德国地理学家李希霍芬（F. Von Richthofen）于 1877 年在所著《中国》一书里提出来的，指以丝绸为主要贸易内容的东西方古代商路和交通线路。根据历史文献和考古资料，中国古代通往西方和海外的丝绸之路有四条：南方丝绸之路（从巴蜀经云南至缅、印、中亚、西亚、欧洲），北方丝绸之路（从西安经河西走廊至西域、西亚、地中海），草原丝绸之路（从黄河流域经长城以北草原地区至北亚、中亚、西亚），海上丝绸之路（从东南地区出航南海至太平洋、印度洋各地）。四条丝绸之路各自包含众多支线，形成四大丝路网络，共同构成中外交通线路的总体系。

在这四条丝绸之路当中，南方丝绸之路形成最早，它的初通时代至少可以追溯到距今 3 000 多年以前的商代中叶；海上丝绸之路形成最晚，它的形成时代大约是在汉武帝时期，稍晚于北方丝绸之路；草原丝绸之路的形成时代，根据考古资料的揭示，大约在公元前 5 世纪已经初步开通。

巴蜀丝绸传播到西方，先秦时代的主要通道是南方丝绸之路；汉代及以后从北方丝绸之路输往西方的丝绸当中，也以巴蜀丝绸为大宗；而从草原丝绸之路输往北亚地区的中国丝织品中，目前所见年代最早的似乎也是巴蜀丝绸。这说明巴蜀丝绸以其质地优良闻名中外，巴蜀地区的确不愧是丝绸的故乡。

二

巴蜀丝绸素称发达，这从它的蚕桑丝织起源之早便可足见一斑。史称黄帝正妃嫘祖"教民育蚕"，"治丝茧以供衣服"，历代供奉她为"先蚕"；而嫘祖正是巴蜀地区西陵氏国之女，距今大约已有四千五六百年。黄帝、嫘祖的儿子昌意娶蜀山氏女以后，嫘祖驯养家蚕，缫丝制衣的方法流布到蜀山地区，致使从前养桑蚕的蜀山氏转变为驯养家蚕的蚕丛氏，进入丝绸起源的新时代。虞夏之际，蚕丛氏从蜀山南迁成都平原"教民养蚕"，从而引起了成都平原家蚕养殖业和缫丝织绸业的兴起。到了商周时代，巴蜀地区的丝绸业已经达到了相当高的水平。

商代晚期四川广汉三星堆2号"祭祀坑"内出土的一尊青铜大立人雕像，身着内外三重衣衫，外衣长及小腿，胸襟和后背有异形龙纹和各种纹样。学术界认为，青铜大立人像头戴的五齿花冠和身着的长襟衣衫上所饰的有起有伏的各式花纹，意味着冠、服均以蜀锦和蜀绣制成。[1]西周前期，渭水上游宝鸡附近分布着一支弜氏族类，其大批遗物已被考古发掘出来。从各种文化现象分析，弜氏文化实际上是古蜀文化沿嘉陵江向北发展的一支，原是古蜀国在渭水上游的一个拓殖点。[2]在弜氏墓葬内，发现丝织品辫痕和大量丝织品实物，丝织品不但有斜纹显花、菱形图案的罗绮，还有用辫绣针法织成的刺绣。当然这些丝织品无疑是巴蜀丝绸，也包括蜀绣。它们出土于以丝织著称的古代蜀人的墓葬之中，自不会是偶然的。

春秋战国时代，蜀中的丝绸业持续发展，技术不断进步，质量愈加提高。20世纪50年代以来在湖南长沙和湖北江陵等地出土的战国织锦和刺绣，据专家研究，均属古代蜀国的产品。[3]这些织锦和刺绣，不但花纹、质地与蜀锦、蜀绣相同，而且织法也和四川炉霍卡莎石棺葬内发现的巴蜀织品相似，均为1∶2经二重夹纬（含心纬）1/1平纹，或1∶1经重夹纬1/1平纹，经密36×3根/厘米，或56×2根/厘米。这一方面可以见到巴蜀丝绸的质量之优，另一方面也可以看出巴蜀丝绸在长江流域的广泛传播和重要影响。

蜀锦色彩丰富，图案优美，纹饰绮丽，其中的许多品名均见于题名元人费著撰的"蜀锦谱"。蜀绣品种亦多，图案多以神话为主题，花纹单位较大，呈二方或四方连续，绣法以辫绣为主，这些也都是后来蜀绣的特点，以至成为传统，西汉扬雄"蜀都赋"所谓"尔乃其人，自造奇锦"之说，对蜀锦极

---

① 陈显丹：《论蜀绣蜀锦的起源》，《四川文物》1992年第3期。
② 屈小强、李殿元、段渝：《三星堆文化》，成都：四川人民出版社，1993年，第601、602页。
③ 武敏：《吐鲁番出土蜀锦的研究》，《文物》1982年第6期。

尽赞誉之词，是有着充分的历史依据的，一点也不过分。

由于巴蜀丝绸品种丰富，质地优良，产量众多，所以从上古时代起就充当了中国文化的友好使者，沿丝绸之路源源不断地输送到印度地区和西方，对印度地区和西方文明的繁荣起到了推波助澜、锦上添花的作用，博得了各地人民的赞扬为世界文明的发展做出了重要贡献。

三

南方丝绸之路是巴蜀丝绸输往印度、中亚并进一步输往西方的最早线路。早在商代中晚期南方丝绸之路就已初步开通。[①]产于印度洋北部地区的齿贝即在这个时期见于广汉三星堆蜀文化，三星堆大型"祭祀坑"内的上百件仿海洋生物青铜雕像也由此而来。古代印度所最早知道的中国，梵语名称叫作 Cina，中译为支那，或腊那、至那等，就是古代成都的对音或转生语，并不是指秦或荆；而 Cina 名称出现的年代，至迟在公元前 4 世纪或者更早。[②]印度古籍里提到"支那产丝和纽带"，又提到"出产于支那的成捆的丝"[③]，即是指成都出产的蚕丝和丝织品。Cina 这个名称从印度转播中亚、西亚和欧洲大陆后，又形成了它的转生语；今日西文里对中国名称的称呼，其来源即与此直接相关。而 Cina 名称的西传，是随丝绸的西传进行的，说明了巴蜀丝绸对西方的巨大影响和巴蜀丝绸在中西经济文化交流中的积极作用。

西方地中海文明区的古代希腊、罗马，最早知道并使用的中国丝绸，便是巴蜀丝绸。公元前 4 世纪脱烈美《地志》书中，提到一个产丝的国度叫 Seres，中译赛力斯。据研究，这个 Seres 便是古代蜀国的音译名称，在西语里意思是丝国。[④]这就意味着，至迟在公元前 4 世纪，巴蜀丝绸已经远播于西方。中亚的阿富汗境内，在喀布尔以北 60 公里处发掘的一座马其顿亚历山大时代的城堡内，发现许多中国丝绸，据研究，这些丝绸可能就是经南方丝绸之路，从成都输往中亚的巴蜀丝绸。[⑤]从 Cina 名称转生为 Seres

① 段渝：《略谈南方丝绸之路》，《光明日报》1993 年 5 月 24 日。

② 段渝：《支那名称起源之再研究——论支那名称本源于蜀之成都》，《中国西南的古代交通与文化》，成都：四川大学出版社，1994 年。

③《国事论》第 11 章，81 节。

④ 杨益宪：《译余偶拾·释支那》，北京：生活·读书·新知三联书店，1983 年，第 19 页。

⑤ 童恩正：《略谈秦汉时代成都地区的对外贸易》，《成都文物》1984 年第 2 期。

来看，西方文明区内中国丝绸的最早来源，必定是古代蜀地。这也和 Cina 名称西传的年代相合符。

汉代及以后经河西走廊出西域，西行中亚、西亚并抵东罗马安都奥克（Antiochi 当即《魏略·西戎传》中的安谷城）的北方丝绸之路，其国际贸易中的物品有相当多数是丝绸，而当中的主要品种来自巴蜀，其中大量的是蜀锦。考古发掘中，新疆吐鲁番阿斯塔那——哈拉和卓古墓群内，曾出土大批织锦，均为蜀锦。①它们的年代，从南北朝到唐代均有，确切表明蜀锦是西域国际丝绸贸易中的重要商品，也是经由北方丝绸之路输往西方的主要中国丝织品，这也就难怪唐代吐鲁番文书中有"益州半臂""梓州小练"等蜀锦织物的名目，并标有上、中、下三等价格了。②这也再一次地证明蜀锦在中西经济文化交流中所占的重要地位。

蜀锦、蜀绣和其他巴蜀丝织品不但分别沿南、北丝绸之路传播到印度、中亚、西亚和欧洲地中海文明区，而且还在战国时代向北通过北方草原地区传播到北亚。这条线路便是草原丝绸之路。

考古学上，在俄罗斯阿尔泰山乌拉干河畔的巴泽雷克（Pazyryk）古墓群内（约公元前5—前3世纪），出土不少西伯利亚斯基泰文化的织物和中国的丝织品。③丝织品中，有用大量的捻股细线织成的普通平纹织物，还有以红绿两种纬线斜纹显花的织锦和一块绣着凤凰连蜷图案的刺绣。这块刺绣的图案与长沙楚墓出土刺绣的图案极为相似，有的学者便据以认为它是楚国刺绣。可是，楚国刺绣和织锦素不发达，战国和汉代楚地的丝织品多仰赖于蜀；因此，长沙楚墓出土的织锦和刺绣应为蜀地所产，不是楚地产品。这样来看，巴泽雷克墓内所发现的中国织锦和刺绣，与其说是楚国所产，不如说是蜀地所产，是蜀锦和蜀绣。总之，最早经由草原丝绸之路输送到北亚地区的中国丝绸，当是蜀地所产丝绸；而草原丝绸之路也是由此而始有其名的。巴蜀丝绸在中国北方草原地区与北亚地区文化交流当中，曾经发挥过积极的作用。

古代巴蜀丝绸在世界各地的传播，丰富了印度、中亚、西亚、北亚和欧洲文明的内容，并由丝绸的传播而引起了丝绸之路的开通，从而沟通了中国

---

① 武敏：《吐鲁番出土蜀锦的研究》，《文物》1982 年第 6 期。
② 日本龙谷大学图书馆藏《大谷文书》，第 3097、3066 号。
③ 鲁金科：《论中国与阿尔泰部落的古代关系》，《考古学报》1957 年第 2 期。

与世界各个文明区的经济文化交流。巴蜀丝绸不仅在中国认识世界和世界认识中国的历史过程中发挥了重要影响，而且对世界文明的繁荣和西方古典文明的发展，都做出了卓越而积极的贡献，应当永载史册，万古流芳。

附录一

风流儒雅亦吾师

——写在段渝《文明的史迹：先秦、巴蜀及南丝路历史研究》出版

邹一清

前日偶然翻开段渝旧作《政治结构与文化模式——巴蜀古代文明研究》，看见扉页一句话："谨以此书献给——龙潭上空那金色的秋月，映在水中那巨大的惊叹。"这部著作早已看过多次，也曾经专门询问了作者此句话的意蕴，然而此时一见此语，竟然心中猛然一顿：这么熟悉的话，却是二十多年前的了！

光阴似箭，一晃而过。我作为段渝学兄的助手、同事、合作者，一起共历二十多个春秋。他的学术论著、学术思想，我早已熟知，并潜移默化，指导自己的研究。再见此语，联想到段渝学兄的弟子正在收集出版段渝的论文资料，一下子激发出我一个念头：要写出来，写出自己眼中学兄的学术成长史、发展史。

在我看来，段渝学兄的学术成长经历了初多点求证，文字清新洒脱；次广而求索，风转儒雅持重；再自成体系，浑然成一家的过程。学术研究角度从先秦楚文化、巴蜀文化，到西南的巴蜀、西南夷文化的演进，再到巴蜀文化与古代欧亚文明的形成与演进。学术研究方法先是历史学，后有考古学，再有文化人类学，终于形成将历史学、考古学、文化人类学的研究方法相结合的一种新型的历史学研究方法。学术思想由粗浅逐步深入，由单一逐步至整体再至宏大。从分析楚文化、巴蜀文化的一些方面，发展到整体思考中国西南古代文明，中国西南古代文明与中国文明的关系，再到中国西南古代文明在欧亚古代文明形成与发展中的地位和作用，形成了宏阔的学术视野和学术思想体系。这些，都可以从学兄的学术成果中可以得到充分的反映。

学兄的初登学术之宝殿的研究成果，以楚文化研究为主，如 20 世纪 80 年代早期的《楚为殷代男服说》《楚地初探》《楚人先民的世系和年代》《"古

荆为巴说"考辨》《殷周之际巴与虎方和荆楚的区别》《论巴、楚联盟及其相关问题》《荆楚国名问题》等。余问过学兄为何会在入行之初就对楚文化感兴趣，学兄笑而不答，只作仰面迎风之姿态。我暗自揣度，应是受楚文化巫风弥漫，屈宋风度所吸引吧。在《政治结构与文化模式——巴蜀古代文明研究》专著中，学兄有过这样的表述："楚文化最神奇的部分，莫过于它那五光十色、扑朔迷离的巫文化。""盛传于世的《楚辞》，也多取材于巴山巫峡之间绮丽迷幻的巫文化……屈赋中之所以随处流溢着巫文化的神奇色彩，巴人的巫文化当是其来源之一。宋玉赋中的一些篇章，也由于巴地巫文化的吸引，而流露出对'巫山之女，高唐之姬'的无限思慕之情。"①可见学兄对楚文化之巫风神思已久。

然而，接下来，研究却从楚联系到其他，如《〈多方〉〈多士〉的制作年代及诰令对象》《论周楚早期的关系》《〈山海经〉中所见祝融考》《殷周宗法的异同》《论蜀史三代论及其构拟》《试论宗姬巴国与廪君蛮夷的关系》《论巴蜀地理对文明起源的影响》《巴蜀是华夏文化又一个起源地》《西辽河流域早期文明的起源》，等等，是20世纪80年代后期代表性的成果。这些成果跳出楚文化而涉及先秦的其他，尤其是巴蜀。发生这一大的转变的原因，我觉得有二：其一是因为当时四川省社会科学院历史研究所集全所之力，创作《四川通史》，而学兄承担了《通史》的第一册，即四川先秦史。学兄集中精力钻研和写作，学术注意力和重心逐渐转移到巴蜀文化方面。其二是因为在20世纪80年代中后期，四川考古工作取得了突破性的成果，尤其是三星堆遗址和十二桥遗址的发掘，出土了大量古蜀文化遗存，包括城市建筑、青铜器、宗教祭祀场所等古代高度文明的文化遗存，获得了大量来自商代的蜀文化信息，表明了巴蜀文化是与中原文化不同区系的一种文化，在商代，古蜀文化业已进入文明时代，是多元一体的中华文明的又一起源地。这些新信息、新资料，足以唤起巴蜀学人的研究热情。

于是，学兄的主要精力放在了巴蜀文化研究方面。进入20世纪90年代前期，陆续推出了《古代中国西南的世界文明》《古蜀文明富于世界性特征》《论商代长江上游川西平原青铜文化与华北和世界古文明的关系》《古代巴蜀与南亚和近东的经济文化交流》《略论古蜀文化的物资流动机制》《巴蜀古代

---

① 段渝：《政治结构与文化模式——巴蜀古代文明研究》，上海：学林出版社，1999年，第416、422页。

城市的起源、结构和网络体系》《巴蜀古文字的两系及其起源》《古代蜀国的农业经济》《商代蜀国青铜雕像文化来源和功能之再探讨》《涪陵小田溪巴王墓新证》《涪陵小田溪战国墓及所见之巴楚秦关系诸问题》《论新都蜀墓及所出"昭之飤鼎"》等巴蜀文化研究成果，从多方面、多角度研究巴蜀文化。可以看到，学兄的研究，从一开始就具有广阔的视野。并且，已经涉及考古学的问题。

20世纪90年代先后出版的《四川通史》（第一册：先秦史）、《三星堆文化》《政治结构与文化模式——巴蜀古代文明研究》等著作，全面论述了四川先秦史、巴蜀古代文明，提出了四川盆地古代文明的向心结构、古蜀的酋邦社会、古蜀神权政体运作系统、古蜀城市体系的结构与网络等一系列开创性论说。这些开拓性学说的提出正如林向先生认为那样是运用了国内外相关的学术理论模式分析研究得来。[①]学兄告知，《政治结构与文化模式——巴蜀古代文明研究》扉页上那句话——"龙潭上空那金色的秋月，映在水中那巨大的惊叹"，是因为在创作完成之夜，仰望星空，猛然想起20世纪70年代早期在盐边当知青时，某个清冷的秋夜闲坐山边，看到一轮新月映照在湖面，呈现出巨大的金黄色惊叹号的情景，感慨当时的思考与抱负和如今的坚定与进取。我这才明白，原来一部严肃的学术著作，却是以青春时代的一夜山月为卷首语——不仅仅是山月。

学兄的学术研究水平起点很高，1982年发表第一篇学术论文《楚为殷代男服说》，就被《新华文摘》当年第11期"论点摘登"收录，还得到史学大师徐中舒先生的赞许，并获得了1984年四川省哲学社会科学优秀科研成果奖三等奖；《四川通史》获得了1994年四川省哲学社会科学优秀科研成果奖二等奖。期间还有其他成果获得了省级三等奖、中国图书奖等奖项。看来，学兄的稚嫩和粗浅是在盐边山月的面壁静思中被清除了。

从学兄20世纪90年代后期发表的代表作《古史研究的材料、理论和方法——以巴蜀古史研究为例》《论黄帝与巴蜀》《黄帝、嫘祖与中国丝绸的起源时代》《支那名称起源之再研究——论支那名称本源于蜀之成都》《巴蜀文化与汉晋学术和宗教》《长江三峡的古蜀文化因素与早期巴文化》《巴蜀青铜文化的演进》《略论巴蜀与楚的文化交流关系》《春秋初叶楚国的西南疆界》《楚公逆编钟与周楚晋关系》等文章可以看出，学兄在深入思考巴蜀文化的研究

---

① 林向：《巴蜀古代文明的酋邦制研究——〈政治结构与文化模式〉评介之一》,《中华文化论坛》2000年第2期。

方法，完善自己的研究方法，已经在尝试历史学、考古学和文化人类学研究方法的结合。而其研究领域，也已经涉及巴蜀民族、考古等方面，首次提出并论证了成都平原是中国丝绸的发源地，丝绸最早自此传播至西方，支那名称本源于成都，系统分析了巴蜀青铜文化与中原青铜文化的异同，深入比较了巴蜀古史传说与中原古史传说的差异与联系，此外对汉晋时期巴蜀学术与宗教、思想做深刻的考镜源流。有意思的是，学兄不忘大学时代之初心，还是对楚文化保持兴趣和关注。

　　世纪之交，四川省社会科学院组织创作了巴蜀文化系列丛书，学兄承担了两部：《玉垒浮云变古今：古代的蜀国》《濯锦清江万里流：巴蜀文化的历程》，全面论述了巴蜀文化的源头及流变，至今仍是研究巴蜀文化方面的代表著作。论著出版后产生了很大的学术影响，并分别获得四川省哲学社会科学优秀科研成果奖二等奖、三等奖。可以看出，在创作了此二部著作后，学兄的学术研究登上了一个更高的平台，对巴蜀文化研究的深度和广度，均超越了前人的成果。学兄提出并论证的一系列学术观点，均为首创，如：古蜀文明的神权政体说、古蜀神权政体的运作机制、古蜀城市文明的演进特征等。现在回顾这些学术成果，仍然可以感到其非凡的学术价值，此二部著作实为巴蜀文化研究的里程碑。

　　此后，学兄进一步深入研究巴蜀文化的各个方面，尤其是民族学和考古学，推出了《巴人来源的传说与史实》《先秦巴蜀地区百濮与氐羌的来源》《川西高原的氐与羌》《上古牦牛考》《藏彝走廊与丝绸之路》《巴文化与巴地的族群和政治组织》《略谈罗家坝遗址 M33 的时代和族属》《古蜀象牙祭祀考》《渝东长江干流青铜文化的兴起》《商代中国西南青铜剑的来源》《青铜时代文化因素分析的问题》《巴蜀青铜文化的演进》等文章，并在其著作《古蜀文明》《三星堆文明》中也对这些问题进行了专门研究。最终形成了自己将历史学、考古学与文化人类学相结合的研究方法。

　　学兄毕业于四川大学历史系，当然学会了用历史学的方法进行历史学研究，而民族学研究，曾经得到已故民族学家李绍明的指导，李先生是西南民族学研究大家，但为人非常平和、风趣，长期支持学兄的研究。记得 2008 年我与李先生、学兄及时任巴蜀书社社长段志红同去印度开展学术考察，学兄曾对李先生说道：接触民族学研究，还是在川大读书时李老师给我们上民族学课程。只是当时就有一事不明。李先生就问：什么事？学兄笑道：为什么李老师总是穿着洗得发白的灰色和蓝色衣服来上课？李先生笑答：因为当时只有那两件衣服！说完，我们大家都笑了。都是从那个时代过来的，都理解。

学兄的考古学研究，又曾得到川大考古系教授林向先生的指导。林先生思维活跃，讲起考古学时常常以手势表达情绪，声情并茂，爱护弟子。一次，林先生和学兄同去观察考古发掘现场，现场有考古学人士笑言：在发掘现场常常看见段兄，真是个考古学票友啊。林先生却正色说道：他可不是票友，他比很多学考古学的人都研究得深刻！

《西南酋邦社会与中国早期文明：西南夷政治和文化的演进》（专著）是学兄与考古学家合作完成的国家社科基金项目成果。作者在这部书中娴熟运用历史文献、考古资料和民族学资料，对先秦秦汉时期西南民族的政治和文明演进进行了深入考察，成为西南民族史研究的一部力作。该书入选《国家哲学社会科学成果文库》，并荣获四川省哲学社会科学优秀科研成果一等奖。

21 世纪最初的几年，学兄以巴蜀及长江流域的古代文明演进历程为切入点，系统地论证了中国古代文明演进的理论模式，无论在方法上还是理论上足具启发性。代表作有《从三星堆文化看古代文明的本质特征》《从血缘到地缘：古蜀酋邦向国家的演进》《长江中游的史前聚落与酋邦》《酋邦与国家起源：长江流域文明起源比较研究》（专著）等成果，探索了古代文明的本质除了显而易见的一些物质文明要素外，还应重视古代文明的政治组织结构及其运作机制。古代社会发展出一个能够控制并占有基本资源的政治组织，依靠这样的组织实现对基本资源的再分配，从而重塑了社会的政治权力、经济权力和思想意识形态权力的结构，这也就是古代文明由酋邦向国家演进的基本规律。[①]这样的认识突破了学术界认为中国古代没有酋邦时代的传统观念，并进一步推动了古代文明研究的新内涵。

《酋邦与国家起源：长江流域文明起源比较研究》是一项具有学术前沿性质的原创性研究，在若干方面均有所创新，不仅从崭新的视角分析、理解文献和考古资料，而且在理论上取得突破性进展。著作充分吸收半个多世纪以来国内外学术界关于酋邦制与国家起源的理论成果，和近年来历史学、考古学界对长江流域各古文化演进与文明起源的演进成果，深入系统地研究长江上游巴、蜀、滇文化，长江中游石家河文化和长江下游良渚文化等处于文明起源时代的社会的政治组织及其演进，探讨政治组织演进过程中文明诸要素的产生和导致社会复杂化的各种机制，以及由酋邦组织演化为国家的不同方

---

① 段渝：《从三星堆文化看古代文明的本质特征》，《社会科学研究》2006 年第 1 期。

式和途径，并进一步研究文明时代初叶长江流域诸古国的国家权力结构与文明演进的关系，通过全面的比较研究来揭示长江流域文明与国家起源的历史进程及特点，深刻揭示长江流域在文明与国家起源过程中的地位和作用，从而把文明与国家起源的研究从古文化的区域类型分析和物质文化探讨推进到政治组织和文明演进研究的新阶段。

青壮时代的学兄进入了学术研究成熟期、高产期，据我的不完全统计，20世纪90年代，学兄发表（出版）的学术论文（专著）多达109篇（部），21世纪更达142篇（部）!

而且，在此期间，学兄还走向国际学术界，在英国、德国、韩国等国的大学举办学术讲座，发表英文论文。到英国、德国、埃及、希腊、土耳其、印度、越南、韩国等国进行学术考察，充实学识。

随着研究的逐步深入和视野的更加广阔，学兄对巴蜀文化研究的发展方向有了新的思考。2003年秋，学兄发表了三万多字的宏文《三星堆与巴蜀文化研究七十年》，全面总结了三星堆与巴蜀文化研究的成果，提出了今后研究的方向。文中说：从20世纪40年代初"巴蜀文化"命题的正式提出，迄今已经半个多世纪了。如果从1933年四川广汉月亮湾的首次考古发掘算起，三星堆与巴蜀文化的研究已达整整70年。70年来，三星堆与巴蜀文化研究在若干方面取得了重要进展，尤其是中华人民共和国成立以来的50多年，由于党和政府的关怀与支持，考古工作全面深入开展，大量新材料不断问世，使学术界得以比较充分地运用当代考古新成果，对巴蜀文化进行不懈探索，取得了一系列令人瞩目的新成就，不但彻底否定了前人所谓"蜀无礼乐，无文字"的旧说，而且提出了"三星堆文明""巴蜀古代文明"和"巴蜀是中华文明又一个发源地"的崭新论断[①]，引起了中外学术界和社会各界的广泛关注和兴趣，并取得越来越多的共识。这一切，使学术界对三星堆与巴蜀文化的重要学术地位有了更加深刻的认识，正如李学勤教授所总结的那样："可以断言，如果没有对巴蜀文化的深入研究，便不能构成中国文明起源和发展的完整图景"，"中国文明研究中的不少问题，恐怕必须由巴蜀文化求得解决。"[②]

文中提出了今后研究的四大方向：古蜀文明的起源与形成，三星堆文明与中原文明和周边文明的关系，巴蜀文化与西亚、南亚和东南亚文明的关系，封闭与开放。学兄的这些预见很快便付诸实践。

---

① 段渝：《巴蜀是华夏文化又一个起源地》，《社会科学报》1989年10月19日。
② 李学勤：《略论巴蜀考古新发现及其学术地位》，《中华文化论坛》2002年第3期。

2004 年，学兄被聘为教育部人文社会科学重点研究基地四川师范大学巴蜀文化研究中心主任，我作为其助手一同受聘。站在更高的学术平台，学兄可以更好地施展才能。记得在 2005 年的一天，我与学兄在四川师范大学巴蜀文化研究中心办公室聊到巴蜀文化研究的走向，如何取得突破，更上一层楼，都认为必须跳出盆地，用更加宏大的视野进行研究。学兄敏锐地提出南方丝绸之路，他说：不仅要看到巴蜀是西南的巴蜀、中国的巴蜀，还要看到是欧亚大陆的巴蜀、世界的巴蜀。而将巴蜀与欧亚大陆古代文明联系起来的，正是南方丝绸之路。学术界以往对南方丝绸之路的重视和研究都很不够，这就不能够完全阐明巴蜀文化、西南各文明的本身及其世界性意义。南方丝绸之路研究将是巴蜀文化研究的突破口，一旦攻破了它，巴蜀文化研究将进入一个更加广阔、宏大的领域。

我也很喜欢搞南方丝绸之路研究，原因仅仅是我喜欢读万卷书，行万里路的感觉，比不得学兄的高瞻远瞩。简单的谈话迅速地达成了一个共识，将南方丝绸之路研究确定为巴蜀文化研究中心的科研主攻方向，组织力量攻关，组织学术交流，组织发表学术成果，再次掀起南方丝绸之路研究的高潮。

南方丝绸之路研究的第一次高潮是在 20 世纪 80 年代中期，在全国改革开放的形势下，西南地区非常急迫地走向世界，学术界敏锐地提出，中国西南地区通往东南亚、南亚、中亚以至西亚和地中海地区的交通线路，早在西方时期便有文字记载，即是《史记》所记载的"蜀身毒道"。联系到西南地区的考古发现，于是提出"南方丝绸之路"的概念。在学术界和地方政府的共同努力下，掀起了南方丝绸之路研究的高潮。学兄即积极参与了此次研究热潮，在《光明日报》发表了论文《浅谈南方丝绸之路》，并在《三星堆与巴蜀文化研究七十年》《玉垒浮云变古今：古代的蜀国》及其他文、著中都有过专题论述。21 世纪伊始，学兄将南方丝绸之路研究确定为巴蜀文化研究中心的科研主攻方向，要再次掀起南方丝绸之路研究的高潮，学兄在川师大校领导的支持下，从自己研究到组织学术界投入、加大宣传与普及等方面，都不遗余力。

巴蜀文化研究中心每年都发布南方丝绸之路研究的重点资助项目数个至十数个，主办国内、国际性的大型学术研讨会，主编出版论集，资助出版学术专著，参与博物馆主办的南方丝绸之路青铜文化展览。学兄还组织撰写普及读物，举办群众性普及讲座，在电视台、报刊等媒体上进行宣传等。

学兄在研究南方丝绸之路时，没有单一地依赖现有文献资料。我作为课题组成员，曾经跟随学兄进行了大量的实地考察、参观，收集国内外资料。我们实地考察了南方丝绸之路成都平原段、灵关道、博南道、永昌道、僰道、五尺道、牂牁道、进桑道、步头道等古道路遗址遗迹、古道路周边文化遗存。参观埃及、土耳其、希腊、印度、英国、德国、荷兰、法国、意大利、西班牙、俄国、哈萨克斯坦、越南、柬埔寨、泰国、缅甸等国的历史博物馆。实地考察时，经历过上山下乡、空军生涯的学兄，运动装扮，手持相机，身手敏捷，步伐矫健，翻越山岭，蹚过泥泞，行走在古道村庄，观察各类遗迹、文物，有如行者。然而，一旦开口谈论学术，便立即显示出学者的内涵与见识。

南方丝绸之路研究共写出了 500 多万字的考察、参观报告，使得学兄的资料较前人更加丰富，视野更加广阔。

在南方丝绸之路研究中，学兄主持的科研项目层次更高，其科研深度与广度也得到了进一步的发展。学兄先后主持完成了教育部人文社会科学重点研究基地项目"巴蜀古代文明与早期中外关系""三星堆与西南青铜文化研究"、中共成都市委宣传部文化建设重大项目"古蜀文明与南方丝绸之路研究"等，在这些研究的基础上，主持完成了国家社科基金重大招标项目"南方丝绸之路与古代欧亚文明"。从这些项目的开展就可以看出，学兄的研究逐渐深入，渐入佳境，最终达到全新的高度。学兄的南方丝绸之路研究成果《中国西南早期对外交通——先秦两汉的南方丝绸之路》《三星堆古蜀文明与南方丝绸之路》《古蜀文明与早期中印交通》《商代中国西南青铜剑的来源》《中国西南地区海贝和象牙的来源》《藏彝走廊与丝绸之路》《南方丝绸之路与欧亚古代文明》等，都具有很高的学术创新性，还主编出版了学术界第一套南方丝绸之路学术丛书。学兄自 20 世纪 80 年代中后期便与同道们一起倡导开展南方丝绸之路的研究，有一个很重要的原因是南方丝绸之路对于深入研究巴蜀文明来说意义重大。学兄数十年来持续不断的研究，在以下几个方面显示出相当的开拓创新意义：首先，他将古代巴蜀与南方丝绸之路沿线地区的文化进行深入比较研究，这无疑拓展了古代巴蜀文化研究的时空内涵。其次，以南方丝绸之路为纽带，将古代巴蜀置于欧亚古代文明交流网络中考察，从而整体上提高了古代巴蜀文明的世界地位。最后，以南方丝绸之路与古代巴蜀的研究来补充古代中外文化交流的整体视野，如系统论证了商周至秦汉时期中国西南对外交通问题、长江上游青铜文化与世界文明的关系问题、古蜀与早期中印交通问题等。这些都对以往古代中外关系史研究中仅重视北丝路与西北地区、海丝路与东南地区的现象有很好的补充。

在完成《南方丝绸之路与欧亚古代文明》后，可以说完成了巴蜀文化、中国西南各区域文化的整体性研究，已经将西南古代文明研究推向了一个新的高度。然而，学兄还没有停顿，又开始探索更新的领域，主持教育部人文社会科学重点研究基地重大项目"巴蜀文明与东西两洋研究"，把南方丝绸之路与海上丝绸之路联系起来，从更新的角度研究巴蜀文明、南方丝绸之路、海上丝绸之路。

我再次成为课题组成员，再次翻阅学兄著作，再次看见那个曾经见过的扉页，那个巨大的惊叹号的卷首语……

学兄投身历史学研究已有四十多载，从青春到白发。值此学兄中寿之际，谨祝愿学兄壮心不已，志在千里。风流依然，儒雅吾师。

附录二

三星堆文化研究的学术理路与新启迪

——以段渝先生著《发现三星堆》为中心

龚　伟

一、考古发现与古蜀文明的探索

在近代历史学研究不断取得新发展的进程中，考古作为一门新学自来就参与其中并为史学的转型和发展做出重要贡献。以罗振玉、王国维开启的甲骨学为例，其上承金石、训诂和史学之传统，下开殷墟考古发现。在此基础之上，王国维利用甲骨卜辞、青铜器金文等地下出土材料，结合传世文献史料，以"二重证据"法推进中国古史诸多问题的研究，由此开启了中国史学研究的新范式。近代史学转型的背景下，古蜀历史的再发现与华西大学博物馆在四川地区从事的考古发掘活动也有密切关系。1929—1933 年在广汉太平场真武宫燕道诚宅所出土了大量玉石器，华西大学考古方面的戴谦和、葛维汉、林名均较早介入真武宫出土文物的收集与考古发掘活动，形成了《四川古代石器》《汉州发掘初步报告》《广汉古代遗物之发现及其发掘》等成果。①这些初步的研究成果首次以考古发现的材料证实殷周以前古代四川的历史文化。此外，广汉真武宫附近的考古发现也指引了后来四川大学考古学专业与四川省文物考古研究所在这一地区的田野考古活动，为三星堆考古的重大发现埋下伏笔。

1986 年四川省文物考古研究所与四川大学联合在广汉三星堆遗址发现两个器物坑出土了大量商周时期的青铜器，在海内外产生了巨大的影响，此为古蜀文明的研究注入了全新的活力。李学勤先生曾指出："三星堆遗址的发现

---

① 参见戴谦和：《四川古代石器》，《华西边疆研究学会杂志》第 4 卷，1934 年；葛维汉：《汉州发掘初步报告》，《华西边疆研究学会杂志》第 6 卷，1936 年；林名均：《广汉古代遗物之发现及其发掘》，《说文月刊》第 3 卷第 7 期，1942 年。

和研究，是中国考古学史的重要篇章。传统的看法是，四川古属西南夷，没有什么足以称道的文化，而且蜀道艰难，与中原华夏隔绝不通。尽管汉代杨雄的《蜀王本纪》还有佚文存留，晋人常璩的《华阳国志》更设专篇记述，但由于其间多杂以神话传说，被不少学者斥为不可凭信，四川古史成为一片空白。三星堆遗址的发现，好像一缕曙光，逐渐将这迷茫荒昧的黑暗照亮了。"[1]以学术贡献论，无论如何评价三星堆遗址考古发现的价值都不为过，有幸的是近人在重大考古发现的刺激下，逐步提出了许多重要命题，如考古与历史学方面着力探索三星堆文化的来源问题、三星堆青铜雕像的文化内涵问题、三星堆文化的黄金制品内涵问题、三星堆文化的宗教信仰问题、三星堆文化与中原文化关系问题，乃至三星堆文化所反映的古蜀人的族属、地域和迁徙，古蜀的政治、经济和社会形态，古蜀文明起源与形成，古蜀文化交流与传播，巴蜀文字和符号等。[2]伴随着三星堆"祭祀坑"的发现，数代学人陆续对上述重要问题发表过独成一派的新说，这些新观点被同期及后来学者广泛引用，从而奠定了这一时期三星堆文化研究的基础。在这一研究总体进程中，段渝先生的研究几乎涉及以上所举各个方面。从这一意义上说，段渝教授新著《发现三星堆》（下文统一简称《发现》）既是对其三星堆文化研究主要论说的一次集中总结，也是对考古新发现背景下三星堆文化再研究的重要指引。

纵观《发现》一书，共分为八章，依次为："文明的重现""神权政体与文明""神权政体的运作系统""古蜀城市文明""古蜀文明与夏商文明和长江中游文明""商代中国黄金制品的南北系统""古蜀文明与欧亚古文明""南方丝绸之路：古代中印交通与中国丝绸西传"。细读之下，可以发现全书章节的设置有如下几条主线：一是以古代文明的演进为线索，系统考察三星堆青铜文化所反映出商时期古代蜀国的文明演进道路、机制和特色。在此方面，段教授着重提出古蜀文明的神权政体说、古蜀神权政体的运作机制、古蜀城市文明的演进特征。二是以三星堆考古所呈现出极具特色的古蜀文明为主体，并将其与夏商文明和欧亚古文明进行广泛的比较研究。这一方面，段教授着重探讨了古蜀文明与他们之间的异同，要以城市文明源起与功能、王权的表现形式和内涵、黄金制品的艺术与文化内涵、青铜文化艺术形式为专题进行深层次研究。三是以世界古文明间互动和交流为切入，以出土文物集结呈现

---

① 李学勤：《三星堆研究》（第一辑）"总序"，成都：四川出版集团、天地出版社，2006 年。
② 段渝：《三星堆与巴蜀文化研究七十年》，《中华文化论坛》2003 年第 3 期。

出的"文化丛"为线索探讨了三星堆古蜀文明的世界意义。此方面，段教授重点阐述了南方丝绸之路、古蜀与南亚、古蜀与东南亚、古蜀与近东之间的文明互动问题。

段先生在三星堆文化与古蜀文明方面所取得的全方面研究成果已经得到学术界的高度认可，如林向先生曾评价道："（他）把巴蜀文化的研究推进到一个新阶段——从分析考古学文化的区系类型和物质文化的探索推进到对古代文明的政治结构与文化模式的研究新阶段。"①不过，在笔者看来段先生不仅将三星堆文化或巴蜀文化研究推进到一个新阶段，在他所取得的诸多出色成果背后所隐含的作者苦心孤诣的学术研究理路，更应得到学界重视。

二、三星堆文化研究的学术理路

三星堆文化乃至巴蜀文化作为新的学术命题，其研究不断取得进步，其内涵亦日益扩充，并有望逐步成长为一个可供不同学科背景、不同文化背景的学人共同认可并研究的学科。其主要因素并不在于拥有不断被发现的新材料，而是数代研究者能在零碎的新材料基础上不断深化其内涵，并从中自觉性地发展出符合其内涵特征的学术理路。进一步说，一个久经学术研究验证并获得优秀成果的学术理路，对于提升三星堆文化与古蜀文明研究的理论水平而言，自然弥足珍贵。很显然，段渝先生在三星堆文化与古蜀文明研究方面已经显示出这样的理论自觉。李学勤先生就曾评价道："（段渝教授）对长江流域文明起源与发展演进问题研究工作，本身即具有理论的性质，这方面的工作必须将历史学、考古学等整合起来，把大量事实、材料提升到理论的水平。"②林向先生也曾高度评价段先生巴蜀文化研究的方法贡献："（段渝教授）着力于运用历史学、考古学、人类学等多学科的综合研究，尽可能全面地重现古代巴蜀社会的历史面貌。"③李先生所强调研究的理论水平与林先生点明的综合多学科的研究方法颇多相通，在前贤论述的基础之上，笔者仅就自身阅读段先生在三星堆文化与古蜀文明方面的著述，概要总结出自己对段先生三星堆文化研究学术理路的初步认识。笔者认为，段先生在三星堆文化

---

① 林向：《巴蜀古代文明的酋邦制研究——〈政治结构与文化模式〉评介之一》，《中华文化论坛》2000 年第 2 期。
② 李学勤：《政治结构与文化模式——古代巴蜀文明研究》"序"，上海：学林出版社，1999 年。
③ 林向：《巴蜀古代文明的酋邦制研究——〈政治结构与文化模式〉评介之一》，《中华文化论坛》2000 年第 2 期。

研究学术理路方面最为重要的贡献有两点，分别是综合研究法和比较研究法（"文化丛"的比较研究）。

（一）综合研究法

根据前引李学勤与林向二位先生的评语，可以发现段先生在研究中自觉形成的"综合研究法"至少包括两个方面：一是研究的理论水平，二是多学科方法的综合。首先，我们来谈段先生在三星堆文化及古蜀文明研究方面的理论贡献，在《政治结构与文化模式——巴蜀古代文明研究》一书中，他已提出了四川盆地古代文明的向心结构、古蜀的酋邦社会、古蜀神权政体运作系统、古蜀城市体系的结构与网络等一系列开创性论说。[①]这些开拓性学说的提出正如林向先生认为那样是运用了国内外相关的学术理论模式分析研究得来。[②]具体而言，是借鉴了文化人类学、社会学、政治学、经济学诸学科的学术理论，加以消化并融入古蜀文明的研究中，从而取得卓尔不群的成就。实际上，这也反映段先生注重以理论思维和视野去破题的研究方法。他曾在一篇文章中以反问的方式论道：

很难设想，没有正确理论的指导并运用较好的方法，没有合乎逻辑的创造性思维，仅凭资料就能取得多大突破性进展。举例来说，假如没有中国文明多元起源论的创立、发展和应用，我们可能仅凭三星堆考古发现的材料，断言古蜀文明是一个自成体系的古代文明中心吗？又如，假如没有考古学文化理论及相应方法论的应用，我们除了对三星堆遗址、遗迹、遗存本身做传统考古研究外，还可能进一步深化认识，扩大领域，将其上升为古代文明研究吗？[③]

从以上论述中可以获知正确的理论指导与合乎逻辑的理论思维应是研究三星堆文化必备的研究素养之一。段先生曾幽默地向笔者笑称之为"无中生有"法，他曾说三星堆遗址出土的青铜器非常出名，但是为什么在商代中期就出现了这么大的青铜器物群，这些青铜器是如何制作出来的？这些问题是出土青铜器本身解答不了，但如果留意政治学及经济学相关理论知识，就会

---

① 段渝：《政治结构与文化模式——古代巴蜀文明研究》，上海：学林出版社，1999年。

② 林向：《巴蜀古代文明的酋邦制研究——〈政治结构与文化模式〉评介之一》，《中华文化论坛》2000年第2期。

③ 段渝：《古史研究的材料、理论和方法——以巴蜀古史研究为例》，《史学理论研究》1994年第4期。

发现青铜器的铸造背后实际上反映了一个巨大的政治集权机构和严密的社会分层系统已经形成，如此才能造出三星堆这些巨大的青铜树及青铜器物群。温故知新，如今想来，确值得仔细玩味。

其次，我们再谈段先生是如何具体地综合多学科方法去研究三星堆文化的。段先生曾对自己如何巧妙地融合历史学、考古学与文化人类学进行过专门的论述，这为深入了解其综合研究法提供了捷径。其言：

> 以今日史学的目标和宗旨来说，考古资料本身也不会提供古代人们思维、意识形态、法的观念、社会结构、功能体系等方面的成果，这些成果必须由考古学文化的研究给以提供。
>
> 对于像巴蜀古史这类文献缺乏然而考古资料较丰富的研究而言，文化人类学理论和方法不失为一个重要的研究工具。……文化人类学的所谓文化，含义广博，并不仅指思想文化，或物化形态上的文化，它还包括社会结构，制度等更深层次的领域，涉及人类行为的几乎所有方面。其内涵足以包括史学和考古学的若干范畴。
>
> 文化人类学的目的、理论和方法，使它必须从更广阔的角度和更高的层次去解释历史，从中发现人类文化的异同及其原因所在，从文化演变的过程中去阐释历史进步的动力、途径、方式和目标等，能够更深入更广泛地体现历史学的目的。①

上引内容中不难发现段先生研究三星堆古蜀文明的理论方法主要以文化人类学的理论方法为核心，将其与考古学类型学、层位学方法的共性联系起来，从而以文化人类学的理论方法处理考古学诸多材料。此外，将文化人类学与历史学研究的宗旨和目标统一起来，从而利用文化人类学的研究视角去解决因缺少史料记载的古史诸问题。这样高明的处理手段可以达成以文化人类学为纽带将史学与考古学充分有效结合起来的目标。

借鉴于文化人类学的理论视野，段先生在《发现》一书中讨论了三星堆神权政体的结构与宗教王权的双重功能。作者以三星堆器物坑所出土的大量青铜人物雕像为对象，分析其文化来源及内涵是以蜀族为核心、拥有众多族类的统治集团。众多青铜人物雕像围绕青铜大立人，表现了以古蜀神权政治领袖为中心，聚合西南各族首领而举行的大型礼仪活动，充分展现出三星堆

---

① 段渝：《古史研究的材料、理论和方法——以巴蜀古史研究为例》，《史学理论研究》1994年第4期。

神权在跨地域政治社会中的双重功能。①又如，《发现》第三章所讨论三星堆古蜀国家的社会结构和权力结构时，段先生充分借鉴了文化人类学中"酋邦"理论深层内涵阐释了古蜀文明国家演进的特征，抓住了三星堆文化的社会分层、经济分层、资源再分配系统，充分利用考古材料将古蜀王国的宗教神权系统、制裁系统、军事系统和再分配系统建立起来，从而揭示了古蜀国政治权力内部的分级制体系，外与其他部族形成一个有中心、分层次的多元一体国家结构形态。②毫无疑问，这些研究成果已突破了传统史学研究的范畴，既为古蜀文明的研究提供新的理论基础，也为古史研究增添了新方向。

《发现》一书收录的古蜀城市文明的聚合模式、功能结构、网络体系等新说无不体现出作者对综合研究法的深入运用。还需要注意的是，综合研究方法的生成是建立在作者能熟练运用考古学和历史学的方法去做专门研究的基础之上。比如《发现》书中设专章讨论商代中国黄金制品的南北系统，以北方考古出土的金箔、金臂钏、金耳饰和弓形金饰及三星堆出土的金杖、金面具、金果枝、金箔等器物为对象，将这些考古材料独立地进行分类分期并做比较研究，从而得出南北黄金制品的技术与功能方面差异。以上仅是笔者对段先生三星堆文化研究中注重综合研究方法认识之一隅，难免会挂一漏万。

（二）比较研究法

段先生在《发现》书中明确提到比较研究法相关内容：

在任何文化交流和传播当中，必须考虑文化因素与传播速率、距离和传播手段、传播方式等关系的问题。……实际上，考古学上的类型学，就是本着这种原则来研究文化扩散和文化传播的。同样，这也是文化人类学和历史学上最一般的比较研究原则。所以，文化传播的比较研究，主要应观察其风格、特征、功能等大体，观察是否形成了文化丛或文化特质集结的连续性分布，而不是仅仅考虑其中的一二细枝末节。③

由此可知，段先生将文化人类学与历史学上的比较研究方法与考古学类型学方法统一起来，在此基础上以考古器物所体现出的"文化因素丛"为对象，通过文化因素丛的风格、特征和功能为分析要素，进而考察它们的连续性分布现象。

---

① 段渝：《发现三星堆》，北京：中华书局，2021年，第43-46页。
② 段渝：《发现三星堆》，北京：中华书局，2021年，第67-98页。
③ 段渝：《发现三星堆》，北京：中华书局，2021年，第263页。

不同于一般的比较研究，段先生所发挥出比较研究的内涵十分广泛，视野宏阔。概言之，以三星堆文化为主体，将其与商周时期古代中国境内的其他古文明进行横向比较。此一研究路径可称之为"观于内外"，在《发现》书第五章中作者将三星堆文化反映的古蜀文明与中原的夏商文明进行了比较研究。他论证三星堆文化时期出现的二里头文化的陶盉、高柄陶豆和青铜牌饰等文化因素，认为其反映了夏时期古蜀与夏文化发生过文化联系，大致通过岷江上游和长江孔道发生交流。同时，他也注意到三星堆文化中的陶盉、高柄陶豆和青铜牌饰都不是二里头文化典型陶器和青铜器的组合，相较于三星堆文化自身陶器组合的功能体系，二里头文化陶器只是零散、个别的，在三星堆陶系中不占据主要位置。青铜器方面仅零星出现青铜牌饰而没有出现青铜爵、曲内戈等典型二里头文化铜器组合物。通过对陶器和青铜器的组合与器用功能体系的全方位比较，作者得出二里头文化因素在三星堆文化中没有形成"文化丛"（文化特质因素的集结）和功能体系，二者各自的主体文化面貌差异显著，二者是别为支系、独立发展的。在论及古蜀与商文明之间的文化交流时，作者通过三星堆文化出土的中原青铜礼容器（青铜尊、青铜罍和玉戈）和中原商文化出土的蜀式无胡青铜戈、柳叶形青铜剑的比较研究，提出商文明同古蜀文明之间是一种文化上的交互感应关系。总之夏商中原文明与古蜀文明之间是别为体系、独立发展而又交互感应的关系，它们共同构成这一时期中华文明多元一体的格局。

此外，他还注重将三星堆文化放置于世界古代文明演进史中考察，以文化特质集结而成的"文化丛"为研究对象，既具而微地对每类文化因素进行纵向的历史考察和横向比较分析，也注重对古文化体系的整体比较研究。这一研究路径可称之为"观于远近"，他的这一研究理路很早就得到前辈学者张正明先生的鼓励和支持，如1989年段先生从文化丛因素的比较研究视角讨论了三星堆青铜文化与近东古代文明和商代中国青铜文化的关系，提出三星堆青铜人物和动物雕像、青铜神树以及金杖、金面罩等文化因素与近东文明有关。[①]此文寄示张正明先生得到他的肯定性鼓励回信，信中言及作者（指段渝先生）对三星堆青铜文化做了时间上和空间上的"超范围"的考察，为解读

---

① 段渝：《古代中国西南的世界文明——论商代长江上游川西平原青铜文化与华北和世界古文明的关系》，中国先秦史第四届年会暨中国文明起源研讨会"论文集"，1989年11月，河南开封。全文以《论商代长江上游川西平原青铜文化与华北和世界古文明的关系》为题正式见刊于《东南文化》1993年第2期。

三星堆文化谜题带来希望，这一类有根据的"超范围"比较研究现在还是罕见的，以后要多做些才好。①在《发现》一书中，作者更进一步地深化了这样的"超范围"比较研究。比如第七章"古蜀文明与欧亚古文明"中作者在三星堆青铜雕像群、金杖、青铜树和黄金面具等文化丛比较上，又创造性地提出古蜀文明的艺术形式，其以"情节式构图""英雄擒兽"母题、"卬""眼睛"符号为特征，深入梳理了古蜀文明与西亚、中亚、南亚地区诸文明在艺术表现形式上的广泛联系。

需要注意的是，段先生主张的文化因素丛比较研究法在形式上与考古学的类型学方法虽然有相似之处，如都注重对考古出土的具体文化因素的异与同进行分析研究。但是二者之间存在着明显区别：如段先生利用文化因素的比较研究和分析，主要是为解决文化的交流与传播问题。而考古学者从田野实践中总结出来的类型学方法，主要是追求具而微地分类、分型、分式，以便更好地整理材料，然后再行有余力地分析具体文化因素本身的演变轨迹，并从中总结出分期的规律。这正反映出历史学与考古学在研究方法、理路上的差异，这种差异提醒我们应当充分尊重不同学科各自研究方法的特殊性与合理性。

三、新启迪：三星堆文化研究再出发

林向先生曾说过一部优秀著作的特质在于能向读者展示更多深入研究新阶段的出发点，此即强调一部优秀学术著作对学术研究具有新的启迪意义，《发现》一书显然具备这样的品质。笔者认为，段先生在《发现》一书中至少对如下两大问题做了新的提示，启迪后来的研究者。

（一）三星堆文化中三星堆政体与金沙政体的关系诸问题

根据最新三星堆考古遗址出土的文物信息，三星堆文化与原金沙——十二桥文化显然属于延续未断的同一个文化体。也就是说，三星堆文化时期同时存在三星堆都城和成都十二桥文化都邑，而且十二桥文化的金沙遗址周围存在更为规模宏大的宫殿建筑遗址显示出十二桥文化为一个政治中心。《发现》一书通过分析两个遗址共同崇尚的象牙祭祀现象，提出三星堆政体与金沙政体在文化上和政治上存在着较强的连续性，这种连续性包含了垂直关系

---

① 张正明：《"大知观于远近"——读〈三星堆文化〉有感》，《中华文化论坛》1994年第4期。

和平面关系两个层面。^①随后，又分析了金沙遗址中商周之际与西周后期的文化面貌差异，而提出商周之际的金沙政体族群是与三星堆文化相同的一个族群或亚族群，此时的金沙政体是在三星堆政体最高神权政治领袖蜀王之下的次级政体。^②由此可供学界进一步讨论的是，商代中晚期古蜀国家的双城格局与当时国家政治结构有着什么样的关联。此外，商周之际到春秋早期，三星堆文化内部发生了一次变革，这一变革又导致古蜀国家都邑格局的哪些变化以及国家政治结构的深层变化，这些问题的解答都有待学者的进一步努力探索。

（二）三星堆文化与古蜀文明的精神文化体系问题

目前学界对于三星堆文化的宗教信仰研究，更多的是以出土文物的表面特征为主题，单纯地讨论古蜀的太阳崇拜、祖先崇拜、自然神灵崇拜等。段先生则一贯主张将三星堆古蜀文明的宗教信仰与三星堆古蜀国家的政治权力联系起来。他在《发现》书中第二、三章集中阐述了三星堆考古文化所反映商代中晚期古蜀国家的神权政体，其特征为蜀王的政治权力与宗教神权合二为一，而古蜀国家权力的运行更多依赖于发达的宗教信仰体系。不仅如此，与古蜀宗教信仰体系密切相关的精神文化体系始终没有得到学界的重视，作者同样提示我们唯有将三星堆古蜀精神文化的诸多方面与古蜀政治意识形态联系起来，才有可能深入认识其内涵。^③另外，段先生指出商周时期古蜀文明的青铜雕像、金杖图案、神坛等器物上盛行的绘画和雕刻艺术多呈现出连续、成组的人物和故事情节图案，所表达的是三星堆古蜀文明丰富而连续的精神世界，包括哲学思想、政治观念、意识形态等方面。这些研究问题的提出和研究方向的指引必将开启新一轮三星堆文化与古蜀文明研究的热点。

① 段渝：《发现三星堆》，北京：中华书局，2021 年，第 56 页。
② 段渝：《发现三星堆》，北京：中华书局，2021 年，第 62 页。
③ 段渝：《发现三星堆》，北京：中华书局，2021 年，第 267 页。

后 记

大约两年前，我的学生们酝酿为我从事科研工作 40 年编辑一部文集，为此即着手搜集资料，从我先后发表的三百多篇文章中选出百余篇，按照文章内容分为先秦史、巴蜀文化和南方丝绸之路研究等三个部分，分别加以录入、整理并进行编目。后来又承蒙四川省社会科学院三星堆文化与青铜文明研究中心的好意，将书稿交由西南交通大学出版社出版，于是就有了这部三卷本文集。在此，我要感谢为此付出辛劳的四川师范大学巴蜀文化研究中心的学生们，感谢四川省社会科学院三星堆文化与青铜文明研究中心的友情资助。

我在 2010 年出版的《四川通史》"先秦卷"的后记中写道："科学研究是没有止境的。在科学研究道路上所取得的各项成果，都是建立在当时所具有的材料、理论和方法的基础之上的，它们在历史发展的长河中都只能算是阶段性成果，后来必定会给予创新和发展。但是，由各阶段成果所奠定起来的坚实基础对于后来的研究却是十分重要的，它们共同构成科学研究连续发展的链条。在科学研究的道路上，两者不可或缺。"这也是我对现在这部三卷本文集所要说的话。